군사학 총서 제3권

HISTORY OF WORLD WAR

세계 전쟁사

김성진

백산서당

History of World War for Military Studies

Kim Sung Jin

BAIKSAN Publishing House

프롤로그

『세계전쟁사』는 군사대학교, 민간대학교의 군사학과와 부사관학과, 군장학생, 각 군 사관학교 생도, 그리고 초급 연구자 등을 대상으로 하는 군사학 총서(叢書) 제3권이다.

독수리가 높은 산 정상을 오르려고 결심하였지만, 너무 높다 보니 올라가다 지쳐서 되돌아 내려오기를 반복하였다. 수많은 노력과 시도 끝에 드디어 산 정상에 오르자 스스로 대견했다. 힘껏 날개를 펴던 독수리는 안쪽에 바짝 붙어있는 개미를 발견하고는 "내가 얼마나 힘들게 올라왔는데…. 대단하구나." 하며 감탄한다. 그러자 개미는 "아니. 네 날개 밑에 붙어있으니 힘들 게 없었어."라면서 우쭐거렸다. 그러다 갑자기 불어닥친 세찬 바람에 어디론지 획~ 날려 가버리고 만다. 실질적인 성과를 달성하기 위해서는 스스로 치밀한 계획을 수립하고 실천하는 노력이 중요하다.

인간의 삶은 "진정 평화를 원하거든, 전쟁에 대비하라"라는 베제티우스(Vegetius) 장군의 격언과 같이 '평화' 또는 '전쟁'이라는 현실에서 벗어나기가 어렵다. 전쟁이 국가의 발전과 번영을 위한 최후의 수단이지만, 힘들여 이룩한 문명도 한순간에 파괴하여 버리는 이면(裏面)이 함께 도사리고 있다. 이로 인해 전쟁에 대비하는 국가(군대)의 활동과 행위를 부정적으로만 바라볼 수 없게 만들고 있다. 전쟁을 통해 수많은 인명(人命)의 희생을 강요할 수밖에 없는 불가피한 환경일 수밖에 없다면, 장교단의 역할과 군사학도의 지적 소양(mental accomplishment)은 꼭 필요하다. 이들의 수준 정도에 따라 전쟁을 예방 및 최소화할 수 있기에 기초 학습의 탐구 노력과 수준이 상당히 중요하게 작용하게 된다.

일반적으로 전쟁사를 연구하는 방법에는 크게 세 가지가 있다.

첫째, 다양한 전역(戰役)에서 큰 흐름만 개괄적으로 살펴보는 방법이다. 일반적인 원칙을 도출하기에는 쉬우나, 단순하게만 접근하는 게 문제다. 둘째, 대표적인 전역(戰役)을 중심으로 탐구하는 방법인데, 너무 깊이 들어가다 보니 넓고 멀리 볼 수 있는 전략적 안목을 배양하기는 어렵다. 마지막으로, 다양한 전역을 탐구하되, 필요한 사례는 세밀하게 학습함으로써 앞의 단점을 보완할 수 있다. 이외에도 국내·외의 정치·경제·사회·문화적 배경 및 변화 등에 집중하거나, 전쟁 계획과 수행과정, 사용한 전략과 작전·전술적 측면을 중심으로 살펴보는 방법이 있다.

전문 직업군인도 세계전쟁사에 접근하기가 만만치 않기에 다섯 가지의 특징으로 정리하였다. 먼저, 전쟁사에 대한 개요와 선행(先行) 과제를 이해한 다음 대표적인 전쟁(전투) 사례를 접하도록 구성하였다. 전쟁을 인간이 주도(lead)하기에 정치·군사 지도자의 개인별 성향을 같이 제시함으로써 왜! 전쟁이 발생할 수밖에 없었는지, 어떻게 승리하였는지, 패배하게 된 요인은 무엇이었는지를 순차적으로 작성하였다.

둘째, 일상생활과 야전(野戰)에서 필요한 독도법 및 군대부호, 전쟁사의 기본 개념과 일반원칙, 군사과학기술과 문명의 발달-전쟁 양상의 변천-군사작전의 상관성과 연계시켰다.

셋째, 세대·시대별 전쟁의 양상과 변화에 결정적인 계기가 된 전역(戰役)을 선정하였다. '몽골 칭기즈칸의 정복 전쟁'은 동양에서 서양을 정복한 역사이면서 초원지대의 전쟁 술(術)을 이해할 수 있다. '美 독립전쟁'은 패권 국가인 미국을 만든 발단(發端)이 되었지만, 초기는 혼란으로 점철된 환경이었음에 주목하였다. '美-日 태평양 전쟁'은 일본의 '대(大)동아 공영권' 주창(主唱)과 맞물리면서 시도한 아시아 지역과 中-日 전쟁의 연장선이었음을, 군국주의(軍國主義) 확장과 패배를 제시하였다. '제1차 걸프 전쟁'은 군사과학기술이 빚어낸 최첨단 정밀유도무기의 실험과 미국의 재도약을 가능케 하였다는데, '이라크 전쟁'은 '민군작전(民軍作戰-CMO)'에 실패함으로써 미국에 더 큰 피해와 부담을 초래하게 만든 전쟁임과 동시에 현대(미래) 전쟁에서 '안정화 작전(Stabilization Operation)'의 실효성이 필요함을 제기하는 데 초점을 맞추었다.

넷째, 전문적인 군사용어로만 진행할 경우 폭넓은 지적 호기심 자극과 욕구를 저하할 수 있기에 꼭 필요한 용어만 제한적으로 사용했고, 가능한 일반적인 용어를 사용하였다. 이를 통해 군사 지식과 전투 수행 기술을 자연스럽게 이해할 수 있고, 정치·군사적 배경과 목적, 원인에 접근할 수 있는 안목과 분석 능력이 배양되도록 꾸몄다. 장차 POL-MIL(정치-군사) 연습을 진행할 때도 다소의 도움은 되지 않을까 기대하고 있다.

다섯째, 제시한 각종 전투사례와 의미, 교훈 등의 현황 자료와 배경은 최대한 검증(檢證)

하였다. 각주(脚註)는 추가적인 설명이나, 명확한 출처가 필요할 때로 한정하여 적시(摘示)하였다.

  이 교재는 군사 전문가가 되기 위해 노력하는 군사학도와 초급 연구자에게 전쟁사를 통해 나타난 다양한 원칙과 원리를 올바로 이해시키고 군사적 측면에서의 기초 논리를 정립(正立)하고자 출간하였다. 군사적 경험과 식견으로 초점집단인터뷰(FGI)와 자문(諮問)에 적극적으로 응해주신 軍의 선·후배님과 전문가님들께 감사드린다. 특히 평생의 벗과 전문가로 우뚝 선 아들, 새로 맞이하는 딸에게 고마움을 전하면서, 성원해주시는 사)한국융합안보연구원, 사)글로벌전략협력연구원, 교재 출간에 노력해주신 백산서당에 감사드린다.

흰 소의 해, 연구실에서

학습 진행계획

기대역량

1. 전쟁의 역사에 대한 개념 이해를 바탕으로 전쟁 대비와 대응 능력 배양과 유연한 사고력이 필요함을 인식하도록 한다.
2. 상황평가-판단-결심-행동을 통한 승리·패배요인을 분석, 전쟁의 일반원칙과 전장(戰場)에서의 지휘·통제기법, 전장 리더십을 이해하도록 한다.

탐구 개요

1. 군사협상의 연구 목적 및 연구방법, 각종 위기의 배경과 원인을 이해하고, 관련 교훈을 도출하여 군사협상에 대한 인식과 올바른 국가관 형성을 배양하기 위한 과정이다.

진행과 평가방법

1. 진행방법: 강의 50%, 토의/토론 30% 개인/팀별 발표 20%
2. 평가방법: 출·결석 10%, 과제 20%, 참여도 10%, 중간·기말고사 각 30%

교과 목표

1. 인류의 진화 및 문명의 발전과정과 연계되는 전쟁의 역사를 이해하고 그 의미와 교훈을 도출함으로써 미래전 양상을 예측-분석-판단할 수 있는 기초 능력을 구비하는 데 있다.
2. 정치·경제·사회·문화적 배경과 변화 요인을 분석하는 능력 배양과 동북아 정세의 갈등 상황을 이해하도록 하는 데 있다.
3. 군사사상과 이론, 교리와 무기체계와의 연계성, 발전과정을 이해하는 데 있다.

강의 운영

전쟁사에 관한 이론적 배경과 관련 지식의 습득을 이해하기 쉽도록 하기위해 Story-telling 방식으로 진행한다. 동영상 자료는 사전에 최대한 확보하여 학생들이 이해하기 쉽도록 적절하게 활용하여야 한다. 발표와 토의를 활성화 하여 리더로서 갖춰야 할 사고방식과 태도, 상황에 대한 처리 기법 등을 인식 하도록 학습을 진행한다. 과제는 事前에 부여하여 충분한 예습이 되어야 하며, 희망하는 학생을 먼저 지정하여 발표와 토의를 병행한다.

학습 진행

구 분	주요 과제	구 분	주요 과제
1과제	전쟁사 개관	7과제	제1차 세계대전
2과제	전쟁 양상의 변천과 대표적 사례	8과제	제2차 세계대전 I
3과제	나폴레옹 전쟁 I	9과제	제2차 세계대전 II
4과제	나폴레옹 전쟁 II	10과제	美-日 태평양 전쟁
5과제	몽골 칭기즈칸의 정복 전쟁	11과제	제1차 걸프 전쟁
6과제	미국의 독립전쟁 (아메리카 식민지 혁명)	12과제	美-이라크 전쟁

참고할 사항

세계전쟁사라는 주제가 특정한 교재로만 학습을 진행하기에 한계가 존재하는 특성을 사전에 인식하고 접근하여야 한다.
전쟁사에 관한 전반적인 이해와 사고능력의 배양 및 함양에 중점을 두고 진행 하므로 토론과 질의에 적극적으로 동참하는 의지와 태도가 바람직하다.

차 례

▷ 프롤로그 · 3
▷ 학습 진행계획 · 6

√ 사전에 이해 및 탐구해야 할 과제는?

제1장 전쟁사(戰爭史) 개관(槪觀)

제1절 전쟁의 개념과 특징 ···27
 1. 전쟁이란 무엇이고, 왜! 일어날 수밖에 없는가? · 27
 2. 전쟁과 전쟁사의 일반적 정의와 개념, 속성(屬性, attribute) · 31
 3. 전쟁의 일반원칙과 기초적인 독도법, 군사용어 이해 · 32
 4. 전쟁사(戰爭史)와 군사사(軍事史)의 상관성 · 48
 5. 역사학(歷史學)과 군사학(軍事學)의 상관성 · 51
 6. 전쟁사의 연구 방법과 촉진(促進, acceleration) 요인 · 55

제2절 전쟁 양상의 변천과 대표적 사례 ·································64
 1. 전쟁의 유형과 분류 · 64
 2. 전쟁 양상의 변화 요인 · 65
 3. 세대와 시대별 전쟁 양상의 변천(變遷) 단계 · 66
 4. 세대와 시대별 전쟁 양상의 진화(進化) 패턴 · 72
 5. 시대별 군사작전(MO)의 운용 개념 · 76

√ 사전에 이해 및 탐구해야 할 과제는?

제2장 나폴레옹 전쟁(Napoleonic Wars)

제1절 개 요 ···81

제2절 프랑스 혁명과 나폴레옹 전쟁이 일어난 배경과 원인 ··········84
 1. 역사적 배경과 원인 · 84

2. 나폴레옹 전쟁의 이전(以前)과 이후(以後)의 변화 과정 · 84
3. 나폴레옹 전쟁 이후(以後)의 변화된 양상과 형태 · 87

제3절 인간 나폴레옹(Napoleon Bonaparte)에 관한 이해 ··················90
  1. 나폴레옹의 생애 · 90
  2. 당시 유럽 사회의 정세(政勢)와 국제 환경 · 92

제4절 나폴레옹의 전쟁·작전원칙과 전술적 특징 ··················93
  1. 나폴레옹의 5대 전쟁원칙과 필승의 3대 작전원칙 · 93
  2. 나폴레옹 전쟁의 전술적 특징 · 95

제5절 나폴레옹의 주요 전역(戰役) ··················98
  1. 개 요 · 98
  2. 이탈리아 전역(Battle of Italian) · 99
  3. 이집트-시리아 원정(Campaign in Egypt-Syria) · 102
  4. 마렝고 전역(Battle of Marengo) · 104
  5. 울름 전역(Battle of Ulm) · 107
  6. 아우스터리츠 전역(Battle of Austerlitz) · 112
  7. 예나 전역(Battle of Jena, Battle of Jena-Auerstedt) · 115
  8. 프리들란트 전역(Battle of Friedland) · 119
  9. 스페인 전역(Battle of Spain) · 120
  10. 러시아 원정(Campaign in Russian) · 122
  11. 워털루 전역(Battle of Waterloo) · 125

제6절 나폴레옹 전쟁이 남긴 의미와 교훈 ··················129
  1. 긍정적인 측면 · 129
  2. 부정적인 측면(과오) · 130

√ 사전에 이해 및 탐구해야 할 과제는?

제3장 몽골 칭기즈칸의 정복 전쟁

제1절 개 요 ··················135

제2절 세계 정복 전쟁이 발발(勃發)한 배경과 원인 ··················137
  1. 역사적 배경과 주변 정세 · 137
  2. 몽골의 국내·외 정세 및 환경 · 139

제3절 인간 칭기즈칸(Genghis Khan)에 관한 이해 ··················143
  1. 칭기즈칸의 생애 · 143

2. 칭기즈칸과 몽골제국의 통치 계보 · 144

제4절 몽골의 군사제도와 초원의 전쟁술 ··146
  1. 개 요 · 146
  2. 몽골군의 징집제도 · 146
  3. 몽골군의 군사제도와 제대 편성 · 147
  4. 몽골군의 군사전략과 전술 · 157

제5절 칭기즈칸의 주요 전역(戰域) ···166
  1. 개 요 · 166
  2. 서하(西夏, 탕구트) 전쟁 · 167
  3. 금나라와의 전쟁 · 175
  4. 호라즘제국(Khwarezm, 花剌子模)과의 전쟁 · 182

제6절 칭기즈칸의 정복 전쟁이 남긴 의미와 교훈 · 190

√ 사전에 이해 및 탐구해야 할 과제는?

제4장 미국의 독립전쟁(아메리카 식민지 혁명)

제1절 개 요 ··197

제2절 미국의 독립전쟁이 발발(勃發)한 배경과 원인 ···························199
  1. 독립전쟁 이전(以前)의 국내·외 정세 · 199
  2. 식민지 내부의 분위기와 여론(public opinion) · 201
  3. 독립전쟁이 발발(勃發)하게 된 원인 · 206

제3절 인간 조지 워싱턴(George Washington)에 관한 이해 ··················210

제4절 독립선언문 작성의 배경과 주요 성과 ·····································213
  1. 개 요 · 213
  2. 제1차 대륙회의 개최와 민병대 소집 · 214
  3. 토마스 페인의 합류와 『상식(Common Sense)』 출간 · 215
  4. 제2차 대륙회의 개최 · 216
  5. 그린마운틴보이스(Green Mountain Boys) · 218

제5절 독립전쟁 간 주요 전투 ···221
  1. 개 요 · 221
  2. 렉싱턴-콩코드 전투(Battles of Lexington and Concord) · 223
  3. 뉴욕 전투(Battles of New York) · 225
  4. 새러토가 전투(Battles of Saratoga) · 227

5. 몬머스 전투(Battles of Monmouth) · 231
6. 요크타운 포위 전투(Siege of Yorktown) · 233

제6절 독립전쟁이 남긴 의미와 교훈 ···236

√ 사전에 이해 및 탐구해야 할 과제는?

제5장 제1차 세계대전

제1절 개 요 ···241

제2절 제1차 세계대전의 발발(勃發) 배경과 전략적 환경 · 247
  1. 역사적 배경과 전략적 환경 · 247
  2. 동원령 선포와 제1차 세계대전의 개시(開始) · 253

제3절 국가별 전쟁 계획과 주요 인물에 관한 이해 ································255
  1. 주요 국가별 전쟁계획 · 255

제4절 연도별 주요 전투와 미국의 참전(參戰) ······································274
  1. 1914년 개전 초기의 주요 전황(戰況) · 274
  2. 1915~1917년의 주요 전황(戰況) · 282
  3. 미국의 참전(參戰) · 284

제5절 신(新)전술 및 전법(戰法)에 관한 이해 ······································287
  1. 오스카 폰 후티어(Oska Von Hutier)의 '종심돌파 전술' · 287
  2. 앙리 꾸로우(Henri Gouraud)의 '종심방어 전술' · 288

제6절 제1차 세계대전이 남긴 의미와 교훈 ··290
  1. 개 요 · 290
  2. 제1차 세계대전의 특징 · 290
  3. 군사적 측면 · 290
  4. 정치·사상·경제적 측면 · 291

√ 사전에 이해 및 탐구해야 할 과제는?

제6장 제2차 세계대전

제1절 개 요 ···297

제2절 제2차 세계대전의 발발(勃發) 배경과 전략적 환경 ·······················300
  1. 역사적 배경과 전략적 환경 · 300

    2. 베르사유 조약의 주요 내용 · 301

제3절 주요 국가의 전쟁 준비와 주요 인물에 관한 이해 ·················303
    1. 독 일 · 303
    2. 프랑스 · 314

제4절 주요 전역(戰域, 1939~1945)과 진행 경과 ·····················318
    1. 개 요 · 318
    2. 대(對) 폴란드 전역(1919.9.1.~28.) · 319
    3. 소련-핀란드 전역(1939.11.30.~1940.3.13.) · 320
    4. 대(對) 북구 전역(北歐, 1940.4.9.~6.9.) · 321
    5. 대(對) 프랑스 전역(1940.5.10.~6.22.) · 322
    6. 대영(對英) 작전(1940.8.8.~9.15.) · 324
    7. 대(對) 북아프리카 전역(1940.9.13.~1943.5.13.) · 326
    8. 대(對) 발칸 전역(1941.4.6.~5.30.) · 327
    9. 대(對) 소련 전역(1941.6.22.~1943.7.25.) · 327
    10. 노르망디 상륙작전(1944.6.6.~7.24.) · 332
    11. 벌지 전투(1944.12.16.~1945.2.7.) · 333

제5절 신(新)전술 및 전법(戰法)에 관한 이해 ······················336
    1. 모티 전술(Motti Tatics) · 336
    2. 전격전(電擊戰, Blitzkrieg) · 337
    3. 쐐기와 함정 전술(Keil und Kessel) · 339

제6절 제2차 세계대전이 남긴 의미와 교훈 ·······················341
    1. 개 요 · 341
    2. 제2차 세계대전의 특징 · 342
    3. 연합군이 승리한 요인 · 342
    4. 독일군이 패배한 요인 · 343

> √ 사전에 이해 및 탐구해야 할 과제는?

제7장 美-日 태평양 전쟁

제1절 개 요 ···349
제2절 태평양 전쟁의 발발(勃發) 배경과 전략적 환경 ···············352
    1. 일본과 미국의 국가전략 · 352
    2. 일본이 진주만을 선택한 전략·작전적 요인 · 356

제3절 주요 국가의 전쟁 계획과 주요 인물에 관한 이해 ·················358
  1. 도조 히데키 · 358
  2. 일본 대본영(大本營)의 전쟁 계획 · 358
  3. 미국의 전쟁계획 · 361

제4절 주요 전역(戰役)과 진행 경과 ···363
  1. 일본군(大本營)의 공세와 성공·실패 요인 · 363
  2. 미국의 반격작전 계획과 주요 경과 · 371
  3. 전쟁 말기(末期) 일본군의 가미카제(KamiKaze) 특공대 · 376
  4. 일본군의 패인(敗因) · 377

제5절 신(新)전술 및 전법(戰法)에 관한 이해 ·····························378
  1. 개 요 · 378
  2. 일본군 와조 전술과 미군 우회 전술의 차이점 비교 · 379

제6절 美-日 태평양 전쟁이 남긴 의미와 교훈 ····························380
  1. 개 요 · 380
  2. 美-日 태평양 전쟁의 특징 · 380

√ 사전에 이해 및 탐구해야 할 과제는?

제8장 걸프 전쟁(First Gulf War)

제1절 개 요 ···387

제2절 걸프 전쟁의 발발(勃發) 배경과 전략적 환경 ······················389
  1. 중동(Middle East) 지역의 역사적 배경과 정세 · 389
  2. 이라크-이란-쿠웨이트의 전략적 관계 · 390

제3절 국가별 전쟁 계획과 주요 인물에 관한 이해 ·······················392
  1. 조지 허버트 워커 부시(George H. W. Bush) · 392
  2. 노먼 슈워츠코프(Herbert Norman Schwarzkopf Jr.) · 393
  3. 사담 후세인(Saddam Hussein) · 393
  4. 이라크의 쿠웨이트 침공작전 계획 · 394
  5. 미국의 대응과 다국적군의 이라크 공격계획 · 395

제4절 단계별 주요 작전과 전투의 양상 ·····································397
  1. 개 요 · 397
  2. 개전(開戰)과 항공작전 4단계의 주요 경과 · 398
  3. 다국적군의 지상 작전(ground operation)과 주요 경과 · 400

제5절 걸프 전쟁이 남긴 의미와 교훈 ···405
  1. 개　요·405
  2. 걸프 전쟁의 특징·405

√ 사전에 이해 및 탐구해야 할 과제는?

제9장　美-이라크 전쟁(Iraq War, Second Gulf War)

제1절 개　요 ···413

제2절 美-이라크 전쟁의 발발(勃發) 배경과 전략적 환경 ·······························415
  1. 지리·역사적 배경과 환경·415
  2. 전략적 환경·417
  3. 미군(연합군)과 이라크군의 전력 비교·417

제3절 주요 국가의 전쟁 준비와 주요 인물에 관한 이해 ·································418
  1. 조지 W. 부시(George W. Bush)·418
  2. 토미 프랭크스(Tommy Franks)·418
  3. 토니 블레어(Tony Blair)·419
  4. 미국의 전쟁 준비·420
  5. 이라크의 전쟁 준비·425

제4절 단계별 주요 작전과 전투의 양상 ··427

제5절 美-이라크 전쟁이 남긴 의미와 교훈 ··432
  1. 개　요·432
  2. 4세대 전쟁의 양상·433

√ 사전에 이해 및 탐구해야 할 과제는?

▷ 에필로그·435

▷ 약어정리·437

▷ 참고문헌·441

▷ 찾아보기·443

▷ 저자소개·446

〈그림 차례〉

<그림 1-1> 카를 폰 클라우제비츠의 삼위일체론	28
<그림 1-2> 『손자병법』 제1(始計)편의 '兵者는 詭道也'	29
<그림 1-3> 『손자병법』 제1(始計)편의 승리하기 위한 '14 궤도(詭道)'	30
<그림 1-4> 주요 전략가와 국가별 전쟁(또는 전략)의 일반원칙	32
<그림 1-5> 독도법의 세 가지 좌표판독법(예시)	39
<그림 1-6> 군대부호 작성 체계도	40
<그림 1-7> 부대부호 도식(예)	40
<그림 1-8> 병과 부호와 공통기능부호 도식(예)	40
<그림 1-9> 분대~야전군에 이르는 제대 단위의 수식정보 부호(예)	41
<그림 1-10> 기본화기-종속화기-화기 기능부호(예)	41
<그림 1-11> 작전 활동 부호의 세 가지 형태	42
<그림 1-12> 군사사(軍事史)의 변천 과정	49
<그림 1-13> 전쟁사(戰爭史)와 군사사(軍事史) 간의 관계도표	49
<그림 1-14> 육군사관학교의 학과와 과목 명칭	50
<그림 1-15> 육군3사관학교의 학과와 과목 명칭	50
<그림 1-16> 역사학의 시대별 분류와 특징	51
<그림 1-17> 역사학과 군사학, 군사사의 역할	52
<그림 1-18> 역사학과 군사사의 관계도표	53
<그림 1-19> 시대를 대표하는 영화 모음 자료(예시)	54
<그림 1-20> 전쟁사를 연구하는 다섯 가지의 목적	55
<그림 1-21> 군사학도의 전쟁사 연구가 필요한 다섯 가지 이유(요약)	57
<그림 1-22> 전쟁을 촉진하는 네 가지 요인	58
<그림 1-23> 사회과학적 연구방법의 종류와 특성	61
<그림 1-24> 자문(自問)-자답(自答) 방식으로 탐구하는 방법	62
<그림 1-25> 6·25전쟁에 대한 정파적·시대적 관점과 인식의 차이(2-1)	63
<그림 1-26> 6·25전쟁에 대한 정파적·시대적 관점과 인식의 차이(2-2)	63
<그림 1-27> 전쟁의 유형과 분류(2-1)	64
<그림 1-28> 전쟁의 유형과 분류(2-2)	65
<그림 1-29> 전쟁 양상의 변화 요인	65
<그림 1-30> 전쟁 양상의 변천(變遷, transition) 단계	66
<그림 1-31> 세대별로 진화(進化)하여 온 전쟁의 패턴	72
<그림 1-32> 시대별 육군 병력의 소산(疏散) 형태 비교	74
<그림 1-33> 시대별 희생률(Casualties)-치사율(lethality)-편차율(Dispersion Over Time) 변화 비교	75
<그림 1-34> 시대별 전쟁에 적용하였던 군사전략과 전술(작전)의 운용 개념의 변화 비교	76
<그림 2-1> 나폴레옹 전쟁 이전(以前)과 이후(以後)의 차이점 비교	85
<그림 2-2> 프랑스 혁명이 진전되는 과정	86

<그림 2-3> 나폴레옹 보나파르트의 생애(종합)	90
<그림 2-4> 전쟁의 5대 원칙	93
<그림 2-5> 필승(必勝)의 3대 작전원칙	95
<그림 2-6> 나폴레옹의 4대 전술적 특징	96
<그림 2-7> 나폴레옹의 주요 전역(戰役)	98
<그림 2-8> 이탈리아 전역 요도(종합)	99
<그림 2-9> 이탈리아 전역에서 주·조공 위치 개략도	101
<그림 2-10> 이집트 원정 요도(종합)	103
<그림 2-11> 마렝고 전역(Battle of Marengo) 요도(종합)	104
<그림 2-12> 울름 전역(Battle of Ulm) 요도(종합)	108
<그림 2-13> 大 우회기동의 형태와 양상	109
<그림 2-14> 나폴레옹 군의 라인·도나우강 도하와 병력 배치 요도	110
<그림 2-15> 나폴레옹 군의 울름 동북방 지역 부대 배치 요도	111
<그림 2-16> 아우스터리츠 전역(Battle of Austerlitz) 요도(종합)	113
<그림 2-17> 프라첸(Pratzen) 고지의 전투 요도	114
<그림 2-18> 예나 전역(Battle of Jena) 요도(종합)	116
<그림 2-19> 예나 일대의 전투 요도(10:00경)	117
<그림 2-20> 아우어슈테트 일대의 전투 요도(14:00경)	118
<그림 2-21> 프리들란트 전역(Battle of Friedland) 요도(종합)	119
<그림 2-22> 스페인 전역(Battle of Spain) 요도(종합)	121
<그림 2-23> 러시아 원정(Campaign in Russian) 요도(종합)	123
<그림 2-24> 워털루 전역(Battle of Waterloo) 요도(종합)	126
<그림 2-25> 리그니·까뜨르브라 전투 요도	127
<그림 3-1> 몽골제국이 4대 칸국으로 분할 통치기(統治期)	140
<<그림 3-2> 칭기즈칸의 국가발전 전략	141
<그림 3-3> 칭기즈칸(Genghis Khan)의 생애(종합)	143
<그림 3-4> 칭기즈칸(Genghis Khan)이 이룩한 몽골제국의 통치 계보	144
<그림 3-5> 칭기즈칸의 병영(兵營)과 주변 병영의 형태	151
<그림 3-6> 몽골 군대의 행군 대형	152
<그림 3-7> 몽골군의 선회전술과 위장 후퇴(망구다이) 전술	160
<그림 3-8> 몽골군의 납와전법(拉瓦戰法)	162
<그림 3-9> 몽골군의 후기 공성 전투와 공성 장비	163
그림 3-10> 몽골-탕구트 간 전쟁 원인 3단계	167
<그림 3-11> 몽골군의 탕구트 침공 요도(개략)	168
<그림 3-12> 몽골군의 행군종대 편성과 움직이는 형태	169
<그림 3-13> 호라즘제국의 부대 배치와 칭기즈칸 군의 공격 기동로	185
<그림 3-14> 칭기즈칸이 편성한 4로(路) 군의 공격 기동로	186
<그림 4-1> 아메리카 식민지인들의 내부 분위기와 인식 정도	201
<그림 4-2> 미국 독립전쟁 당시 민병대 복장(벙커힐 전투)	202
<그림 4-3> 미국 독립전쟁 당시의 식민지 軍 분류와 창설 약사(略史)	203
<그림 4-4> 아메리카 식민지의 영역과 산지(產地), 프렌치-인디언 전쟁 발생지역 현황	205
<그림 4-5> 독립전쟁으로 격화되는 주요 사건(종합)	207
<그림 4-6> 영국이 인디언 보호구역을 설정한 내면적 사실	208

<그림 4-7>	「매사추세츠 주 응징법(Repressive Act)」(요약)	209
<그림 4-8>	조지 워싱턴의 일생	210
<그림 4-9>	조지 워싱턴 장군-루이스 니콜라 대령과의 왕관 편지(Crown Letter, 1982.5.22.)	212
<그림 4-10>	독립전쟁으로 발전 단계(종합)	214
<그림 4-11>	제1차 대륙회의에 참석한 12개 식민지주	214
<그림 4-12>	토마스 페인의 『상식(Common Sense)』	216
<그림 4-13>	아메리카 식민지의 독립선언문(요약)	218
<그림 4-14>	이선 앨런(Ethan Allen)의 생애(종합)	219
<그림 4-15>	베네딕트 아널드(Benedict Arnold)의 생애(종합)	219
<그림 4-16>	미국 독립전쟁의 5대 주요 전투	221
<그림 4-17>	렉싱턴-콩코드 전투(Battles of Lexington and Concord) 요도	224
<그림 4-18>	뉴욕전투(Battles of New York) 시 영국군 상륙지점 요도	225
<그림 4-19-1>	제1차 새러토가 전투(프리먼스 팜, 1777.9.19.) 요도	228
<그림 4-19-2>	제2차 새러토가 전투(버미스 하이트, 1777.10.7.) 요도	228
<그림 4-19-3>	제2차 새러토가 전투(대륙군-영국군 병력 배치,	229
<그림 4-20>	몬머스 전투(1778.6.28.) 요도	232
<그림 4-21>	요크타운 전투 병력 배치와 체사피크만 해전[1] 요도	233
<그림 5-1>	제1차 세계대전에 활용된 대표적인 동물들의 사진	245
<그림 5-2>	제1차 세계대전의 발발 배경과 국제 사회의 전략적 환경	247
<그림 5-3>	영국 주도의 '3C 정책'과 독일 주도의 '3B 정책'	248
<그림 5-4>	보-불 전쟁(1870~1871) 요도와 독일제국 선포식(1871.1.18.)	249
<그림 5-5>	1870년대 독일과 프랑스의 주력 소총	249
<그림 5-6>	'3국 협상' 간 체결한 동맹과 협상(정리)	251
<그림 5-7>	범(凡)게르만 민족과 슬라브 민족의 분포도 및 진출 방향	252
<그림 5-8>	오스트리아-헝가리가 세르비아에 보낸 최후통첩(요약)	253
<그림 5-9>	제1차 세계대전 개시 前·後 연합·동맹·중립국의 상황	253
<그림 5-10>	프랑스군-독일군의 군사력 수준 비교	256
<그림 5-11>	대(大) 몰트케의 일대기(요약)	258
<그림 5-12>	알프레드 폰 슐리펜(Alfred Graf von Schlieffen)의 일대기(요약)	259
<그림 5-13>	소(小) 몰트케(Helmuth von Moltke the Younger)의 일대기(요약)	260
<그림 5-14>	슐리펜계획 작성 당시 독일의 전략적 상황 평가(종합)	261
<그림 5-15>	슐리펜이 '동수서공(東守西攻)'의 단기 결전을	262
<그림 5-16>	슐리펜의 작전 개념 2단계 설정	263
<그림 5-17>	슐리펜계획을 수립 간 3가지 전제(前提)	264
<그림 5-18>	슐리펜계획을 수립 간 5가지의 가정(假定)	264
<그림 5-19>	완성한 슐리펜계획의 부대 배치 요도	265
<그림 5-20>	리델 하트의 회전문 원리를 슐리펜계획에 적용한 형태	266
<그림 5-21>	소(小) 몰트케 장군이 수정한 슐리펜계획(요약)	267
<그림 5-22>	소(小) 몰트케 장군이 수정한 슐리펜 요도	268
<그림 5-23>	조세프 조프르(Joseph Joffere)의 일대기(요약)	269

---

[1] '체사피크만 해전(Battle of the Chesapeake)'은 일명 '버지니아 곶 전투(Battle of the Virginia Capes)'라고도 불리고 있다.

<그림 5-24> 제17계획을 수립할 때의 2가지 전제(前提)와 가정(假定)	270
<그림 5-25> 제17 계획에 의한 부대 배치 요도	270
<그림 5-26> 탄넨베르크 전투 당시의 부대 배치 요도	272
<그림 5-27> 'A 계획'과 'G 계획'의 부대 편성과 배치 요도	273
<그림 5-28> 1914년 초기 전투(8.3.~31.) 간 부대 배치 요도	274
<그림 5-29> 벨기에 국경의 리에주 요새와 루덴도르프 근위군단장	275
<그림 5-30> 탄넨베르크 전투 시 독일-러시아 軍의 배치 요도	276
<그림 5-31-1> 제1차 마른 전투(1914.9.6.~12.)의 프랑스군 공세 요도	278
<그림 5-31-2> 제1차 마른 전투(1914.9.6.~12.)에서 독일군의 공세와 프랑스군의 방어작전 경과	279
<그림 5-31-3> 독일 제1·2군과 프랑스 제5군, 영국군의 작전 요도	280
<그림 5-32> 베르됭-솜 전투(1916.2~11월) 요도	282
<그림 5-33> 니벨 공세(1917.4월)-캉브레 전투(1917.11월) 요도	283
<그림 5-34> 독일 외무장관 아르투르 치머만 전문(電文)과 미군의 참전 항로	286
<그림 5-35> 후티어 종심돌파 전술의 단계별 기동 요도 및 전법(戰法)	287
<그림 6-1> 제1차~제2차 세계대전으로 진전(進展)하는 과정(종합)	298
<그림 6-2> 한스 폰 젝트(Hans von Seeckt)의 일대기(요약)	304
<그림 6-3> 한스 폰 젝트의 비밀 재군비 작업 5단계	305
<그림 6-4> 아돌프 히틀러(Adolf Hitler)의 일대기(요약)	308
<그림 6-5> 제2차 세계대전이 발발하기 직전까지의 주요 경과(종합)	308
<그림 6-6> 프란츠 할더(Franz Halder)의 일대기(요약)	310
<그림 6-7> 프란츠 할더의 프랑스 공격계획 요도	310
<그림 6-8> 에리히 폰 만슈타인(Erich von Manstein)의 일대기(요약)	312
<그림 6-9> 에리히 폰 만슈타인의 프랑스 공격계획 요도	312
<그림 6-10> 독일군의 최종 공격계획과 부대 편성(종합)	313
<그림 6-11> 주요 부대 운영에 관한 역할 분담 결과	314
<그림 6-12> 프랑스 연합군의 작전 개념	315
<그림 6-13> 프랑스 연합군의 최종 방어계획과 부대 편성(종합)	316
<그림 6-14> 독일의 폴란드 침공작전 요도	319
<그림 6-15> 독일의 황색계획에 의한 프랑스 침공작전 요도	323
<그림 6-16> 스탈린그라드 전투의 2단계 작전 요도	330
<그림 6-17> 쿠르스크 전투 요도	331
<그림 6-18> 독일군의 아르덴느 공세와 연합군의 반격작전 요도	334
<그림 6-19> 수오무살미 전투(1939.12.7.~1940.1.8.) 요도	337
<그림 6-20> 전격전(電擊戰)이 나타나게 된 배경과 이유	338
<그림 6-21> 전격전(電擊戰) 수행 6단계	338
<그림 6-22> 쐐기와 함정 전술을 수행하는 과정	339
<그림 6-23> 제2차 세계대전의 피해 규모와 전쟁 비용 비교	341
<그림 7-1> 미국과 일본의 국가전략 비교 현황	353
<그림 7-2-1> 美-日 양측의 군사력 배치 현황(개략)	355
<그림 7-2-2> 美-日 양측의 군사력 배치 규모	355
<그림 7-3-1> 日 대본영의 제1단계 전략 요도(개략)	359
<그림 7-3-2> 日 대본영의 제2단계 전략 요도(개략)	360
<그림 7-3-3> 日 대본영의 제3단계 전략 요도(개략)	361

<그림 7-4> 일본군이 공습 간 이동 항로와 진주만 일대 미군 배치현황 363
<그림 7-5-1> 일본군의 기간별 제1단계 공격 지역 요도 366
<그림 7-5-2> 美 본토~호주 간 구축한 병참선(Arc Line) 요도 367
<그림 7-5-3> 일본 대본영의 'MO 작전'과 'FS 작전' 요도 368
<그림 7-5-4> 일본 대본영의 주요 전투 경과 요도 369
<그림 7-6> 美 합동참모본부의 반격작전 결정 과정(개략) 371
<그림 7-7> 미군의 주요 반격작전 경과 372
<그림 7-8> 일본군의 와조 전술(蛙跳 戰術)과 美軍의 우회(by pass) 전술(정리) 379
<그림 8-1> 이라크군의 쿠웨이트 침공작전 요도(개략) 394
<그림 8-2> 다국적군이 이라크군을 공격하기 직전의 부대 배치 요도 395
<그림 8-3> 다국적군의 공격부대 배치 요도 402
<그림 8-4> 美 제7군단의 돌파(2.26.~29.) 요도 403
<그림 9-1> 미군(연합군)과 이라크군의 전력(戰力) 비교 417
<그림 9-2> 연합군의 작전 단계(요약) 422
<그림 9-3> 주요 연합국 간 지휘·통제·협력체계 423
<그림 9-4> 美 중부사령부의 지상 작전부대 구성 현황 424
<그림 9-5> 이라크군의 부대 편성과 배치 요도 426
<그림 9-6> 연합군 주·조공 부대의 바그다드 집중공략 요도(개략) 427
<그림 9-7> 안정화 작전을 위한 연합군사령부 편성 요도 429
<그림 9-8> 미국의 안정화 작전 수행개념 변경(요약) 430

〈표 차례〉

<표 3-1> 몽골군의 천호제 편성 제대와 규모 148
<표 3-2> 토우만의 편성 단위 및 병력 규모 149
<표 3-3> 칭기즈칸 당시 몽골군의 3개 군(軍) 편성 150
<표 3-4> 칭기즈칸과 탕구트의 전쟁 목적과 단계 170
<표 3-5> 칭기즈칸이 대외적으로 거둔 최초의 전리물(戰利物) 172
<표 3-6> 탕구트 왕이 은연중에 노출한 전투준비와 작전 구상 173
<표 3-7> 탕구트의 여섯 가지 패배 원인 174
<표 3-8> 칭기즈칸이 금나라를 공격하기 위한 유리한 정세 조성(종합) 175
<표 3-9> 칭기즈칸의 군사훈련 강화(종합) 176
<표 3-10> 칭기즈칸과 금나라와의 전쟁 단계 177
<표 3-11> 칭기즈칸이 금나라에 요구한 강화 협상안(요약) 180
<표 3-12> 칭기즈칸이 금나라와의 전쟁에 구현한 전략(요약) 181
<표 3-13> 칭기즈칸이 호라즘제국과 전쟁을 준비했던 11대 과제 183
<표 3-14> 호라즘제국이 칭기즈칸과의 전쟁에 대비한 4대 과제 184
<표 3-15> 칭기즈칸의 다섯 가지 승리 요인 187
<표 3-16> 호라즘제국의 네 가지 패망 요인 188
<표 4-1> 영국이 아메리카 식민지에 강제 부과한 타운센드법(정리) 206
<표 5-1> 제1차 세계대전 초기 참가국과 투입한 사단 현황(1914) 243
<표 5-2> 국가별 투입한 전투력 규모와 수준(개략) 243
<표 5-3> 제1차 세계대전 결과 피해 규모(1918) 244
<표 5-4> 4대 국가의 전쟁 계획 명칭과 전장(battlefield)(요약) 255
<표 5-5> 독일 외무장관이 주(駐) 멕시코대사에게 보낸 전문(電文) 285
<표 6-1> 주요 연합국과 추축국(樞軸國)의 동원 현황(개략) 299
<표 6-2> 제2차 세계대전 결과 피해 규모(1945) 299
<표 6-3> 두 가지 측면에서 바라본 베르사유 조약(종합) 302
<표 6-4> 프란츠 할더의 계획과 만슈타인의 계획 비교 313
<표 6-5> 프랑스 연합군의 부대별 규모와 편성 현황 316
<표 6-6> '바다사자(Sea Lion)' 작전 이전(以前)의 3단계 공격 325
<표 6-7> 히틀러의 '바다사자(Sea Lion)' 작전이 실패한 네 가지 요인 326
<표 6-8> 히틀러가 대(對)소련 전역에서 실패한 세 가지 요인 329
<표 6-9> 히틀러가 아르덴느 삼림지대를 선택한 세 가지 요인 333
<표 7-1> 주요 국가의 병력 동원 현황 351
<표 7-2> 당시 일본군과 미군의 피해 현황 357
<표 7-3> 일본 대본영의 전쟁 수행 네 가지 방침 359
<표 7-4> 일본군 대본영의 진주만 공습이 성공한 네 가지 요인 365

<표 7-5> 일본 육군과 해군의 호주 공략에 대한 인식 비교	367
<표 7-6> 필리핀 해전에 투입한 연합군과 일본군 투입 규모	373
<표 7-7> 필리핀 해전에서 발생한 美軍과 일본군 피해 현황	373
<표 7-8> 오키나와 전투에 투입한 연합군과 일본군 투입 현황	375
<표 7-9> 오키나와 전투 시 발생한 美軍과 일본군 피해 현황	375
<표 7-10> 일본군과 미군 전술의 차이점 비교	379
<표 8-1> 다국적군과 이라크군의 주요 전력 비교(개략)	396
<표 8-2> 쿠웨이트 공격을 위해 수립한 다섯 가지의 기본 목표	397
<표 8-3> 다국적군의 4단계 항공작전 단계별 수행방안	399
<표 8-4> 美軍을 비롯한 다국적군과 이라크군의 피해 결과	404
<표 8-5> UN 결의안과 이라크가 수용한 합의안(요약)	404
<표 8-6> 걸프 전쟁의 여덟 가지 특징(요약)	405
<표 9-1> 대(對)이라크 군사적 응징에 관한 국제 여론과 시각	420
<표 9-2> 미국의 군사 지원 규모(개략)	421
<표 9-3> 연합군의 작전목표(요약)	422
<표 9-4> CJTF-7의 열다섯 가지 수행과업(정리)	429
<표 9-5> 제3단계 안정화 작전 시 발생한 인명 손실 현황	432

도 입 전쟁이란, 전쟁사란 무엇을 의미하는지, 어떠한 관계인지 이해합시다.

학습하기 이전(以前)에 요구되는 사항

1. 전쟁과 전쟁사(史)의 일반적 정의와 개념은?
2. 일반 역사-전쟁사-군사사(軍事史)는 서로 어떠한 관계를 형성하고 있는가?
3. 일반적인 의미에서 역사학과 군사학의 관계를 이해하시오.
4. 시대·세대별 전쟁의 양상과 변천 과정을 이해하시오.
5. 전쟁은 무엇이고, 왜! 일어날 수밖에 없는지를 이해하시오.
6. 전쟁사를 연구하는 방법과 촉진요인에 관하여 이해하시오.
7. 전쟁의 수준이란 무엇을 의미하는지를 이해하시오.
8. 시대·국가별 전쟁의 원칙은 같은가? 아니면 다른가?
   공통점이 있다면, 어떠한 요소일까요?
9. 전략-작전술-작전(전술)의 일반 정의와 개념을 이해하시오.
10. 사관학교에서 사용하고 있는 전쟁사와 관련한 명칭의 공통점과 차이점은?
11. 헤로도토스의 『역사』와 투키디데스의 『펠로폰네소스 전쟁사』가 어떠한
    내용인지를 개괄적으로 이해하시오.
12. 영화 ≪300≫과 ≪제국의 부활≫을 시청하시오.

제1장

전쟁사(戰爭史) 개관(槪觀)

제1절 전쟁의 개념과 특징

제2절 전쟁 양상의 변천과 대표적 사례

제 1 절

전쟁의 개념과 특징

1. 전쟁이란 무엇이고, 왜! 일어날 수밖에 없는가?

1.1. 개요

어떠한 배움을 시작할 때 가장 먼저 드는 생각이 "왜! 해야 하지?", 아니면 "꼭 배워야 하나?"라는 의문점이다. 특히 軍이나 민간 조직을 불문하고 느끼는 게 "더운 날 꼭 이 훈련(연습)을 해야 하나?", "아니 하필 왜! 이럴 때 회의(교육 또는 훈련)를 한다는 거지?"라는 푸념이나 불평이 일반적인 사례일 것이다. 하물며 전쟁사의 경우는 대다수가 케케묵은 과거의 얘기로 주먹이나 칼과 창을 가지고 싸웠던 유물(遺物)의 역사다. 따라서 과학기술과 문명이 혁신적으로 변화하고 있는 세계화 시대에 무슨 고전적인 전쟁의 역사를 배워서 무슨 가치가 있을까 하는 얘기들을 가끔 듣곤 한다. 그러함에도 불구하고 정작 필요한 이유를 대라면, 한 마디로 '과거의 역사(Those who cannot remember the history are condemned to repeat it)'이기 때문이다. 과거가 현재와 연결되어 있고, 현재가 미래의 발전을 보장할 수 있기에 지극히 정상적이고 창의적인 인식 발달에 가장 본질적인 사안(事案)임을 유념하여야 한다. 인류는 역사 이래 상호 마찰(摩擦, friction)을 통해 갈등과 분쟁을 발생시켰고 이러한 현상이 진정되거나, 해결할 기미가 보이지 않은 상태로 극렬하게 비화(飛火)된 종착점이 바로 '전쟁(War)'이다.

동양의 대표적인 전쟁이론서로는 손자의 『손자병법』을 들 수 있고, 서양의 대표적인 전쟁이론서는 카를 폰 클라우제비츠(Carl von Clausewitz, 1780~1831)의 『전쟁론(Vom Kriege)』을 들 수 있다.[1] 익히 알고 있는 얘기이겠지만, 모든 계획은 현실과 우연이라는

---

1) 『손자병법』은 춘추시대 말기인 BC 544년 제(齊)나라에서 출생한 손자(孫子)가 지은 책으로 오왕 합려에게 발탁되어 대장군으로 중용된 이후 초재진을 차례로 굴복시켰으며, BC 496년에 사망하였다. 전쟁에 관한 법칙을 최초로 구체화하였으며, 19세기 이후 유럽에 전파되면서 '병가(兵家)의 시조'로 추앙받고 있다. 카를 폰 클라우제비츠(Carl von Clausewitz)는 1780년 프로이센(현재의 독일)에서 태어나 나폴레옹 전쟁을 겪은 내용을 토대로 하여 『전쟁론』을 작성하던 중에 콜레라로 1831년 사망하였으나, 이후 미망인 등 다수의 노력으로 완성하여 오늘날 전

벽에 부딪히면서 조금씩 차질이 생길 수밖에 없게 되어있다. 그 계획이 복잡하거나 정교할수록 더 많은 변수가 있고, 이들은 계획의 실효성을 방해하기 마련이다. 이러한 어려움을 클라우제비츠는 '마찰(friction)'로 해석하였다. <그림 1-1>은 카를 폰 클라우제비츠가 주장한 삼위일체론(三位一體論)이다.

<그림 1-1> 카를 폰 클라우제비츠의 삼위일체론

클라우제비츠는 계획과 실재(實在)에서 발생하는 간극(間隙, 틈)을 '마찰'이라고 정의하고 있다. 마찰의 3대 요소가 ① '국민(people)'으로 감정과 증오, 적개심을 보유하고 있으며, 가족이나 친지, 자신이 가진 생각과 다르다는 감성(emotion)에 따라 때로는 과격한 폭력성[2] 또는 열정(熱情)을 띠는 주체이고, ② '군대(armed forces)와 지휘관'은 환경에 따라 우연성과 개연성(또는 도박성)을 동반하는 주체이며, ③ '정부(government)와 정치가'는 이성(또는 정치성)을 통해 합리적인 결정을 주관할 수 있는 주체이다.

여기에서 자신이 마찰의 위력을 의식하고 고려할 수 있다면, 나름대로 정교하고 복잡한 계획을 수립하면서 "내가 잘하니까 모든 상황을 통제할 수 있다."라는 환상에 빠지지 않으려는 노력이 중요하다. 저자가 전쟁사를 탐구하면서 배운 가장 중요한 덕목은 두 가지로 함축할 수 있는데, 바로 곡선이 아닌 직선적인 '단순성(simplicity)'과 중요한 시기에 모험심과 결단력을 발휘할 수 있는 '대담성(fearlessness)'이라고 자신 있게 주장할 수 있다.

여타 조직도 마찬가지겠지만, 특히 군조직은 임무를 수행하는 과정이 더 위험(danger)하

쟁에 관한 서양 최초의 연구서로 알려져 있다. 쉽게 말하면, '미완성된 유고(遺稿) 묶음집'으로 보면 이해하기가 무난할 듯싶다.
2) 일반적 의미에서 '폭력성'이란 '함부로 거칠고 난폭한 힘을 쓰는 성질'이지만, 전쟁사 측면에서 바라보는 폭력성은 '무력'과 '폭력'이라는 두 가지의 의미를 지니고 있다. 첫째, 무력이란 '병력과 무기를 바탕으로 하는 군사상의 힘'을, 둘째, 폭력이란 '물리적 수단과 힘'을 뜻한다.

고, 육체적 노력(physical exertion), 정보(intelligence), 마찰(friction)이 중요하다는 점을 유념하여야 한다. 국가의 최후 보루인 군은 이러한 마찰 요소가 적어지도록 평시 훈련(연습)을 통해 마찰요인을 최소화하는 데 노력해야 하며, 전쟁사를 연구함으로써 간접 경험을 충분히 체득할 필요가 있으며, 이를 통해 판단력과 결단력, 신중하고 침착한 대처와 조치 능력을 습득할 수 있다.

1.2. 전쟁이란 무엇인가?

인류의 역사는 전쟁의 역사로서 국가나 집단이 생존과 국가이익을 위해 갈등과 분쟁에서 벗어나기 어렵기 때문이다. 그래서 예로부터 철학자나 역사가들이 중요하게 취급한 연구 주제의 하나가 '전쟁사(history of war)'라는 주제였다. 따라서 전쟁사를 탐구하기 전에 먼저, 전쟁의 개념과 의미에 대하여 알아보자. 예로부터 최근에 이르기까지 국적을 불문하고 전쟁을 가장 잘 표현한 자료로 중국의 고대 병법서인『손자병법』을 꼽을 수 있다. 전쟁의 속성을 가장 잘 나타내고 있는 문장이 제1(始計)편에 나오는 '병자(兵者)는 궤도야(詭道也)'라는 문장이다.[3] <그림 1-2>는 손자병법 제1(始計)편에 나오는 내용이다.

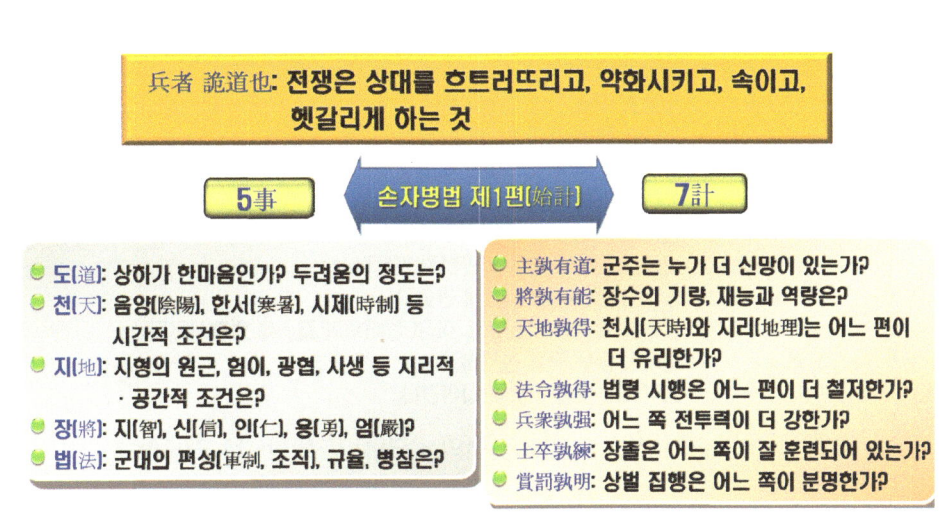

<그림 1-2> 『손자병법』 제1(始計)편의 '兵者는 詭道也'

---

[3] '병자(兵者)'의 '병(兵)'은 전쟁이라는 광의의 의미가 아니라 더 작은 의미의 '작전(operation)'이나 '전투(combat)'를 의미한다. 나라의 중대한 사태인 전쟁이 '궤도(詭道, 속이고 속이는 행위)'에만 국한되는 게 아니기 때문이다. 전쟁이란 국가의 존망(存亡)과 국민의 생사가 걸린 중대한 일이기에 전쟁에서 필연적으로 승리하지 않으면, 안되므로 승리하기 위해 불가피하게 '궤도'를 이행할 수밖에 없다. 그렇지 않다면, '송양지인(宋襄之仁, 어리석은 배려를 비판하는 古事)'의 우(愚)가 발생하기 마련이다.

핵심은 바로 '병자(兵者)는 궤도야(詭道也)'라는 문장으로 '상대를 흐트러뜨리고 약화하고 속이고 헷갈리게 만드는 것'이라는 뜻이 있다.

BC 1100년대 말기에 주나라가 은나라를 멸망시키면서 천하 패권을 장악하였다가, 점차 세력이 약화하면서 기회를 엿보던 지방의 제후들이 서로 패권(霸權, hegemony)을 장악하기 위해 원정(遠征)을 시도하던 때였다. 이때 나온 최초의 병법서가 『손자병법』이며, 시대적 특성에 따라 군대의 원정과 관련한 제반 상황을 상세하게 기술한 책이다. 제1(始計, 최초의 근본적인 계책)편에 '5사(事) 7계(計)'가 나온다. '5사(事)'는 아군의 실정을 정확하게 알고 역량을 파악하는 등 평소 전쟁을 준비해야 하는 기준을 삼기 위한 기준항목이고, '7계(計)'는 상대하는 적과 아군의 전력(또는 역량)을 비교·판단하는 등을 통해 승리할 수 있는지를 파악하기 위하여 활용하는 계책이다. 이러한 상태에서 전쟁을 시작하려고 하는데 상대적 측면에서 일부 부족하다거나, 승기(勝機)를 잡기 위해 계획을 수립하고 시행하는 과정에서 적을 속이는 방편(方便)이 <그림 1-3>과 같은 '14 궤도'이다.

- 故能而示之不能 : 능력이 있지만, 없는 것처럼 보이게 하고
- 用而示之不用 : 사용하면서도 사용하지 않는 것처럼 보이게 하고
- 近而示之遠 : 가까이 있으면서도 멀리 있는 것처럼 보이게 하고
- 遠而示之近 : 멀리 있으면서도 가까이 있는 것처럼 보이게 한다.
- 利而示之 : 상대를 이익으로 유인하고
- 亂而取之 : 혼란할 때 공격하여 취득한다.
- 實而備之 : 상대가 튼튼하면, 수비만 하고
- 強而避之 : 상대가 강할 때는 싸움을 회피한다.
- 怒而橈之 : 상대를 흥분시켜 어지럽게 만들고
- 卑而驕之 : 나를 얕보이게 하여 교만하게 만든다.
- 佚而勞之 : 상대가 편안하면, 힘들게 만들고
- 親而離之 : 상대가 결속되어 있으면, 이간(離間)시켜 결속을 와해시킨다.
- 攻其無備 : 준비가 없는 곳을 공격하고
- 出其不意 : 생각하지 못한 곳으로 나아간다.

<그림 1-3> 『손자병법』 제1(始計)편의 승리하기 위한 '14 궤도(詭道)'

'14 궤도(詭道)'는 14가지의 각종 속임수를 다양한 방법과 수단을 통해 활용함으로써 아군에 유리한 상황으로 가져오기 위함이다. 중국 마오쩌둥(Mao Zedong, 1893~1976)의 유격전 사상과 지구전 전략사상을 완성하는 데 적지 않은 영향을 끼쳤다.

2. 전쟁과 전쟁사의 일반적 정의와 개념, 속성(屬性, attribute)

2.1. 전쟁(戰爭, War 또는 Warfare)의 일반적 정의와 개념

美 웹스터 사전(Webster Dictionary)에 의하면, 전쟁은 '국가 또는 정치 집단 간에 폭력이나 무력을 행사하는 상태 또는 사실'을 뜻하며, '둘 이상의 국가 간에 어떠한 목적을 달성하기 위해 수행하는 싸움'으로 정의하고 있다. 프로이센의 군사 전략가인 카를 폰 클라우제비츠(Carl von Clausewitz, 1780~1831)는 '우리 편(我方)의 의지를 충족시키기 위해 상대에게 강요하는 폭력행위'라고 정의하고 있다. 그러면서 '전쟁은 정치적 행위일 뿐만 아니라 하나의 실질적인 정치도구로써 정치적 거래의 연속(a continuation of political transaction)'이라고 강조하면서 전쟁의 본질은 정치에 종속되어 있음을 주장하고 있다.

2.2. 전쟁사(戰爭史)의 일반적 정의와 개념

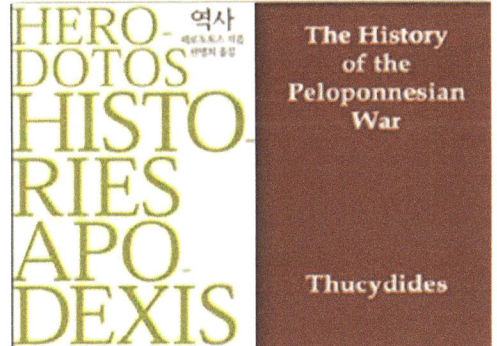

전쟁사(戰爭史)는 군사사(軍事史, military history)의 하위 분야로 무기사 또는 무기체계사 등을 포함하고 있다. 말 그대로 '어떤 전쟁이 진행되어 온 경위나 역사상에서 전쟁들이 발발했던 역사, 또는 그 기록'을 뜻하는 단어로서 페르시아 전쟁에 관한 역사서로 잘 알려진 헤로도토스(Herodotos, BC 484~BC 425년경)가 저술한 『역사』와 투키디데스(Thucydides, BC 465~ BC 400년경)의 『펠로폰네소스 전쟁사』를 들 수 있다.4) 가장 먼저 전쟁사를 집필한 역사가는 투키디데스로 BC 411년 갑자기 기술을 중단하였다. 그러다 크라티포스(Kratisfos), 크세노폰(Xenophon), 테오폼포스(Theopompos)가 이후의 역사를 다시 쓰면서 재개되었다. 투키디데스는 개인보다 국가의 활동과 시민들의 성격에 관심을 두었으며, 완성된 것은 아니었음을 기억할 필요가 있다.

---

4) 헤로도토스(Herodotos)의 『역사』는 BC 499~BC 450년까지 진행되었던 그리스(민주주의)-페르시아(왕정 독재) 간 전쟁을 다루고 있으며, 투키디데스(Thucydides)의 『펠로폰네소스 전쟁사』는 BC 465~BC 400년까지 27년에 걸쳐 진행된 아테네-스파르타의 전쟁으로 해군이 강한 아테네와 육군 중심의 스파르타 간에 패권을 확보하기 위해 벌인 전쟁의 역사를 다루고 있다

3. 전쟁의 일반원칙과 기초적인 독도법, 군사용어 이해

3.1. 전쟁의 일반원칙과 한국군의 적용 원칙

전쟁은 항상 불확실성과 개연성이라는 암흑 속에서 진행하여왔다. 한동안은 전쟁이 순수한 과학이고 수학적 게임이라는 주장이 우세하였지만, 나폴레옹의 등장으로 합리적인 논거(reasonable argument)가 깨져버렸다. 이후 양차 세계대전을 겪으면서 무기체계가 발전하게 되자 과학 분야로부터 연구·분석 기술을 접목하였다. 그러나 이 또한 변수(變數, variable)로 인해 어려웠다. 전쟁의 일반원칙은 국가나 지역의 환경과 특성에 따라 차이가 있다. 이러한 개연성 속에서 과거의 전역(戰役)을 분석하고 평가하여 새로운 작전계획을 수립하는 기초로 삼고 새로운 계획들을 평가할 수 있는 원칙들이 무엇인가에 관하여 알기 위해 노력하였다. 이러한 과정을 거치면서 여러 국가에서 만든 나름대로 전쟁에 관한 원칙들이 생겨났다. 오늘날 이를 '전쟁의 원칙' 또는 '전략의 원칙'으로 부르고 있다. <그림 1-4>는 주요 전략가와 국가별 채택하고 있는 전쟁(전략)의 일반적인 원칙이다.

구분	손자 (6)	나폴레옹 (6)	클라우제비츠 (5)	미군			영국군 (10)	한국군 (11)
				육군(9)	해군(12)	공군(9)		
1	목표	목표	목표	목표	목표	목표	목표	① 목표
2	공격	공격	공격	공세	공세	공세	공세	② 공세
3	집중	집중	집중	집중	집중	집중	행정	③ 집중
4	기동	기동	기동	기동	기동	-	협조	④ 기동
5	기습	기습	-	기습	기습	기습	기습	⑤ 기습
6	협동	-	병력절약	병력절약	병력절약	병력절약	역량절용	⑥ 절약
7	-	경계	-	경계	경계	경계	경계	⑦ 경계
8	-	-	-	통일	통일	통일	부대집결	⑧ 통일
9	-	-	-	간명	간명	-	-	⑨ 간명
10	-	-	-	계획준비	융통성	융통성	융통성	⑩ 창의
11	-	-	-	-	사기	-	사기	⑪ 사기
12	-	-	-	-	전과확대	-	-	⑫ 정보

<그림 1-4> 주요 전략가와 국가별 전쟁(또는 전략)의 일반원칙

주요 전략가들이 주장하는 전략원칙이 시대의 발전 및 전장(battle-field) 환경의 변화와 함께 여러 국가의 전쟁이나 전략의 원칙에 접목되어 있음을 알 수 있다. 손자(孫子)와

나폴레옹 보나파르트(Napoleon I)는 6개 원칙을, 카를 폰 클라우제비츠(Carl von Clausewitz)는 5개 원칙을 주장하였다. 미군은 육군과 해·공군이 해당 軍의 특성에 맞도록 사용하고 있으며, 영국군은 10개의 원칙을 채택하고 있다.

이들 원칙은 상호 연관되어 있음을 알 수 있다. 그러나 국가마다 그 수와 내용, 적용 정도에 차이가 있으며, 군사 교육기관에 따라 중요하게 강조하는 항목도 각기 다르다. 따라서 어떤 원칙은 서로 보완하기도 하지만, 또 다른 한편으로는 서로 상충(相衝)되기도 한다. 또한, 지형의 특징과 상대적인 전투력, 기후 및 기상, 임무의 정도에 따라 작전에 영향을 끼치는 요소가 상이(相異)함은 일반적인 상식이다. 따라서 이들 원칙을 적절히 채택하거나 접목하는 수준이 바로 그 지휘관의 능력이자 역량이고, 이를 리더십의 총체라고 이해하면 될 것 같다.

한국군의 경우 12개의 원칙을 적용하고 있으며, 당장 필요한 내용이 많이 있기에 조금 더 구체적으로 들어가 보자. 한국군은 초기는 미군의 전쟁원칙을 수정하지 않고 적용하였다가 점차 한반도 실정에 부합되도록 종류와 내용을 발전시켰다. 이 중에 정보, 창의, 사기의 원칙은 무형적인 요소로서 추가시켰다.

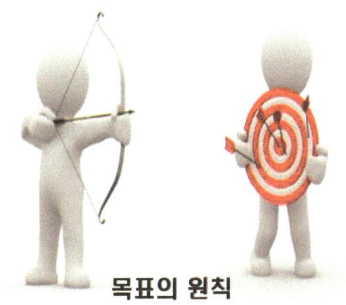
목표의 원칙

① '목표(Objective)'의 원칙은 모든 군사작전의 목표는 첫째, 명확해야 하고, 둘째, 결정적이어야 하며, 셋째, 달성이 가능해야 한다는 의미이다.[5] 전쟁을 수행하면서 궁극적인 목표는 '적의 군대(능력)와 전의(戰意)'를 분쇄하는 데 있다. 이에 실패한 사례는 '베트남 전쟁'을 들 수 있다. 미국은 베트남 전(全) 지역에 흩어져 있는 베트콩만을 목표로 했을 뿐 정작 적의 핵심 거점인 수도 하노이는 핵심 목표로 선정을 하지 않는 우(愚, 어리석음)를 범하였다. 이러다 보니 베트콩을 대상으로 하는 소규모 전투(Combat)에서는 승리하였지만, 전쟁(War) 차원에서는 패배를 자인(自認)할 수밖에 없었다. 목표를 명확하게 선정하지 못한 결과는 비참함을 이해하여야 한다.

② '공세(攻勢, Offensive)'의 원칙은 전장(戰場, battlefield)에서 주도권을 확보 유지하고 이를 확대해나가는 과정을 의미한다.[6] 이는 명확하게 목표를 확보할 수 있는 가장 효과적이고 결정적인 방법이다. 공세 작전은 행동의 자유를 보장하고 결정적인 성과를 달성케

---

5) 모든 군사작전의 목표는 명확해야 하며 결정적이고 달성 가능하여야 한다(Direct every military operation toward a clearly defined, decisive and attainable objective).
6) 공세적 활동은 전장의 주도권을 확보 유지하고 이를 확대해야 한다(Offensive action is the most effective and decisive way to attain a clearly defined common objective).

공세의 원칙

함으로써 주도권을 확보하고 유지할 수 있는 강력한 수단으로 軍의 각 제대에서 기본적으로 유지해야 한다. 베트남 전쟁에서 미군은 보조전력에 불과한 베트콩을 쫓는데 전투력을 낭비하다 보니 적의 전략적 거점이자 수도인 하노이(Ha Noi)로 공세를 집중하는 전략적 판단을 하지 못했다. 또한, 기지(Base) 중심의 전투를 수행함으로써 야간에는 오히려 베트콩의 세상이 되어버리는 현상도 발생하였다. 다시 말해 목표를 명확하게 선정하지 않고 전쟁에 임함으로써 공세의 원칙을 지킬 수 없었다. 당연히 전장의 주도권은 전투력이 빈약한 베트콩이 가져가고 말았다. 미군 스스로 이길 수 없는 전쟁의 늪으로 빠져들었다는 안타까움이 미군의 사후검토(AAR)에도 나타나 있다.

집중의 원칙

③ '집중(集中, Mass)'의 원칙은 압도적인 전투력을 결정적인 장소와 시간에 집중해야 한다는 의미이다.7) 전쟁에서의 승패는 결정적인 시간과 장소에서 상대적인 전투력이 어느 쪽이 우세한가에 따라 결정된다. 비록 전투력이 상대보다 대등하거나, 열세(劣勢)하더라도 적의 취약한 부분이나 지점에 아군의 전투력을 집중시켜 상대적인 우세를 달성한다면, 결정적인 성과를 획득할 수 있음은 수많은 전사(戰史)를 통해 입증되고 있다. 이때 모든 전투력은 적의 힘이 집결된 곳을 지향하여야 한다. 그것은 전쟁 지도본부일 수 있고, 정치·군사적 중심지, 집결한 군대, 국가 지도자나 軍의 주요 지휘관, 아니면, 국가의 자원과 국민 여론이 중심(Center of Gravity)이 될 수도 있다. 베트남 전쟁에서 미국의 전략이 월맹 지역은 공격하지 않기로 했기 때문에 중심을 지향할 생각도 하지 않는 우를 범하였다. 미군은 전투력을 낭비하면서 지쳐갈 때 월맹군은 결정적인 시기에 전투력을 집중하기 위하여 월맹 내부에서 때를 기다리고 있었다. 반면에 미군과 월남군은 군사기지나 행정시설 또는 마을에 박격포를 쏘거나, 도망가는 베트콩을 잡는 단순한 전투에 집중했다. 이들을 쫓아다니다 보니 미군과 월남군은 분산되었고, 베트콩을 소탕하는 데만 익숙한 군대가 되어버렸다. 그러다 보니 월맹군이 대규모로 공격하면, 어쩔 줄을 모르게 되면서 월맹군과 마주칠 때마다 패배하고 마는 오합지졸 군대가 되어버렸다.

④ '기동(機動, Maneuver)'의 원칙은 전투력을 융통성 있게 적용함으로써 적을 불리한

---

7) 압도적인 전투력을 결정적인 시간과 장소에 집중시켜야 한다(Mass the effects of overwhelming combat power at the decisive place and time).

기동의 원칙

위치에 놓이게 만든다는 의미이다.8) 기동은 '자신은 늘 유리한 위치를 차지하고 상대는 불리한 위치에 놓이게 하는 것'으로 속도(Rapid)와 은밀성(clandestine)이 핵심 요소다. 우군이 적보다 유리한 위치를 확보하기 위하여 전투력을 이동시키는 활동이다. 효과적으로 기동하여 적은 균형을 유지하지 못하게 하며 우군의 전투력은 보호할 수 있다. 기동은 전과(戰果)를 확대하고 행동의 자유를 유지함과 동시에 취약점도 감소시킬 수 있다. 또한, 끊김이 없이 적의 행동을 비효율적으로 움직이도록 함으로써 목적을 달성하지 못하게 하여야 하며, 많은 새로운 문제점들이 끊이지 않고 발생하도록 노력하여야 한다.

기습의 원칙

⑤ '기습(奇襲, Surprise)'의 원칙은 적이 예상하지 못한 의도와 시간, 장소, 수단, 방법을 활용하여 적을 타격하는 행위로서 우군과 적의 전투력 균형을 우군에 유리하게 전환함으로써 최소의 희생으로 최대 성과를 달성하게 한다는 의미이다.9) 기습을 성공적으로 달성할 경우 전투와 작전 자체가 불필요해지거나, 최소화할 수 있다. 이때 적이 모르도록 하는 것도 중요하지만, 설혹 알았다 하더라도 대처하기 곤란하게 만드는 것이 더욱 중요하다. 이를 통해 적의 군사행동이 시작되기 이전(以前)에 힘의 균형을 빼앗을 수 있고, 적의 심리상태 및 전투력의 균형도 파괴할 수 있기 때문이다. 다만, 유념해야 할 사항은 기습은 다른 어떤 요소보다 수행 인원의 창의성에 의존하는 측면이 크기에 전투력이 열세한 지휘관의 경우 가장 적극적으로 추구할 필요가 있다. 그러나 너무 지나치게 의존할 경우 도리어 적에게 역이용당할 수 있음도 유념하여야 한다.

⑥ '절약(節約, Economy of Force)'의 원칙은 최적의 전투력을 운용하여 자원의 소모를 최소화하자는 의미이다.10) 이 원칙은 집중의 원칙을 달성하기 위한 전제조건이다. 결정적인 시간과 장소에서 승리하기 위해 부차적인 방향에서는 최소한의 전투력을 사용한다. 지휘관이 아무리 과감하게 작전을 구상하여도 준비되지 않은 방향에서 적이 갑자기 공격

---

8) 전투력은 융통성을 통해 적이 상대적으로 불리한 장소에 배치하게끔 하라(Place the enemy in a disadvantageous position through the flexible application of combat power).
9) 예기치 않은 시간 혹은 장소 또는 방법으로 적을 타격하라(Strike the enemy at a time or place or in a manner for which he is unprepared).
10) 절약은 효율성을 극대화할 수 있는 곳에 모든 전투력을 집중하여 운영하고, 부차적인 목표에 대해서는 최소 전투력을 할당하는 것이다(Employ all combat power available in the most effective way possible; allocate minimum essential combat power to secondary efforts).

절약의 원칙

을 시도했을 때 무방비상태가 되면 안 되겠지만, 이 때문에 중요하지 않은 방향에 지나치게 많은 전투력을 할당하면, 주요 방향에 전투력을 집중하기는 어려워진다. 따라서 의도하는 방향에서 최대의 성과를 얻기 위해 부차적인 방향에는 최소한의 필수 전투력만 할당하는 노력이 필요하다.

경계의 원칙

⑦ '경계(警戒, Security)'의 원칙은 "작전에 실패한 지휘관은 용서할 수 있어도 경계에 실패한 지휘관은 용서받지 못한다."라는 금언(wise saying)으로 정리할 수 있다.11) 경계는 지휘관이 자신이 지휘하는 부대를 보호하기 위해 취하는 여러 가지의 방법과 수단을 마련함으로써 우군의 전투력을 보존하기 위함이다. 우군에 대한 적의 탐지나 정보 수집 활동을 거부하고 행동의 자유를 확보함으로써 적의 기습을 방지할 수 있다. 우군을 제대로 보호하기 위해서는 때로는 과감한 행동과 전장의 기선 제압 활동 등을 통해 경계효과를 더욱 증대시킬 수 있다.

지휘통일의 원칙

⑧ '통일(統一, unity of command) 또는 지휘 통일'의 원칙은 모든 부대가 공동의 목적을 달성하기 위해서는 전투력의 분산을 방지하기 위함이다.12) 한 부대의 전투력이 최대로 발휘되려면, 지휘의 통일은 반드시 요구된다. 지휘 통일은 단일 지휘관이 공통의 목표를 달성하기 위해 모든 부대 활동을 지시하고 협조함을 뜻한다. 협동을 통해 협조를 달성할 수 있으나, 단일 지휘관에게 필요한 권한을 부여함으로써 행동이 통합될 수 있음을 이해하여야 한다. 지휘권이 다수의 지휘관에게 분산되거나, 중첩(중복)되어 행사하게 되면 혼란에 빠지게 되고 노력은 분산되기에 결정적 시기와 장소에서 단호한 행동을 취할 수 없다. 지휘할 때도 예하 부대 간의 협력을 통해 공동의 목표에 지향하도록 조정·통제되었을 때 성과의 창출이 가능하므로 단일 지휘 노력은 꼭 필요하다.

⑨ '간명(簡明, Simplicity)'의 원칙은 군사작전 간 계획과 명령을 간단명료하게 수립하여

---

11) 적이 예기치 않는 이점(利點)을 얻도록 허락하지 마라(Never permit the enemy to acquire an unexpected advantage).
12) 목표를 탈취하려면, 지휘와 노력의 통일이 이루어져야 한다(For every objective, seek unity of command and unity of effort).

간명의 원칙

시행하는 활동이다.13) 계획과 명령은 간명하면서도 직접 적시(摘示)하여야 한다. 명확하고 간결한 계획과 명령은 오해와 혼동을 줄인다. 軍에서 사용하는 METT+TC14) 요소는 요구되는 간명(conciseness)의 정도를 결정한다. 주어진 시간 내에 마무리된 어설픈 계획이 늦게 작성한 좋은 계획보다 더 낫다. 모든 제대의 지휘관은 예하 부대가 이해하지 못하거나 따르지 못할 위험에 대비하는 복잡한 작전 개념보다는 간명함이 목표 달성에 훨씬 유리함을 이해해야 한다.

창의의 원칙

⑩ '창의(創意, Creativity)'의 원칙은 전투는 절대 같은 양상으로 반복되지 않는 변화무쌍한 실체를 가지고 있기에 전투에서 과거와 같은 방법을 반복해서는 승리할 수 없다. 전쟁에서 승리하기 위해서는 예상하거나, 예상하지 못한 각종의 상황 변화에 따라 수행하는 방법과 수단을 적절하게 변용할 수 있는 사고력(thinking power)과 상상력(imagination)을 구사할 수 있어야 한다. 이를 위해 지휘관은 융통성을 가지고 적을 기만하고 적이 예상하지 못하는 방법을 활용해야 하며, 창의적인 지휘기법과 작전을 부단히 계발하여야 한다. 이는 전쟁원칙의 전(全) 부분에 스며있다고 표현해도 과언이 아니다.

사기의 원칙

⑪ '사기(士氣, Morale)'의 원칙은 왕성한 사기를 통해 필승(必勝)의 신념과 전투에서 승리하겠다는 의지를 고양(高揚)한다는 의미이다. 임무 수행에 대한 전투원 개인이나 부대의 정신적·심리적 상태로서 전투력을 상승시키는 효과를 가져오게 하여 전승(戰勝)에 이바지할 수 있는 필수적인 요소이다. 사기는 지휘관과 부대원들의 확고한 사명감과 생사를 초월하여 부여받은 임무를 완수하겠다는 의지가 합해질 때 효과를 극대화할 수 있다. 사기가 저하된 부대는 전쟁에서 승리할 수 없으므로 지휘관은 항상 부대가 왕성한 사기를 유지할 수 있도록 노력해야 하며, 이와 반대로

---

13) 완전한 이해를 보장하기 위해 명확하고 단순한 계획과 명쾌하고 간결한 명령을 준비하라(Prepare clear, uncomplicated plans and clear, concise orders to ensure thorough understanding).

14) 'METT+TC'는 전술적 고려 요소를 함축적으로 줄인 말로 작전을 수행하는 과정에서 부대나 전투력 운용에 미치는 영향에 관한 상황평가와 판단의 기준을 제공하는 요소로 활용하고 있다. '임무(Mission)', '적(Enemy)', '지형(Terrain)', '가용병력(Troops available)', '시간(Time available)', '민간요소(Civilian considerations)'를 의미하고 있다.

적의 사기는 저하(低下)하는 방법과 수단을 마련해야 한다.

정보의 원칙

⑫ '정보(情報, Intelligence)'의 원칙은 적을 찾고 적을 알게 함으로써 적의 약점을 이용해야 한다는 의미이다. 정보는 『손자병법』 제3(謨攻)편에서 "지피지기(知彼知己) 백전불태(百戰不殆) 지천지지(知天知地) 승내가전(勝乃可全)"으로 강조하는 것과 같이 "적을 알고 나를 알면, 백번 싸워도 위태롭지 않고, 하늘을 알고 땅을 알면, 온전하게 이길 수 있다."라는 뜻이다. 정보 수집을 통해 적의 배치상태와 무기체계 등을 비롯하여 아군의 가용능력 등을 알고 있는 상태에서 전투에 임하면, 결코, 위태로운 상황이 있을 수 없다. 이에 더하여 기상 상황과 지리적 이점을 정확하게 알고 이용할 수 있다면, 우군이 최소의 희생으로 온전하게 승리할 수 있다는 의미와도 일맥상통하게 된다. 전쟁사를 분석해 보면, 적과 지형에 대한 정보를 등한시하다가 패배한 사례는 무수히 많다. 적의 강점과 약점을 파악하여 강점은 피하고 약점을 최대한 활용할 수 있게 하는 게 바로 '정보'다. 다만 정보를 평가하는 데 있어서 면밀하게 교차하여 대조해야 하고, 선입견과 주관적인 희망은 절대 개입하지 않아야 한다.[15] 끊임없이 적을 찾고 적을 아는 노력을 기울여야 하며, 정보가 애매할 경우 신속한 결심과 과감한 결단력과 실천력이 성공을 보장받게 한다는 점을 인식하여야 한다.

한국군도 미래에는 인공지능형(AI) 작전참모를 개발 및 도입할 것이라고 한다. 과거의 전쟁은 특출한 군사적 천재가 지휘하느냐에 따라 승패가 갈렸지만, 미래는 어느 편에서 더 뛰어난 인공지능형(AI) 참모를 개발 및 활용하는가에 따라 승패가 결정될 것이다. 따라서 AI를 개발하는 관계자들이 전장의 전반적인 상황을 예측·분석·공유·의사결정을 조언할 수 있는 컴퓨터를 개발했으면 좋겠다.

3.2. 기초적인 독도법과 군대부호, 군사용어 이해

독도법과 군대부호는 전쟁사 탐구뿐만 아니라 일상생활을 하면서 산행(山行)이나, 등산할 때도 필요할 것으로 판단하여 독도법의 좌표판독법과 기본적인 군대부호(符號, code), 작전 활동과 관련한 부호를 제시하였다. 좌표를 판독하는 방법은 세 가지로 정리할 수

---

[15] 6·25전쟁 시 더글러스 맥아더 장군이 중공군의 개입 징후를 보고받고서도 자신의 경험에 의한 단순한 판단이 반복되면서 전쟁 종결이 지체되었고, 복잡하고 지루한 양상으로 변화하였다.

있다. 첫째, 4계단 좌표, 둘째, 6계단 좌표, 셋째, 8계단 좌표로 읽는 방법이다. <그림 1-5>는 세 가지의 좌표판독법(예시)이다.

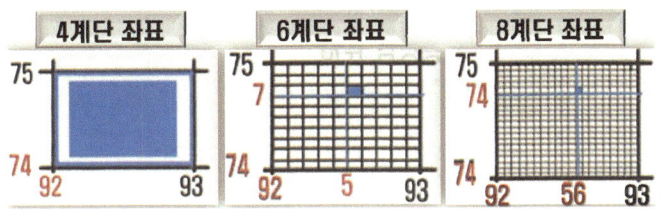

<그림 1-5> 독도법의 세 가지 좌표판독법(예시)

4계단 좌표의 판독은 1,000m×1,000m를 단순하게 대략적인 위치만을 식별하는데 사용하는 방법으로 '92-74 방안(92-74□)'으로 읽는다. 6계단 좌표의 판독은 100m×100m 내에 있는 일반적인 위치를 식별하는 방법으로 '925 747'로 읽는다. 8계단 좌표의 판독은 10m×10m 내에 있는 정밀한 위치를 식별하는 방법으로 가로와 세로를 각 10등분 하여 '9256 7474'로 읽는다. 4계단보다는 6계단이, 6계단보다는 8계단 좌표가 더 정밀하게 식별(판독)하는 방법이라고 이해하면 될 듯싶다.

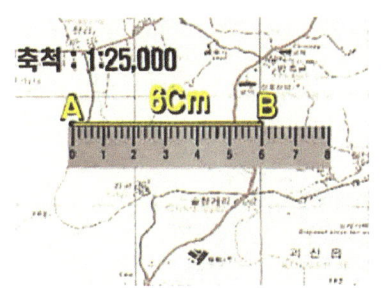

지도의 축척에 따라 실제 거리를 환산하는 방법도 의외로 쉽다. 왼쪽의 지도와 같이 A 지점과 B 지점 간 실제 거리를 계산하는 방법은 간단하다. 지도의 축척이 1:25,000으로 나와 있다. 따라서 실제 거리는 도상거리에 축척(지상 거리)을 곱하면 된다. 따라서 실제 거리가 6cm이므로 6cm(도상거리)×25,000(축척)=150,000cm이다. 따라서 1,500m로 환산할 수 있기에 실제 거리는 1.5km이다.

3.2.1. 기본적인 군대부호

군대부호는 군사작전과 관련된 부대와 장비, 시설, 활동, 전술적 과업 등을 간단하고 정확하게 표현하도록 나타낸 숫자나 문자, 부호, 색채 등을 조합하여 도형화한 부호를 뜻한다. 이는 기본 군대부호와 작전 활동 부호로 구분할 수 있다. <그림 1-6>은 군대부호의 작성 체계도이다.

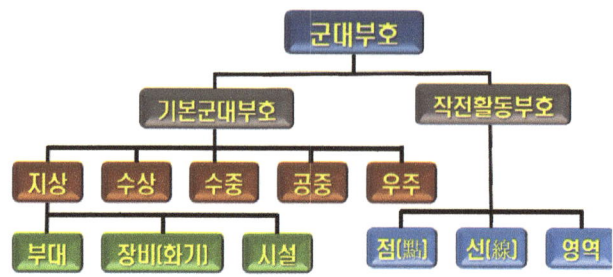

<그림 1-6> 군대부호 작성 체계도

기본 군대부호는 외형부호로서 색을 채워 표시하는 방법과 기능부호, 수식정보부호 영역으로 구분하고 있다. 부대 부호를 도식하는 방법은 <그림 1-7>과 같다.

<그림 1-7> 부대부호 도식(예)

<그림 1-8>은 병과 부호와 공통기능부호를 정리하였다.

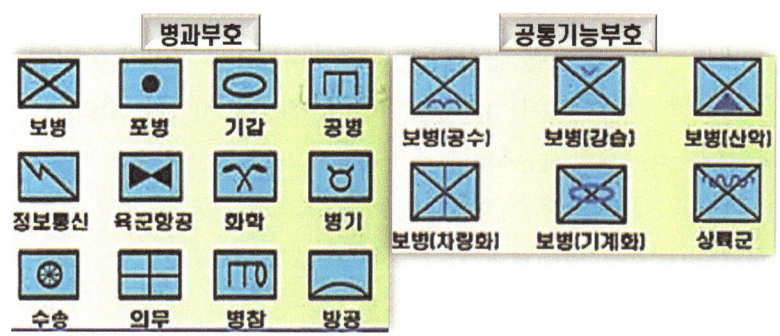

<그림 1-8> 병과 부호와 공통기능부호 도식(예)

<그림 1-9>는 단위 제대(梯隊)를 구분하는 부대 부호로써 분대 단위에서부터 야전군(군사령부)에 이르는 제대 단위를 표시하고 있다.

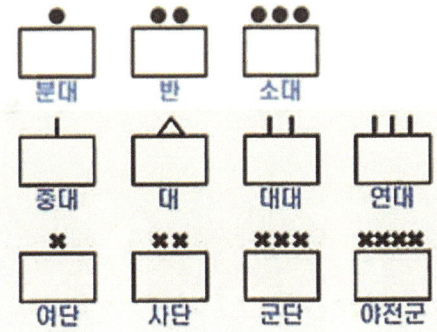

<그림 1-9> 분대~야전군에 이르는 제대 단위의 수식정보 부호(예)

<그림 1-10>은 장비 부호로 기본-종속 화기와 화기의 기능부호이다.

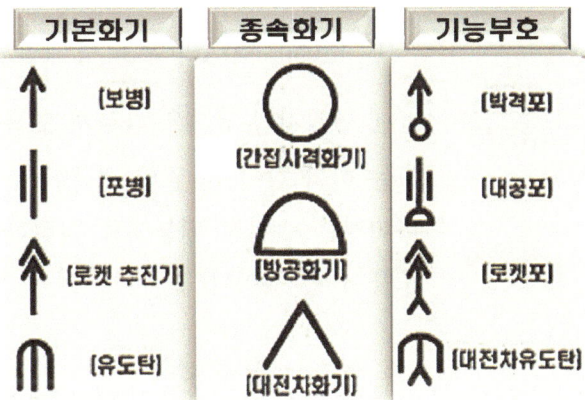

<그림 1-10> 기본화기-종속화기-화기 기능부호(예)

보병과 포병 화기를 도식하는 모양과 형태는 다소 다르며, 로켓 추진기와 유도탄일 경우는 기본화기의 도식 모양과 다소 차이가 있다. 기능부호는 고대 전쟁사의 경우는 특별하게 나오지 않기에 해당하지 않지만, 나폴레옹 전쟁에서부터 현대전쟁사에 이르는 각종 전투 장면이나 요도(要圖)를 통해 점차 접하게 될 것이다.[16] 화기 기능부호도 구경이나 사거리에 따라 도식 모양에 차이가 있음을 이해할 필요가 있다.

작전 활동 부호는 계획(plan)을 수립하거나, 작전(operation)을 준비 및 시행하는 과정에서 정보(information이 아닌 intelligence)를 제공함으로써 부대 운영과 전투(combat)를 수행하는 기능을 제한(restriction)-조정(adjustment)-협조(cooperation)-통합(integration)하는 데 주

---

[16] 지금 접하는 기본적인 군대부호는 형식적으로 작성된 게 아니라 현재 야전부대에서 사용하고 있는 부호들이므로 군사학도(생도)들이 초등군사반에 입교하여 교육을 받는 과정에서 유용하게 쓰일 수 있을 것이다.

로 사용하고 있다. 작전 활동 부호는 <그림 1-11>과 같이 크게 세 가지의 형태로 구분할 수 있다.

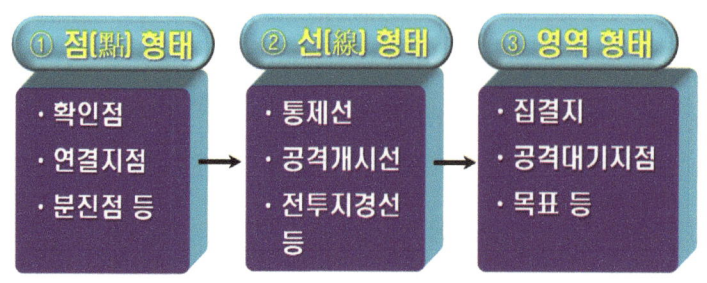

<그림 1-11> 작전 활동 부호의 세 가지 형태

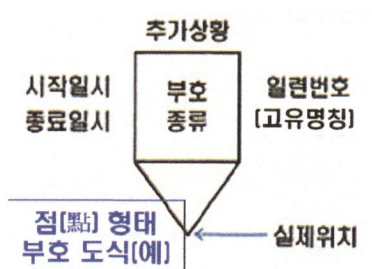

① '점(點)' 형태의 부호 중에서 협조점(⊗)과 접촉점(③), 연결지점(☆)은 다르게 도식하고 있다. 왼쪽에서 보는 바와 같이 맨 밑의 뾰족한 부분이 실제 위치이며, 나머지는 주어진 내용대로 정리하는 습관을 이해하면 도움이 될 것이다.

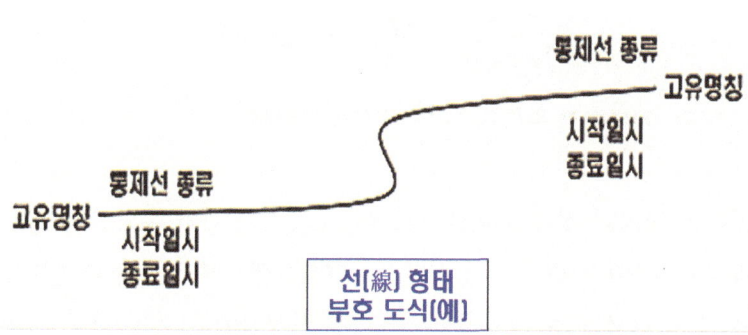

② '선(線)' 형태의 부호는 통제선이나 부대와 부대 사이의 경계선을 표시하는 의미로 사용하고 있으며, 그 종류는 후방에 있는 부대나 전방에 있는 부대가 초월할 때 사용하는 초월선(transcend line), 접촉선(contact point), 공격개시선(attack line), 전투이양선(移讓線, transfer line) 등이 있다. 고유 명칭은 해당 제대에서 정해진 명칭을 사용하면 된다.

③ '영역(area)' 형태의 부호는 전쟁사를 학습하는 과정에서 전투 요도를 통해 많이 접하게 된다. 주로 부대가 밀집된 의미와 형태로서 도식한다. 부대의 집결지(staging area)나 군사작전을 위해 설정한 작전 공역(作戰空域)을 표시하는 데 사용하고 있으며, 집결지와 전투진지, 목표, 화력 제한지역(RFA) 등을 도식할 때 사용하고 있다.

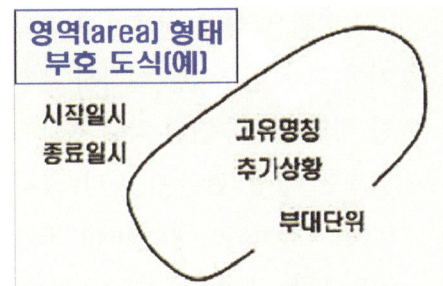

3.2.2. 전쟁(전투)과 관련한 기초 군사용어 이해

軍 조직이 전쟁을 수행할 때의 기능과 지휘 통제, 관리 등의 역할을 고려하면, 크게 작전의 수행과 관리하는 기능으로 구분할 수 있다. 전략과 작전(전술)은 모두 작전의 영역에 포함한다고 할 수 있으며, 나머지 영역은 관리(management) 즉, 물자와 시설, 군사적 부문의 제반 업무와 병력의 보충 등에 관련되는 사항이다. 관리 분야에서 가장 중요한 부분은 병참(兵站, communications 또는 supply trains)으로 물자의 지원과 유지, 그리고 병력의 보충과 관계된다. 따라서 작전과 관리는 항시 유기적인 조화와 협업(Collaboration)이 필요한 관계이다. 병력과 장비, 보급 등이 전략이나 작전을 수행하는 과정에서 활용될 수 없다면, 아무리 훌륭한 전략이나 작전도 승리하는 데 아무런 소용이 없다. 병력과 장비가 충분하다고 하더라도 적보다 상대적으로 우세한 전략과 유능한 지휘관이 존재하지 않는다면, 이 또한 아무런 소용이 없다.

'부대가 집결지(또는 주둔지)에서 출발하여 전술적으로 이동하는 통로와 방향'을 '작전선(LOO, Line Of Operation)'이라고 한다.[17] 이는 앞으로 전쟁사를 탐구하는 곳곳에 표현되기도 하고 표현이 되지 않는 가운데서도 계속 존재하게 된다.

'전략적 측면(strategic flank)'이란 '적이 측면으로 우회하거나, 이를 통해 유리하게 되다면, 아군의 작전선(또는 병참선, 이하 병참선으로 통일) 운용에 상당한 위협을 초래하게 되는 측면'을 의미한다. '전술적 측면(tactical flank)'이란 '공격하는 부대가 더 쉽게 접근할 수 있는 측면'으로 상대적으로 쉽게 포위하거나, 우회할 수 있음을 뜻하고 있다. 다시 말해 병참선과 어떠한 관계를 갖게 되느냐에 따라서 전략적 측면과 전술적 측면으로 구분하고 있음을 가볍게 기억할 필요가 있다.

부대가 작전을 수행하는 데 있어서 병참선이 원심에서 주변으로 방사(radiation)하는 형태가 된다면, '내선작전(內線作戰, operations on interior lines)', 주변에서 원심으로 향하는 형태가 된다면, '외선작전(外線作戰, operations on exterior lines)'으로 구분하고 있다.[18]

---

[17] 일부에서는 '작전선'을 '병참선(LOC, Line Of Communication)'이라고도 한다. 하지만, '작전선'이 '적 또는 목표와 관련하여 시간과 공간, 목적 측면에서 부대가 지향할 방향을 제시하는 선'을 뜻하는 데 반(反)해 '병참선'은 '작전 중인 부대와 작전기지(Operation Base)를 연결하여 보급품과 병력이 이동하는 일체의 지상·해양·공중 보급로'를 뜻한다. 통상적으로 '후방지대'에서는 '병참선'으로 지칭하며, '전방(전투)지대'에서는 '주 보급로'로 지칭한다(합동참모본부, 『합동·연합작전 군사용어사전』(서울: 합동참모본부, 2014), pp. 196, 378.).

[18] '내선작전'은 나폴레옹 보나파르트(Napoleon I, 1769~1821)가 전투에서 승리하는 데 견인차 구실을 한 주(主) 전략으로 '신속한 기동과 집중, 분산의 이점(利點)을 획득하고 양호한 통신, 짧은 병참선을 이용하여 외부로부터 포

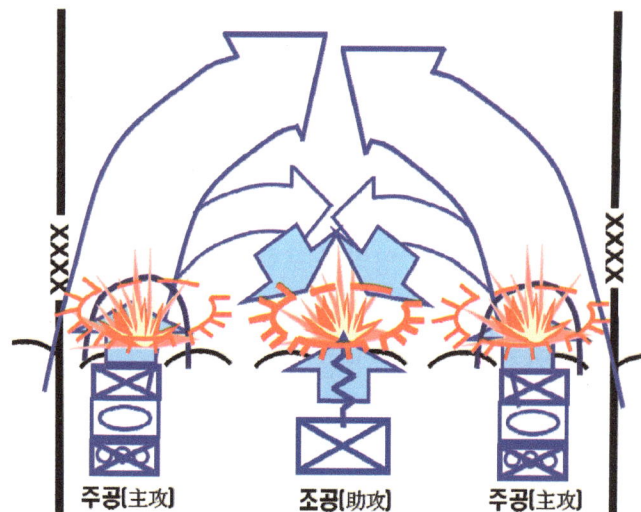

지휘관은 항상 전투가 시작되기 이전에 전투력을 여하히 운용할 것인지를 수집된 각종 정보에 기초한 상황 판단에 따라 공격(攻擊, Offensive Operation) 또는 방어(防禦, Defensive Operation)를 결정하게 된다.[19] 공격은 적을 강타(强打)하여 파멸로 이끌게 하며, 먼저 공격(先制的)한다는 이점을 갖고 있다. 또한, 적에게 행동을 강요할 수 있고, 공격자의 행동에 복종하도록 요구할 수 있기에 사기(士氣)가 높다. 반면에 방어는 자신이 스스로 위치를 선택할 수 있으며, 병력을 집중케 한다거나, 분산하는 등 다양한 방법으로 전개하기에 충분한 여유를 가질 수 있는 이점(利點)이 있다. 일반적으로는 자원(resource)을 보존하면서 적의 공격을 분쇄한다는 목적을 갖는다. 공자(攻者)는 공격을 계속할수록 자원이 소모되고 병참선이 점점 더 늘어나지만, 방자(防者)는 이러한 현상이 생기지 않는다. 공자가 우세를 유지하기 어렵다고 생각되는 시점에 도달했을 때 방자는 '반격(Counter Offensive)'을 실시한다.[20] 이를 통해 지휘관의 지휘통솔 수준이 가늠되기도 한다. 반격은 전략적으로 사용할 때는 '역공세(counter-offensive)'라고 하며, 전술적으로 사용할 경우는 '반격(counter-attack)'이라는 명칭을 사용한다.

공격은 상대적인 병력의 규모와 중요성에 따라 '주공(main attack)'과 '조공(secondary attack)'으로 구분한다. 승리라는 목적 달성과 적 부대를 분쇄하기 위해 주공은 가능한 하나의 제대만 운용하는 게 바람직하지만, 상황과 여건에 따라 주공과 조공이 다수로 편성될 수 있음을 이해하여야 한다. 특히 공격작전을 수행하는 방법은 적의 정면(front)이나, 측면(flank) 또는 배후(rear) 등 다양한 방향에서 시도할 수 있다. 그러나 적의 정면에서 공격을 시도할 경우 성공의 기회가 그만큼 줄어들게 되므로 최근까지도 '측면이나 배후기동'이

위 태세로 전진해 오는 적과 대적하고자 하는 작전'을 뜻한다. '외선작전'은 '적의 외부에 작전선(作戰線)을 구성하여 광범위한 포위망을 구축함으로써 언제든지 공세를 취할 수 있는 작전'을 뜻한다.

19) '공격작전'은 '적의 전투 의지를 파괴하고 적 부대를 격멸하기 위해 가용한 수단과 방법을 사용하여 전투를 적 방향으로 이끌어가는 작전'이며, '방어작전'은 '공세 이전의 여건을 조성하기 위해 공격하는 적 부대를 가용한 모든 수단과 방법을 동원하여 지연·저지·격퇴·격멸하는 작전'을 뜻하고 있다.

20) '반격'은 '공세 이전' 용어와 같은 동의어다. '적의 공격을 무력화시키고 주도권을 확보하기 위해 방어로부터 적극적인 공세 행동으로 전환하는 행위'를 의미하고 있다.

승리의 금언(金言)임을 이해할 필요가 있다.

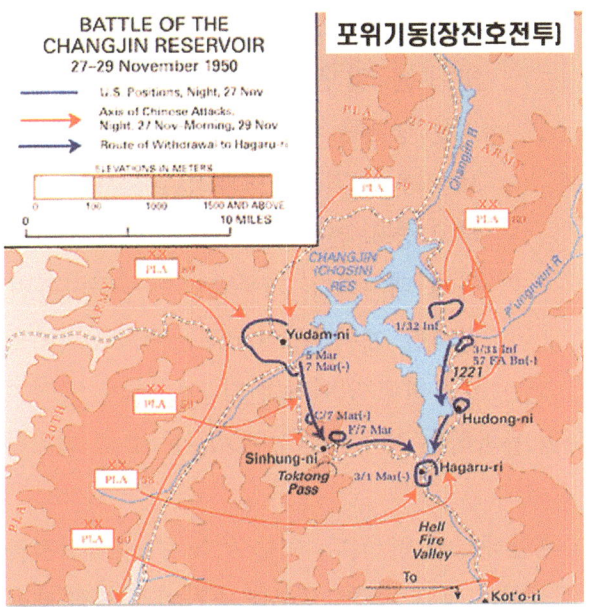

포위기동(장진호전투)

적의 정면을 회피하여 공격하는 방법을 '포위 기동(envelopment maneuver)'이라 한다. 이는 전쟁사에서 많이 접하게 되는 '포위(envelopment)', '양익포위(兩翼 包圍, double envelopment)', '우회(turning movement)' 등으로 정리할 수 있다. 양익포위는 적의 양 측면을 포위하는 것으로 적 병력의 전부나 일부를 완전하게 포위한 형태를 의미한다. 우회가 성공하려면, 기만(deception)과 기도비닉(企圖秘匿, covert activities), 기동성(mobility)의 세 요소가 갖추어져야만 성공 확률은 그만큼 커진다.

이때 적의 측면에 대한 포위 기동이 불가능하면, 적 주력의 정면이나 정면의 일부분에 대하여 아군의 전투력을 집중함으로써 전선을 돌파하여 계획한 목표를 점령하기 위해 시도하게 된다. 이를 돌파(突破, breaking through)라고 부른다. 돌파는 정면에서 공격하는 행위와는 달리 집중의 원칙과 병력의 절약을 적용하는 차

침투기동(infiltration)

이점이 있다. 돌파되면, 돌파구는 바로 확장하여야 하고, 대기하거나 뒤따르는 강력한 예비대를 투입하여 약화(弱化)한 적에 대하여 각개격파를 할 수 있어야 한다.

'침투기동(浸透機動, infiltration)'은 '비교적 소규모의 부대가 적 후방에 있는 지휘부나 주요 무기체계, 병참 시설, 지휘 통신체계 등을 타격 및 교란하기 위해 은밀하게 육·해·공중으로 잠입해 들어가는 기동 형태'이다.

방어는 선방어(線防禦, cordon defense)와 기동방어(機動防禦, mobile defense)' 혹은 '종심방어(縱深防禦, defense in depth)'로 구분할 수 있다. 선방어와 기동방어 또는 종심방어는 각기 대조적인 개념이다. '선방어'는 '위험이 예상되는 全 방어 정면에 병력을 늘여 분산 배치함

제1장 전쟁사 개관 | 45

으로써 종심이 얕아지고 예비대는 부족해지는 형태'가 된다. '기동방어나 종심방어'는 '일개의 선(線, line)'으로 이루어지는 형태를 피하면서 숲 방어지역이 서로 지원이 가능하도록 전투진지를 구축하고 중요 전투력은 깊은 종심에 불규칙하게 배치한다. 기동방어가 성공하려면, 강력한 예비대(powerful reserve corps)를 보유하고 있어야 한다. 예비대는 방어지역의 종심 상에서 전술적인 중앙에 위치하여 돌파하는 적에 대한 반격이 가능함을 인식하여야 한다.

　방어하는 처지에 있더라도 수동적으로 행동해서는 안 된다. 이를 위해 주 방어진지를 선정한 다음 불의의 적 기습이나 공격이 예상되는 모든 방향으로부터 공격이 개시될 때를 대비하여 안전이 보장될 수 있는 진지를 구축해야 하며, 이를 '전초진지(前哨陣地, outpost)'라고 부른다.21) 방자(防者) 측에서는 반격을 개시하기 이전에라도 적을 괴롭히고 약화할 수 있는 모든 수단을 이용할 수 있어야 한다. 여기에는 '습격(襲擊, raid)', '양동(陽動, feint)', '제한 공격(制限攻擊, limited attack)' 등이 있다.

방어에 실패하여 후방으로 이동할 때라든지, 피해가 발생하여 적으로부터 신속하게 이탈해야 할 때 후방으로 이동하는 기동 행위를 '후퇴(後退, retrograde movement)'라고 하며, 후퇴는 세 가지의 종류가 있다. ① '철수(撤收, withdrawal)'는 적과의 접촉에서 이탈하는 모든 작전을 뜻한다. 목적은 행동의 자유를 회복하거나 유지하는 데 있으며, 모든 유형의 군사작전에서 가장 어려운 작전이라고 할 수 있다. ② '철퇴(撤退, retirement)'는 적의 주력부대와 접촉하기 이전에 적에게서 이탈함으로써 결전을 회피하는 작전이다. 군사용어에서 '적이 후방으로 철수하는 행위'

---

21) '전초진지'는 적의 접근을 지연시킬 수 있을 만큼 강력하게 구축함으로써 최종적으로 준비를 완료할 수 있는 시간을 벌 수 있다.

를 '퇴각(退却)'이라고 하는데, 이는 심리적 측면을 포함한 것으로 자신이 소속된 부대가 후방으로 이동하였을 때 '퇴각'이라고 말하는 대신에 '철퇴'라는 용어가 정확한 표현임을 이해하여야 한다. ③ '지연작전(遲延作戰, delaying tactics 또는 retrograde defense)'은 결정적인 전투를 하지 않고 시간을 획득함과 동시에 적에게 최대한의 손해를 입히고자 하는 노력함을 기본적인 원칙으로 삼고 있지만, 수세적(defensive defense)이라는 의미를 담고 있다.22)

'전략(戰略, strategic)'은 '전쟁을 전반적으로 이끌어가는 방법이나 책략(策略)'으로 대전략-국가전략-군사전략으로 분류하고 있다. '대전략'은 전·평시를 불문하고 국제관계에서 항상 존재하는 것으로 국가전략과 같은 의미로도 사용하고 있다. '국가전략'은 전·평시 국가 목표를 달성하기 위해 수행하는 것이다. 카를 폰 클라우제비츠(Karl von Clauzewitz, 1780~1832)는 "전략이란 전쟁에서 승리하기 위해 전투를 사

용하는 기술이고, 전술은 전투에서 승리하기 위해 부대를 사용하는 기술"로 강조하고 있으며, 독일제국의 육군 원수인 골츠파샤(Goltz Pasha, 1843~1916)는 "전략은 지휘통솔의 과학이고, 전술은 부대를 운영하는 과학"이라고 강조하였다. 1920년대 말 이전까지는 전략과 전술만 존재하였으나, 이후 구소련(이하 러시아)에서 처음으로 '작전술(Operational Art)'이란 용어가 사용되었다.23)

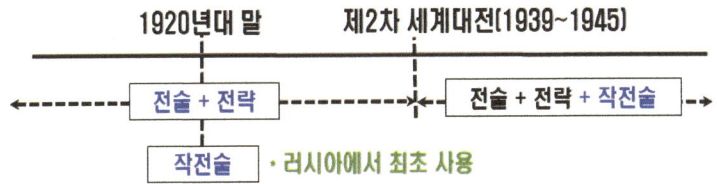

핵심은 '전략(strategic)'은 'what to?(목적)'을 뜻하고, '전술(tactics)'은 'how to?(방법)'을 뜻하고 있음을 이해하여야 한다. 전략과 전술에서 조금 더 구체적으로 발전시킨 용어가 작전술임을 기억하기 바라며, 작전술은 전략과 전술의 중간단계로 이해하면 된다. 예를 들어 축구 경기는 감독과 코치, 선수로 구성된다. 감독은 이기는 전략 수립을, 코치는 행위나 행동으로

---

22) '지연작전'은 '지연방어(retrograde defense)'로 용어가 변경되었으며, 차후 작전에 유리한 여건을 조성하려고 공간을 이용하여 적의 공격을 지연시키거나, 적과의 접촉을 조직적으로 이탈하는 방어작전의 형태다(합동참모본부, 『합동·연합작전 군사용어사전』(서울: 합동참모본부, 2014), p. 493,).

23) '작전술'은 전쟁의 규모와 복잡성에 따라 등장한 산물로서 기존의 전략과 전술 사이에 구분되는 영역으로 보면 된다. 1927년 러시아의 알렉산드르 스베친(Aleksandr A. Svechin)이 그의 저서 『STRATEGY』에서 묘사하면서 사용되기 시작하였다., 1980년대 미군에서 잠깐 사용하다가 없어졌다.

뒷받침하면서 경기장까지 인도하는 역할이다. 선수는 몸으로 습득하고 직접 승리를 쟁취한다. 여기에서 감독은 전략을, 코치는 작전술을, 선수는 작전과 전술을 병행하여 사용한다고 정리할 수 있다. 한국군에서 작전술 제대는 지휘체계 상 합참(JCS)과 연합사(CFC), 각 軍의 작전사령부다.

이외에도 '기동예비대(機動豫備隊, Mobile Reserves Striking Forces)', '기동타격부대(機動打擊部隊, Mobile Striking Forces)', '단편명령(斷片命令, Fragmentary Order), '보급소(補給所, Supply Point)', '사주경계(四周警戒, All-around Security)', '사주방어(四周防禦, All-around defense), 적지종심지역(敵地縱深地域, Deep Operation Area), 적진잔류(敵陣殘留, Enemy's Position Stay-behind), 전과확대(戰果擴大, Exploitation), 집결지(集結地, Assembly Area), 타격작전(打擊作戰, Striking Operation), 파상공격(波狀攻擊, Stream Attack), 피난민수집소(避難民收集所, Dislocated Civilian Collection Point), 후송(後送, Evacuation) 등이 있다.

4. 전쟁사(戰爭史)와 군사사(軍事史)의 상관성

전쟁사(history of war)는 전쟁이라는 프리즘을 통해서 정치·경제·사회·문화·이념 등의 분야에 접근하는 방법을 사용한다. 군사사(Military History)는 이와 반대로 민간사회에 존재하는 제(諸) 분야를 기초로 하여 군사 관련 분야를 연구하고 접근하기에 조금 더 관점이 폭넓다고 봄이 타당할 듯싶다. 원래 군사사란 "전쟁사뿐만 아니라 각종 군사 인력, 전쟁의 양상, 군사제도, 정치·경제·사회·자연·문화의 관계 등을 통해 진행하고 있는 모든 역사적 연구"를 의미하고 있다. <그림 1-12>는 군사사의 변천 과정을 정리한 도표이다.

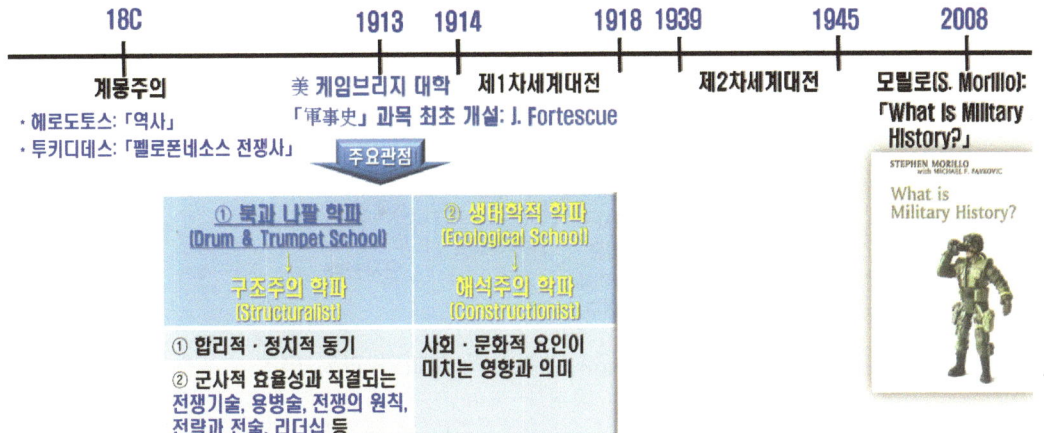

<그림 1-12> 군사사(軍事史)의 변천 과정

이는 2000년대 들어서면서 활성화된 방법으로 과거의 군사적 사례를 통찰하는 역사를 사고(思考)하는 방식을 증대하는 데 상당 부분을 이바지하고 있다. <그림 1-13>은 전쟁사(戰爭史)와 군사사(軍事史) 간의 관계를 비교한 도표이다.

전쟁史(~2000년대 以前)	군사史(2000년대 以後~)
① 군사분야가 어떻게 수행되었는가?	① 군사분야의 변천 및 관련 분야를 망라
② 전쟁주의자(비판적 인식)	② 직업 자체가 전쟁이라는 강박관념에서 탈피하려는 의식
	③ 국가기능의 일부로 체계적 연구와 관련지식 제공에 긍정적 인식
	④ 평화 시 군대의 역할이 戰史 보다는 軍事史로 변경하여 연구 * 긍정적 인식이 가능

<그림 1-13> 전쟁사(戰爭史)와 군사사(軍事史) 간의 관계도표

육군사관학교는 1987년에 전공 과정 제도를 개선하면서 '전쟁사'를 '군사사'로 변경하여 사용하고 있다. <그림 1-14>는 육군사관학교의 학과와 과목 명칭이다.[24)]

24) 육군사관학교, 『육군사관학교 50년사(1946~1996)』 (1996), pp. 401~405.

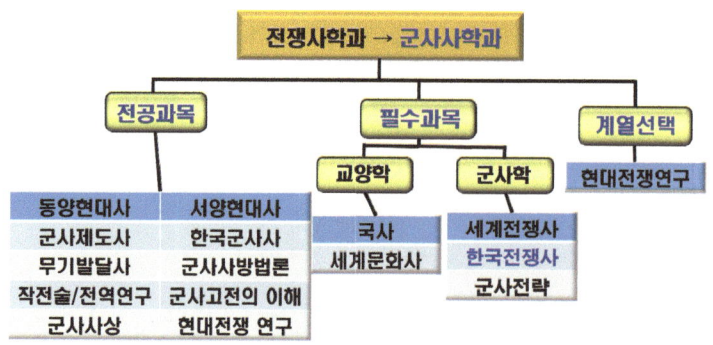

<그림 1-14> 육군사관학교의 학과와 과목 명칭

『한국전쟁사』또는『6·25 전쟁사』로 불리는 과목의 명칭은『6·25 전쟁사』로 일원화하면 어떨까 싶다.25) '한국전쟁(Korean War)'이란 총괄적(total) 의미로 한반도 내부에서 발생한 모든 전쟁을 의미한다고 볼 수 있다. 물론 다수의 군사 전문가와 학자들도 명칭을 이원화하여 주장하는 현실과 국제적 시각에서 부여한 명칭을 사용하는 것이 좋겠지만, 1950년 6월 25일, 동족상잔(同族相殘)의 전쟁임을 정확하게 알 수 있는 명칭을 놔두고『한국전쟁사』라는 명칭을 사용하는지에 대한 상당한 의구심이 존재하고 있음이 사실이다. 따라서 1950년 6월 25일부터 1129일간 진행되었던 참혹한 민족적 상흔(傷痕)을 당시의 UN군 사령부가 처음 사용했다고 하여 답습하지 말고 한국에서 일어난 모든 전쟁이라는 일반적 의미가 아닌 한민족 해당 시대에 겪은 참극임을 알 수 있는 명칭을 사용하는 게 바람직하지 않을까 싶다. <그림 1-15>는 육군3사관학교의 학과와 과목 명칭이다.26)

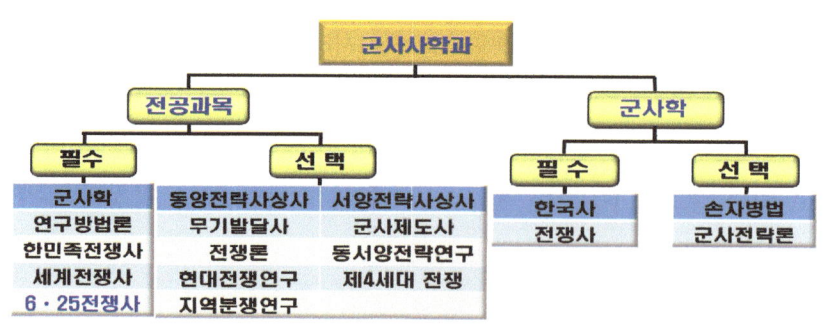

<그림 1-15> 육군3사관학교의 학과와 과목 명칭

---

25) 6·25전쟁 기간 중 자본주의 진영을 대표하여 전쟁을 주도한 국제기구인 UN군 사령부에서 사용하였기에 발생한 결과로 보인다. '한반도에서 일어난 전쟁'이었기에 'Korean War(한국전쟁)'라는 영어문장(명칭)을 붙여 대외적으로 언급하였다. 그러나 '한국전쟁'을 국제적으로 인정하고 있는 정당한 명칭이라고 주장하고 있는 환경은 내부적으로 되돌아볼 필요가 있다.

26) 육군3사관학교,『육군3사관학교 40년사(1968~2008)』(2009), pp. 97~102.

5. 역사학(歷史學)과 군사학(軍事學)의 상관성

역사학은 '과거를 깊이 이해하기 위하여 인간 활동의 기록을 정확하고 포괄적으로 복원하고자 하는 학문'을 의미한다. 이를 위해 왼쪽의 도표와 같이 역사적 데이터와 미래를 예측하는 과정을 거치고, 현재의 실험 결과와 모의실험(simulation)을 추가하여 명확하게 표현할 수 있도록 구성하게 된다. <그림 1-16>은 역사학을 시대별 분류하고 그 특징에 관하여 이해하기 쉽도록 정리하였다.

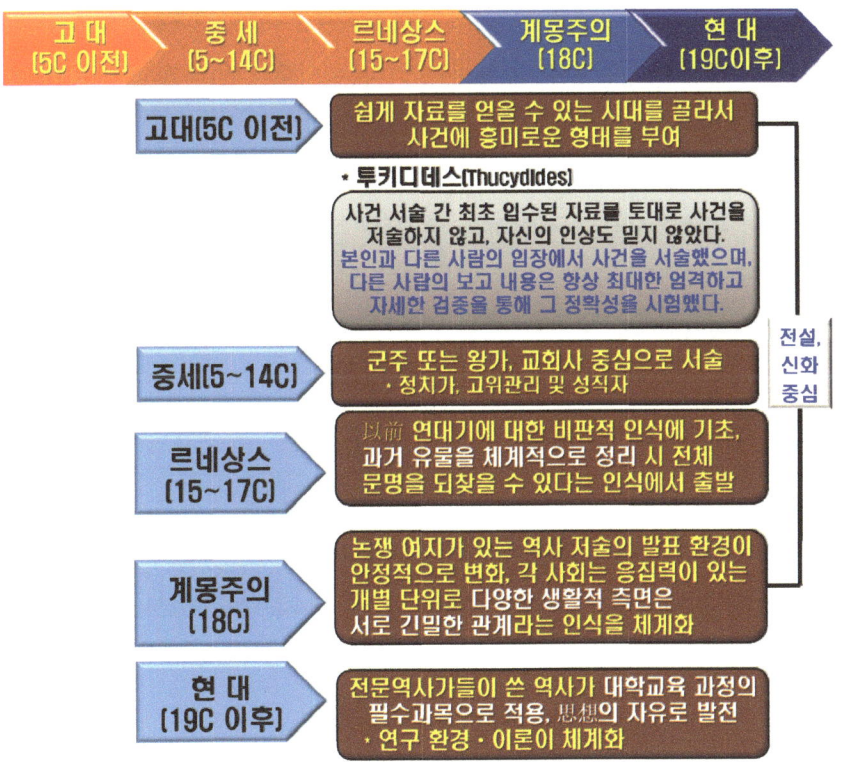

<그림 1-16> 역사학의 시대별 분류와 특징

고대시대인 5세기 이전(以前)까지는 해당 시대에서 쉽게 얻을 수 있는 자료가 충분한 시대를 골라 그 시대의 사건에 흥미를 가미(加味)하는 형태로 작성하였다. 이를 잘 활용한 게 도덕과 종교적 측면을 많이 강조한 그리스도교 시대였다. 유럽에서는 헤로도토스의

『역사』와 투키디데스27)의 『펠로폰네소스 전쟁사』가 나왔으며, 동양에서는 BC 85년경 사마천이 펴낸 『사기』와 BC 551~479년에 펴낸 공자의 『노나라 연대기』 정도가 포함된다고 얘기할 수 있다.

중세 시대는 7세기에서 14세기까지이며, 이슬람 시대를 의미한다. 주로 군주(王)나 왕자, 교회사(教會史)에 집중한 시대로 정치가나 고위 관료(supercrat), 성직자(priest)가 주요 대상이었다.

르네상스 시대는 15세기에서 17세기까지이며, 이전의 연대기에 대한 비판적 견해를 많이 포함하고 있다. 과거의 유물 등을 체계적으로 정리하여 전체 문명을 복원하려는 의지가 여느 때보다 높았던 시기다.

계몽주의 시대는 18세기로서 논쟁의 소지가 있는 역사 저술을 발표하더라도 가능할 정도로 연구할 수 있는 환경이 자유로웠고 안정적이었다. 이 시대에는 각 사회를 개별 단위로 평가하였으며, 다양한 생활환경 속에서도 역사는 서로 긴밀하게 연계되어 있다는 이론이 체계적으로 발전한 시대였다.

현대에 들어서면서 사상(思想)의 자유가 발전되었고, 전문 역사가들이 저술한 역사 자료들이 대학 교육의 필수과목으로 선정하는 등 교육 분야에도 접목되기 시작하였다. 그러면, 역사학과 군사학의 관계는 어떠한가가 궁금해진다. <그림 1-17>은 역사학과 군사학, 그리고 군사사(軍事史)의 역할을 정리하였다.

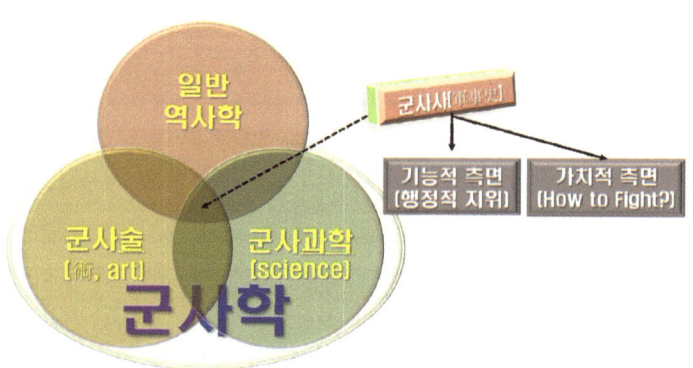

<그림 1-17> 역사학과 군사학, 군사사의 역할

---

27) "나는 사건을 서술할 때 결코 처음 입수된 자료를 토대로 서술하지 않았고, 자신의 인상조차도 믿지 않았다. 다른 사람의 입장에서 사건을 서술했으며, 다른 사람이 보고한 내용을 항상 최대한 엄격하고 자세한 검증(verify)을 통해 그 정확성을 시험했다."

일반적으로 역사학은 과거를 좀 더 깊이 이해함으로써 국가이익과 생존, 그리고 번영에 노력하기 위해서라면, 군사사는 역사학의 한 분야로써 군사를 주제(Agenda)로 하는 역사를 뜻한다. 역사는 인간 사회의 변천 및 발전과정을 글로 기술한 것이다. E. H. Carr는 "역사란 역사가와 사실 사이에서 상호 작용이 연속되는 과정이요, 현재와 과거 시대의 끝없는 대화이다."라고 강조하고 있다. 한편으로 군사는 두 가지의 요소를 갖추어야 함을 기억해야 한다. 첫째, 기능적 요소로 외교·재정·경제·교육 등 행정 기능의 지위를 갖고 있다는 점이고, 둘째, 가치(목적)적 요소로 전쟁이 발생하면, 군사력을 어떻게 행사할 것인가? 라는 의미를 함축하고 있다는 점이다.28) <그림 1-18>은 역사학과 군사사의 관계를 정리하였다.

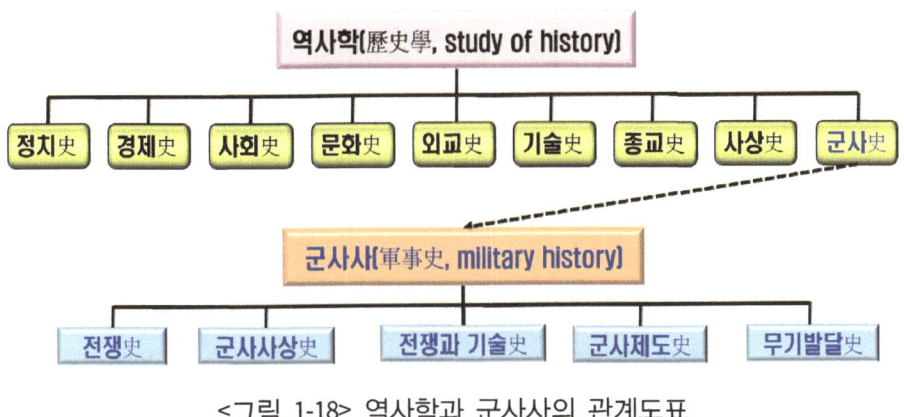

<그림 1-18> 역사학과 군사사의 관계도표

독일의 역사학자인 엠마뉴엘 베른하임(E. Bernheim, 1850~1942) 박사는 "역사는 주어진 사실만이 아니라 특정 시대와 특정 사회의 가치관에 따라 서술해야 한다."라고 주장한다. 역사학은 그만큼 연구 분야에 따라 여러 갈래고 구분할 수 있는데, 그중 군사 분야를 '군사사(軍事史)'로 칭하고 있다. 군사사는 다시 여러 갈래의 하위 내용으로 분류하게 된다. 제2장부터 이제 바로 전쟁사를 연구하게 되는데, 전쟁사에 관한 연구의 핵심은 세 가지로 정리할 수 있다. 첫째, 주요한 인물과 전투에서의 승리와 패배요인은 무엇인가?, 둘째, 주요한 인물과 전투 경과, 그리고 교훈을 무엇인가?, 셋째, 주요한 인물과 전쟁 양상이 어떻게 변천되어 가는지? 연구하는 것임을 이해하여야 쉽게 접근할 수 있다. 과거의 전쟁을

---

28) '군사술(軍事術, military art)'은 '전투와 직접 연관된 군사적인 행동'으로 직관력(intuition)과 통찰력(insight), 판단력(judgment) 등을 포함하고 있다. '군사과학(軍事科學, military science)'은 '사물의 현상에 대한 보편적인 원리와 법칙을 알아내어 공정한 검토를 거치는 과정에서 규칙성(rule)을 찾아가는 과정'을 의미하고 있다.

이해하는 방법에는 여러 가지가 있겠으나, 가장 빠르고 부담 없는 방법은 생활 주변에서 쉽게 접할 수 있는 영화를 보는 방법이 가장 빠르지 않을까 싶다. 따라서 <그림 1-19>는 독자들이 주변에서 접할 수 있는 대표 영화를 시대별로 정리하였다.[29]

<그림 1-19> 시대를 대표하는 영화 모음 자료(예시)

물론 이외에도 더 많은 영화를 제시할 수 있겠지만, 이 정도만 보더라도 해당 시대를 이해하는 데는 별 무리가 없지 않을까 싶다.

---

29) 시대별 역사를 개관(槪觀)하려면, 시대를 대표하는 영화들이 많이 있기에 그 영화들을 봄으로써 해당 시대의 역사에 대한 이해도를 높일 수 있지 않을까 싶다.

6. 전쟁사의 연구 방법과 촉진(促進, acceleration) 요인

6.1. 전쟁사 연구의 중요성과 목적

Antoine Henri, baron de Jomini
(1779~1869, 프랑스/러시아)

프랑스와 러시아의 국적을 가졌던 근대 군사이론의 창시자로 평가받고 있는 헨리 조미니(Antoine Henri, baron de Jomini, 1779~1869)는 제한전쟁(limited war)의 주창자이다. 그는 『대군사작전론』에서 "정확한 이론, 생생하게 습득한 전쟁사는 진정한 장교 교육이며, 이 두 가지는 군사 천재는 배출하지 못하더라도 최소한 유능한 장교는 육성해낼 수 있다."라고 강조하였다. 제2차 세계대전 시 美 육군참모총장이었고, 대전 중에 美·英이 합동으로 편성한 합참의장으로서 북프랑스 지역에 대한 상륙작전을 지휘한 조지 C. 마샬 장군(George C. Marshall, 1880~1959)도 "전쟁사 연구는 군인에게 필수적이며, 조국과 부하에 대한 신성한 의무를 다하는 것이다."라고 강조하였다. 그는 1947년부터 1949년까지 국무장관으로 재직 시 '마샬 플랜(Marshall Plan)'을 수립하여 유럽 경제를 부흥시키는데 이바지한 공로로 노벨평화상(1957)을 수상하였고, 6·25전쟁 초기에는 국방부 장관까지 지냈다.

George Catlett Marshall
(1880~1959, 美)

전쟁사를 연구하는 목적은 어디에 있을까? 학자들에 따라 여러 가지의 의미와 방법을 부여하기도 하지만, 쉽게 이해할 수 있도록 크게 다섯 가지 정도로 정리할 수 있다. <그림 1-20>은 전쟁사를 연구하는 목적이다.

1. 전쟁의 본질과 양상 이해 → 미래戰 예측과 對備·對應
2. 군사작전의 이론과 관련 지식 등을 자동적 습득(습득)
3. 간접경험 체득 → 상황판단 및 처리능력 향상
4. 전투 실태와 전장상황 이해 → 원인과 경과(결과) 도출
5. 작전 성공·실패 연구, 자질 향상 → 책임감, 협동정신 등

<그림 1-20> 전쟁사를 연구하는 다섯 가지의 목적

① 그 시대가 보유한 무기체계 수준과 전쟁을 수행하는 형태나 방식이 있게 마련이다. 따라서 이를 통해 현실과 미래 전쟁을 예측할 수 있게 하며 전쟁이 발생 시 최대한 과거의 사례에 접목하여 맞춤식 전략과 작전을 수행할 수 있다. 美-日 간 진행되었던 태평양 전쟁 시 미국이 태평양을 3개 지역으로 분할을 하고, 사령관을 분리하여 임명한 다음 운용한 사례를 통해서도 느낄 수 있을 것이다.30) 더글러스 맥아더 장군의 경우 태평양 전쟁에서 수많은 상륙작전을 직접 경험했기에 인천상륙작전의 위험성에도 불구하고 확고한 신념과 결단도 가능하지 않았을까? 라고 생각하게 된다.

② 관련한 군사제도와 군사전략, 작전 편성 등 전반적인 지식을 자연스럽게 이해 및 습득할 수 있다.

③ 어떠한 상황에도 침착한 대응과 판단, 처리 능력을 향상할 수 있다.

④ 전장(戰場)에서 발생하는 각종 전투 실태에 대한 이해와 주요한 원인 및 결과를 도출하게 한다. 이는 '군사학(軍事學)'의 기본정의이기도 하다.

특히 ⑤ 작전의 성공과 실패에 관해 다양한 사례를 탐구하는 과정에서 자연스럽게 장교의 기본 자질도 향상할 수 있을 것이며, 책임감과 협동 정신도 부가적으로 습득할 수 있다. 따라서 다양한 전쟁(전투) 사례를 탐구한다는 것은 전장에서의 불확실한 상황에서도 침착·냉정하게 올바른 판단을 내릴 수 있는 군사적 혜안(慧眼)을 보유한 군사 전문가(militarist)로의 밑거름을 다지는 작업이라고 할 수 있다.

6.2. 군사학도는 왜! 전쟁사 연구가 필요한가?

군사용어도 잘 모르는 군사학도에게 결코, 쉽지 않은 전쟁사 연구가 필요한 이유는 <그림 1-21>과 같이 요약할 수 있다.

---

30) 정확하게 얘기하면, '태평양 전쟁(Pacific War)'은 독립적으로 진행된 전쟁이 아니다. 구체적인 내용은 제7장에서 학습하고자 한다. 당시 미국은 태평양 지역을 중부 태평양 사령부(Chester W. Nimitz, 1885~1966), 남부 태평양 사령부(William Halsey. 1882~1959), 남서 태평양 사령부(Douglas MacArthur, 1880~1964) 지역으로 분리하여 작전을 수행하였다.

1	전쟁의 본질과 참상[慘狀]의 이해, 인간관계를 연구
2	실병[實兵]을 지휘하는 요체[要諦]를 이해 및 배양
3	상황판단 및 위기에 대처하는 기법의 이해 및 간접적 습득
4	미래 장교로서의 기본적인 소양과 기초 자질을 배양
5	군인적 사고와 독자적인 상황 판단 및 분석 능력의 배양

<그림 1-21> 군사학도의 전쟁사 연구가 필요한 다섯 가지 이유(요약)

① 제1차 세계대전이 한창이었던 1941년 8월 26일부터 5일간에 걸쳐 진행되었던 탄넨베르크 전투(Battle of Tannenberg) 사례를 알아보자. 당시 독일군은 서부지역에서 英·프 연합군과 교전하고 있었고, 동부지역은 러시아군과 대치 중이었다. 이때 러시아군의 제1군 사령관 렌넨캄프(Paul von Rennenkampf)와 제2군 사령관 삼소노프

Paul von Rennenkampf
[러시아 제1군사령관]

Alexander Samsonov
[러시아 제2군사령관]

(Alexander Samsonov)의 인간관계가 과거부터 적대적(敵對的) 관계임을 독일군 동부전선 사령부의 참모장인 맥스 호프만(Max Hoffmann, 1869~1927) 대령은 알고 있었다. 그는 동부전선에서 러시아군과의 결전에 대비한 작전계획을 수립하는 과정에서 두 사령관의 인간관계를 이용하는 책략(策略)을 작전계획에 접목함으로써 결국 러시아군 40만여 명을 일거에 궤멸시키는 대승(大勝)을 달성하였다는 역사적 사실을 기억해야 한다.

Max Hoffmann
[독일군사령부 참모장]

② · ③은 간접적으로나마 부대와 실병(實兵)을 지휘하는 요체(要諦, the secret)를 이해할 수 있고, 기초적인 능력을 배양할 수 있게 한다. 이를 통해 상황이 고조(high tide)되면서 긴박하게 변화하는 위기(crisis)에 대처하는 기법을 간접

적으로나마 이해할 수 있다. ④ 미래에 국가와 軍을 책임질 장교로서의 기본 소양과 자질을 배양할 수 있음은 기본이다. ⑤ 다양한 위기관리와 대처기법, 상황 판단, 냉철하고 정확하게 분석할 수 있는 기초 능력까지 배양할 수 있음을 장점으로 볼 수 있다.

다만, 전쟁사는 그 시대의 방법과 기술이므로 현대 전투에 "무엇을, 어떻게 접목하고 활용할 것인가?"를 고민해야 한다는 전제(前提)를 깔고 있다. 지엽적인 수행 방법과 기술(skill)은 배울 필요가 없지 않나 싶다. 이를 통해 근본적인 전쟁의 원칙을 깨우쳐야 하고, 어떻게 다른 요소와 결합 또는 적용하여 승리를 쟁취하였는지를 이해하여야 한다.

6.3. 전쟁의 촉진(促進, acceleration) 요인

전쟁을 촉진하는 요인은 <그림 1-22>와 같이 크게 네 가지로 정리할 수 있다.

<그림 1-22> 전쟁을 촉진하는 네 가지 요인

전쟁이나 위기가 발생하는 원인은 모든 역사적 증거가 보여주듯이 인간의 통제를 넘어서는 그 순간, 그 시점이 바로 전쟁과 분쟁의 시작이라고 정의할 수 있다. 다시 말해 인간의 지각(知覺, perception)이 잘못되는 순간 모든 역사는 바뀌어 왔다. ① 최고지도자가 가지고 있는 자아상(自我像)이 첫 번째이다. 독일의 아돌프 히틀러(Adolf Hitler, 1889~1945) 수상은 제1차 세계대전에서의 패배와 굴욕 속에서 비밀리에 추진한 '한스 폰 젝트(Hans von Seeckt, 1866~1936) 장군의 재군비(再軍備)' 노력으로 제2차 세계대전을 시작할 수 있었다. 초기에 너무 쉽게 승리를 거머쥐자 자신감이 너무 과도해짐으로써 자기 자신을 낙관적인 시각으로만 바라보았고, 미처 동계작전 준비도 되지 않은 부대의 전투력과 수준은 고려하지 않고 '바르바로사 작전(Operation Barbarossa, 1941.6.22.~12월)'을 명령함으로써 결국,

다시 한번 독일의 패망(敗亡)을 결정지었다.31) 6·25전쟁을 일으키기 前에 중국의 마오쩌둥이 의문을 품은 미국의 개입에 대하여 김일성은 "절대 그럴 리 없다."라는 호언장담까지 하면서 2개월 이내에 남한의 무력적화 통일이 가능하다고 예견하였으나, 결과는 실패로 돌아갔다. 美 조지 W. 부시(George W. Bush, 2005~2009 在任) 대통령이 9·11테러 발생 이후에 이라크·이란·북한을 '악의 축(Axis of Evil)'으로 지목하면서 대테러와의 전쟁을 선포하고 아프간에 이어 이라크와의 전쟁에 돌입했지만, '지루한 전쟁의 늪(marsh)'으로 빠져들면서 미국을 곤혹스럽게 만들었다.

② 최고지도자가 적의 성격을 바라보는 과정에서의 편견(偏見)이다. 아돌프 히틀러는 근거(根據) 없는 무자비한 증오와 경멸에 빠져 러시아의 오랜 역사와 광활한 영토에 대하여 어떻게 대비해야 할지의 문제점은 고려하지 않고 "야만족(슬라브족)인 구소련은 우수한 게르만 민족(독일)의 노예로 부려먹어도 된다."라는 혼자만의 착각에 빠짐으로써 슬라브 민족의 자존심을 자극하게 되었고, 고려하지 않았던 환경적 요인 등으로 인해 실패하고 만다. 美 린든 B. 존슨(Lyndon B. Johnson, 1963~1969) 대통령은 베트남을 바라보는 시각이 문제였다. 공산주의자들의 정치·사상적 분열 책동이 치밀하게 확산할 수 있음을 간과(看過)하였고, 국민이 추종하는 민족주의 지도자인 월맹의 호치민(胡志明, Ho Chi Minh, 1890~1969)을 단순한 공산주의자로만 가볍게 인식하는 오류를 범하였다. 또한, 베트남 국민이 프랑스 제국주의의 후계자인 미국을 베트남에서 반드시 몰아내야 하는 국가로 인식하고 있다는 점을 등한시한 결과 미국의 철저한 패배로 결말이 났다.

③ 최고지도자가 적의 능력과 힘(power)을 바라보는 관점에서의 착각이다. 6·25전쟁의 경우도 정상적으로 진행되었을 경우 3년까지 지체될 상황은 아니었음이 다양한 사료 연구를 통해 알려져 있다. 더글러스 맥아더 UN군 총사령관은 북진(北進)하더라도 중공군(현재의 중국군)의 개입이 없을 것이며, 설혹 개입할지라도 4만 명을 초과하지 않을 것으로 판단하였으나, 중공군 26만여 명은 이미 10월 초에 압록강을 건너 한반도로 진입(進入)을

---

31) '바르바로사 작전(Operation Barbarossa)'은 1941년 6월에서 12월까지 진행되었던 구소련의 유럽지역에 대한 정복이 원래의 목표였다. 하지만 아돌프 히틀러의 인식에 따라 슬라브 민족을 열등한 민족이라고 무시하며 이들을 추방하고 동쪽의 기름진 곡창지대를 식민지로 만들겠다는 과도한 욕심이 너무 앞섰다. 결국, 히틀러는 휘하 장군들의 건의를 무시한 채 세 방면으로 무리한 공격을 지시함으로써 패망을 자초(自招)하고 말았다.

완료한 상태였다. 이후 북진하는 과정에서 일시적으로 중공군이 확인되지 않자 UN군의 기세에 밀려 철수한 것으로 오판함으로써 결국 38도선 이남으로 후퇴하는 수모를 당하였다. 이전에도 정보계통에서 수차례에 걸쳐 중공군의 개입 실상을 파악하여 보고했지만, 자신이 한국과 중국을 잘 안다는 맥아더 장군의 과신(過信)과 거듭된 악수(惡手)는 스스로 보직 해임이라는 치명적인 불명예를 가져왔다.32) 미국으로서는 이후 베트남 전쟁에서 실패를 또다시 반복하였음은 부정하기 어렵다. 중동전쟁의 사례를 되새겨 보자. 5개 아랍국가의 통합된 군대는 규모가 작은 이스라엘을 우습게 보다가 세 차례에 걸쳐 패배하였다. 반면에 이스라엘은 대규모의 아랍군대를 패배시키는 과정에서 어느 순간 승리에 도취하여 자만하게 된 순간 1973년 10월 전쟁에서 생각하지 못한 처참한 패배를 겪게 되었다.

④ 최고지도자가 자신을 바라보는 적의 의도를 착각하는 경우이다. 제1차 세계대전이 발발하기 직전에 러시아는 오스트리아가 세르비아를 선전포고 없이 공격하자 자신들도 공격당할까 두려워 동원령을 선포한다. 독일 황제 빌헬름 2세(Wilhelm II, 1859~1941)는 러시아의 동원령 선포가 독일을 향하고 있다는 두려워하는 심리에 휩싸여 전략적인 판단은 하지 못한 채 곧바로 동원령을 선포함으로써 세계대전이 시작되었다.

6.4. 전쟁사 연구의 방법

전쟁사를 연구하는 방법은 ① 역사연구 방법과 ② 사회과학적 방법의 두 가지로 구분할 수 있다. ① 역사연구 방법은 크게 네 가지 관점에서 바라볼 수 있다. 첫째, 시·공간적 특성과 사료(史料)의 제한으로 인해 왜곡(歪曲, distortion)될 가능성이 크다. 둘째, 개인의 관점과 시대적 인식, 공감대 정도에 따라 긍정적·부정적 영향을 초래할 가능성이 크다.33) 셋째, 폭넓고 다양한 시각에서 바라보는 분석 능력이 필요하다. 마지막으로 현상과 내면적 요인의 분석 과정에서 당시의 상황과 여건을 그대로 분석하기가 매우 제한된다. 과거와의 차이점을 무시한다면, 교훈을 체득(體得)하려는 노력은 제한될 수밖에 없다. ② 사회과학적 방법은 <그림 1-23>과 같이 세 가지로 구분할 수 있다.

---

32) 美 정치학자인 새뮤얼 P. 헌팅턴(Samuel P. Huntington, 1927~2008) 교수가 1957년 민군관계를 다룬 최초의 서적이자 자신의 첫 번째 저서인 『군인과 국가(The Soldier and the State: The Theory and Politics of Civil-Military Relations)』를 쓴 계기가 되었다. 군사학 필독 도서로 활용되고 있다.

33) 항일 독립운동가인 안중근 의사(義士)의 경우 한국과 중국에서는 참군인이자 의인(義人)으로 칭송받지만, 일본은 테러리스트(terrorist)로 인식하고 있다는 점을 들 수 있다. 시대적 변천(變遷)과 민족적·환경적 특성에 따라 다양하게 바라볼 수 있는 한계를 벗어나기 어렵다.

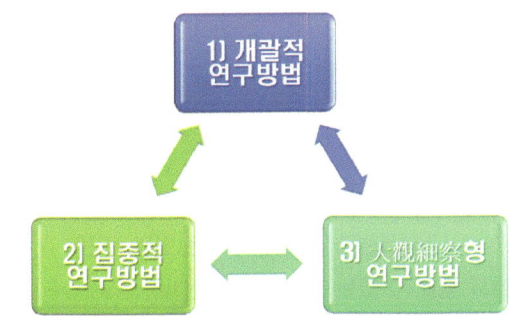

<그림 1-23> 사회과학적 연구방법의 종류와 특성

1) '개괄적 연구방법'은 경험적인 지식을 축적(蓄積, accumulation)할 수 있다, 반면에 대강 요점만 추려서 뭉뚱그려 놓다 보니 전쟁 상황을 단순하게만 이해하려고 드는 오류를 발생시킬 개연성(probability) 또한, 존재한다. 예를 들면, "6·25전쟁은 1950년도에 발생하여 3년여 정도 진행되다가 종결되었다. UN 회원국은 십여 개 국가가 참전하였고, 더글러스 맥아더 장군이 인천상륙작전에 성공하면서 북진(北進)하였으나, 중공군의 개입으로 전쟁을 종결짓기 어려웠다."라는 등의 형식을 빌려 간략하게 이해하기는 가능하다고 볼 수 있다.

2) '집중적 연구방법'은 구체적이고 세밀하게 파헤치는 방식이다 보니 전쟁의 불확실성과 전장 실상의 파악하는 데 한결 구체적인 학습을 진행함이 가능하며, 관련 내용을 충분히 이해할 수 있다. 예를 들면, 인천상륙작전의 배경과 부정적인 요인을 극복한 경과, 승리할 수 있었던 요인 등으로 구분하여 해당 부문을 중점적으로 파헤치는 방식이다.

3) '대관세찰(大觀細察)형'은 말 그대로 "크게 보고 빈틈이 생기지 않도록 꼼꼼하게 확인하는 방식"을 의미한다. 연대(年代)순으로 해당하는 전쟁을 개관하여 역사를 바라보는 통찰력의 체득이 가능케 하고, 중요한 전투는 문제·주제별로 상세하게 다시 분석을 병행하는 방식으로 이해하면 된다. 일반적으로 채택하는 방법이기도 하다. 이 외에도 간단한 전투사례나 신속한 분석이 요구될 경우는 스스로 질문을 던지고 스스로 답을 낼 수도 있다. <그림 1-24>와 같이 자문(自問)-자답(自答) 방식을 통해 전쟁사를 탐구하는 방법에서 가장 바람직한 방법일 수도 있다.

```
① Who? → 관련 인물은?
② When? → 언제 시작되었는가(기간)?
③ Where? → 어디에서 발생하였는가(지역)?
④ What? → 어떤 사건에서 촉발하였는가(중요 국면 및 상황)
⑤ How? → 사건이 어떻게 발생하였는가?
⑥ Why? → 사건(상황)이 왜! 그렇게 진전되었는가?
⑦ 여기에서 얻을 수 있는 교훈은 무엇인가?
```

<그림 1-24> 자문(自問)-자답(自答) 방식으로 탐구하는 방법

핵심적으로 인식해야 할 요소가 있는데, 세 가지로 정리할 수 있다. 첫째, 정파적(政派的)·시대적 관점과 인식의 영향을 받을 가능성이 크기 때문에 일관된 관점과 기준이 필요하다는 점이다. 사례를 들어보자. 안중근 의사의 경우 정파적 시각이나 이해집단(Interest Groups)의 정치 행태 등에 따라 의미를 다르게 부여하고 있다.34) 한국과 중국에서는 의사(義士)로 존경받지만, 일본은 저격자 또는 암살자, 테러리스트(terrorist)로 인식하고 있다.

6·25전쟁의 경우도 북한이 도발하기 이전만 하더라도 미국의 국제정치적 관점에서 극동 전략의 중심은 한반도가 아닌 일본이었다. 당시 미국의 대외 안보전략의 중심이 '유럽'이었기에 일본을 전략거점으로 정하고 해·공군 기지를 운용하는 게 바람직하다고 평가하였기에 애치슨 국무장관이 한반도와 대만을 '극동방위선(Acheson Line)'에서 제외한다는 결정을 고민할 필요가 없었다. 그가 워싱턴 내셔널 프레스 클럽에서 "이 선(line) 밖의 지역에 대해서는 미국이 일방적 또는 단독으로 군사적 조치를 행사할 의사가 없다."라고 명백하게 표현할 수 있었던 사실도 여기에 기반하고 있다. 6·25 전쟁에 대한 입장도 국가와 이념에 따라 다양한 시각으로 존재하고 있음은 일반적인 사실이다. <그림 1-25>와 <그림 1-26>은 관련 국가와 국제 사회에서의 정치·군사적 이해관계에 따라 6·25전쟁에 대한 정파적·시대적 관점을 달리하고 있는 인식의 차이점을 정리하여 제시하였다.

---

34) 육군에서는 2010년 육군본부 내에 '안중근 장군실'을 개관하였으며, 일본군에 체포당할 당시 '조선의용군 참모중장'으로 밝힌 것을 근거로 삼아 '장군(general)'으로도 칭하고 있다

 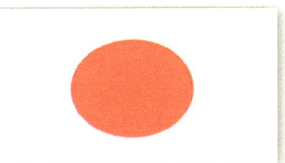

<그림 1-25> 6·25전쟁에 대한 정파적·시대적 관점과 인식의 차이(2-1)

<그림 1-26> 6·25전쟁에 대한 정파적·시대적 관점과 인식의 차이(2-2)

 둘째, 시간과 공간의 한계로 인하여 왜곡될 가능성이 항상 존재하고 있기에 다양한 자료의 발굴과 검증 노력이 필요하다는 점이다. 다시 말해 과거와 현재를 바라보는 각자의 관점과 인식의 정도에 따른 괴리(乖離)가 존재한다는 점과 승자(勝者)의 역사가 인류의 역사가 시작된 이래 불변의 진리로 자리매김하고 있음을 항시 이해하고 접근할 필요가 있다.

 셋째, 내부의 상황과 여건 등을 반드시 포함하되, 잊지 말고 드러난 현상과 내면적 요인을 동시에 분석해야 하며, 이 과정에서 반드시 일관된 기준이 필요하다는 점이다. 이를 위해 최초부터 연구 목적에 부합된 질문표(questionnaire)를 먼저 작성하여 두고, 해당 도서나 관련 자료를 선정한 다음에 전쟁사를 분석하여야 한다. 소결론적으로 "전쟁사는 과거와 현재의 차이점을 인식하는 데서부터 시작되어야 한다."라는 문장을 되새겨 보았으면 싶다.

제 2 절

전쟁 양상의 변천과 대표적 사례

1. 전쟁의 유형과 분류

1.1. 개요

전쟁에는 여러 가지의 유형이 존재하고 있으나, 그 이면(裏面)을 살펴보면, 대다수 유사한 유형이 존재하고 있음을 느낄 수 있다. 이를 기초로 하여 환경과 정치·군사적인 목적, 학자들의 관점에 따라 다양한 형태와 유형으로 구분할 수 있다. <그림 1-27>은 대표할 수 있는 전쟁의 유형과 분류를 간략하게 정리하였다.

大英 백과사전	E.J. Kingston McClogly (英)	Andre Beaufre (프)	Samuel P. Hungtington(美)			일반적 유형
			전쟁형태	전쟁양상	시대별	
①국제전쟁: 문명국가 간 충돌 ②내란(civil war): 합법정권-비합법 정치집단 ③제국주의전쟁: 서구 전통국가-未문명국가	①총력전쟁 (total war) ②제한전쟁 (limited war): 대량살상 핵무기 미사용 ③국지전쟁 (local war): 무기나 지역 한정 ④냉전(cool war): 思想 대립	①핵전쟁 (nuclear war) ②제한전쟁 (limited war) ③냉전(cool war): 적성국가 내부 전복	①총력전쟁 (total war) ②전면전쟁 (general war): 전술핵무기 이하 사용 ③제한전쟁 (limited war): 군사·정치적 한정(限定) ④혁명전쟁 (revolution war): = 내전(內戰)	①게릴라전 (guerrilla warfare) ②재래식전 (conventional warfare) ③전술핵전 (tactical nuclear warfare) ④해전(naval war) ⑤전략핵전 (strategic nuclear warfare)	①원시전쟁 ②고대전쟁 ③중세 봉건전쟁 ④근대 제한전쟁 ⑤국민전쟁 ⑥총력전	①총력전쟁 (total war) ②전면전쟁 (general war) ③제한전쟁 (limited war) ④혁명전쟁 (revolution war) ⑤냉전 (cool war)

<그림 1-27> 전쟁의 유형과 분류(2-1)

이외에도 전쟁은 분류 방법에 따라 수많은 이름으로 구분하고 있다. <그림 1-28>은 다양한 분류 방법을 추가로 제시한 내용이다.

<그림 1-28> 전쟁의 유형과 분류(2-2)

 침략전쟁(aggressive war)은 위법(違法)한 전쟁으로 국제법상 금지된 전쟁이다. 1990년 美 부시 대통령이 '사막의 폭풍 작전(Operation Desert Storm)'으로 명명한 걸프전을 들 수 있다. 반면에 방위 전쟁(defensive war)은 외부의 침공(invasion)으로부터 국가를 방어하기 위해 수행하는 적법한 전쟁으로 분류하고 있다. 소모전은 병력과 무기, 장비 및 물자를 투입하여도 전쟁의 결론이 나지 않고 계속 지루하게 진행되어 가는 전쟁을 뜻하고 있다.

2. 전쟁 양상의 변화 요인

<그림 1-29>는 전쟁 양상의 변화 요인을 정리한 내용이다.

구분	시기	主 수단	양상	변화요인
고대 (고전적) 전쟁	그리스~AD 5C (서로마 멸망)	인간에너지	重步兵의 중량 / 지구력	말(馬)
봉건적 전쟁	AD 5~15C (동로마 멸망)	인간 + 말(馬) 에너지	重기병의 중량/제한전쟁	화약 (화승총 등장)
근대 제한전쟁	15C~ 나폴레옹 전쟁	화약 에너지, 攻城砲 등장	제한전쟁	산업혁명, 국민개병제
총력전	19C~ 제2차 세계대전	국가 全 역량	무제한전쟁	핵무기, 이데올로기
냉전	제2차 세계대전 이후 ~몰타선언(1989)	핵 에너지	제한전쟁 (MAD)	정보혁명, 정밀무기
현대전쟁	몰타선언 이후~	정보화, 정밀과학무기		사이버 + 네트워크

1세대 전쟁 → 2·3세대 전쟁 → 4세대 전쟁

<그림 1-29> 전쟁 양상의 변화 요인

전쟁의 양상은 진화(進化)하는 유형과 정도에 따라 세대 전쟁으로 구분하고 있다. 고대~ 근대 제한전쟁까지는 활과 활강식 소총을 사용하여 전투원 위주로 살상하는 인력전(人力戰)으로 1세대 전쟁으로 불린다. 총력전 또는 2세대 전쟁은 강선식 소총, 포병, 기관총 등의 화력 위주로 부대나 집단의 전투력을 주로 파괴하는 전쟁이었다. 3세대 전쟁은 독일군이 수행하였던 전격전(電擊戰, Blitzkrieg)과 같이 신속한 기동전을 통해 지휘 통제체계와 병참선 파괴를 중점적으로 수행한 전쟁이었다. 냉전으로부터 현대전쟁은 4세대 전쟁으로서 정치·사회적 측면의 전쟁으로 물리적 약자가 강자를 상대로 하여 수행하는 전쟁을 뜻하고 있다.35)

3. 세대와 시대별 전쟁 양상의 변천(變遷) 단계

전쟁 양상의 변천 과정을 연구한다는 얘기는 전쟁사 연구의 핵심으로 접근할 수 있음을 의미한다는 말과 동의어이다. 이는 수많은 자료를 탐구하지 않고서는 이루어질 수 없다고 봄이 정확하다. 미국의 리처드 프레스톤(Richard Preston, 1954~) 박사는 시대적 사건을 중심으로, 필립 퀸시 라이트(Philip Quincy Wright, 1890~1970) 박사는 세계사의 시대 구분법에 따라 전쟁 양상의 변천 과정을 제시하고 있다. <그림 1-30>은 시대별 전쟁 양상의 변천 단계이다.

<그림 1-30> 전쟁 양상의 변천(變遷, transition) 단계

① '고대 전쟁(Classical Warfare)'은 '고전적 전쟁'으로도 부른다. '고전적'이라는 의미는 '고대'와 같은 뜻이며, 고대의 그리스, 로마, 중앙아시아 등의 고대문명에서 그 근원을 찾고자

---

35) '4세대 전쟁'은 비정형적인 방법인 비대칭적 수단을 특징적으로 활용하고 있다. 정치적인 선전·선동(propaganda) 전략을 비롯한 심리전, 핵무기 사용, 사이버, 테러 등을 수행하는 전쟁으로서 이는 정치지도자의 의지를 파괴하는 데 중점을 두고 있다. 예를 들면, 마오쩌둥의 '인민해방전쟁', 호치민의 '베트남 전쟁', 최근 이슬람 IS 집단의 SNS를 활용하는 방식 등도 포함할 수 있다.

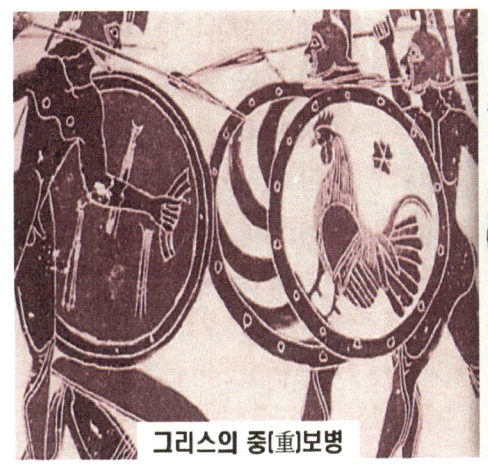

그리스의 중(重)보병   로마의 중(重)보병

하는 데서 시작되었다. 그리스 시대로부터 476년 서로마 제국이 게르만족의 용병대장인 오도아케르(Odoacer)에게 멸망하기까지의 전쟁이다. 이때는 인간 에너지 즉, 활과 창·칼을 사용하고, 밀집 중(重)보병대(隊)의 중량(무게)과 지구력(endurance)이 서로 부딪히는 싸움이었다.36) 로마 시대는 레기온(Legion) 방진(方陣)이 전장을 지배하였으나, 378년 아드리아노플 전투(Battle of Adrianople)에서 서고트족 기병에게 격파당하면서 정적인 전쟁 방식이 점차 기병(騎兵) 중심의 형태로 변화하였다. 대표적인 주요 전쟁 사례로는 그리스-페르시아 간 벌어진 페르시아 전쟁(BC 492~BC 479), 알렉산더 대왕의 동방 원정(BC 331~BC 323)을 들 수 있다. 중요한 전투로는 인도 지역의 히다스페스 전투(Battle of the Hydaspes, BC 326)와 가우가멜라 전투(Battle of Gaugamela, BC 331)가 있으며, 카르타고의 한니발 장군과 로마가 격돌한 포에니 전쟁(Poeni Warfare, BC 264~BC 146), 로마의 레기온과 서고트족의 기병이 격돌한 아드리아노플 전투(Battle of Adrianople, AD 378) 등이 있으며, 이 전투를 통해 기병이 전장의 주역으로 등장하였다.

② '봉건적 전쟁(Feudal Warfare)'은 5세기로부터 비잔틴(동로마) 제국이 오스만튀르크 제국에 멸망한 1453년까지의 시기를 의미한다. 이 시기의 전쟁 형태는 밀집 중(重) 보병대(隊)와 말의 에너지가 추가되었다.37) 인간의 중량에 말의 중량을 더하여 충격력을 배가시킴으로써 전쟁에서 승리하려는 형태로 나타났기 때문이다. 하지만 일반 평민이나 군인은 돈이 없어서 말(馬)을 구할 수 없었고, 말은 있다 하더라도 말에 갑(鉀)을 씌우는 등의 무장을 할 수 없었기

---

36) '줄다리기 게임'을 생각하면 쉽게 이해할 수 있다. 양 개 팀을 똑같은 숫자로 편성하고 줄다리기를 하게 된다면, 누가 유리할까? 대다수 몸무게(중량)가 많이 나가는 팀이 몸무게가 덜 나가는 팀보다 유리하다. 그리고 오래 견딜 수 있는 팀이 승리하게 된다. 고대 전쟁에서도 이러한 요인에 착안하여 무게를 늘린 모습이 '중(重) 보병'이다. 이들은 지구력을 키우는 데 노력을 기울였다. 마케도니아의 알렉산드로스 대왕(Alexandros the Great, 또는 알렉산더 대왕)과 카르타고의 한니발(Hannibal) 장군도 이 시대의 명장(名將)이다.

37) 언덕 위에서 두 개의 물체가 아래를 향해 내려가고 있다고 가정해보자. 한 팀은 갑옷으로 무장한 인간팀이고, 다른 한 팀은 짐을 가득 실은 마차로 구성한 팀이다. 아래에 대형을 갖춘 부대가 있다면, 어느 팀이 더 큰 충격과 압력을 주는 팀인지 구분하기가 어렵지 않을 것이다.

에 전쟁은 재산이 많은 기사나 영주의 관심사에 불과하였다고 봄이 타당하다. 당시의 기사나 영주도 말이 없다면, 전쟁 능력이 상실됨을 의미했기에 전쟁 자체가 매우 제한적으로 진행될 수밖에 없는 환경이었다.

유럽이 이러한 형태로 전쟁을 하고 있을 때 동양에서 몽골을 통일한 칭기즈칸이 등장하면서 지금까지 유럽이 중량을 늘린 상태로 말의 충격력을 사용하는 전쟁 방식에서 말의 중량은 가볍게 하면서 속도는 배가시키고 무장은 경량화한 기동전을 수행함으로써 전(全) 세계를 지배할 수 있었다.38) 그러나 1346년 프랑스와 백년전쟁을 벌이던 잉글랜드가 크레시 전투(Battle of Crecy)에서 장궁(長弓) 보병이 기병 중심의 프랑스군을 대파(大破)하였고, 이어서 화약과 화승총(Arquebus와 Musket)이 등장하면서 전쟁 양상의 변화를 가져왔다.39)

③ '근대 제한전쟁(The Limited Warfare)'은 오스만튀르크 제국이 공성포(攻城砲)에 화약을 장전하여 사격하는 역사상 최초의 포격전투로 유명한 1453년의 콘스탄티노플(Constantinople, 현재의 이스탄불) 전투로부터 나폴레옹 전

---

38) 봉건 시대를 대표하는 전쟁으로 '십자군 원정', '백년전쟁', '칭기즈칸의 정복 전쟁' 등을 들 수 있다.
39) '아쿼버스(Arquebus)'는 15세기 유럽에 최초로 등장한 소총으로 후기에 등장한 머스킷(Musket) 소총과 비교하면, 상대적으로 짧고 가벼우며 휘어진 파이프 형태의 소총이었다. 초기는 긴 막대기 형식으로 개머리판이 없었으나, 점차 개머리판을 추가하였다. 조금 더 세부적으로 알아보려면, 김성진『전쟁사와 무기체계론』(서울: 백산서당, 2020), pp. 165~167.을 참조하기 바란다.

쟁까지의 시기를 의미하고 있다.40) 당시에 전쟁을 제한하는 요소로는 크게 네 가지로 정리할 수 있다. 첫째, 정치적 측면에서 30년 전쟁이 종결되고 1648년에 베스트팔렌(Westfalen) 조약에서 나타난 인권존중 사상의 영향을 많이 받았다. 이에 따라 전쟁의 목적도 적을 완전히 격파하는 데서 벗어나 '군사적 결정'과 '외교적 흥정'을 벌였지만, 국민군대(현대의 군대를 의미)가 형성되기 이전이었기에 전쟁 자체가 국민의 삶에 영향을 끼치는 주요 관심사가 아니었지만, 군주(王)는 정치적·경제적 이익의 主 수단과 방법으로 삼았기에 예외였다.

둘째, 경제적 측면에서 당시는 다수의 용병(傭兵, mercenary)을 포함한 상비군대를 보유함으로써 막대한 비용이 요구되었고, 중상주의 정책 육성에 따라 생산업을 강조하였다.

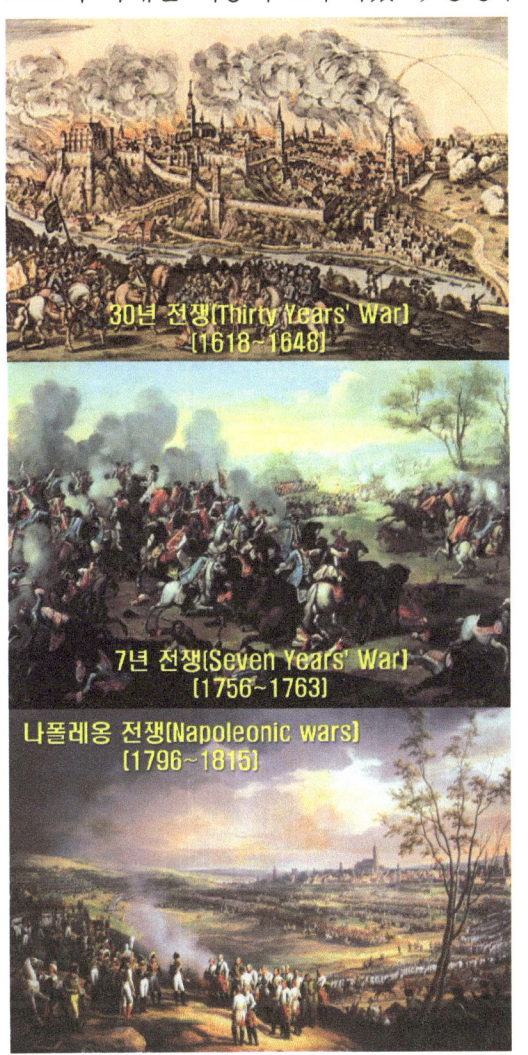

셋째, 사상적 측면에서 '이성의 시대'로서 전쟁의 시작과 종결은 항상 국가 이성(Reason of State)에 의해 결정되었으나, 합리주의자들은 전쟁 자체를 반대하였다.

넷째, 군사적 측면에서 화약의 발명과 화승총의 등장은 점차 살상률을 획기적으로 증대시켰으나, 보급제도는 창고 제도에 의존하는 구조이다 보니 미비하였다. 그러나 군주는 보유한 상비군 자체가 재산이었기에 군주가 자신의 부(富)를 외부로 선전하면서도 손해는 꺼려져 상비군의 소모를 원치 않는 이중적인 행태를 보였다. 이로 인해 전쟁의 양상도 제한될 수밖에 없었다. 이러한 절대 왕정의 제도로 인해 전쟁의 양상은 프랑스 혁명(1789)과 이어지는 나폴레옹의 등장 과정에서 적을 섬멸하는 결전 개념으로 변환하였다. 이는 다시 국가의 주권이 국민에게 있다는 '주권재민(主權在民)' 사상이 되면서 모든 국민이 스스로 국가를 지켜야 한다는 소명의식(calling)으로 정착되었다. 이에 따라 국가도 정치·경제·과학기술

---

40) 현대적 의미로 얘기한다면, 전면전(Total War)을 회피하는 국지적 전쟁으로서 핵무기나 특수 무기의 사용을 전략적으로 제한하는 전쟁으로 이해하면 좋을 듯싶다.

· 군사력 등 모든 역량을 전쟁에 투입하게 되었고, '총력전(Total War)' 양상으로 변화하였다. 대표적인 주요 전쟁 사례는 '30년 전쟁(1618~1648)'과 '7년 전쟁(1756~1763)', '나폴레옹 전쟁(1796~1815)' 등을 들 수 있다.

④ '총력전(Total War)'은 국가의 모든 역량이 총동원된 전쟁을 수행함을 의미한다. 전쟁의 목적과 수단을 무제한으로 사용한다는 뜻이다. 다시 말해 근대 제한전쟁은 군주만의 정치적·경제적 획득을 위한 전쟁이었지만, 프랑스 혁명을 기점으로 드디어 '국민군대'가 탄생하는 계기를 불러왔고, 이는 국민 각자의 생존뿐만이 아니라 나아가 국가의 생존과 이익이라는 정치적 목적도 달성할 수 있다는 측면에서 국민이 전쟁에 동참하는 절대전쟁 사상에서 총력전이 시작되었다고 이해함이 타당하다.

전쟁의 수단이라는 측면에서 유럽은 민족 단위로 '국민국가(Nation State)'를 형성하면서 독립 국가 형태로 발전을 시작하였다. 문화적 측면에서는 르네상스 시대를, 사회·경제적으로는 산업혁명이, 종교적으로는 종교개혁 운동이 활발하게 펼쳐진 시기였음을 이해해

야 한다. 이처럼 18세기는 생존 환경이 척박했던 영국에서 산업혁명을 시작한 이래 점차 세계로 확산하면서 엄청난 기술 혁신을 불러왔다. 이는 군사적 측면에서 전쟁 도구의 기계화를 가져왔으며, 국민군대가 불러온 '국민 개병제(징병제)'라는 대규모 군대를 통해 전쟁 수단마저 무제한으로 진화(進化)시켰다.

당시 정치지도자들의 절대전쟁 사상에서 시작된 전쟁 양상은 총력전 사상이 여기에서부터 혁신적인 변화와 발전을 가져왔다고 볼 수 있다. 대표적인 전쟁 사례는 미국의 '남북전쟁(American Civil War, 1861~1865)'과 '양차(兩次) 세계대전' 등을 들 수 있다.[41]

⑤ '냉전(Cold War)'은 핵무기의 등장과

---

41) '총력전' 양상에 변화를 가져오게 된 결정적인 계기는 제2차 세계대전 말기에 일본의 히로시마와 나가사키에 투하한 원자폭탄이다. 이는 국가들의 인식을 "전쟁의 결과는 공멸(共滅)이다."라는 공감대를 형성하여 '냉전(Cold War)'이라는 새로운 전쟁 양상을 출현시켰다.

이데올로기(Ideology)가 결합하면서 동·서양 체제 사이에 생겨난 새로운 전쟁의 양상이다. 다만 이전까지와는 다르게 명백한 무력투쟁에서 벗어나 정치·경제·군사·사회적 측면에서 압박을 가하려는 새로운 양상이다. 제2차 세계대전이 끝난 다음부터 핵무기에 의한 공멸 현상을 회피하기 위해 '억제전략(Deterrent Strategy)과 상호확증파괴(MAD)전략'에 바탕을 두는 새로운 형태와 개념에 의한 제한전쟁으로 발전하였다. 다시 말해 강대국이 주도하여 개입함으로써 확전(擴戰)을 방지하고 국지적인 제한전쟁을 불러왔다. 대표적인 주요 전쟁 사례로는 '6·25전쟁(Korean War, 1950~1953)', '중동전쟁(Arab-Israeli Wars 또는 The Middle East War, 1948~1982)', '베트남 전쟁(Vietnam War, 1955~1975)' 등이다.42)

인천상륙작전(1950. 9. 15.)

6일 전쟁(또는 제3차 중동전쟁, 1967. 6.5.~10.)

베트남 전쟁(1955~1975)

정리하면, 인간의 힘과 지구력에 의해 전쟁의 승패를 결정짓던 고대 전쟁은 기병의 등장으로 인력(人力)과 마력(馬力) 에너지가 활성화되면서 봉건적 전쟁으로 변화하였다.

인력과 지구력, 기병의 속도와 충격력이 전쟁의 승패를 결정짓는 환경에서 14세기가 지나면서부터 중국에서 개발된 흑색화약이 유럽으로 전파되었다. 이는 화약 에너지와 화승총으로 발전하게 되면서 근대 제한전쟁으로 전환하는 계기가 되었다. 이때의 특징은 이전(以前) 전쟁 양상과 다르게 정치적 흥정과 거래로 변질(變質)되었고, 군사력의 외적인 과시를 통해 정치·경제적 이익을 추구하는 데만 골몰하였다. 이 또한 프랑스 혁명으로 나폴레옹이 등장하면서 혁신적인 전략·전술을 통해 전쟁 양상을 급변시키면서 제한전쟁을 총력전 양상으로 전환하는 계기가 마련되었다. 그러나 국가의 모든 역량을 투입하여 적을 섬멸하는데

---

42) 그러나 최근의 전쟁 양상 중에서도 '걸프전(Gulf War, 1991)' '코소보전(Kosovo War, 1998~1999)', 'UN의 PKO 활동', 그리고 사이버·미래·전자전 등의 구체적인 분류는 학습 목적상 논외(論外)로 하며, 앞으로 분류 연구가 더 구체화할 것으로 기대하고 있다.

주력하던 '총력전' 양상은 제2차 세계대전 말기 미국의 핵무기 개발로 '제한전쟁'이라는 형태로 다시 전환하였다.

탈냉전 이후 미국의 주도로 진행했던 제1차 걸프 전쟁(1991)과 코소보전쟁(1999), 아프간 전쟁(2001), 이라크 전쟁(2003)은 현대전쟁이 혁신적으로 변화하는 양상을 확인할 수 있는 좋은 사례이다. 특히 1990년대는 미국이 '군사 혁신(RMA)'에 집중했던 기간으로서 걸프 전쟁 이후 10여 년에 걸친 실험의 결과가 이라크 전쟁에서 정밀과학 무기의 형태로 나타난 것은 시사하는 바가 크다. 다시 말해 혁신적으로 발전된 무기체계와 기술, 조직 편성과 구조, 교육 훈련, 군수 지원 등 거의 모든 분야에서 군사적 측면의 진보(進步) 정도를 뚜렷이 확인할 수 있기에 미래 전쟁의 양상을 탐구하는 데 많은 도움이 될 것이다. 최근 사이버·미래·전자전 무기 등이 더욱 진화와 발전을 거듭하고 있으나, 아직 명확하게 분류가 되지 않은 상태이기에 관련 내용은 목적상 제외하였다.

4. 세대와 시대별 전쟁 양상의 진화(進化) 패턴

4.1. 개요

전쟁의 양상을 세대별로 구분해보자. 세대별 전쟁 양상은 1세대로부터 4세대까지로 정리할 수 있다. <그림 1-31>은 세대별로 진화한 전쟁 패턴을 도표로 제시하였다.

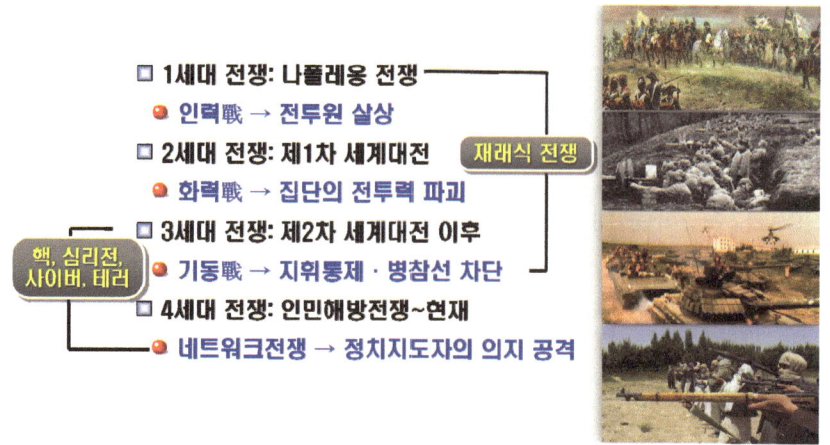

<그림 1-31> 세대별로 진화(進化)하여 온 전쟁의 패턴

대표적인 1세대 전쟁은 나폴레옹이 주인공이었던 전쟁으로 볼 수 있으며, 인력과 초기 화력 중심으로 수행한 전투로 전투원을 살상(殺傷)하는 위주였다. 대표적인 2세대 전쟁은 제1차 세계대전으로 볼 수 있으며, 대규모의 화력전을 통해 집단 전투력을 전멸시키는데 주안을 두었다. 대표적인 3세대 전쟁은 제2차 세계대전으로 설명할 수 있다. 이때부터는 유생역량(有生力量)의 소멸도 중요하지만, 독일의 하인츠 W. 구데리안(Heinz W. Guderian, 1888~1954) 장군이 수행한 기동전(또는 전격전-電擊戰)과 같이 지휘 통제체계와 시설, 병참선을 차단하는 등의 심리적인 마비(痲痺) 달성에 중점을 두었다고 보면 될 듯싶다.

4세대 전쟁은 중국의 마오쩌둥이 국민당 정부와의 내전과 국공합작 등의 과정에서 창안하여 권력을 쟁취를 완성한 인민해방전쟁에서 비롯되었다고 볼 수 있다.[43] 그는 "홍군(紅軍, 공산당 유격대)과 인민은 고기와 물과 같아서 서로 나눌 수 없다."라며 민심을 사로잡는 데 집중하였고, 드디어 1949년 10월 1일 중화인민공화국(중국) 수립을 선포하였다. 4세대 전쟁의 특징은 네트워크 전을 통해 정치지도자의 의지(will)를 공격하는 것이 핵심 요체다. 美 해병대 대령 출신인 토머스 햄즈(Thomas X. Hammes) 박사도 "가용한 정치·경제·사회·군사 분야 등을 포함하는 모든 네트워크를 동원하여 적의 군사력이 아닌 정치적 의지를 무력화하는 목적에 초점을 맞춘 전쟁"으로 정의하고 있다. 다시 말해 4세대 전쟁은 적국(敵國)을 향한 '물리적 파괴'가 아니라 의사결정권자들에 대한 '심리적인 의지(mental) 파괴'를 목적으로 하고 있음을 이해하고 접근할 필요가 있다.[44]

4.2. 시대별 전쟁 양상의 진화 패턴

4.2.1. 육군 병력의 소산(疏散) 패턴 변화와 비교

농업사회에서 전선(戰線, the fighting line)의 형태는 '선형(線形)'이었다. 산업사회로 발전하는 단계에서 제한 없는 기동과 화력이 덩달아 발달하였고, 전선의 형태도 '비선형(non-linear)'으로 전환되었다. 이후 과학기술의 발달에 따라 전장(戰場, battle-field)이 '입체전(three-dimensional warfare)' 형태로 변화하였다. 이후 정보사회로 진입하면서는 '우주와

---

[43] 장제스가 이끄는 국민당 정부군이 마오쩌둥에게 패배한 결정적 요인은 파쟁(派爭)과 반목, 국부군간 시기(猜忌, jealousy)와 배신, 경직된 지휘체계로 정리할 수 있다. 구체적인 사례를 알려면, 서울대학교 동양사학 강의 총서(叢書) 8로 출간된 로이드 E. 이스트만 저(著), 만두기 역(譯)의 『장개석은 왜 패하였는가: 현대 중국의 전쟁과 혁명-1937~1949』(서울: 지식산업사, 2013) 을 읽어보기 바란다.
[44] Thomas X. Hammes 저, 하광희 외 공역, 『21세기의 전쟁: 비대칭의 4세대 전쟁』(서울: 한국국방연구원, 2020),

사이버 공간'이 전장화되면서 5차원으로 전환하였다. 그러나 테러전이 진행되면서부터는 전장과 경계선이라는 명확한 개념이 없어졌으며, 전쟁의 주체가 보이지 않는 '無 얼굴-無 전선'의 형태로 확장되었다. <그림 1-32>는 육군 병력의 시대별 소산(疏散) 변화 형태이다.[45]

구분	고대 전투	나폴레옹전투	시민 전쟁	제1차 세계대전	제2차 세계대전	10월 전쟁
병력 10만 명이 점령한 지역(㎢)	1.00	20.12	25.75	248	2,750	4,000
정면(正面, km)	6.67	8.05	8.58	14	48	57
종심(縱深, km)	0.15	2.50	3.0	17	57	70
㎢당 병력 수(명)	100,000	4,970	3,883	404	36	25
1인당 책임지역(㎡)	10.00	200	257.5	2,475	27,500	40,000
• 병력 10만 명으로 편성된 군단(軍團) 조직 또는 군(軍)						

<그림 1-32> 시대별 육군 병력의 소산(疏散) 형태 비교

무기체계와 부대 편성, 전법(戰法, 전투기술 포함)이 발전함에 따라 병력을 배치하고 소산(疏散)을 하는 방법과 형태가 많이 변화하였다. 이러한 연유로 병력 1명이 담당하는 책임지역도 점차 확장되어 갔다. 예를 들면, 고대 전투에서는 병력 10만 명이 담당하는 책임지역이 1㎢에 불과했지만, 1973년 중동 지역의 10월 전쟁(일명 제4차 중동전)에서는 4천 배나 증가한 책임 지역을 담당하고 있다. 1㎢당 병력 규모를 보면 고대 전투에서는 10만 명이었으나, 10월 전쟁에서는 고작 25명이 담당하였다. 병력 1인당 책임 지역이 고대 전투는 10㎡에 불과하였지만, 10월 전쟁에서는 4만 ㎡로 대폭 확장하였다. 이는 과거의 전투 양상이 시·공간적으로 제한받는 '지역(area) 중심의 전투'였다면, 이제는 '공간(space) 중심의 전투' 즉, 시·공간 자체를 제한한다는 의미가 크게 작용하지 않는 전투 양상으로 변화했음을 보여주고 있다. 소결론적으로 고대 전투에서 부대나 병력이 담당하던 경계지역이나 책임 지역의 의미는 현대전쟁에서 퇴색하였음을 뜻한다.

4.2.2. 시대별 희생-치사(lethality)-편차율 변화 비교

산업혁명에 따른 과학기술과 문명의 발달은 전투를 섬멸 전투와 공세 전투의 양상으로 변화시켰으며, 무기의 대량생산과 국민개병제도(징병제)의 시행은 병력 보충을 무제한으

---
[45] T. N. Dupuy, *The Evolution of Weapon and Warfare* (New York: Bobbs-Merrill, 1990), p. 312.

로 확대할 수 있게 만들었으며, 이는 국가가 부(富)를 창조하면서 全 유럽지역의 패권을 장악하려는 목적과도 부합하였다. 무기의 대량생산과 군대의 대규모화, 국민개병제도, 全 국민을 전쟁에 동참시킬 수 있다는 새로운 양상으로의 진입은 전쟁의 승패가 국가의 존망으로 직결되는 후과(後課)도 동시에 가져왔다. 결국, 총력전-기계화 전쟁의 양상으로 진화하면서 여기에서 밀린 국가는 열강 대열에서도 낙오하였다.

1일 전투 당 전사상자(戰死傷者)의 비율도 고대 전투에서 최근의 중동전쟁까지를 살펴보면, 많은 변화가 있음을 알 수 있다. <그림 1-33>은 시대별 전투 간 희생률-치사율-편차율의 변화를 비교한 도표이다.

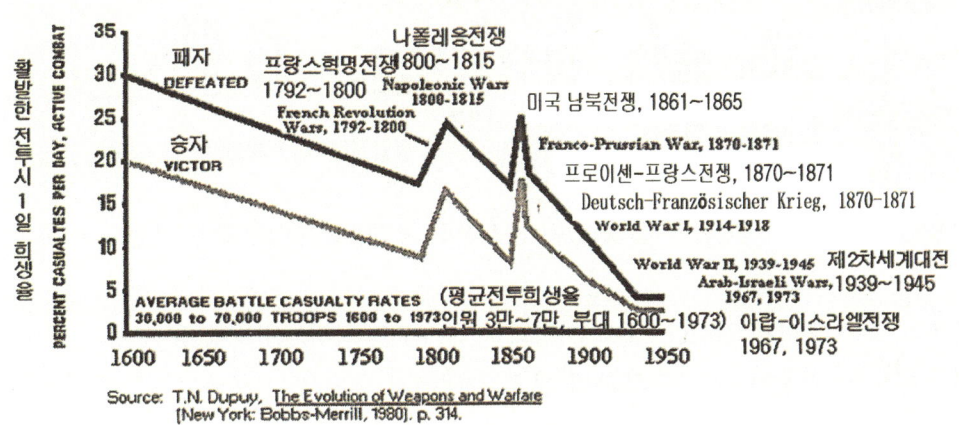

<그림 1-33> 시대별 희생률(Casualties)-치사율(lethality)
-편차율(Dispersion Over Time) 변화 비교

1600년대 승자(勝者, Winner)의 피해율은 20%였으나, 점차 줄어들어 현대전에서는 5% 이내로 감소하였다. 패자(敗者, loser)도 30%의 피해율이었으나, ±5%로 감소하였음을 알 수 있다. 승자와 패자의 피해율은 ±10% 차이로서 점차 전사·상자가 없는 전투 양상으로 전환되고 있음을 느낄 수 있다. 이는 대량 피해를 추구하기보다 지휘 통제체계를 비롯한 지휘 중추신경을 마비(痲痺)시킴으로써 피해 규모에 국한하지 않고 속전속결로 전투를 종결짓는 양상으로 변화하였다는 방증(傍證)이다.

소결론적으로 고대 전쟁에서 근대 전쟁에 이르기까지는 병력에 직접 피해를 주는 데 중점을 두었으나, 현대전에 근접할수록 산업시설이나 후방지역, 민간인 피해가 많이 발생하는 양상으로 변화하였음을 보여주고 있다.

5. 시대별 군사작전(MO)의 운용 개념

<그림 1-34>는 문명과 과학기술이 발전하면서 전쟁에 채택했던 전략과 전술(작전 또는 전법), 그리고 전쟁 양상을 시대별로 정리하였다.

구분	군사전략	전술(작전 또는 전법)	전쟁 양상	
재래식 전쟁 { 농업 문명사회	직접 접근전략	· 보병밀집대형전술 · 기병전술, 공성전(攻城戰) · 종심방어전술 · Hit & Run 전법	· 무제한전 · 제한전	고대 전쟁 몽건시대 전쟁
산업 문명사회	간접 접근전략, 혁명전략	· 후티어 전술 · 꾸로우의 종심방어전술 · 기동전(電擊戰), 게릴라전	· 절대·섬멸전 · 공세·총력전 · 기계화전	근대 제한전쟁 총력·냉전
핵, 심리전, 사이버, 테러 { 정보문명 /미래시대	핵전략, 억지전략	· 공지(空地)전투 · 新기동전(電擊戰), 통합전투 · 테러전	· 新제한전	현대 전쟁

<그림 1-34> 시대별 전쟁에 적용하였던 군사전략과 전술(작전)의 운용 개념의 변화 비교

국내의 많은 도서가 있지만, 군사 사상과 전략, 전술, 작전, 전법(戰法), 전쟁의 양상 등을 고려하지 않고 작성하거나, 구분하지 않은 상태에서 혼용(混用)하다 보니 처음 전쟁사와 군사전략을 접하게 되는 초급자의 경우 상당한 혼란을 겪고 있다. 직업군인으로서 오랜 세월을 지낸 저자로서도 작전이나 전략 분야를 경험하지 않으면, 쉽게 구분하기 어려운 분야들이 있었다. 그러나 저자의 생각만이 옳다고 할 수 없기에 제시한 내용은 앞으로 조금 더 합리적인 논쟁(reasonable argument)을 거쳐 정립할 필요가 있다. 전쟁의 양상과 군사작전의 운용 개념은 문명과 과학기술의 발달을 통해 진화하였으며, 이러한 과정에서 도움이 되는 장점과 특성을 전쟁에 잘 접목한 국가는 강대국으로 자리매김하였다. 이들은 다른 국가에 강력한 영향력을 발휘하였으며, 승리자(winner)로서 군림하고 있다. 여기에 혁신적·융합적인 방법을 계획하고 실천한 인물은 영웅(hero)으로 인정받았고, 이들을 통해 해당 국가도 최소의 비용으로 최대의 성과를 달성하였음은 그간의 전쟁사를 통해 느낄 수 있다.

강의 1   나폴레옹 전쟁(Napoleonic Wars)에 관하여 이해합시다.

학습하기 이전(以前)에 요구되는 사항

1. 영국의 산업 혁명이 프랑스 혁명에 끼친 영향과 요인은?
2. 프랑스 혁명이 군사적 측면에 끼친 영향은?
3. 나폴레옹을 등장하게 만든 배경과 원인은?
4. 나폴레옹의 성향과 특징은?
5. 나폴레옹의 전성기로 볼 수 있는 전역(戰役)은?
6. 나폴레옹의 쇠퇴기로 볼 수 있는 전역(戰役)은?
7. 나폴레옹 전쟁이 현대에 끼친 군사적 영향은?
8. 나폴레옹이 일관되게 적용한 필승의 작전원칙 세 가지는?
9. 나폴레옹 전쟁에서의 전술적 특징 네 가지를 요약한다면?
10. 나폴레옹 보나파르트의 러시아 원정이 실패한 원인은?
11. 나폴레옹 전쟁이 역사에 남긴 의미가 있다면?
12. 전쟁(전투)에서 유의해야 할 원칙은 무엇인지 명심하시오.

제2장

나폴레옹 전쟁(Napoleonic Wars)

제1절 개요

제2절 프랑스 혁명과 나폴레옹 전쟁이 일어난 배경과 원인

제3절 인간 나폴레옹(Napoleon Bonaparte)에 관한 이해

제4절 나폴레옹의 전쟁·작전원칙과 전술적 특징

제5절 나폴레옹의 주요 전역(戰役)

제6절 나폴레옹 전쟁이 남긴 의미와 교훈

제 1 절
개 요

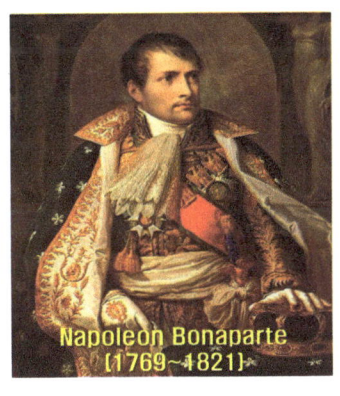

프랑스 혁명과 나폴레옹 전쟁(Napoleonic Wars)은 전쟁사에서 가장 중대한 획을 긋는 영웅의 역사이다. 프랑스 혁명이 정치·경제·사회·문화적 측면에서 심대한 영향을 미쳤기 때문이기도 하지만, 군사적 측면의 영향이 상당함을 부정할 수 없기 때문이다. 프랑스 혁명은 단순한 정치적 혁명이 아니라 사회·사상적 혁명으로서 중세 시대의 봉건 제도를 타파하고, 자유와 평등, 박애를 기본 사상으로 하는 근대 사회의 기초를 확립한 혁명으로 평가받고 있다. 절대주의의 상징이라고 할 수 있는 구제도(ancien regime(프) 또는 the old system(美))를 타파하여 근대 사회를 성립하였고, 현대국가의 지도원리인 자유민주주의 사상을 확립한 결정적인 계기가 되었다. 이 시기에 등장한 나폴레옹 보나파르트(Napoleon Bonaparte 또는 Napoleon I, 1769~1821)는 현대의 군사 사상과 군사제도, 전쟁을 수행하는 방법 측면에서 혁신적인 영향을 끼쳤음은 일반적인 사실로 잘 알려져 있다. 다시 말해 프랑스 혁명은 근대적 통일국가를 형성하는 기틀을 제공하였을 뿐만 아니라 그가 수행한 전쟁이 봉건제 사회를 근대적 통일국가로 전환하는 결정적인 계기가 되었다는 점을 이해할 필요가 있다.

프랑스 혁명 이전의 사회는 전제군주(monarch)나 봉건영주(feudal lord)가 개인적으로 정치·경제적 이익을 추구하기 위해 전쟁을 시작함으로써 국민의 삶이나 생활과는 유리(遊離, isolative)되어 있었기에 대다수는 국민의 관심 밖이었다고 봄이 타당하다. 18세기 근대 유럽 사회가 신대륙을 발견하고 문예 부흥이 시작된 이후의 경제사상은 '중상주의(mercantilism) 정책'이 주축이었다. 또한, '절대주의' 정치 이념으로 무장한 전제군주(despot)가 주축이 되어 상업이 발달하고 해외시장을 개척하는 등을 통해 군주도 부(富)를 축적하였다. 그러다 보니 군주 개인의 재산 보호가 절실해졌다. 결국, 금전으로 병력(兵力)을 고용하는 용병제도(傭兵制度)를 선호하게 되었음은 당연한 결과였다. 다시 말해 당시의 전쟁은 국가의 사활을 건 국민 대(對)국민 사이에서 일어난 '국민 전쟁'이 아니라 대다수 개인적인 탐욕에 사로잡힌 전제군주와 봉건영주들 사이에서 일어난 개인 차원의 전쟁이 대다수였다. 현대적 의미에서 얘기하는 도덕적 원리나 국가의 존속, 국민의 복지 향상을 위한 전쟁이 아니라는 뜻이다. 권력과 지위, 부(富)를 얻기 위한 전쟁에 불과하였으며, 애국심보다 군주 개인에 대한 충성심(royalty)이나 금력(金力) 관계가 얽히고설켜 있었다. 이는 절대군주가 통치하는 국가는 군주의 국가일 뿐 현대국가가 강조하는 '국가의 의사를 최종적으로 결정하는 권력이 국민에게 있다(主權在民).'라는 의미의 국가로 존립한 게 아니었음을 이해할 필요가 있다.

카를 폰 클라우제비츠(Carl von Clausewitz, 1780~1831)는 이를 두고 "원시 유목민들이 원정할 때는 모든 부족이 참여하였다. 도시국가 및 중세 봉건국가 시대의 전쟁에도 다수의 국민이 참여했으나, 18세기의 전쟁은 국민과 직접적인 관계없이 다만 신체적인 조건의 우열에 따라 간접적으로 영향을 주었을 뿐이다. 즉, 전쟁은 전제군주의 주도로 국민으로부터 분리된 직업군인(상비군)을 수단으로 하였다."라고 하면서 당시 전쟁과 국민 간의 관계를 강조하고 있다.

군주는 금전으로 계약된 용병(傭兵)을 고용하다 보니 전적으로 믿을 수가 없기에 이들을 확실하게 장악하기 위해 직접 통제가 가능한 밀집횡대(密集橫隊) 방식을 취하였고, 전장(戰場, battlefield)도 가능한 평탄한 지형을 선택하였다. 왜냐하면, 눈앞에 두어야 안심할 수 있었으며, 병력 유지비도 덜 낭비하였기 때문이다. 군주의 걱정은 개인 재산인 용병들이 대열을 이탈하거나, 무단으로 도망치는 행위였다. 더욱이 용병들 내부의 군기(軍紀, military discipline)가 엄정하지도 않았다. 전리품이나 식량 등을 약탈하는 행위 등이 자주 일어나면서 주민들의 반발심 또한 만만찮은 현실은 전쟁을 수행하는데 많은 지장을 초래할 수밖에 없는 환경이었다.

당시 프랑스 상비군의 성격은 청부(請負)를 맡은 용병대장이 직속으로 관리하는 상비 용병군(傭兵軍)으로서 군주와는 고용자-피고용자의 관계로 이루어졌다. 이러한 가운데 점차 18세기 말에서 19세기 초에 이르면서 많은 국가가 봉건 체제를 개조하였다. 즉, 광범위한 지역적 기초를 토대로 하여 근대 국가체제가 형성되었다. 이때 근대 국가를 형성한 결정적 계기가 바로 프랑스 혁명이었고, 주도한 인물은 나폴레옹 보나파르트로서 그가 이끈 나폴레옹 전쟁이 바로 핵심적인 역할을 담당하였다.

프랑스 군대는 최전성기의 절대 왕정을 상징하는 루이 14세(Louis XIV, 1638~1715) 시대에 들어서면서 국가에서 지급하는 급료와 현물(現物) 보급제도를 활용하여 상비 왕군(王軍)으로 변화되었다. 이후 프랑스 혁명은 전제군주 정치를 공화제로 전환하면서 국민이 국가의 주인임을 주창하게 된다. 이전까지의 전쟁이 군주 개인의 부(富)를 축적하기 위해 벌이는 양상이었다면, 이때부터 국가 대(對) 국가, 국민과 국민이 서로 사활(死活)을 걸고 부딪히는 투쟁으로 전환되었으며, 모든 국민이 참여하는 국민 전쟁으로 확대되었다.

나폴레옹 전쟁은 국민이 국가를 방위(防衛, defense)하여야 한다는 애국적 책임과 관념(concept)을 갖게 하였다. 전쟁이 모든 국민의 관심사로 집중되면서 '국민개병제'를 국가 제도로 확립해야 한다는 논리적 귀결(歸結, conclusion)도 정립하였다. 이 개념은 더욱 발전하여 국가총동원 개념으로 정착되었다가 다시 현대의 '총력전(Total War)' 개념으로 발전하였다. 국가가 막대한 재산을 보유한 귀족(특권계급)의 특권을 인정하거나, 세금을 감면해주는 사례가 없는 상태에서 국가 차원에서 징집권(徵集權)을 행사함으로써 다수의 장정(壯丁)을 저렴한 비용으로 모집할 수 있는 환경이 만들어졌다. 단기간에 국가에서 원하는 병력을 규모와 상관없이 확충할 수 있게 되었다.

제 2 절

프랑스 혁명과 나폴레옹 전쟁이 일어난 배경과 원인

1. 역사적 배경과 원인

15세기 전반, 유럽에서는 고대 그리스-로마 문화를 새롭게 부흥시키는 르네상스(renaissance, 부활) 시대와 대항해(大航海)의 시대가 열렸고, 상업이 발달하면서 도시를 중심으로 하는 도시문화를 형성하였다. 변화의 물결은 18세기 양모(羊毛) 수출과 신대륙 발견, 동인도 항로를 개척한 영국이 지주층의 윤작(輪作, crop rotation) 경영과 농구(農具, farm machines and implements) 등의 개량으로 확대되면서 농업생산력을 극대화할 수 있게 하였다. 이를 통해 농촌 인구의 구매력이 높아지면서 의류와 농기구 등을 중심으로 하는 산업 도시를 형성하는 계기로 만들었다.

이러한 일련의 시대적 변화에 발맞추어 18세기 초 척박한 생존 환경에서 허덕이던 영국이 산업 발전에 노력하면서 '산업혁명(industrial revolution)'이라는 생산기술 분야의 혁신으로 환경을 극복하고 가장 먼저 부흥의 기치(旗幟, flag)를 높이게 되었다. 점차 全 유럽지역으로 확산하는 가운데 1789년 7월 14일 프랑스의 절대 권력 계층이던 군주와 승려, 귀족들로 구성된 삼부회(三部會)의 과세 압력에 힘들게 대항하던 자본가, 시민계급 등으로 구성된 중산층이 주도하여 프랑스 혁명으로 발전하였다.[1]

2. 나폴레옹 전쟁의 이전(以前)과 이후(以後)의 변화 과정

초기의 프랑스 혁명 전쟁(1792~1802)과 이를 뒤이어 등장한 나폴레옹 보나파르트에 의한 전쟁(1803~1815)은 이전(以前)의 전쟁과는 근본적으로 다른 전쟁의 양상을 통해 엄청난

---

[1] '삼부회(三部會, The Estates-General)'는 구제도(앙시앵 레짐) 시기에 성직자·귀족·평민으로 구성되는 3신분의 대표자인 '신분제 의회'를 뜻한다.

변혁(revolution)을 일으켰다. <그림 2-1>은 나폴레옹 전쟁이 수행되기 이전(以前)과 이후(以後)에 발생한 전쟁 양상의 차이점을 비교하였다.

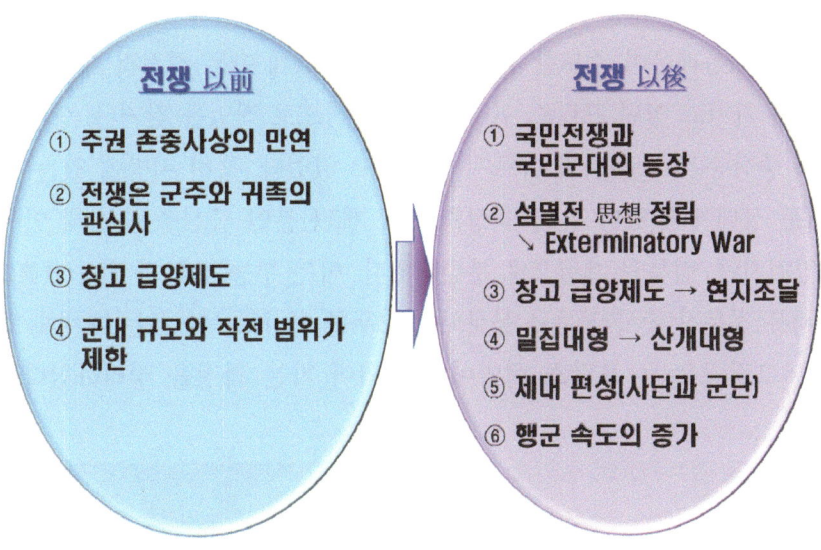

<그림 2-1> 나폴레옹 전쟁 이전(以前)과 이후(以後)의 차이점 비교

2.1. 나폴레옹 전쟁 이전(以前)의 주요 양상과 형태

프랑스 혁명과 나폴레옹 전쟁이 군사 사상에 지대(至大)한 영향을 끼쳤다고 평가할 수 있다. 프랑스 혁명과 나폴레옹 전쟁 이전(以前)까지의 전쟁 양상은 크게 네 가지로서 ① '주권존중 사상'이 문예 부흥 운동에 의한 '계몽주의 사상'으로 확대되면서 '인간의 존엄성'을 상기하게 되었다. 이는 '인본주의 사상'으로 정착하면서 '전쟁(War)'보다 '평화(Peace)'를 추구하는 사상으로 정립되었다. ② 전쟁 자체가 절대군주와 소수 귀족 계층의 관심사에 불과했기에 다수 국민은 무관심하고, 냉담한 태도를 보였다. ③ 당시의 보급제도는 '창고 급양 제도'를 채택하여 전투를 위해서는 기동로 상에 적절한 위치를 선정하고 창고를 준비하여야만 군대의 기동(maneuver)도 가능하였다. 다시 말해 제한적인 지역과 일정한 거리 내에서 실시하는 전투 이외는 진행할 수 없었다. ④ 군주가 통치하는 국가에서 대다수 군주의 관심은 영토를 확대하거나, 동맹국을 확보함으로써 군주의 권위를 확립하는 게 우선적인 목적이었다. 이를 위해 언제라도 무력(武力)을 사용할 수 있는 군대가 필요했고, 군주는 개인이 마련한 용병군대를 재산으로 인식하다 보니 군대의 규모와 작전을 수행하는 범위는 일정 부분 한정하는 것을 당연시하였다. 또한, 군주는 개인 재산을 늘리려고 대외무역과 식민지 획득이 가능하도록 '중상주의 정책'을 펼치기 시작했다.

18세기 말에서 19세기 초까지 많은 국가가 봉건 체제를 개조하고 광범위한 지역을 기반으로 하는 근대 국가를 형성하였다. 이때 근대 국가를 형성하게 한 선봉장의 역할이 프랑스 혁명이었고, 나폴레옹이 주도한 전쟁은 이를 확립하게 만든 결정적 계기로 작용하였다. 특권적 신분을 가지고 있던 프랑스 귀족들은 전통적으로 직업을 갖거나, 상행위에 종사하지 않았기에 중산층(bourgeois)과 다르게 몰락하고 있었다. 특히 지방에 있는 하층 귀족들은 더 어려운 상태에 있었다고 봄이 정확하다. 제3신분인 중산층은 전체 인구의 96%를 차지하고 있었지만, 비특권 계급으로 분류되었다. 이는 부농(富農)과 빈농(貧農), 금융업자, 소상공인, 자유 전문직 종사자 등을 불문하고 모두를 하나로 묶어주는 매개체 역할을 톡톡히 하였다. <그림 2-2>는 프랑스 혁명이 무르익어 가는 과정을 정리하였다.

<그림 2-2> 프랑스 혁명이 진전되는 과정

프랑스 혁명을 시작하면서 혁명전쟁이 진행되었고, 여기에 편승한 나폴레옹이 정복 전쟁을 주도하면서 나타난 '혁명 사상'과 '자주 독립정신'은 주변 국가들에도 자연스럽게

전파되었다. 나폴레옹 군대는 가는 곳마다 자유·평등·박애 사상을 퍼뜨리면서 자유주의 의식은 높아졌고, 그와 교전을 벌이는 상대국 내부에도 자주 독립정신과 민족의식이 높아지면서 여러 나라에서 통일(독립)운동이 발생하였다. 이는 주변의 여러 군주국가의 처지에서는 자신의 권력을 탈취당하게 되는 것으로 인식되어 나폴레옹의 행동에 극렬하게 반대하였다. 이는 나폴레옹 전쟁 기간 중 총 7차례에 걸친 대불(對佛) 동맹(First Coalition-Seventh Coalition)이 결성된 데서도 짐작할 수 있다. 군사적인 측면에서 군사 사상과 군사제도, 전쟁을 수행하는 방법 등은 최근까지도 많은 영향을 끼치고 있다. 여하튼 나폴레옹 전쟁을 통해 전근대적이었던 전쟁 양상이 점차 현대전쟁의 양상으로 전환하는 계기가 되었다.

3. 나폴레옹 전쟁 이후(以後)의 변화된 양상과 형태

이후(以後) 변화된 전쟁의 양상은 크게 여섯 가지로 정리할 수 있다. ① 프랑스 전쟁을 통해 모든 국민이 한마음으로 결집하여 전쟁에 동참하게 되었다. 국가의 형태가 '전제군주국가(despot state)'에서 '국민국가(Nation state, 또는 민족국가)'로 변화하면서 국민 각자가 국가의 주인이라는 인식으로 전환되었다. 이를 통해 국가를 지키기 위한 징병제도도 자연스럽게 받아들여 현대적 의미와 같은 '국민군대(national army)'가 등장하였다.2)

섬멸전(殲滅戰, exterminatory war)

② '섬멸전(Exterminatory War) 사상'의 정립이다. 당시의 전쟁은 결전에 의한 승리보다 외교(diplomacy)를 통해 적을 고립시키고 힘의 과시함으로써 상대가 스스로 전의(戰意)를 잃도록 하였다. 전투 간에는 적의 병참선을 위협하여 스스로 물러나게 하는 성과도 가져왔다. 이는 국력의 소모가 많은 지구전(持久戰, 또는 장기전)을 등장시키는 계기가 되었다.

---

2) 1793년 러시아와 오스트리아가 연합하여 프랑스 혁명을 진압하여 다시 절대군주제로 회귀시키려고 침공하였으나, 육군 대신(현재의 국방부 장관) 카르노가 "무기를 들 수 있는 모든 장정(壯丁)은 전쟁에 나오고, 노약자와 아녀자는 군수물자를 만들고 보급하는 일에 봉사하라."라고 對 국민 호소문을 발표하였다. 이를 토대로 하여 프랑스 국민의회가 1793년 8월 23일 '의용군 제도'를 '징병제도(현 국민개병제)'로 개혁하였다. 이 결과 프랑스는 20만 명에 불과했던 육군이 70만 명으로 혁신적인 성과를 달성했다.

③ 이전까지는 용병군대가 급양의 질이 나쁘면, 무단으로 탈영하여 마을에 가서 힘이 약한 주민들의 식량을 약탈하다 보니 지방 민심은 황폐해졌기 때문이다. 특히 주민들의 반발심이 커지며 군사작전을 수행하는데 많은 차질이 초래되었다. 이를 방지하기 위해 생겨난 게 바로 '창고 급양 제도'였다.3) 반면에 나폴레옹은 적국 내에서도 자유·평등·박애 사상을 전파하여 현지 주민의 협조를 통해 현지에서 보급품을 확보하고, 수송 수단을 개발하면서 '창고 급양 제도'는 자연스럽게 폐지하고 '현지 조달'로 전환되었다.

급양창고 급습

④ '밀집대형'에서 '산개대형' 전술로 전환하였다. 당시 고용된 용병들은 군주가 가진 금력(金力)의 정도에 따라 충성심이 달랐고, 군주의 권위를 나타내는 상징적인 존재에 불과하였기에 신뢰하기는 어려운 집단이었다. 따라서 군주가 전장에서 이탈하는 병사들을 통제하기 위해 '밀집횡대 대형'을 선호하였다. 이로 인해 전장(戰場)도 최대한 평평하고 넓은 지역을 선택하였다. 그러나 국민군대가 형성되면서 국가와 이웃을 위한다는 소명 의식(calling)은 엄격한 감시나 통제가 필요 없게 하였다. 아울러 적의 집중 포병 화력에도 대량 피해가 나지 않도록 '산개대형'의 형태가 새롭게 채택되었다. 이를 통해 전투부대가 흩어져 전투하는 과정에서 지형지물을 이용하면서 산병(散兵)들이 사격하여 적이 동요하게 되면, 곧바로 백병전(또는 육박전)으로 진행하는 새로운 전술로 발전하였다.

밀집대형

⑤ 정식 제대인 사단(division)과 군단(corps)으로 편성하였다. '창고 급양 제도'가 '현지 조달'로, '밀집대형'이 '산개대형'으로 변화함에 따라 이러한 형태에 부합할 수 있는 부대를 새롭게 편성 및 유지할 필요성이 생긴 때문이다. 국민군대가 사단과 군단이라는 정식 제대를 편성하면서 장기간 독립적으로 작전을 수행하는 것도 가능하게 되었다. 반면에,

---

3) 군사작전을 수행하기 이전(以前)에 우선 절절한 거기에 있는 장소에 창고를 준비한 다음 군대를 기동시키되, 부대의 위치가 3~4일 걸리는 행군 거리를 벗어나면, 다시 새로운 창고를 준비하고 병사들의 급양에 충실하도록 환경을 갖췄다. 그러나 이러한 제도의 특성은 정상적인 기동(maneuver)과 적을 격파한 다음 이어지는 과감한 추격전(running fight)이 사실상 불가능하다.

유럽국가에서 절대군주가 지배하고 있는 국가들은 국민군대가 아닌 '상비용병'이 중심이었기에 작전의 융통성을 발휘하기가 제한될 수밖에 없었다.

⑥ 기존의 행군 속도에 비교할 때 속도는 상당히 증가하였다. 나폴레옹은 강한 훈련을 진행한 것으로 유명하다. 이를 통해 나폴레옹 군대는 프랑스 혁명이 일어나기 이전(以前) 군대의 분당 행군 속도가 70보에 불과하던 것을 분당 120보까지 향상되도록 숙달시켰다. 나폴레옹 군의 행군 속도 증가는 기동성을 높임과 동시에 전투에서 승리할 수 있는 기반(基盤)을 제공하였다. 나폴레옹은 이때부터 보병과 포병, 기병을 통합하거나 협력하여 전투를 진행하는 작전을 실천하였으며, 결과적으로 나폴레옹의 전성(全盛)시대를 불러왔다. 이는 그냥 자연스럽게 발전한 게 아니라 프랑스에 국민군대가 만들어지면서 자발적이고 의욕적인 국방(國防)의 관념(觀念)을 가질 수 있었기에 가능하였다는 점을 이해할 필요가 있다.[4]

---

[4] 나폴레옹 군대뿐만이 아니라 고대 명장 中 알렉산더 대왕의 군대도 120보/s였으며, 알렉산더는 동방 원정을 달성한 황제였다. 그리스 군대는 27kg의 군장을 메고 10km/H를 주파할 수 있었다. 이는 현대 군대의 병사도 결코 쉬운 일이 아니다.

제 3 절

인간 나폴레옹(Napoleon Bonaparte에 관한 이해

1. 나폴레옹의 생애

<그림 2-3>은 나폴레옹 보나파르트(Napoleon Bonaparte, 1769~1821)의 출생에서 성장 과정, 주요 전과(戰果)를 정리하였다.

- 1769. 8.15, 코르시카섬 출생
- 1779, 브리엔느 유년학교 입학
- 1784, 파리사관학교 입학(15세)
- 1785, 포병소위 임관(16세)
- 1793, "툴롱요새" 탈환작전의 공로로 육군 준장으로 특진(24세)
- 1796~1797, 이탈리아 원정군사령관(27세)
- 1804, 황제 즉위(35세)
- 1814, 프랑스 戰域 패배, 엘바섬 유배
- 1815~1821, 워털루 전투 패배, 세인트헬레나섬 유배/사망(52세)

<그림 2-3> 나폴레옹 보나파르트의 생애(종합)

나폴레옹 보나파르트는 프랑스령인 코르시카(Corsica)섬의 주도(州都)인 아작시오(Ajaccio)에서 출생하였다. 코르시카섬은 한국의 제주도보다 4배 정도 큰 섬으로 원래는 이탈리아 제노아(Genoa) 공국의 식민지였다. 프랑스의 니스(Nice)에서 약 170여 km 떨어져 있는 지중해의 작은 섬이다. 지정학적 특성으로 인해 코르시카의 소유권이 자주 변경되었으나, 주민들은

서로 단합하여 섬의 독립을 위해 죽음도 불사(不辭)하는 강인한 '혼(魂)'을 갖고 있었다.

나폴레옹 보나파르트가 출생하기 직전 애국자인 파올리(Paoli)가 중심이 되어 제노아(Genoa) 공국의 지배에 항거하여 공화 정권을 세웠으나, 다시 프랑스가 코르시카를 사들이게 되자 부모들은 영국으로 망명하였다. 이때 나폴레옹 보나파르트의 아버지 카롤로 보나파르트(Karulo Bonaparte)는 나머지 병력으로 저항하다가 1769년 7월 프랑스로 투항한 지 한 달이 지나자 나폴레옹 보나파르트(이하 나폴레옹)가 출생하였다.

그는 1779년 4월 23일 프랑스 왕실 국비생으로 브리엔느 유년(幼年) 육군사관학교(왕실학교)에 입학하였다. 키가 작고 이국(異國)의 관습에 익숙하지 않았던 나폴레옹은 프랑스어가 서툴러 학우들 사이에서 우스개와 놀림의 대상이 되곤 하였다.[5] 설상가상으로 집안마저 어려웠던 그는 다른 학우들과 어울리지 못하고 오로지 책만 끼고 살았다. 1784년 10월 30일 파리 사관학교(Ecole Militaire)에 입학하여 1785년 8월 포병 소위(16세)로 임관하였다. 1789년까지 프랑스에 주둔하고 있던 그는 혁명이 일어나자 "현명하고 용감한 군인에게는 가장 좋은 출세의 기회이다."라면서 독립운동에 뛰어들었으나, 실패한 다음 다시 군(軍)에 복귀하였다. 1793년 혁명군에 배속되었던 그는 기회를 얻어 反 혁명군이 장악하고 있는 '툴롱(Toulon)항' 탈환 작전을 계획하게 되었다. 나폴레옹의 작전계획을 혁명군이 채택하고 툴롱항 탈환이 성공적으로 마무리되면서 드디어 그의 전성기는 시작되었다.

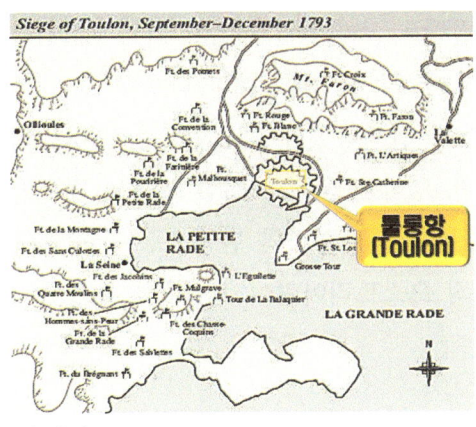

로베스피에르
(Maximilien Robespierre, 1758~1794)

이후 자코뱅당의 지도자였던 로베스피에르 동생과의 친분을 이용하여 육군 준장에 승진하였으나, 다시 한차례 옥고(獄苦)를 치렀다. 10월 파리에서 폭동이 일어나자 자코뱅당의 지도자인 로베스피에르(Maximilien Robespierre, 1758~1794)에게 부사령관으로 등용되어 폭도를 진압하는 전공을 세웠다.[6] 나폴레옹은 27세에 내국군 사령관이자

---

[5] 일반적으로 나폴레옹의 키가 작다고 평가하고 있으나, 실제 168cm로 그렇게 작은 키는 아니었다. 근위병과 비교한 사진으로 보니까 작다고 보지만, 당시 근위병은 최소 173cm 이상이었다. 중국의 덩샤오핑(鄧小平, Teng Hsiaop'ing)은 150cm, 박정희 前 대통령은 158cm였다. 독일의 아돌프 히틀러(Adolf Hitler)는 징병검사 결과지를 보면, 175cm로 나와 있다.

이탈리아 방면군사령관으로 임명되었고, 이탈리아 니스(Nice)로 출동하면서 나폴레옹의 영웅적인 정복 전쟁이 시작되었다.

2. 당시 유럽 사회의 정세(政勢)와 국제 환경

William Pitt 영국 수상 (1759~1806)

당시 유럽 각국은 프랑스 혁명 사상의 전파로 인해 지금까지 유지하고 있던 절대군주 제도가 파국(破局)을 맞을 가능성에 위협을 느꼈다. 1792년 오스트리아-프러시아(현재의 독일)는 연합군을 조직하여 프랑스의 영토 확장에 반대하였다. 1793년 영국 총리(수상)인 윌리엄 피트(William Pitt, 1759~1806)의 제창에 따라 영국과 오스트리아, 프러시아, 네덜란드, 스페인 5개국은 제1차 대(對)불동맹을 결성하였으나, 각기 이해관계가 다르다 보니 행동을 일치하기는 어려웠다. 결국, 1795년 프러시아가 탈퇴하였다. 네덜란드는 프랑스의 갑작스러운 침공으로 바타비아 공화국이 되었으며, 영국은 군대를 직접 보내는 것보다 군사원조(援助)를 하겠다는 노선을 채택하였고, 스페인은 프랑스와 단독으로 강화(講和, peace negotiations)를 하면서 1795년 말이 되자 오직 오스트리아만이 프랑스에 대항하는 구도가 되었다.

---

6) 로베스피에르는 급진적 사상을 가진 자코뱅당의 지도자이자 계몽주의를 주창한 애국자로 책임감과 희생정신을 보유한 인물이었으나, 공포정치로 인해 결국 단두대에서 처형되었다.

제 4 절

나폴레옹의 전쟁·작전원칙과 전술적 특징

1. 나폴레옹의 5대 전쟁원칙과 필승의 3대 작전원칙

나폴레옹은 자신보다 먼저 여러 가지의 전략과 전술의 원칙을 제시한 선배 장교나 선행 연구자들이 주창한 이론을 소홀히 여기지 않고 집대성하였으며, 자신의 고유한 전략과 전쟁원칙으로 보완하여 적용하여 자신만의 전략으로 완성하였다. <그림 2-4>는 전쟁의 5대 원칙을 정리하였다.

<그림 2-4> 전쟁의 5대 원칙

전략(전쟁)의 원칙에서 가장 중요한 키-워드는 ① 같은 작전목표를 선정하는 것으로서 공통된 목표를 갖는다는 뜻으로 해석하면 된다. 두 마리의 토끼를 쫓다가는 두 마리 다 놓칠 수 있기에 하나의 토끼(결정적인 목표)에 전력(全力)을 결집하기 위함이다.

② 당시의 전쟁 형태는 대다수 영토의 획득을 목표로 하였기에 공성전(攻城戰) 형태로 지지부진하게 시간을 끄는 사례가 상당히 많았다. 나폴레옹은 이러한 문제점을 개선하고자 영토(領土)의 획득은 부차적인 이익으로 보았다. 이는 적의 주력(主力)을 먼저 격파하게 되면, 남은 영토와 전력이 모두 자신의 것으로 될 수 있다는 점을 깨우친 결과로 '적의 주력'을 '제1 목표'로 선정하였다.

③ 전쟁을 시작한 초기에 나폴레옹은 예하 병력을 항상 광범위하게 분산시켜 배치하였다. 이는 적에게 그가 공격하려는 주목표가 어디인지 판단하지 못하게 함으로써 혼란에 빠뜨리고자 유도하기 위한 전략이었다. 이러한 시도는 상황이 변화함에 따라 유연한 대응을 가능하게 하였고, 새로운 목표에 주력(main attack)을 집중할 때 유리하게 작용하였다.

④ 적의 측면(the side)이나 배후(the back)에 아군의 주력을 배치하였으며, 이는 나폴레옹이 추구하는 전략의 핵심 key다. 초기에는 적의 주력을 격멸시키는 과정에서 나폴레옹 군대도 많은 희생이 발생했다. 따라서 최소의 희생으로 최대 효과를 거두기 위해 적의 측면이나, 배후로 신속하게 기동하여 급습(急襲, raid)을 가할 필요성을 느꼈다. 다행스럽게도 나폴레옹이 군대개혁과 강한 훈련을 밀어붙이면서 유럽의 군대가 분당 70보인데 비해 120보를 이동할 수 있는 능력을 갖추면서 상황은 바뀌었다. 물론 보급품을 '창고 급양 제도'에서 '현지 조달'로 바꾼 원인도 단단히 한몫했음은 전역(戰役) 탐구를 통해 느낄 수 있다. 반면에 유럽군대는 '창고 급양 제도'를 고집하였기에 신속한 이동이나 원거리 전투가 아예 불가능하였다. 이를 파악한 나폴레옹은 전투를 수행할 때 유인(誘引, enticement)부대가 적의 주력과 교전하는 사이에 실제 주력부대를 적의 배후로 신속하게 기동시켜 승리한 사례가 많았다는 점에서 유럽군대의 취약점을 꿰뚫고 있었음을 느낄 수 있다.

⑤ 병력은 광범위하게 분산하여 기동하였기에 부대 간 신속한 연락망의 구축이 필요했다. 연락망을 구축하여야 아군과 적군의 상황을 근(近) 실시간대에 확인할 수 있었고, 신속한 판단과 결심을 할 수 있었기 때문이다. 나폴레옹은 본진(本陣)을 중심으로 하여 예하부대는 주변에 진지를 편성하도록 하되, 작전부대와의 행군 거리가 6일 이상으로 떨어지지 않도록 본진과의 거리를 단축하기 위해 이동하기를 반복하였다. 다만 이러한 방식이 효과적이었음에도 부대가 신속하게 집결하지 못할 때면, 동시에 여러 곳에서 각개격파를 당할 위험성은 도사리고 있었다.

특히 목표를 어느 특정 지역이나 도시, 군사력에 두는 게 아니라 적의 주력(主力)에 집중해야 한다는 점을 항시 강조하였다. 여기에서 각 개인의 전술적 판단과 독창력이 상당 부분 필요하였음을 이해할 필요가 있다. 적 주력에 집중해야 하지만, 결정적 시점을 정확하게 선점(先占)할 수 있을 때 승리할 가능성도 그만큼 커지기 때문이다. 이때도 가능한 정면 공격은 회피하도록 강조하였다.

전쟁 말기 워털루 전투(Battle of Waterloo, 1815)에서 나폴레옹 군대가 단순하게 정면 공격을 반복하며 승리를 추구하려던 전략은 오히려 나폴레옹을 몰락으로 이끈 결정타가 되었음을 진중하게 되새길 필요가 있다.

전투 간 승리할 수 있는 요인은 많이 있다. 아군의 작전선(作戰線, Line of Operation)이 적의 후방에 위치하였더라도 반드시 적의 결정적 지점을 향해 우회하여 공격을 개시하도록 노력해야 한다. 나폴레옹은 아군의 병참선을 확보하기 위해 노력하면서도 반드시 적 병참선을 차단하기 쉬운 지점으로 위치시켰다. 한마디로 정리하자면, '아생연후살타(我生然後殺打, 내가 먼저 살아남은 다음에 적을 타격)'의 전술이었음을 이해할 필요가 있다. <그림 2-5>는 나폴레옹이 작전을 수행하는 과정에서 승리를 굳히기 위해 구체적으로 행동화시킨 3대 작전원칙이다.

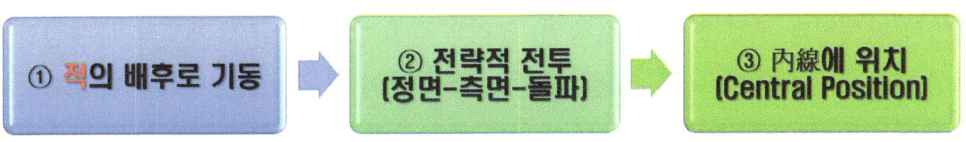

<그림 2-5> 필승(必勝)의 3대 작전원칙

① '적 배후(背後)로의 기동'은 전투 이전에 아군의 병력을 먼저 분산시켜 적의 분산을 유도하였다가 신속하게 병력을 재집결함으로써 적이 예측하지 못하거나, 예측하더라도 미처 대비하기 어려운 뒤쪽(後方)으로 기동한다는 뜻이다. 적의 병참선을 목표로 하는 대규모 병력 또는 보유한 모든 병력을 투입하되, 정면 공격이 아니라 뒤쪽이나 옆쪽에서 기습(奇襲, surprise)을 진행한다는 의미로 해석할 수 있다.

② 전략적 전투는 세 가지 방법으로 ②-1, 정면에서 공격하여 적이 다른 판단이나 옴짝달싹하지 못하도록 행동을 고착(固着, adherence)한다. ②-2, 측면을 돌아 적의 뒤쪽을 기습적으로 타격한다. ②-3, 아군의 옆쪽 기동에 대응하기 위해 노출된 적의 특정한 지점에 집중하여 공격하는 부대는 포병-보병-기병이 협력하여 적 전선을 돌파한다는 뜻이다.

③ 내선(內線, Central Position)에 위치한다는 것은 서로 지원이 가능한 거리 내에 있는 둘 이상의 적 부대 사이로 기동한다는 의미로 둘 중 어느 한 편이 손을 쓰기 전에 먼저 다른 한 편을 격파(擊破)한다는 뜻이다. 나폴레옹이 즐겨 사용한 전술은 바로 '내선작전'이다.

2. 나폴레옹 전쟁의 전술적 특징

나폴레옹이 전성기에 사용한 전술은 그가 창안한 산물이 아니었다. 당시 프랑스 군대의 전략이론가들이 주장하던 내용을 구체화하여 행동으로 실천한 데서 탄생하였다고 봄이 타당하다. 당시 혁신 이론을 주장하였던 다섯 명의 대표적인 사상가들을 살펴보자. ① 브루셰(1700~1780)는 부대를 몇 개의 종대(縱隊, 세로로 줄지어 늘어선 대형)로 나누어 여러 개의 통로를 사용하되, 공동 목표로 지향해야 한다는 분진(分進)협동 공격과 분산(分散)하여 공격함으로써 적이 아군의 목표를 정확히 알지 못하도록 현혹해야 한다고 주장하였다.[7] ② 그리보발(Gribeauval, 1715~1789)은 포병을 경량화시켜 포신의 무게를 감소해야 한다고 강조하였으며, 그리보발 시스템을 창안하여 포병 개혁을 이끌었다. ③ 기베르(Guibert, 1743~1790)가 상설군단과 사단을 편성하여 독립적인 작전을 수행할 수 있어야 한다면서 기동성과 우회 또는 옆쪽(측면) 공격의 중요성, 창고 급양 제도의 문제점과 개선 필요성 등을 강조하였다. ④ 듀테일(1733~1820)이 말이 끌 수 있는 가벼운 활강포를 주창하였다. ⑤ 귀베르트(1772)는 크게 세 가지를 주장하였는데, ⑤-1, '시민군'의 필요성과 병력이 적에게 노출당하지 않은 상태에서 병력을 전개할 수 있어야 한다. ⑤-2, '기동전'과 '독립작전'의 중요성이다. 아군 병력은 분산됨이 없이 포위할 수 있어야 하고, 아군의 측방은 노출되지 않은 상태에서 적의 측방을 포착해야 하고 아군의 기동과 공격은 상호 연결할 수 있어야 한다. 이를 위해 창고 급양 제도는 현지에서 조달하는 제도로 바뀌어야 한다. ⑤-3, 사단 편성의 필요성이었다.

<그림 2-6> 나폴레옹의 4대 전술적 특징

나폴레옹은 이러한 이론들을 전쟁을 수행하는 과정마다 독창적으로 채택하여 영웅으로 등극하였다. 나폴레옹만의 창의적이고 독특한 발상은 포병을 보병과 기병(騎兵)에 포함하여 운용하였다는 점이다.[8] <그림 2-6>은 당시 프랑스군 내부에서 혁신적인 이론가들에

---

7) 브루셰는 '산악전의 원칙'을 주장한 다지론(多枝論)자로서 '아군은 계획된 분산으로 적을 분산시키되, 적보다 먼저 집결하여 적을 우세한 병력으로 공격한다.'라고 주장하였다.
8) 나폴레옹은 "중대한 효과를 얻기 위해서는 포병도 다른 군종(軍種)과 같이 총검으로 싸우듯이 가까이에서 밀집하여 포격(砲擊)을 가하며 싸워야 한다. 밀집 전투를 하면, 그 효과는 더욱 커진다."라고 강조하였다. 독일에 유학했던 관동군 참모 이시하라 간지(石原完爾)는 "나폴레옹은 천재적 직관력으로 사물의 진상(眞相)을 통찰하고 혁명에서 얻은 전략들을 활용하여 병력을 신속하게 결승점에 집중시켰다. 이후 바로 결전(決戰)을 강요하며 과감하게 적을 굴복시키는 섬멸전략을 통해 획기적으로 승리를 달성할 수 있었다. 이는 온 유럽의 이목을 집중케 하였

의해 주장되었던 안(案)들은 나폴레옹의 4대 전술적 특징으로 묶어 정리하였다.

① 혁명 이전(以前) 프랑스군의 분당 도보 속도는 70보였다. 그러나 나폴레옹 군대는 기동 속도의 향상과 보장을 통해 분당 120보로 숙련시킴으로써 병력의 이동과 집중, 전환(轉換, conversion)을 쉽게 할 수 있도록 만들었으며, 이로 인해 타격력도 배가(倍加)되는 결과를 가져왔다. 이때부터 최소한의 식량과 탄약을 휴대할 수 있다면, 지금까지 상상할 수조차 없었던 원거리 전투가 사실상 가능해졌다.

② 상설 사단과 군단을 편제로 채택함으로써 신속한 부대 기동이 가능한 제대(梯隊)로 편성할 수 있게 되면서 운용 기반도 마련되었다.9) 특히 1~2일 행군 거리 내에서는 분리하거나, 독립적으로 수행하는 작전마저 가능해졌다. 이로써 이전까지는 할 수 없었던 즉각 지원 개념과 부대의 집중 운용, 우회기동 및 기만(欺瞞) 작전의 수행, 보급 부담률은 한층 더 경감되었다. 특히 평시부터 보병과 포병, 기병을 고정하여 편성하거나, 운용이 가능해짐으로써 '제병협동 전술'이 발전하는 계기가 되었다.

③ '창고 급양 제도'를 개선하여 '현지 조달·징발제도'를 상황에 맞도록 유연하게 채택하였다. 이는 개인 휴대 물자의 경량화를 가져왔고, 치중(輜重, 말이나 수레에 싣고 운반해야 하는 짐) 소요를 획기적으로 감소시키게 하면서 기동력을 증가시키는 효과도 가져왔다. 군사적 측면에서 보면, 추격(追擊)한다거나, 적의 후방시설에 대한 습격이 한결 쉬워졌음을 의미하고 있다.

④ 산개(散開)대형 전술과 밀집(密集)종대 전술을 혼합하여 사용하였다. 이는 제1선과 제2선으로 전투 대형을 나누는 전술 형태로 '제1선'은 '산개대형'으로 '적을 자연스럽게 분산'시키는 작용을 하고, '제2선(예비대)'은 '밀집종대 대형'으로 '적의 약점이나 중앙지점을 돌파하여 적의 대형을 분리한 다음 각개격파를 통해 적을 섬멸'하는 개념이다. 이를 통해 항상 결정적인 시간과 장소에는 상대적으로 우세한 아군의 전투력을 집중할 수 있게 되었다. 이 전술은 나폴레옹이 창안한 것은 아니지만, 혁신적 이론을 적극적으로 채택하여 자신의 것으로 활용함으로써 전성기를 이끄는 영웅이 되었다는 점을 이해할 필요가 있다.

으나, 다른 국가에서 이를 쉽게 이해하지 못하여 나폴레옹의 승리를 위대하게 만들었다."라고 표현하고 있음은 새겨둘 만하다.
9) 나폴레옹이 영국 원정 당시 1개 방면군 규모는 약 20만여 명이었다. 이를 7개 군단으로 나누어서 1개 군단은 약 2~3만 명 규모로, 1개 군단은 2~3개 사단으로 편성하였다. 이러한 편제는 현대의 軍 편제와도 유사하다. 나폴레옹이 등장하기 이전에는 1개 방면군이 4~5만 명이었으며, 유럽의 다른 국가는 대다수 여러 개의 연대를 통합하여 운용하는 임시 편제를 채택하였다. 이는 전투의 효율성을 저하하는 요인으로 작용하였다.

제 5 절

나폴레옹의 주요 전역(戰役)

1. 개 요

나폴레옹은 이탈리아 전역에서 승리를 쟁취하며 유능함과 위대성을 인정받았고, 이후 1807년의 프리들란트(Friedland) 전역까지는 전성기를 구가하였다. 그러나 이후 미처 준비가 덜 된 상태로 성급하게 감행한 러시아 원정에서 병력의 10%만 남을 정도로 대참패를 당했고, 이를 만회하기 위해 노력하였으나, 워털루 전투에서 결정적으로 참패하면서 패망하였다. <그림 2-7>은 나폴레옹이 수행한 주요 전역을 종합하였다.

<그림 2-7> 나폴레옹의 주요 전역(戰役)

이집트 원정 시기까지는 나폴레옹의 능력을 대외적으로 드러내는 초기 과정의 전역(戰役)으로 볼 수 있다. 마렝고 전역(Battle of Marengo)에서 프리들란트 전역(Battle of Friedland)까지는 최고의 전성기였으며, 스페인 원정을 마무리 짓지 못한 상태에서 서둘러 러시아 원정을 단행함으로써 쇠퇴기에 접어드는 결정적 계기가 만들어졌다.

2. 이탈리아 전역(Battle of Italian)

이탈리아 전역(Battle of Italian)은 프랑스 혁명전쟁 기간 중 이탈리아 방면군사령관으로서 처음 지휘한 전역이다. 당시 국제정세를 살펴보면, 1789년 프랑스 혁명이 발생하면서 공화정 사상(思想)이 파급될 것을 우려한 오스트리아와 프러시아가 연합군을 편성하여 프랑스에 대한 간섭을 시작한 것이 빌미로 작용하였다. 이듬해인 1793년 영국 총리 윌리엄 피트가 주도적으로 제창하면서 제1차 대불 동맹을 결성하였다.[10] 1796년 초기 프랑스군은 라인강 상·하류 지역과 스위스의 산지(山地)에 인접한 이탈리아 지방에서 오스트리아-피에몬테(Piemonte) 연합군과 대치하였다. 이때 나폴레옹이 툴롱항 점령 작전으로 프랑스군의 부진한 전투력과 사기를 북돋고, 파리의 폭도 진압 작전에 공을 세워 이탈리아 방면군사령관에 임명되었다. <그림 2-8>은 이탈리아 전역 요도이다.

<그림 2-8> 이탈리아 전역 요도(종합)

결과적으로 이탈리아 전역은 나폴레옹의 위대성이 빛을 발하는 계기가 된 전역이었으

---

10) 제1차 대불(對佛) 동맹국은 영국, 오스트리아, 프러시아, 덴마크, 스페인 등 5개국이었다. 그러나 여러 가지 분야에서 이해를 달리하였기에 행동의 일치를 이루지 못하였다. 결국, 1795년 프러시아가 동맹에서 탈퇴하였고, 덴마크는 프랑스의 침공으로 바다비아(Badabia) 공화국으로, 스페인은 프랑스와 단독으로 강화(講和)를, 영국은 군대를 철수하고는 동맹국에 대한 군사원조만을 제공하는 조금은 발을 빼려는 모양새가 되었다. 이로 인해 1795년 말에 가서는 유일하게 오스트리아만 프랑스에 대항하게 되었다.

나, 당시 프랑스 혁명정부의 입장에서는 중대한 운명의 한판이었으며, 처음 방면군 사령관으로 임명된 나폴레옹으로서도 그의 미래를 결정짓는 대전(大戰)이었다고 봄이 타당하다.

프랑스군 최고사령관 카르노(Carnot)는 국경지대에 배치되어 있던 요새 수비대와 3개의 주력군으로 작전을 수행하고자 하였다. 이때 주공(主攻)은 북쪽의 쥬르당(Jourdan) 장군(80,000명)이 콜로뉴(Cologne) 북부에서 라인강을 건너 진격하고, 모로(Moreau) 장군(80,000명)은 스트라스부르그(Strassburg)에서 라인강을 건너 비엔나(Vienna-빈)로 진격하게 되어있었다. 나폴레옹이 이끄는 부대(40,000명)는 조공(助攻, 주공을 지원하거나 보조)의 역할이었다. 당시의 직책은 1개 군사령관이었기에 전군(全軍) 작전을 지휘할 수 있는 위치가 아니었다. 그런데 라인강 방면에서 주공 임무를 수행하던 2개 군은 오스트리아군에 격퇴당했지만, 나폴레옹이 이끄는 이탈리아 방면군은 연전연승함으로써 침체되어있던 프랑스의 운명에 결정적인 역할을 하였다. 이로써 나폴레옹은 이탈리아 원정을 통해 영웅으로 새롭게 태어나는 계기를 스스로 개척하였다.

나폴레옹은 휘하에 있는 여러 만용장병(蠻勇將兵, daredevil courage officers and men)을 장악하는 데 상당한 노력을 기울이면서 자신의 몸가짐에도 상당한 노력을 기울였다. 이 과정에서 지금도 유명한 '나폴레옹 모자'를 만들어 썼고, 키는 2피트가 더 높게 보이도록 분장하였다. 복장과 마차 등도 독특하게 만들었으며, 반짝이는 눈과 꽉 다문 입은 항시 외부에서 보이게 하되, 조금도 어색함이 없도록 위엄과 외모를 과시하는 데 노력하였다. 나폴레옹이 롬바르디아 평원을 향한 진격을 명령하며 했던 연설은 그가 얼마나 장병의 마음을 사로잡기에 노력하였는지 그의 일면(一面)을 느낄 수 있게 한다.

"장병 여러분! 귀관들은 헐벗고 굶주리고 있습니다. 정부는 귀관들에게 힘입은 은혜가 크지만, 아무것도 갚아주지 못하고 있습니다. 그들은 귀관들에게 아무런 영광도 희망도 주지 못했습니다. 그러나 본인은 귀관들을 이 지구상에서 가장 기름진 롬바르디아 평야로 인도하게 될 것입니다. 이제 귀관들은 부유한 여러 지방과 대도시를 정복할 것이며, 명예와 영광과 많은 금은보화를 얻을 것이고, 이 모든 것은 귀관들의 것입니다. 진격하는 곳에 반드시 명예와 영광(榮光)과 부(富)가 함께 할 것입니다. 친애하는 장병 여러분! 귀관들은 나와 함께 진군할 용기와 인내가 있습니까?"

이 연설은 전투와 굶주림에 허덕이는 프랑스군 장병들의 심리를 자극하여 사기(士氣)를 높였고, 그들은 27세의 젊은 나폴레옹 사령관에게 열광하면서 목숨 바쳐 충성하겠다는 마음을 심어주는 결정적인 계기로 작용하였다. <그림 2-9>는 이탈리아 전역에서 주·조공의 위치를 보여주는 개략도이다.

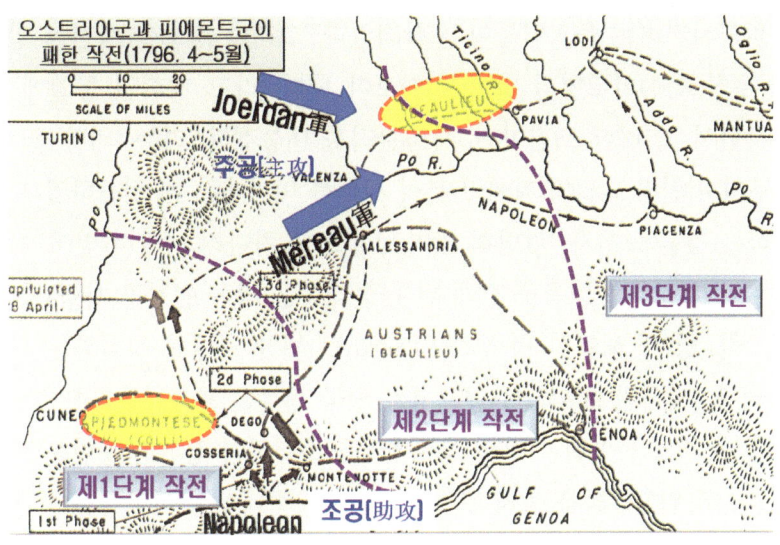

<그림 2-9> 이탈리아 전역에서 주·조공 위치 개략도

나폴레옹은 이탈리아 원정 간 총 3단계로 작전을 진행하였다. ① 제1단계 작전은 오스트리아군(볼리유 장군)이 서방으로 진격함을 확인하고 몽테노트(Montenotte)-코세리아(Cosseria)-데고(Dego) 일대에 있는 적의 전위부대를 격파함으로써 오스트리아-피에몬테 연합군을 양분(兩分)시켰다. 예상대로 오스트리아군과 피에몬테 군(콜리 장군)이 각기 자국을 방어하기 위해 서로 반대되는 방향으로 후퇴하면서 나폴레옹의 예측은 맞아떨어졌다. ② 2단계 작전은 오스트리아군의 정면에 소수의 병력만 남겨두고 견제함과 동시에 대다수 병력을 반대 방향으로 후퇴한 피에몬테 군을 집중공격하였다. 나폴레옹 군의 전격적인 공격 기세와 포위 기동을 벗어날 수 없었던 피에몬테 군은 일주일 만에 전투를 포기하고 휴전조약을 체결할 수밖에 없었다. 이제 남은 적은 오스트리아군뿐이었다.

③ 제3단계 작전은 모든 병력을 집결시킨 다음 오스트리아군을 집중적으로 공략하며 롬바르디아를 정복하는 단계였다. 먼저, 나폴레옹은 정보의 수집을 통해 오스트리아군(약 26,000명)과 비교할 때 나폴레옹 군(35,000명)의 병력 규모가 상대적으로 우세함을 알게 되었다. 그는 이를 토대로 하여 적을 기만하려는 목적으로 발렌자(Valenza)에서 포(Po)강을 도하하였으며, 오스트리아군의 방어진지는 우회하였다. 적이 모르는 사이 후방에 있는 피아센자(Piacenza)에서 다시 기습적으로 도하를 시도함으로써 적의 병참선 차단에 성공할 수 있었다. 이로써 작전을 개시한 지 17일 만에 롬바르디아 평원을 점령하였다.

이후 그는 다시 1개월여 지나면서 피에몬테까지 점령하였다. 이때부터 나폴레옹의 위대성이 부각하면서 정부 내에서는 나폴레옹의 세력이 강해질 것을 두려워한 나머지 그의 지휘권을 이원화시키려는 움직임들이 포착되었다. 그러나 정보를 사전에 입수한 나폴레옹이 "1명의 우장(愚將)이 2명의 양장(良將)보다 낫다."라고 지휘권 통일에 대한 의견을 강하게 개진하면서 "이러한 조건이면, 사령관직을 내놓겠다."라는 '벼랑 끝 전술'을 사용함으로써 정부의 이원적(二元的) 지휘권 분리 사태를 막아내는 데 성공하였다. 이후 선망과 질시가 교차하는 것을 느끼자 "가만히 앉아서 잃느니 차라리 나가서 얻어야 한다. 그래야 나를 구제할 수 있다."라는 믿음을 갖게 된 나폴레옹은 영국 원정군 사령관으로 임명받은 이후 1798년 2월, 영-프 해협인 덩케르크(Dunkirk) 해안 지대를 정찰하는 등 적극적으로 움직였다. 그러나 "제해권(制海權)이 없고서는 영국 정복은 불가능하다.[11]"라는 사실을 현장에서 확인한 후 계획을 바꿔 이집트 정복계획을 수립하여 정부의 승인을 받아냈다. 당시 프랑스 혁명정부도 위험인물을 멀리 보낼 수 있다는 속내와 맞아떨어진 결과였다. 나폴레옹은 이러한 과정을 겪으면서 그의 권위는 더욱 증폭하게 되었다.

3. 이집트-시리아 원정(Campaign in Egypt-Syria)

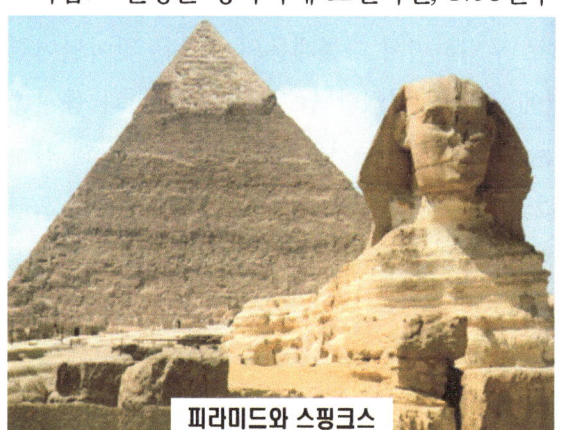

피라미드와 스핑크스

이집트 원정은 정확하게 표현하면, 1798년부터 1801년까지 나폴레옹의 군대가 이집트, 시리아로 원정(遠征, expedition)하여 수행한 전쟁으로 이집트-시리아 원정(Campaign in Egypt-Syria)이 올바른 명칭이지만, '이집트 원정' 또는 '동방(東方) 원정'으로 불린다. 나폴레옹은 초기 영국 점령을 계획하였으나, 불가능함을 깨달았다. 그러나 포기하지 않고 영국이 인도 식민지와의 연계를 끊기 위해 중간 경유지였던 이집트를 점령함으로써 영국의 인도 식민지를 프랑스가 빼앗음과 동시에 지중해로의 진출을 거부할 수 있는 전략적인 군사행동과 연계시켰다. <그림 2-10>은 이집트-시리아 원정 요도이다.

---

11) '제해권(制海權, command of the sea)'은 군사 전략론에서 구체적으로 학습하는 내용이다. 일반적으로 "국가의 경제 및 안전을 유지하기 위해 적으로부터의 간섭을 배제할 수 있는 해양 우세의 정도"라고 정의한다. 쉽게 풀이하면, "해양(海洋)에서 자신이 의지한 대로 인원과 물자를 수송할 수 있는 능력을 확보하고, 적의 그러한 능력은 거부할 수 있는 정도"라고 이해하면 된다.

<그림 2-10> 이집트 원정 요도(종합)

　1798년 5월 18일 나폴레옹은 함선 400여 척에 38,000명의 병력과 과학자, 건축기술자를 비롯한 학술조사단 167명으로 원정군을 편성하였다. 7월 3일 이집트의 아부 킬 항구에 상륙한 나폴레옹 군은 중세 병법에 의존하고 있는 이집트군을 현대식 총검으로 격파하였고, 7월 24일 카이로를 점령하는 데도 성공했다. 그러나 8월 1일 영국의 허레이쇼 넬슨 제독(Horatio Nelson, 1758~1805)의 지중해 함대가 후속 지원병력과 보급품을 싣고 아부키르만 연안을 이동하는 프랑스 함대를 섬멸하였다. 이로써 보급품은 물론 퇴로(退路)마저 끊기면서 고립무원의 신세가 되어버렸다. 그는 이에 아랑곳하지 않고 1799년 초 시리아 지역까지 북진(北進)하였다. 이즈음 프랑스의 내부 정국(政局)이 불안해지며 민심의 동요와 이반(離叛) 현상 등으로 인해 상당히 혼란스러웠다. 정부에서 이집트 원정군에 대한 지원 노력은 관심 밖으로 밀려날 수밖에 없었다.

　8월 23일 나폴레옹은 군함 2척과 소수(小數)의 측근들과 함께 이집트에서 출발하였고, 10월 12일 파리로 귀환하였다. 11월 19일 동원한 병력으로 강제로 상·하원을 해산시킨 나폴레옹은 통령정부를 수립하고 제1 통령(統領)으로 취임한다. 소결론적으로 이집트-시리아 원정은 나폴레옹이 황제가 되는 결정적인 계기가 된 원정으로 볼 수 있다. 이를 계기로 종신(終身) 통령에 취임하고 절대 권력을 쟁취한 그는 프랑스 국민의 민족주의 의식을 증대시켰고, 자신에 대한 무한의 신뢰까지 획득하였다.

4. 마렝고 전역(Battle of Marengo)

마렝고 전역은 나폴레옹이 제1 통령에 취임한 다음 곧바로 출정한 전역이다. 1800년 2월 1일 제2차 대불동맹을 주도적으로 결성한 오스트리아가 북이탈리아 지역을 공격하여 회복하면서 다시 전운(戰雲)이 감돌았다.

오스트리아군은 크레이(Kray) 장군(120,000명)이 라인강 동쪽 해안에서 프랑스의 모로(Moreau) 장군(120,000명)과 대치 중이었고, 이탈리아 방면은 오스트리아의 멜라스(Melas) 장군(100,000명)이 프랑스의 앙드레 마세나(Andre Massena) 장군(50,000명)과 사보나(Savona), 세바(Ceva), 제노아(Jenoa) 일대에서 대치하는 중이었다. <그림 2-11>은 북이탈리아의 마렝고 전역 요도이다.

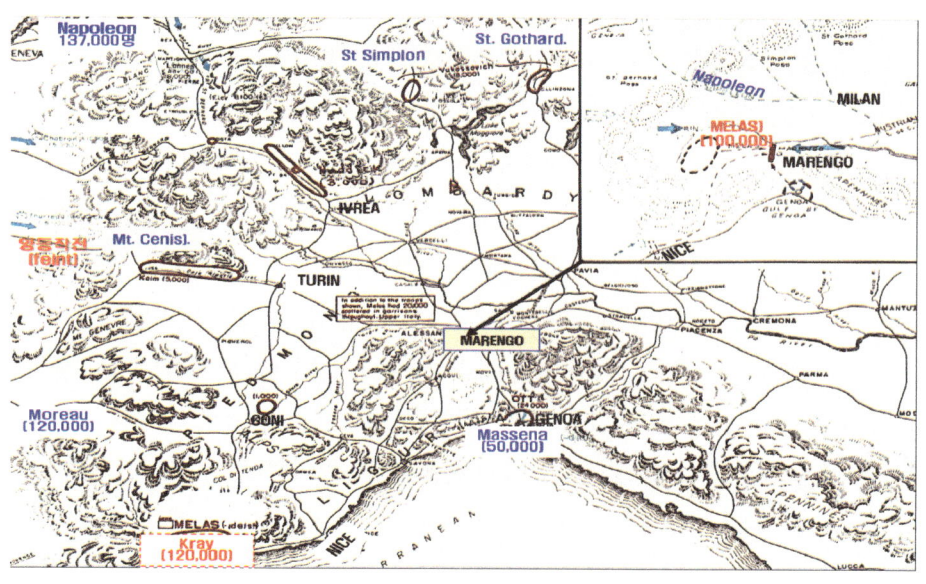

<그림 2-11> 마렝고 전역(Battle of Marengo) 요도(종합)

오스트리아군은 크레이 군이 라인강 방면에서 프랑스군 주력을 견제하였다. 이때 이탈리아 방면의 멜라스 군이 마세나 군을 공격하여 제노아(Genoa)를 포위 및 차단한 다음 니스(Nice) 해안선을 따라 프랑스 본국을 공격함으로써 7년간 당한 패전(敗戰)의 아픔을 설욕하려는 작전목표를 수립하였다.

반면에 나폴레옹은 새로 편성한 신병(37,000명)을 라인강 방면의 모로 군에 증강함으로써 크레이 군보다 상대적으로 우세한 병력을 라인강으로 도하시킨 다음 적의 왼쪽과 뒤쪽을 공격하여 격멸하려고 계획하였다. 나폴레옹이 라인강 방향을 결정적 지점으로 판단하고 주력(主力)을 지향하였던 이유나 배경은 모로 군이 다시 이동할 필요가 없이 크레이 군을 격파한 다음 종심 깊게 진출한다면, 멜라스 군의 병참선을 차단하여 격멸할 수 있었기 때문이다. 그러나 나폴레옹보다 연륜이 많은 모로 장군이 반대하자 어쩔 수 없이 차선책으로 이탈리아 방면을 공격하였다.

이 과정에서 시기가 지체되는 사이에 멜라스 군이 먼저 움직였다. 4월 6일 제노아 외곽에서 마세나 군을 세 방면으로 포위하고 격파하였다. 이즈음 나폴레옹은 마세나 군이 패전(敗戰)한 소식은 알지 못한 채 예비대의 이동을 독려하고 있었다.[12] 이때도 알프스를 횡단하기 이전(以前) 모로 장군(15,000명)이 쌩 생플롱(St. Simplon)과 쌩 고타르(St. Gothard)의 2개 지역 관문을 통과하고 롬바르디아 평원에서 합류하도록 하였다. 나머지 5,000명은 멜라스 군을 기만하기 위해 피에몬트 서쪽 방면에 있는 몽 세니(Mt. Cenis)에 보내어 양동작전(陽動作戰, feint operation)을 수행하도록 하였다. 이를 통해 나폴레옹은 멜라스 군의 병참선을 차단할 수 있게 되면서 전략적으로 승리를 굳혔다. 그러나 이를 너무 과신(過信)한 나폴레옹은 오스트리아군을 가볍게 인식한 채 병력을 분산한 상태로 전진시키는 대과오(大過誤)를 범하고 말았다.

당시 멜라스 군(31,000명)은 6월 14일 아침에 볼미다(Bormida) 강을 도하(渡河)하고 병참선을 개통하기 위한 작전에 돌입하였고, 결과적으로 모로 군(19,000명)이 마렝고를 탈취 당하여 후퇴하게 되면서 일시에 격멸을 당할 수 있는 위기의 순간을 맞이하였다.[13] 멜라스 군이 흩어져 기동할 것으로 믿었던 나폴레옹이 병력을 분산시켰고, 자신은 소수 근위대와

---

[12] 나폴레옹은 신병 모집 목표는 4월 중순까지 60,000명이었지만, 훨씬 적은 37,000명에 불과하였다. 그러나 마세나 군이 격파당할 수 있다는 우려와 멜라스 군을 격파해야 한다는 조바심에 5월 초가 되자 제네바에서 출발하여 알프스산맥(2,472m)을 넘었다.

[13] 일부 자료는 '빅토르 군'으로 묘사하고 있다. 하지만 모로 장군의 정식 이름이 장 빅토르 마리 모로(Jean Victor Marie Moreau, 1763~1813)임을 고려할 때 '빅토르 군'은 '모로 군'을 의미하는 것으로 보인다. 따라서 당시 빅토르 장군이란 인물은 없었기에 '빅토르 군'은 '모로 군'의 명칭을 오기(誤記)한 것으로 이해함이 타당할 듯싶다.

함께 중앙에 있었기 때문이다. 곧 멜라스 군이 공격 강도를 높였고, 나폴레옹은 붕괴하기 직전에 이르러서야 자신이 오판(misjudgment)했음을 알았지만, 상황은 녹록지 않았다. 이때 멜라스 군의 지원병력까지 추가로 합세하면서 어쩔 수 없이 후퇴할 수밖에 없었다. 근위대가 필사적으로 붕괴하지 않도록 틀어막았지만, 이제 궤멸(潰滅)은 시간문제였다.

그러나 극적으로 반전(反轉)이 일어났다. 고령인 멜라스 장군(70세)이 정오가 지나자 피로에 지쳐 장병들에게 승리를 선언한 다음 참모장 안톤 폰 자흐(Anton von Zach) 장군에게 지휘권을 넘기고 휴식을 취하러 후방지휘소로 돌아갔다. 이때부터 승기(勝機)는 다시 나폴레옹 군에게 넘어갔다. 여유롭게 점심 식사를 즐긴 멜라스 군은 오전에 승기를 잡았던 측면 공격을 시도하지 않은 채 단순히 정면공격을 시도했기 때문이다.

이즈음 분산되어있던 나폴레옹 군의 예하 사단도 전장(戰場)에 집결을 완료하였다. 무리하게 정면 공격만 고집하던 오스트리아군은 나폴레옹 군의 강력한 반격을 개시하면서 고전(苦戰)하기 시작하였다. 이때 합류하여 옆쪽에 대기하던 나폴레옹의 기병대가 강력하게 돌격하였고, 오스트리아군은 순식간에 전의(戰意)를 상실하여 자흐 참모장까지 포로가 되었다. 이때만 하더라도 후방의 오스트리아군은 강한 전투력을 갖고 있었다. 그러나 전방(前方) 공격부대의 갑작스러운 패퇴(敗退)와 항복으로 공황(panic)이 발생하였고, 사기와 전의(戰意)는 일시에 붕괴하였다. 여기에 겨우 버티고 있던 전열(戰列)마저 무너졌다. 나폴레옹의 드제(Desaix) 장군이 포병과 기병으로 양 측면을 엄호하다가 멜라스 군의 전방에 있는 병력을 급습하고, 노출되어있던 북쪽 측면을 강하게 압박한 결과였다.

오스트리아군은 승리의 기회가 왔음에도 강력한 전투력을 집중하지 못했고, 너무 일찍 방심하면서 승리의 기회를 날려 버렸다. 반면에 나폴레옹은 마지막까지 잘못을 만회하려고 집중하였다. 평시에 강한 부대 훈련과 지휘권의 확립이 얼마나 중요한지 느끼게 해주는 사례이다. 다시 말해 승리가 확정되는 마지막 순간까지 얼마나 세심한 주의와 집중력이 필요한지를 실감(實感)할 필요가 있다.

전투 결과 나폴레옹 군은 8,000명, 오스트리아군은 10,000명이 전사하였다. 이로써 "17:00에 패배하고, 19:00에 승리한다."라는 말을 남겼다. 프랑스 혁명정부는 오전에 나폴레옹이 패전했다는 소식을 접하자 왕당파와 함께 나폴레옹의 축출을 시도하였지만, 대승(大勝)하였다는 소식을 접하고는 결국, 축출 시도 자체를 포기하였다. 마렝고 전역의 극적인 승리는 나폴레옹을 황제로 즉위하는 결정적인 계기가 되었다.

전사(戰史) 연구가들은 ① 모로 장군의 반대로 최초의 작전계획을 이행하지 못한 점, ② 병력의 이동이 제한되는 알프스산맥을 횡단하는 계획 등은 모험에 불과하고 주(主)

작전지역에 정규군대가 아닌 예비군을 투입했다는 점, ③ 알프스산맥을 횡단한 후 나폴레옹 군의 병참선이 노출된 점, ④ 멜라스 군의 병참선을 차단한 다음 기동하면서 유리한 상황을 과신하였고, 열세한 병력이었음에도 분산 대형을 유지한 점 등에 대하여 강한 비판을 하고 있다. 마렝고 전역은 나폴레옹이 강조한 전쟁원칙이 적용되지 않은 전투였으나, 여느 전투를 불문하고 최후의 5분이 중요하다는 소중한 사실을 일깨워준 전투이다.

5. 울름 전역(Battle of Ulm)

마렝고 전역(Battle of Marengo)에서 승리한 이후 유럽지역은 일시적이나마 평화의 시기가 도래하였다. 1801년 2월 9일 러시아는 오스트리아가 군사적 부담을 자신들에 떠맡기고 있다며 대불 동맹을 이탈하려는 와중에 오스트리아도 프랑스와 루네빌(Luneville) 조약을 체결함으로써 제2차 대불 동맹은 와해(瓦解)되었다. 이때부터 영국을 제외하고는 프랑스에 저항하는 국가가 없었다. 그러나 나폴레옹의 칼끝이 포르투갈을 향하자 영국도 결국, 화해를 모색하였다. 결과적으로 1802년 3월 27일 아미앵 조약(Treaty of Amiens)을 체결하고 대다수 식민지는 프랑스에 양여(讓與)하고 말았다.14)

1804년 5월 18일 황제로 즉위한 나폴레옹은 국력을 강화하기 위해 식민지 정책에 힘을 쏟았다. 이외에도 산업 보호를 위해 주변 국가가 영국 상품에 중과세(重課稅)를 매기도록 관세법을 제정하는 등 수입 억제정책을 채택하였다. 이로써 영국과의 아미앵 조약은 파기되고 다시 교전 상태로 돌입하였다. 나폴레옹은 제1의 적인 영국 원정을 계획하지 않을 수 없게 된다. 하지만 제한사항이 현실로 존재하고 있었다. 영국 해군을 제압해야 제해권의 확보가 가능했기 때문이다. 현실적 측면에서 프랑스-스페인의 연합함대는 강력한 영국 해군에 가로막혀 해상(海上)을 이용할 수 없었으며, 자국의 항구에서조차 벗어나기 어려운 상황이었다. 나폴레옹은 결국 도버(Strait of Dover) 해협의 볼로뉴(Boulogne) 일대에 대규모 병력을 집결시키고 대영(對英) 상륙작전 준비에 박차를 가하기 시작하였다.15) 영국은

---

14) '아미앵 조약'은 양국의 유일한 평화조약이었지만, 당시 영국의 지나친 양보로 인해 국내·외적으로 비판을 일으켰다. 그러나 양국의 이해관계로 인해 만들어진 일종의 휴전조약에 불과하였기에 무역 분야에서 프랑스와 다시금 충돌하면서 이전의 전쟁 상태로 회귀(回歸)하였다.

15) 기지창(基地廠, 보급품의 조달·저장·분배·정비·비축하는 임무를 맡은 부대) 공사와 요새 공사를 주·야간으로 진행하였고, 150,000명과 말 10,000필, 화포 600여 문, 기타 장비와 보급품을 수송할 선박 2,800여 척 등을 준비하고 있었다.

정세가 긴박하게 돌아가자 1805년 4월 11일 러시아, 오스트리아와 제3차 대불 동맹을 체결했다.

대영(對英) 정복에 노력하는 사이 오스트리아의 마크(Mark) 장군과 러시아의 미하일 쿠드초프(Mikhail Kutusov) 장군이 대규모 병력을 이끌고 공격해온다는 보고를 받은 나폴레옹은 대영 상륙작전을 포기하고 병력을 전환(轉換)하여 오스트리아와 러시아 연합군을 격파하기 위해 800km나 떨어져 있는 울름(Ulm) 지역으로 기동할 것을 지시하였다. <그림 2-12>는 울름 전역(戰役)의 요도다.

<그림 2-12> 울름 전역(Battle of Ulm) 요도(종합)

8월 하순 오스트리아의 찰스 대공(128,000명)이 이탈리아 북부지역에서 공격을 시작하였고, 마크 군(50,000명)은 비엔나를 출발하여 9월 25일 울름 부근에 도착하여 숙영하였다. 마크 장군은 러시아군의 도착과 찰스 대공이 승리할 때까지 러시아 방면에서 수세를 취할 목적이었다. 러시아의 쿠드초프 군(95,000명)이 오스트리아군과 합류하기 위해 서쪽으로 진출하였고, 해군(50,000명)은 2개 부대로 나뉘어 해로(海路)를 이용하였다. <그림 2-13>은 울름(Ulm) 방면에 시행한 大 우회기동과 아우스터리츠(Austerlitz)까지의 기동 양상이다.

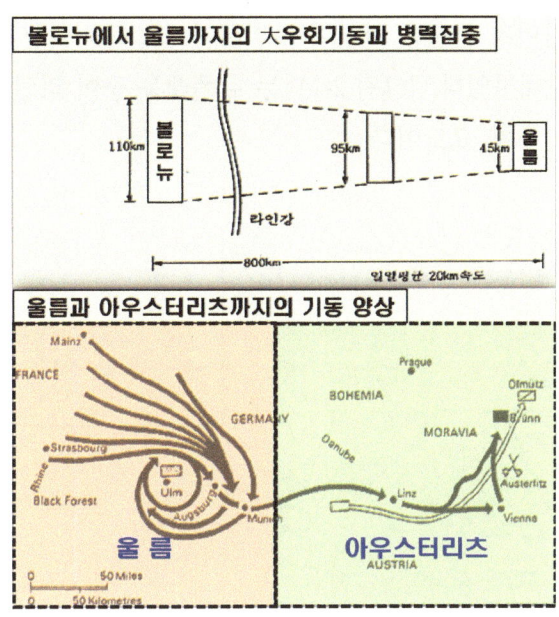

<그림 2-13> 大 우회기동의 형태와 양상

나폴레옹 군(205,000명)은 볼로뉴 일대에서 마크 군을 섬멸하기 위해 大 우회기동을 시행하였다. 그는 울름에 집결된 마크 군을 포위하기 위해 북방에서부터 아주 넓은 정면을 이용하여 우회기동을 감행함으로써 비엔나 방면으로 연결되는 병참선을 차단함과 동시에 도나우강(Donau river, 영어로는 다뉴브강-Danube river) 계곡 쪽으로 밀어붙여 섬멸하고자 하였다. 이때 프랑스 뮈라(Murat) 장군의 기병대가 마크 군을 기만하여 울름 일대에 묶어두려고 블랙·포리스트 전방(前方)에서 양동작전(feint operation)을 수행하였다. 全 과정에 걸쳐 기도비닉(企圖秘匿)을 유지하고자 나폴레옹은 볼로뉴에 머무르면서 라인강과 관련한 기사(記事) 전체를 신문에 나오지 못하게 선전 선동 전술(propaganda)을 시도하였다.

나폴레옹 군은 8월 28일부터 일일 평균 20km의 행군을 시작하여 9월 25일쯤 라인강 서안(西岸)에 도착하였다. 10월 6~7일에 다뉴브강 근처에 도달하였는데 행군의 속도를 증가하기 위해 군단 간 경쟁심을 고취하였다. 이때 보급 문제가 기동을 제약하지 않도록 현지 조달이 시행되었다. 광대한 지역에 분산하여 기동시키는 나폴레옹의 통솔력으로 단숨에 다뉴브강을 도하하였고, 적의 배후에 예측하지 못한 전략적 장애물을 구축하였다. 네(Ney) 장군(6군단)은 다뉴브강의 북안에 위치하여 오스트리아군의 탈출을 저지하게 하였고, 나머지 군단은 모두 도하시켜 적의 병참선을 절단하는 임무를 맡겼다. 다뉴브강을 도하한 이후 부대를 양분하고 뮈라 장군에게 5·6군단과 기병대를 맡겨 서쪽의 오스트리아군을 공격하였고, 나머지 군단은 자신이 지휘하여 오스트리아군과 합류하려고 동진(東進)하는 러시아군을 상대하였다. <그림 2-14>는 나폴레옹 군이 라인강과 도나우강을 도하(渡河)한 형태와 병력 배치 요도이다.

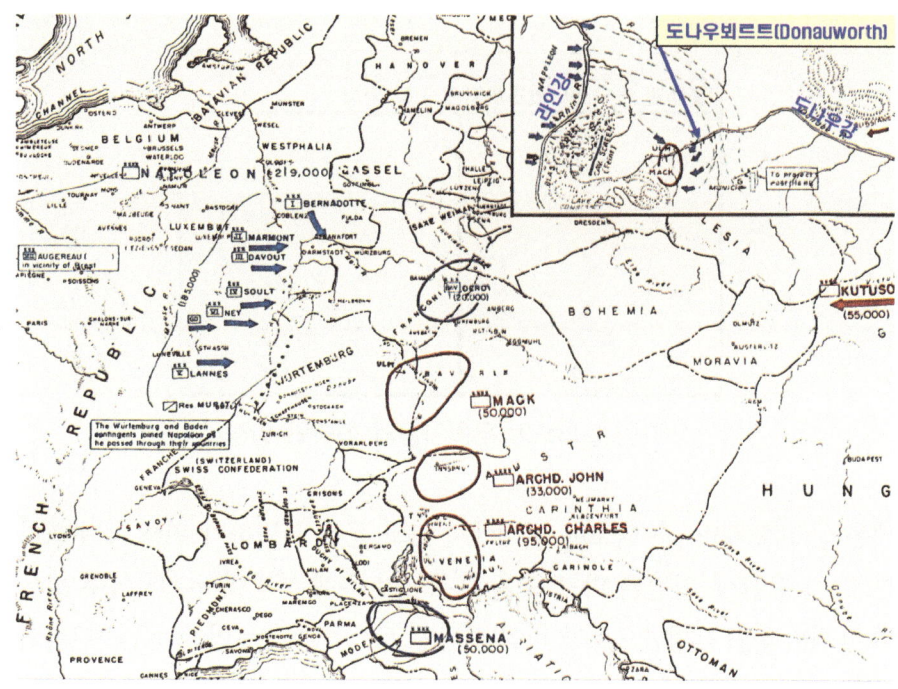

<그림 2-14> 나폴레옹 군의 라인·도나우강 도하와 병력 배치 요도

구체적으로 9월 26일부터는 만하임(Mannheim)으로부터 켈(Kehl)에 이르기까지 110km의 광정면(廣正面, broad front)에 펼쳐진 병력이 라인강을 건넜고, 10월 6일에는 이미 도나우강

에 도착했다. 나폴레옹 군은 울름의 동북방으로 병력을 전개한 다음 10월 7일부터 도나우뵈르트(Donauworth) 일대에서 도나우강을 도하(渡河)하였다. 마크 군은 하루가 지난 10월 8일이 되어서야 병참선이 차단될 수 있다는 우려에서 나폴레옹 군의 도하를 저지하려고 하였으나, 이미 나폴레옹 군이 도하를 완료하고 병참선을 차단한 다음 포위하였기에 다시 울름으로 후퇴할 수밖에 없었다. <그

림 2-15>는 도나우강을 건넌 나폴레옹 군이 울름 동북방 지역으로 기동하는 요도이다.

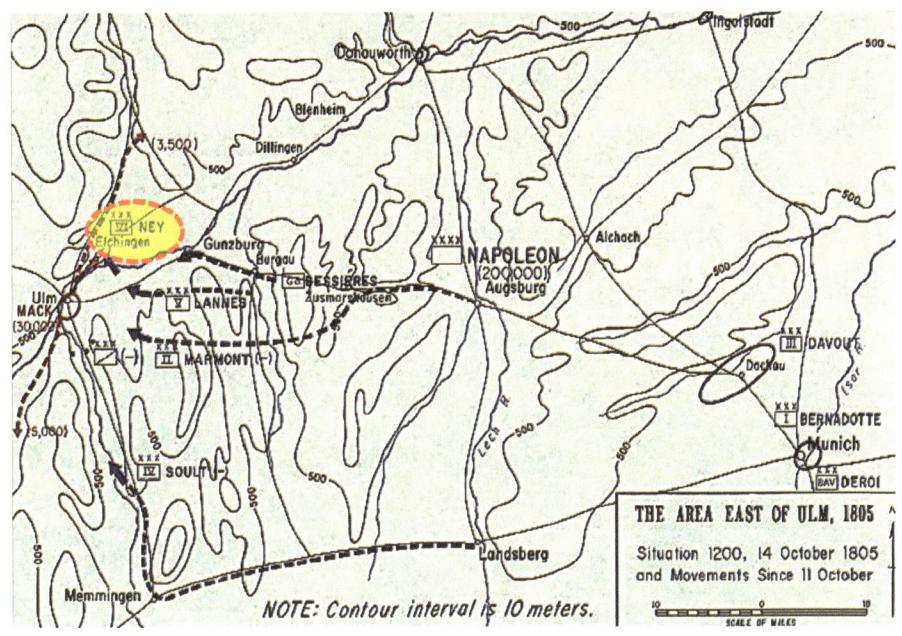

<그림 2-15> 나폴레옹 군의 울름 동북방 지역 부대 배치 요도

나폴레옹은 러시아에서 이동하는 쿠드초프 군의 위협이 대단치 않다고 판단되자 병력을 다시 회군(回軍)시켜 서방으로 공격하던 중 뮈라 장군의 명령이 잘못 하달되어 네(Ney) 군단이 강의 남안(南岸)으로 건넜음을 확인하였다. 크게 질책한 나폴레옹은 네 군단을 다시 북상(北上)하도록 지시하며 마크 군의 북상을 저지하도록 명령했다. 결국, 마크 군은 저항하지 못하고 10월 20일 항복하기 바빴다. 전투에서 마지막 5분이 왜! 중요한지를 일

깨워주는 부분이다. 나폴레옹 군은 도하한 이후 3주 만에 바바리아(Bavaria, 일명 바이에른 -Bayern)에 침공한 마크 군을 완전히 격파하였으나, 여기에서 멈추지 않고 쿠드초프 군을 격파하기 위해 비엔나로 진출하였다.

울름 전역은 처음에 수립한 작전계획을 변경하지 않고 수행한 작전으로 하루 20km를

주파하는 우수한 기동력에 기반으로 하고 있다. 초기는 110km로 넓게 분산하였지만, 라인 강을 도하(渡河)하며 95km로 좁아졌고, 마크 군과의 접촉이 임박해진 시점에는 45km로 한층 밀집되었다. 나폴레옹은 결정적인 순간과 지점에 항시 압도적인 병력을 결집하였다는 점에서 그의 탁월한 전략을 느낄 수 있다. 여기에서 명심해야 할 키-워드는 오스트리아·러시아 연합군이 총병력 규모는 컸으나, 나폴레옹은 항시 상대(적)보다 우세한 병력(the main force)으로 적을 격파하였다는 점이다. 마크 군을 격파할 때 전략적인 차단(遮斷, block) 활동과 간략한 기동으로 목적을 달성한 점은 大 우회기동의 완벽한 사례이다, 울름 전역은 프랑스 황제 나폴레옹을 全 유럽의 패자(覇者, supreme ruler)로 등극시켰다.

6. 아우스터리츠 전역(Battle of Austerlitz)

울름 전역에서 마크 군을 격파한 나폴레옹 군은 울름 전역의 연장선에서 오스트리아군을 지원하기 위해 급속하게 이동하고 있는 쿠드초프(Kutusov) 장군(50,000명)을 연속적으로 격파하는 작전으로 바꾸었다. 이때 러시아는 알렉산드르 황제가 쿠드초프 사령관과 함께 전쟁에 임하였지만, 초기부터 잘못 입력된 상황 판단과 보고로 인해 나폴레옹 군의 규모를 50,000명으로 오인하였기에 가벼운 마음으로 전쟁에 임하였다. 아쉬운 점은 처음부터 쿠드초프 장군을 믿지 않았던 알렉산드르 황제의 태도였다. 하지만 나폴레옹 군도 원시적인 현지 조달방식으로 계절의 변화와 지형, 지역 환경에 따라 상당히 취약한 측면을 갖고 있었다. 나폴레옹은 이를 예방하는 차원에서 일부 병력을 티롤 지방으로 보내 남아 있던 오스트리아군을 평정하고 병참선을 유지하고자 노력하였다. 11월 13일 비엔나에 입성하고, 11월 20일 브륀(Brunn) 전방에 도착하여 쿠드초프 군과 대치하게 되었다. 이때 오스트리아군과 러시아 연합군의 규모는 총 89,000명에 대포 318문을 보유하고 있었다. 나폴레옹 군은 이에 비해 적은 75,000명이었고, 대포는 157문에 불과하였다. <그림 2-16>은 아우스터리츠 전역 요도이다.

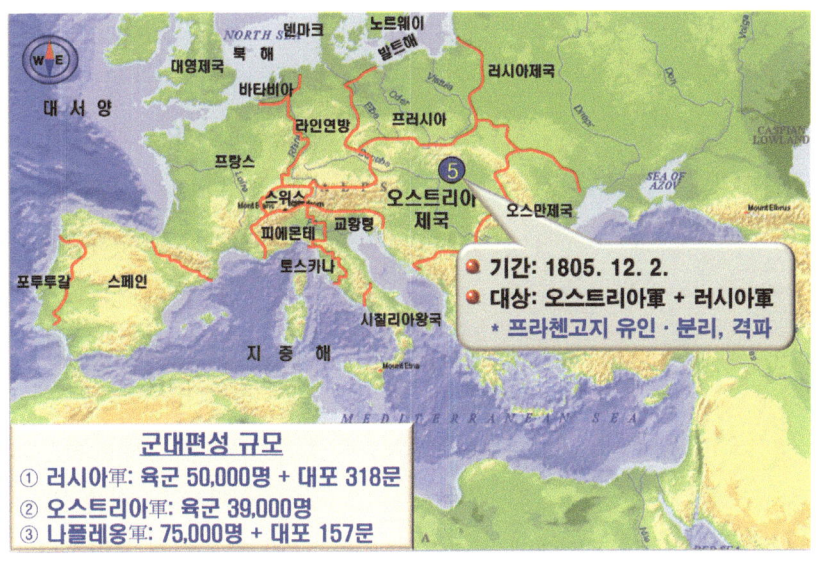

<그림 2-16> 아우스터리츠 전역(Battle of Austerlitz) 요도(종합)

나폴레옹의 당면 과제는 오스트리아-러시아 연합군이 상호 지원할 가능성을 방지함과 동시에 비엔나로 통하는 나폴레옹 군의 병참선을 어떠한 여건에서도 보호하는 것이었다. 나폴레옹 군이 400km에 달하는 거리에 너무 신장(伸長)되어 있었으나, 전략적으로 돌파하려는 복안(腹案)을 갖고 있었다. 그러나 병력 배치가 너무 신장(伸長)되었기에 적이 먼저 공격하기를 기다렸다. 반면에 오스트리아-러시아 연합군은 급한 마음에 회피 전술을 취하지 않고 11월 27일 나폴레옹 군의 우익으로 돌아서 병참선을 차단하려고 남진(南進)을 시도하였다. 이때 뮈라 장군의 기병대가 러시아군의 전위대(前衛隊) 앞에서 신속하게 철수하며 적정(敵情)을 보고하였고, 나폴레옹은 다부(Davout), 모르티어(Mortier), 베르나도트(Bernadotte) 등에 즉각 집결하도록 명령을 하달하였다.

나폴레옹은 아우스터리츠의 한 고지에서 적의 움직임을 주시하다가 적이 공격해오면, 프라첸(Pratzen) 고지에서 결전을 시도할 것을 결심하였다. 그러나 먼저 고지를 점령한다면, 병참선을 보호할 수는 있으나, 연합군을 완전히 섬멸하기가 어렵다고 판단하게 되자 유인작전

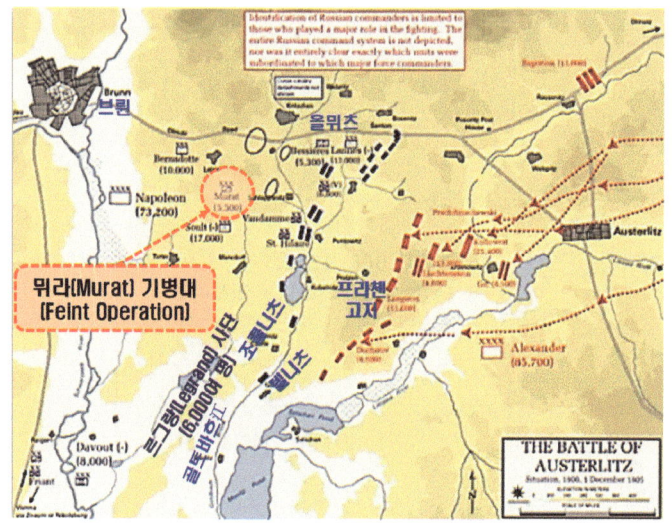

(manned operation)을 시도하였다. 12월 1일의 병력 배치는 좌측의 요도와 같다.

나폴레옹은 연합군 주력을 약하게 보여준 우익(右翼)으로 공격해오도록 유도하기 위해 아우스터리츠 서방의 브륀-올뮈츠 도로 상에 병력을 집결한 다음 프라첸 고지는 점령하지 않고 내버려 둔 상태였다. 이를 위해 2개 사단을 보이지 않도록 고지 서쪽의 저지대에 집결시켰다.16) 프라첸 고지를 점령하면, 내려다볼 수 있도록 유도한 것이다. 그 우측에도 1개 사단 병력을 약 3km 이상 이격(離隔)된 골드바흐(Gold bach)강을 연하여 배치하였다. 다시 말해 러시아의 알렉산드르 황제가 쉽게 유혹될 수 있도록 함정을 판 것이다. 좌측에 있는 노출된 사단들은 공격 신호에 따라 노출된 러시아군의 후방을 신속하게 차단한 다음 싸 챤(Satschan) 호수로 밀어붙여서 섬멸하려는 전략이었다. <그림 2-17>은 프라첸(Pratzen) 고지 일대의 병력 배치와 전투 요도다.

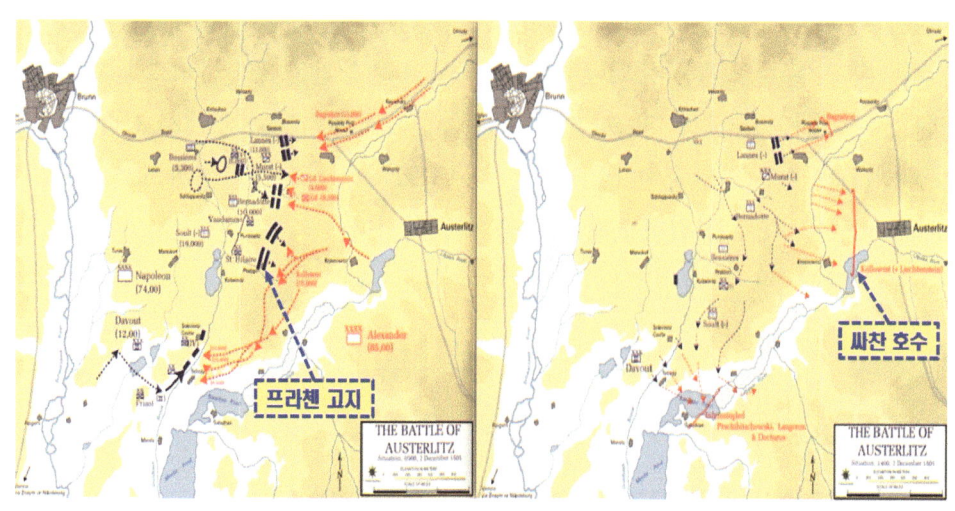

<그림 2-17> 프라첸(Pratzen) 고지의 전투 요도

---

16) 나폴레옹이 그의 우익(右翼)을 약하게 할 수밖에 없었음은 이 지역이 연못과 작은 골드바흐(Gold bach)강을 비롯하여 조콜니츠(Sokolnitz)와 텔니츠(Telnitz) 등의 마을 건물이 산재(散在)되어 있다 보니 방어에 유리한 지역이기 때문이기도 하였다.

알렉산드르 황제는 나폴레옹 군의 병력 배치 형태를 보고 프라첸(Pratzen) 고지를 먼저 점령하지 않았다며 비웃었으며, 전투하기 전날 밤에 있었던 나폴레옹 군의 횃불 행사를 철수로 오인(誤認)하는 어리석음을 범하였다. 이튿날 쿠드초프 장군의 강력한 반대를 무시한 채 프라첸 고지를 점령하고는 주력(main forces)을 나폴레옹 군의 우익(右翼)으로 투입하였다.17)

12월 2일 07:00경 나폴레옹은 러시아군이 나폴레옹 군의 오른쪽에 있는 골드바흐(Goldbach)강 방향으로 진격해 오는 모습을 보고 곧바로 중앙에 있던 솔트(Soult) 장군(제4군단)을 공격시켜 프라첸 고지를 점령하여 러시아군의 주력(主力)을 양 갈래로 분리하였다. 동시에 배후(背後)에서부터 포위를 감행하였다. 러시아군은 주력이 분리되어 토끼몰이를 당하게 되자 반격할 엄두조차 내지 못하고 싸 찬 호수와 주변 제방으로 몰릴 수밖에 없었으며, 저항할 엄두도 내지 못할 정도의 참패를 당하였다.

전투 결과 나폴레옹 군은 6,800명의 사상자가 발생했지만, 연합군은 12,000여 명의 사상자와 15,000명이 포로가 되었다. 30%의 피해였지만, 나머지가 전의(戰意)를 상실하면서 더 이상의 전투는 무의미해졌다. 결국, 러시아 황제는 패배를 인정하며 말없이 귀국하였고, 12월 4일 오스트리아 황제도 굴욕적인 휴전협정을 체결하였다. 이 전투는 나폴레옹을 이탈리아 왕까지 겸임하게 하였고, 제3차 대불 동맹이 와해(瓦解)되면서 "나의 사전에 불가능이란 없다."라는 말을 실감(實感)나게 하였다.18)

7. 예나 전역(Battle of Jena, Battle of Jena-Auerstedt)

제3차 대불 동맹을 와해시킨 나폴레옹은 '라인동맹(Confederation of the Rhine)'으로 남부 독일제국까지 세력을 확장하였지만, 프러시아(독어로 프로이센-Preußen)를 자극하였다. 1806년 7월 프러시아는 영국과 러시아. 작센 공국, 스웨덴과 함께 제4차 대불 동맹을 결성하고 프랑스에 저항하기 시작하였다. 8월 말 프러시아는 프랑스를 향해 라인연방에 주둔하고 있는 프랑스군의 철수를 요구하였다. 일종의 선전포고였다. <그림 2-18>은 예나 전역 요도이다.

---

17) 러시아의 알렉산드르 황제는 그 전날 야간에 프랑스군들이 나폴레옹의 황제 대관식 1주년을 기념하기 위해 벌인 횃불 행사를 철수하는 것으로 잘못 판단하는 우(愚)를 범하였다.
18) 1806년 나폴레옹의 주도로 오스트리아와 프로이센을 제외하고 베스트팔렌 왕국(나폴레옹 셋째 동생이 통치)을 중심으로 독일 서남부의 16개 영방(領邦)이 '라인동맹'을 결성하였지만, 나폴레옹의 몰락과 함께 해체되었다.

<그림 2-18> 예나 전역(Battle of Jena) 요도(종합)

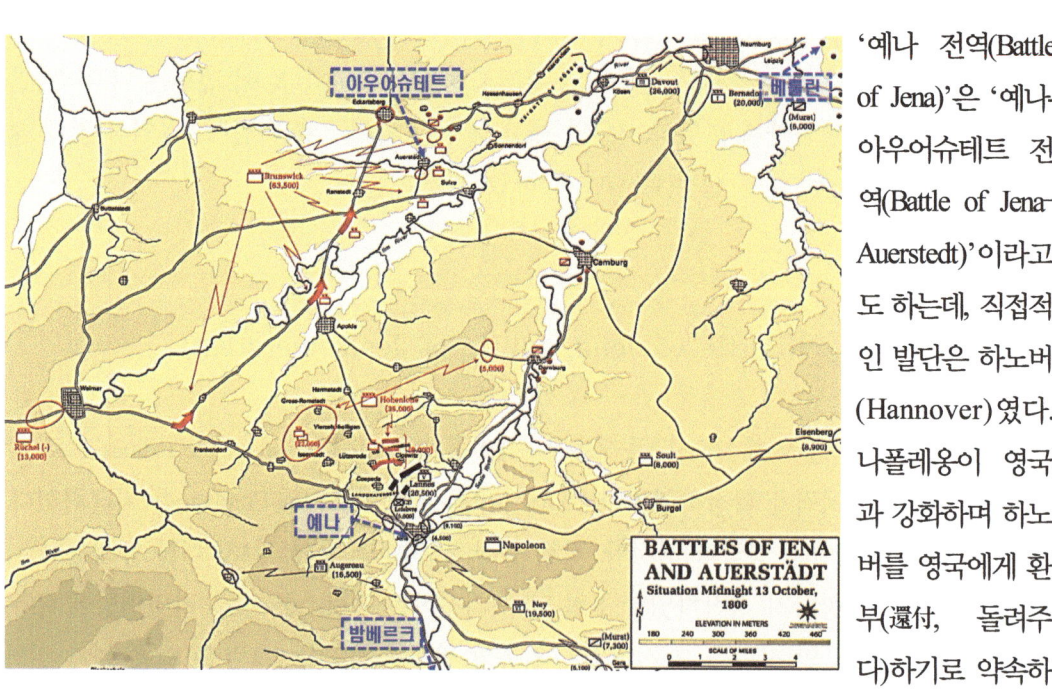

'예나 전역(Battle of Jena)'은 '예나-아우어슈테트 전역(Battle of Jena-Auerstedt)'이라고도 하는데, 직접적인 발단은 하노버(Hannover)였다. 나폴레옹이 영국과 강화하며 하노버를 영국에게 환부(還付, 돌려주다)하기로 약속하고, 프러시아와 프레스부르그(Pressburg) 평화조약을 맺으면서도 이양할 것을 중복하여 약속한 때문이다.

예나 전역은 현재 튀링겐주의 예나-아우어슈테트 일대에서 나폴레옹 군과 프러시아의 프리드리히 빌헬름 3세(Friedrich Wilhelm III, 1797~1840 在位)가 이끄는 프러시아군 사이

에 진행하였던 전투를 뜻한다. 영국과 러시아가 나폴레옹에 대한 프러시아의 도전 분위기를 이용하기 위해 지원을 약속하자 천성(天性)이 소극적이고 우유부단한 성향의 빌헬름 황제도 결국, 왕비(Luise Herzogin)와 왕자(Louis Ferdinand jr.)의 부추김에 넘어가 10월 8일 프랑스에 전쟁을 선포하였다. 그런데 150,000여 명을 동원할 계획이었으나, 기간이 너무 지체되어 작전을 제대로 진행할 수 없었다. 나폴레옹은 정찰팀을 편성하여 밤베르크(Bamberg)에서 베를린(Berlin)에 이르는 지역을 정찰한 결과를 가지고 울름 전역에서의 형태와 같이 라인강과 엘베강을 기지(Base)화하였고, 오른쪽으로 우회함으로써 퇴로를 차단하고자 시도하였다. 10월 14일 06:00경 나폴레옹 군(45,000명)은 대포가 100문이었고, 프러시아 군(33,000명)의 대포는 120문이었다. <그림 2-19>는 예나 일대의 전투 요도이다.

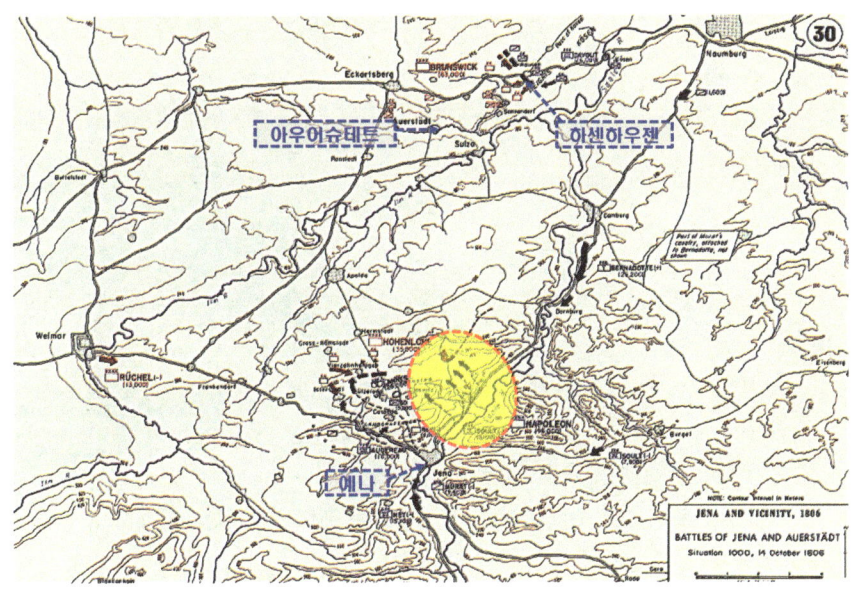

<그림 2-19> 예나 일대의 전투 요도(10:00경)

프러시아 군(5,000명)이 우익에 있는 솔트 군을 공격하였으나, 보병과 기병대가 협동으로 방어하면서 진퇴(進退)를 거듭하였다. 11:00경 중앙에서 교전하던 호렌로에(Hohenlohe) 장군이 후퇴하면서 위기를 맞았다. 13:00경 프러시아 군(13,000명)이 추가로 도착하였으나, 협조가 되지 않아 격파당했다. 이로써 마지막 예비병력까지 없어진 프러시아 군은 완전히

프랑스 기병대와 프러시아 기병대 전투

붕괴하였다. 그러나 더 중요한 전투는 다부(Davout) 장군이 지휘하는 제3군단이 이동하던 중 갑작스럽게 맞닥뜨린 프러시아 군과의 전투였다. <그림 2-20>은 아우어슈테트 일대의 전투 요도이다.

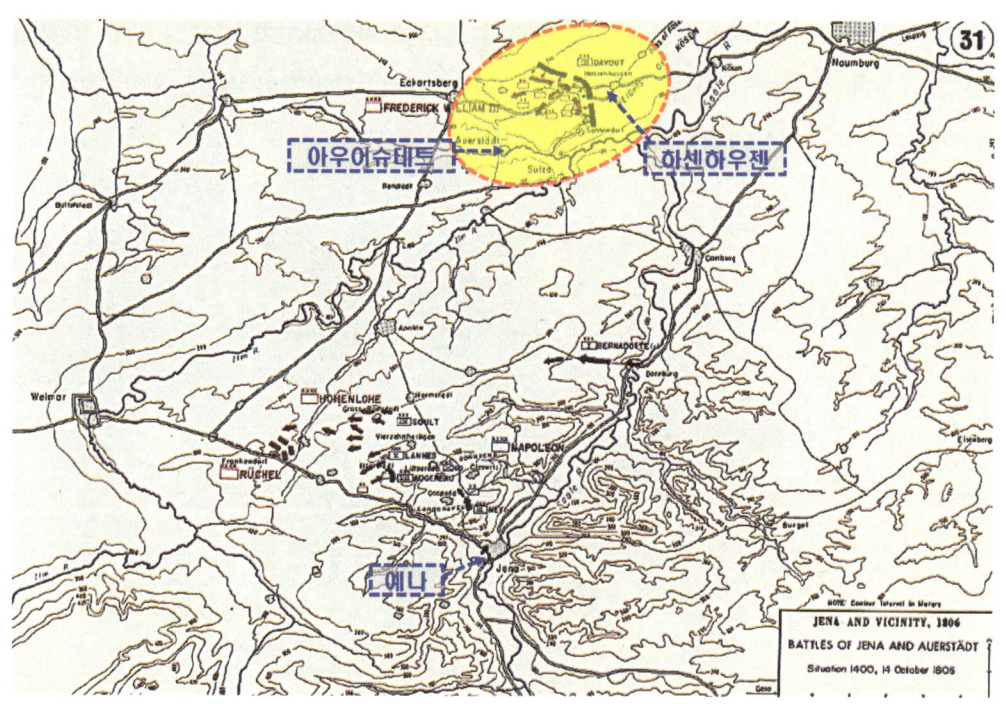

<그림 2-20> 아우어슈테트 일대의 전투 요도(14:00경)

하센하우젠(Hassenhausen) 부근에서 갑작스럽게 조우(遭遇)했을 때 다부 군(27,000명)의 대포는 45문이었고, 프러시아 군(63,000명)은 대포가 230문으로 우세하였다. 08:00경 프러시아 블뤼허(Gebhard Leberecht von Blücher) 장군의 기병여단이 네 차례에 걸쳐 공격을 시도하였으나, 실패하였다. 09:00경 다부 장군은 뒤늦게 도착한 기병여단을 우익(右翼)에 배치하였다. 10:00경 프러시아 군(30,000명)의 규모는 다부 군(16,000명)보다 많았다. 그러나 다부 장군의 냉철한 판단과 지휘에 프러시아 최고사령관인 브라운슈바이크

(Braunschweig) 공작이 전사하면서 지휘계통은 와해(瓦解)되고 말았다. 결국, 프러시아 군이 각기 전투에 임하면서 추가 투입한 사단마저 통합적인 지원을 하지 못하게 되자 전투의 성과를 달성하기가 어려워졌다. 전투 결과 다부 군의 사상자는 7,000명인데 비해 프러시아 군의 사상자는 13,000명, 대포는 115문이 파괴되었다. 이렇듯 병력의 차이에도 불구하고 승리한 요인은 다부 장군의 탁월한 전술 식견과 지휘 통제능력이 있었기 때문이다.[19]

8. 프리들란트 전역(Battle of Friedland)

프리들란트 전역은 예나(Jena) 전역의 연장선에서 진행된 전투이다. 나폴레옹 군은 프러시아 군의 나머지 병력을 격멸하였지만, 프러시아의 프리드리히 빌헬름 3세는 끝까지 항복을 거부하며 진군(進軍)하고 있는 러시아군에 가담하였다. 그러나 러시아군은 나폴레옹 군의 공격 기세가 너무 높아져 있기에 일단 뒤쪽으로 후퇴하기로 하였다. 1807년 6월 14일 프랑스군과 러시아군이 프러시아의 프리들란트(지금의 프라브딘스크)에서 벌어진 이 전투는 나폴레옹이 압승을 거두며 러시아가 대항할 의지 자체를 상실하게 되자 대불 동맹에서도 탈퇴하였다. <그림 2-21>은 프리들란트 전역(Battle of Friedland)의 요도이다.

<그림 2-21> 프리들란트 전역(Battle of Friedland) 요도(종합)

---

19) 다부 장군은 1808년 나폴레옹으로부터 전공을 인정받아 "아우어슈테트 공작"의 칭호를 하사받았다.

프리들란트 전역은 나폴레옹이 수행한 전투 중 가장 완벽하게 끝난 승리였다. 결국, 유럽지역에서는 영국만이 프랑스에 유일하게 대항하는 국가로 남았다. 이로써 나폴레옹은 예나 전역에서 프러시아를 패배시킨 다음 프리들란트 전역에서 러시아를 다시 패배시킴으로써 1807년 7월 7일 러시아와의 '틸지트 조약(Treaties of Tilsit)'을 우세한 입장에서 체결하였다. 그리고 7월 9일 프러시아와 강화조약을 체결하였다.[20]

9. 스페인 전역(Battle of Spain)

스페인 전역(Battle of Spain)은 1808년 5월부터 이듬해 10월까지 진행한 전쟁으로 나폴레옹이

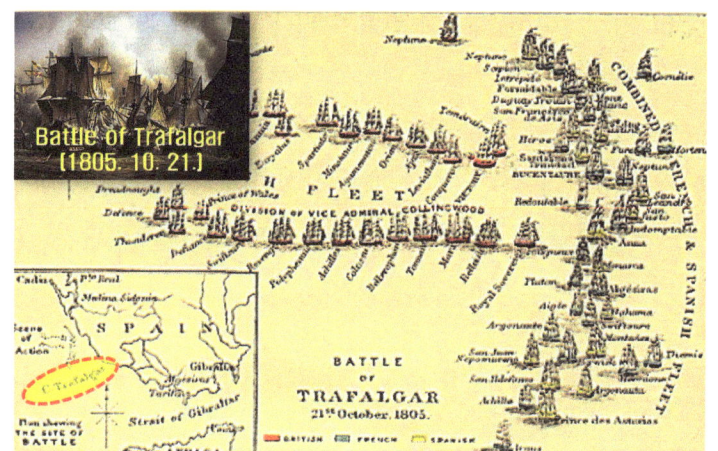

벌였던 이간책(離間策, discord-producing intrigue)이 전쟁의 발단이었다. 1805년 영국 넬슨 함대에 참패당한 나폴레옹은 다음 해 11월 스페인에 영국에 대한 '대륙봉쇄령'을 시행하도록 강요했으나, 영국과의 밀무역으로 성장해왔기에 강력하게 반대하였다.[21]

영국이 압도적인 해군력과 식민지 무역으로 버티면서 오히려 영국과 계속 교류를 하던 유럽국가만 피해를 보게 되었다. 견디지 못한 스페인이 영국에 지원을 요청하였고, 포르투갈과 함께 '삼국동맹'을 결성하면서 반(反)프랑스 활동을 전개하기 시작했다. 이때 나폴레옹은 스페인 국왕 찰스 4세(Charles Ⅳ)와 황태자(George Ⅳ) 사이에도 이간책을 써서 국왕을 퇴위하게 만든 데다 황제로 자신의 형인 조셉 보나파르트(Joseph Bonaparte, 독일어로는 Josef Bonaparte)를 국왕으로 책봉하면서 주변 국가의 반발은 더욱 커졌다. <그림 2-22>는

---

20) '틸지트 조약(Treaties of Tilsit)'을 통해 러시아와 유럽을 분할시킴으로써 오스트리아와 프러시아를 고립되게 만들었다. 프랑스는 러시아의 뛰르크(Türkiye, 영어로는 터키) 영토 해방을 지원하고, 러시아는 프랑스의 대영(對英) 무역 봉쇄에 가담한다는 조건을 비밀리에 체결하였다. 이를 통해 러시아는 스웨덴에서 핀란드를 빼앗을 수 있는 재량권을 얻게 되었지만, 프러시아는 전쟁 배상금 1억 2,000만 프랑을 다 갚을 때까지 나폴레옹 군에 점령당하였다. 그러나 정세가 급변하면서 이 조약은 계속되지 못했으며, 1810년 12월 31일 파기되었다.
21) 1805년 프랑스 함대가 영국 넬슨 제독과 맞붙은 '트라팔가 해전(Battle of Trafalgar)'에서 대패하면서 제해권 장악 시도와 영국을 점령하려는 계획 자체가 물거품이 되었다.

스페인 전역의 요도다.

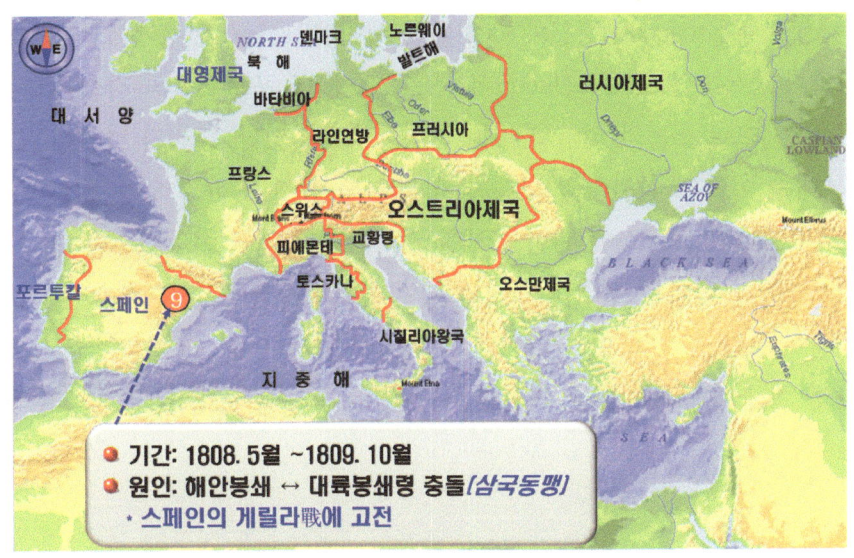

<그림 2-22> 스페인 전역(Battle of Spain) 요도(종합)

나폴레옹은 해안 경비를 구실로 뮈라(Joachim Murat) 장군(100,000명)을 투입하여 주요 도시를 점령하였으며, 1809년 10월 14일 뮈라 장군은 스페인 총독으로 취임하였다. 1810년에 들어서면서 프랑스군의 강압적인 횡포에 스페인 국민의 항쟁(抗爭, struggle)이 더욱 격렬해졌다. 나폴레옹은 스페인 주변의 위성 국가들이 자신에 협조적이지 않자 해당 정권을 폐위시킨 다음 프랑스의 일부로 편입시키는 등 강압적 조치를 시행하였으나, 더 거센 반발로 돌아왔다. 특히 영국은 웰링턴(Wellington) 장군의 군대를 이베리아반도로 보내어 나폴레옹 군을 계속 괴롭혔다.[22]

나폴레옹 군이 고전(苦戰)한 원인은 세 가지로서 첫째, 스페인을 점령하는 데는 문제가 없었으나, 全 국민이 숭배하는 국왕을 이간책과 권모술수(權謀術數)를 사용하여 폐위시키고 자신의 형을 국왕으로 책봉한 사실이 외부로 알려져 저항운동으로 확대되었다. 이때 단순히 무력으로 진압하면 된다는 인식이 문제를 키웠다. 둘째, 스페인을 장악하려면, 지중해의 제해권을 장악해야 했지만, 실패하였다. 셋째, 게릴라전에 관한 연구가 부족하다 보니 수시로 나타나서 치고 빠지는 스페인의 게릴라(Motti) 전술에 효과적으로 대응하지 못했다. 다시 말해 중요 거점을 확보하거나, 지역을 점령한 다음 이를 중심으로 게릴라들

---

22) '이베리아반도'는 유럽 남서쪽 끝에 자리 잡고 있으며, 스페인과 포르투갈을 뜻하고 있다.

을 제거하는 작전을 진행하여야 하나, 정상적인 공격 위주로 하다 보니 피해가 늘어날 수밖에 없었다.

설상가상으로 듀퐁(dupont) 장군(40,000명)이 베이렌(Bailen) 전투에서 스페인 게릴라들에게 어이없이 항복하였고, 쥬노(Junot) 장군(27,000명)도 포르투갈의 리스본(Lisbon) 전투에서 패배하면서 프랑스군의 위기 심리는 급격히 확산하였다. 그러자 나폴레옹(190,000명)이 직접 부대를 이끌고 진격하였으나, 승기(勝機)를 잡지 못하고 있는 상태에서 기회를 엿보던 오스트리아가 프랑스에 대한 공세를 시작하자 스페인에서 철수할 수밖에 없었다. 결과적으로 스페인 전역은 현대적 개념의 게릴라전이 시작된 가장 최초의 사례로 볼 수 있다. 산악을 이용한 유격전, 마을 단위의 저항, 도처(到處, 여러 곳)에서의 봉기(蜂起), 전령이나 낙오병 살해 후 도주 등을 예로 들 수 있다.

10. 러시아 원정(Campaign in Russian)

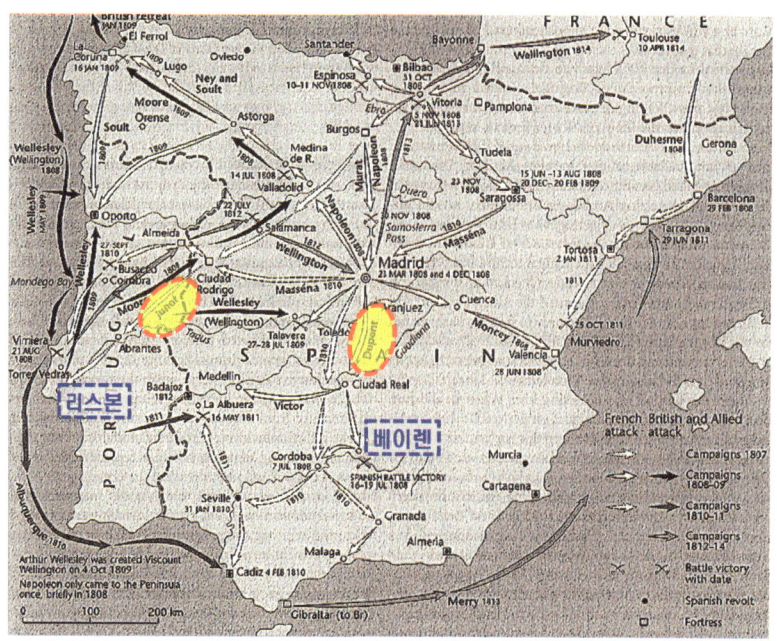

나폴레옹은 스페인 원정 이후 유럽에서 러시아를 제외한 국가와 병합(倂合)을 완성하였다. 1812년 러시아가 영국과 동맹을 맺고 대륙봉쇄령을 이행하지 않고 자신의 구혼(求婚)마저 거절하자 오스트리아 황녀(Marie Louise)와 결혼하고는 6월부터 12월까지 러시아 원정을 감행하였다. <그림 2-23>은 러시아 원정 요도이다.

<그림 2-23> 러시아 원정(Campaign in Russian) 요도(종합)

대륙 봉쇄 문제로 러시아와의 관계가 급속하게 냉각되면서 나폴레옹은 러시아 원정을 결심하였다. 이는 제6차 대불 동맹의 시발점이 되었고, 그가 완패당하면서 본격적인 몰락하기 시작한 전쟁으로 보면 될 듯싶다.

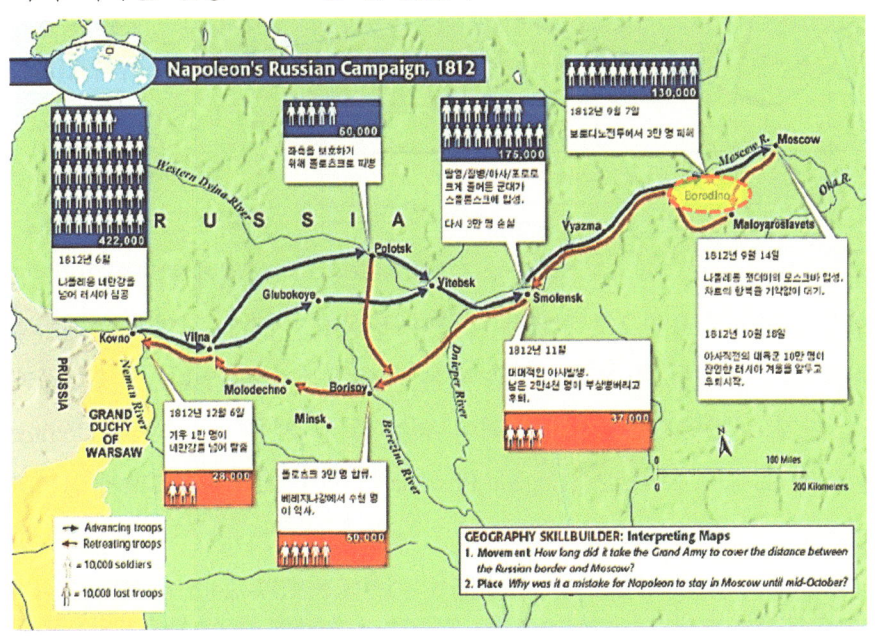

1812년 6월 24일 나폴레옹군이 폴란드를 침공하고, 러시아를 향해 진격하였다. 러시아군의 쿠드초프 사령관은 브로디노(Borodino)에서 나폴레옹의 전투력과 기세를 판단하기 위해 정면 공격을 시도하였으나, 참패당하자 빠르게 질서를 유지하면서 퇴각하였다. 이때부터 쿠드초프는 나폴레옹과 정면 공격으로는 승리할 수 없음을 깨닫고 전투를 회피하는 전술을 채택하였다. 9월 5일 나폴레옹 군은 큰 저항을 받지 않고 모스크바에 입성하였으나, 14일과 18일에 러시아군은 고의로 방화(放火)함으로써 모든 것을 불태워버렸다. 이후 나폴레옹 군은 전투보다 병참과 보급에 상당한 어려움을 겪었다.

러시아군은 9월 17일부터 10월 19일까지 나폴레옹에게 거짓으로 강화(講和)를 제의하면서 결정을 짓지 않고 계속 핑계를 대며 지연시켰다. 나폴레옹 군이 쿠드초프의 기만전술에 시간을 낭비하는 동안 피로가 누적되어 사기(士氣)마저 저하하였다. 여기에 러시아군과 농민(partisan)들의 시도 때도 없는 게릴라 전술에 의한 습격으로 피해가 속출하는 등으로 나폴레옹 군은 딜레마에 빠져들었다.

결국, 나폴레옹은 러시아 원정의 실패를 인정하고 10월 8일 후방지휘를 뮈라 장군에게 맡긴 다음 10일간 1,800km를 달려 프랑스에 복귀하였다. 사료(史料)에 의하면, 왕비가 알아보지 못할 정도의 거지꼴을 한 것으로 알려졌다. 러시아 원정에 실패한 요인은 다섯 가지로서 첫째, 지형과 기상(氣候)에 대비하지 못하여 450,000명 중 22%에 달하는 100,000명이 전사하였고, 동사(凍死) 및 아사자(餓死者)가 150,000명, 포로는 100,000명으로 전체의 77.8%에 달하는 피해가 발생하였다. 그

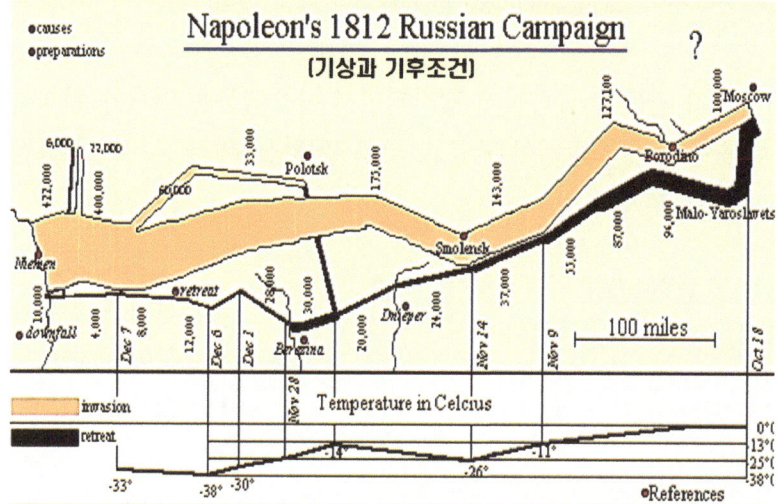

러나 기상(氣象) 현상을 결정적 요인으로 보기는 어렵다.23) 둘째, 이전의 전역(戰役)에서와 같은 신속한 중앙돌파와 우회기동, 각개격파 등과 같은 작전이 불가능하였다. 이는 나폴레옹 자신의 체력적 한계도 있었지만, 지휘 능력이 없는 동생 제롬 보나파르트(Jérôme Bonaparte)와 아들 외젠 로제 드 보아르네(Eugène Rose de Beauharnais)를 사령관에 임명함

---

23) 나폴레옹 군은 조기(早期)에 러시아 점령이 끝날 것으로 생각하여 처음부터 동계전투 준비를 하지 않았다. 추위로 인해 엄청난 피해가 발생했으나, 일부 자료에서 주장하는 것과 같이 나폴레옹의 러시아 원정 실패를 오로지 추위로 인해 벌어진 결과는 아니었다고 봄이 타당하지 않나 싶다. 당시의 기상 조건을 살펴보면, 11월까지는 강이 얼지 않았다. 실제 큰 추위는 12월 이후부터 시작되었다. 특히 프랑스군의 군복에 달려 있던 주석(朱錫, Tin)이 깨지면서 장병들은 군복을 여미기 바빴기에 전투를 수행하기가 어려웠다는 연구서도 있다.(김동환·배석, 『금속의 세계사』(파주: 다산에듀, 2015), pp. 162~166.

으로써 실질적인 전투 진행과 기동은 애초부터 불가능했다. 셋째, 병참 문제로서 10만 필(匹)의 군마(軍馬) 중 3만 필(匹)이 병사(病死)하는 등 30%가 비전투손실로 사라졌다. 이로써 병참 및 보급 수행이 어려웠다. 넷째, 러시아의 철저한 '초토화 작전(회피 전술)'에 대비하지 못했다. 다섯째, 러시아가 거짓으로 제의한 강화 등의 기만전술에 집착함으로써 그들의 의도에 말렸다.

나폴레옹이 러시아 원정에 실패하자 눈치를 보던 주변 국가들이 反 프랑스군을 조직하고 전쟁에 가담하면서 점차 패권과 입지도 흔들리기 시작했다. 그러나 다시 귀족 자제를 포함한 수십만 명을 강제로 징집하여 엘베강(Elbe River) 서쪽에 방어선을 구축하였다. 이후 10월 16일부터 18일까지 프로이센 블뤼허(Blucher) 장군이 강하게 나폴레옹 군을 공격함으로써 신병이 대다수인 나폴레옹 군의 돌파 기도는 좌절되었다. 이 전투가 바로 라이프치히 전투(Battle of Leipzig)다. 나폴레옹 군이 패배하면서 그동안 굳건히 버티던 라인강 동부의 프랑스 제국은 막을 내렸다.

11. 워털루 전역(Battle of Waterloo)

벨기에의 워털루 인근에서 벌어진 워털루 전역은 나폴레옹이 몰락하게 되는 결정적인 전역이다.[24] 독일에서는 워털루라는 명칭보다 리그니·까뜨르브라 전투(Battle of Ligny & Quatre Bras)란 이름으로 알려져 있다. 그 이유는 실제 전투가 리그니와 까뜨르브라 지역에서 진행되었으며, 웰링턴까지의 거리는 5mile 정도 이격되어 있다.

1814년 5월 5일 45세의 나폴레옹은 폐위되어 영국 군함인 언토티드 호를 타고 엘바(Elba)섬에 유배되었다.[25] 그러나 루이 18세(Louis XVIII)의 폭정으로 다시 기회가 주어지자 부하 1,000여 명과 함께 엘바섬을 탈출했다. 3월 1일 칸느 근처의 동쪽 쥐앙 만(灣)에 상륙하자 해안을 경비하고 있던 7,000명이 충성을 다짐하며 나폴레옹에 투항하였다. 그는 이들을 이끌고 1815년 3월 20일 황제로 재즉위하며 '평화선언'을 발표하였다. 그러나 그의 재등장으로 유럽은 두려움에 프랑스를 해체하기로 약속하고 연합국이 동맹을 결성하여 공격하였다. <그림 2-24>는 워털루 전역의 요도다.

---

[24] 워털루는 실제로 전투했던 지역이 아니라 영국 웰링턴 장군의 지휘본부가 있던 지역이다.
[25] 나폴레옹이 유배된 엘바섬은 면적이 140 평방마일(362.6㎢)로서 인구는 일만여 명이 거주하는 섬이었다.

<그림 2-24> 워털루 전역(Battle of Waterloo) 요도(종합)

　　나폴레옹(125,000명)은 이탈리아 전역에서 진행했던 작전을 다시 진행하기로 판단하였다. 가장 강력한 영국의 웰링턴 군(95,000명)과 프러시아의 블뤼허 군(120,000명)을 먼저 섬멸하면, 나머지 러시아군과 오스트리아군은 각개격파가 가능할 것으로 판단한 것이다. 따라서 프러시아 군을 먼저 격파하기 위해 리그니(Ligny) 지역으로, 네(Ney) 장군은 웰링턴 군을 상대하도록 까뜨르브라 지역으로 기동시켰다.

　　이때 웰링턴과 블뤼허 장군도 해당 지역의 전방 일대에 포진(布陣)할 것을 결심하고 부대를 재빠르게 기동하였다. 하지만 네 장군이 적의 기도를 미처 파악하지 못했고, 기상도 좋지 않다 보니 웰링턴 군을 추격하기가 쉽지 않았다. 여기에 정보 수집이 지연되는 등의 악재(惡材)가 연속으로 발생하였다. 나폴레옹이 14:00에 리그니 지역으로 진격하였으나, 네 장군의 정보 보고가 늦어지면서 이미 블뤼허 군이 까뜨르브라 방향(웰링턴군이 배치되어 있던 지역)으로 철수한 뒤임을 알고는 "귀관이 프랑스를 망쳤다."라고 격노했지만, 때는 늦었다. <그림 2-25>는 리그니 지역과 까뜨르브라 지역에서 진행한 전투 요도다.

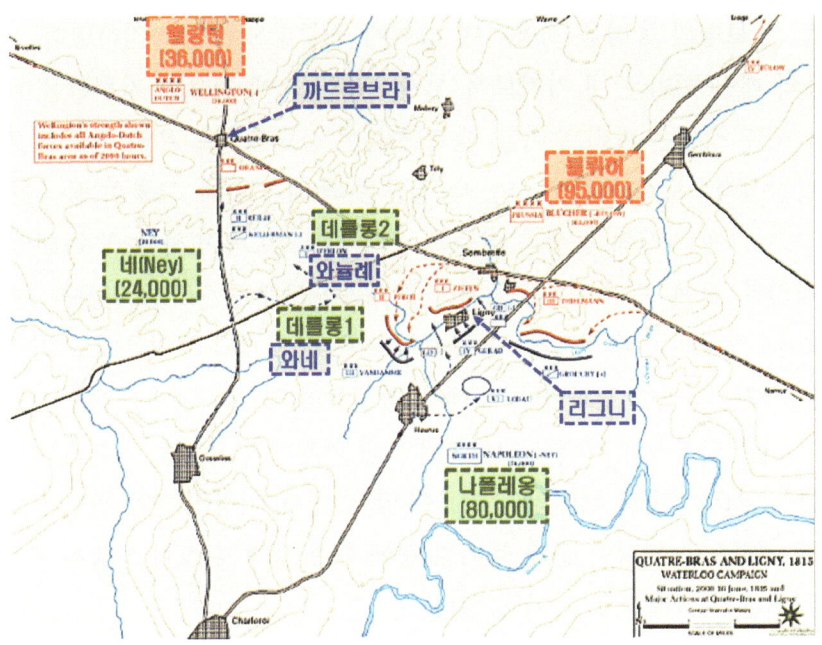

<그림 2-25> 리그니·까뜨르브라 전투 요도

프랑스 포병부대가 사격을 개시하자 보병들도 머스킷 소총으로 집중사격을 하였다. 이에 블뤼허 군이 공격과 방어를 반복하며 일진일퇴를 거듭하고 있었다. 이때 데를롱 장군(제1군단)이 리그니 서측방(와네, 데를롱1)에 도착하면서 상황이 역전되는 듯했으나, 데를롱 장군이 다시 와뉼레(데를롱2)로 재기동함으로써 승리할 수 있는 기회도 원점으로 환원되었다.26) 이후 나폴레옹이 리그니에서 힘들게 승기를 잡았으나, 까뜨르브라 전투는 이미 대세가 기운 상황이었다.

8월 17일 10:00경 웰링턴 군(68,000명)은 워털루 전방에 집결을 완료하였고, 13:00경 블뤼허 군(60,000명)이 도착하였다. 결과는 나폴레옹의 참패였다. 나폴레옹의 전략은 분리된 적이 합세하기 이전에 신속한 기동으로 각개격파를 하는 것이 핵심이었다. 그러나 워털루 전투가 시작되었으나, 무능한 그루쉬(Emmanuel de Grouchy, 1766~1847) 장군이 전세가 불리한데도 주어진 임무에만 고지식하게 매달림으로써 패배할 수밖에 없도록 만들었다. 반

---

26) 데를롱 장군이 지휘하는 제1군단이 도착한 지점은 술트 장군이 지휘하는 참모본부가 악필로 수기(手記) 문서를 작성하여 와뉼레(Wagnele)를 와네(Wagnee)로 착각하게 만든 결과였다. 프랑스군의 좌익 후방에 <그림 2-25>와 같이 데를롱1이 나타나면서 프랑스군에게 잠깐이지만 극심한 혼란을 안기면서 승리의 기회가 찾아왔다. 하지만 더 큰 문제가 바로 발생하였다. 고전(苦戰)하고 있던 네 장군이 데를롱 장군에게 까뜨르브라(데를롱2)로 빨리 복귀하라고 지시하였다. 데를롱 장군은 본래 까뜨르브라를 먼저 점령한 다음 리그니에 지원하기로 하였기에 나폴레옹의 지시를 무시하고 까뜨르브라로 다시 향하는 우(愚)를 범했다.

면에 웰링턴은 보병의 총검을 사용하여 방어에 집중함으로써 승리하였다.

  나폴레옹의 패인(敗因)은 네 가지로서 첫째, 적재적소에 필요한 지휘관을 배치하는 데 소홀하였다. 다부 장군은 파리 수비를, 솔트 장군은 참모장으로, 뮈라 장군은 만남을 거부하면서까지 감정적으로 조치하였으며, 네 장군은 좌익(左翼)에, 그루쉬 장군은 우익(右翼)에 배치하고 여기에 자신의 동생과 아들을 총사령관으로 임명하는 악수(惡手)를 스스로 초래(招來)하였다. 둘째, 프러시아의 블뤼허 군 규모도 3개 군단(83,000명)을 1개 군단으로 오판하였고, 네 장군과 그루쉬 장군의 공격과 기동이 지체되고 있음에도 판단과 결심을 미루었기에 참패는 당연한 결과였다. 셋째, 나폴레옹의 체력적 한계가 원인이었다. 리그니 전투 간 18시간을 마상에서 지휘한 그는 6월 17일 아침까지 휴식을 취하면서 담소(談笑)를 하는 여유를 보였으나, 바로 패배의 망조(亡兆)였다. 넷째, 기상에 관한 판단 소홀과 폭우로 인한 기동의 제한으로 웰링턴 군과 블뤼허 군에 대한 정보 수집이 상당히 제한되었으나, 이를 해소하려는 적극적인 노력이 없었다.

  나폴레옹은 워털루 전역에서 패배한 다음 영국 군함 노섬버랜드(HMS Northumberland)호를 타고 세인트헬레나(Saint Helena)섬에서 삶을 마감했다.27)

---

27) 'HMS'는 'Her Majesty's Ship'의 약자로 '여왕 폐하의 군함'이라는 뜻으로 영국 해군은 왕립 해군이기에 선박의 명칭 앞에 전통적으로 붙이는 접두어이다. 뜻 자체는 국적이 중립적이므로 영연방 국가나 다른 왕국의 해군 선박에도 일반적으로 사용하고 있는 용어이다.

제 6 절

나폴레옹 전쟁이 남긴 의미와 교훈

나폴레옹의 초기 행동은 전쟁 또는 작전의 원칙에 충실함으로써 전역(戰役)을 승리로 장식했다. 그가 수행하였던 전역에서 실천하였던 작전계획은 현대의 전쟁원칙과도 궤(軌)를 같이하고 있으며, 이를 철저하게 준수함으로써 승리를 가져올 수 있었다는 점은 후반기에 나폴레옹이 왜! 패배하였는지를 비교하는 과정을 통해 확연하게 느낄 수 있다. 전쟁기법을 탐구하는 데 있어서 가장 중요한 키-워드는 일반원칙과 원리를 파악하고 전투에 임할 때 그 실효성이 배가(倍加)될 수 있다는 점이다.

1. 긍정적인 측면

나폴레옹 전쟁의 긍정적 측면은 크게 네 가지로서 첫째, 프랑스 혁명 사상을 全 유럽지역에 전파하여 국민국가(nation-state)가 출현하는 계기가 되었다. 물론, 이로 인하여 다른 국가들의 경계심을 자극하게 되었고, 7회에 걸친 대불(對佛) 동맹을 체결하는 직접적인 원인이기도 하였다.

둘째, 혁명의 산물로서 현대 징병제도인 '국민개병제'가 처음으로 만들어졌고, '국민군대'가 형성되었다. 이를 토대로 국가 차원에서 가용한 자원을 총동원할 수 있었기에 인명피해를 도외시하면서까지 공격할 수 있었다. 나폴레옹은 다수의 전역에서 병력 규모에 고민하지 않고 전략적 우회-중앙돌파-각개격파 등의 기동 전략과 상대적인 집중의 원칙을 적용함으로써 승리할 수 있게 만들었다.

셋째, 나폴레옹식 '군사혁신(Revolution in Military Affairs)'을 실천하였다. 국민개병제, 상설 사단과 군단의 분할 편성, 보병과 포병, 기병을 활용한 제병협동작전, 보급제도의 발전 등은 현대 군대에서도 대다수 채택하고 있다.

넷째, 당시 군사 전략가이자 사상가인 부르셰, 기베르, 그리보발 등의 전략 사상을 자신의 전략에 접목하여 필승의 전략 개념으로 정립하였다. 이로써 계획적인 분산 및 집중, 병력의 기동성과 융통성, 사단 편제가 갖는 가치와 실용성 등에 대하여 성과를 획득하였다.

2. 부정적인 측면(과오)

나폴레옹의 끊임없는 학구열은 그의 천재성을 더욱 높여주었다. 반면에 황제로 즉위하기 이전과 이후의 전쟁 수행 방식에서 나타난 변화는 누구도 예측할 수 있는 패배로 볼 수 있다.

과오(過誤)는 크게 네 가지로서 첫째, 지나친 독선과 절대복종을 강요함으로써 휘하 장군들이 독자적인 작전 수행과 지휘 능력을 배우거나, 전수(傳受)할 기회를 얻지 못하였다. 이로 인하여 장군들의 지휘 통제기법 수준을 향상하는 데 실패하였다. 이러한 현상은 나폴레옹이 직접 지휘하는 전투엔 승리하였지만, 그 외 휘하 장군들이 수행한 전투는 패배가 많았던 사례를 통해 느낄 수 있다.

둘째, 기동 전략에만 집착하다 보니 점차 국가의 모든 역량을 결집하여 대응해야 하는 총력전 양상이 되어야 함을 인식하지 못한 채 정신력만 강조하는 우(愚)를 범하였다. 이는 결국, 전략적 식견과 각자의 전장에서 융통성을 발휘할 수 있는 분위기를 위축시키는 결과로 돌아왔다.

셋째, 창고형 보급제도의 단점을 현지 조달방식으로 개선하였지만, 여기에 너무 의존하다 보니 신속하고 적기에 보급되어야 하는 병참의 중요성을 가볍게 인식하는 우(愚)를 범하였다. 더욱이 필요한 시기와 장소에 대한 병참(兵站) 지원에 소홀하여 전쟁의 지속성과 실효성 발휘를 제한시켰고, 방치(放置, neglect)가 계속된 점 등은 상당한 오점으로 남았다.

그러나 수많은 부정적 측면에도 불구하고 군사적 천재이자 정복자, 위대한 황제로서 영웅 신화를 창조한 그의 군사적 업적은 영원히 기억될 듯싶다.

강의 II 몽골제국 칭기즈칸의 정복 전쟁을 이해합시다.

학습하기 이전(以前)에 요구되는 사항

1. 몽골의 서양 정복 전쟁이 발발(勃發)하게 된 배경과 원인은?
2. 몽골 건국 당시 국내·외 정세와 정치·군사적 환경은?
3. 몽골의 칭기즈칸이 등장하게 된 배경과 원인은?
4. 인간 칭기즈칸의 성향과 특성은?
5. 몽골의 징집·군사제도의 편성과 특징은?
6. 몽골군의 기본 전술 제대와 편성 단위의 특징은?
7. 몽골군 특유의 3대 핵심전술은?
   * ① 윤번충봉전술(輪番衝鋒戰術) ② 납와전법(拉瓦戰法)
     ③ 심리전과 기만전술
8. 몽골-서하(탕구트)의 전쟁 배경과 원인은?
9. 몽골-금나라(주르첸)의 전쟁 배경과 원인은?
10. 몽골-호라즘 제국(Khwarezm)의 전쟁 배경과 원인은?
11. 칭기즈칸이 호라즘제국과의 전쟁에서 승리한 요인은?
12. 칭기즈칸의 정복 전쟁이 남긴 의미와 교훈은?

제3장

몽골 칭기즈칸의 정복 전쟁

제1절 개요

제2절 세계 정복 전쟁이 발발(勃發)한 배경과 원인

제3절 인간 칭기즈칸(Genghis Khan)에 관한 이해

제4절 몽골의 군사제도와 초원의 전쟁술

제5절 칭기즈칸의 주요 전역(戰域)

제6절 칭기즈칸의 정복 전쟁이 남긴 의미와 교훈

제 1 절
개 요

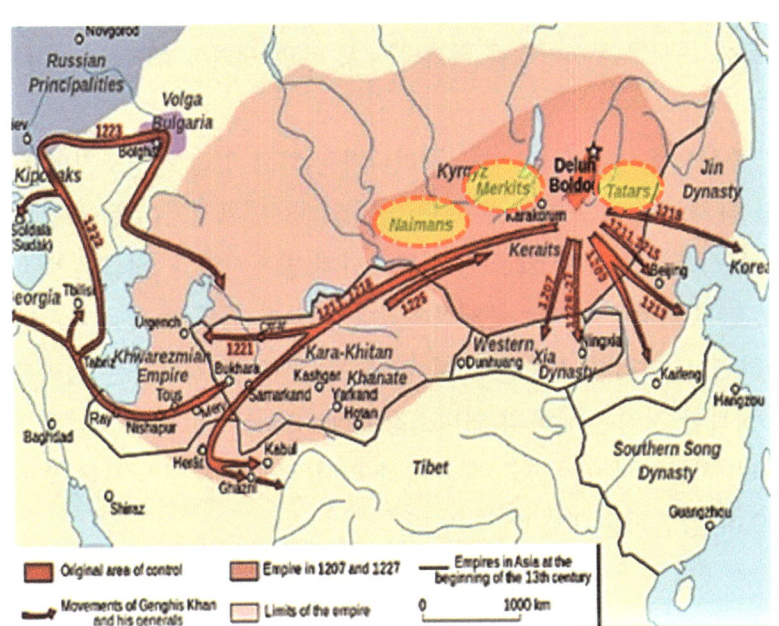

몽골(Mongolia)의 정복 전쟁은 13세기에 등장한 칭기즈칸(Genghis Khan)을 제외하고는 연상할 수 없다. 초원에서 유목 활동을 하고 있던 몽골 부족에 테무친(Temujin)[1])이 등장하여 결국, 칭기즈칸이 되었고, 정복국가(제국)로 성장하는 원동력이 되었다. 칭기즈칸은 호라즘(샤르톨)을 정복하고 남(南)측으로는 인더스강, 서(西) 측으로는 카스피해를 지나 남부 러시아에 이르는 전(全) 중앙아시아지역을 영토로 확대하였다. 칭기즈칸에 관하여 총괄적으로 연구한 사료(史料)를 찾기는 어렵다. 위구르와 중국, 페르시아와 아르메니아 기록 문서에 조금씩 포함되어 있을 뿐이다. 인구가 100만 명도 안 되는 몽골이 2,000만 명이 넘는 흑거란(黑契丹, Qara-Khitai, 서요)[2])과 최대 250만 명으로 추산되는 유목민족 탕구트(Tangut, 서하, 6~14세기), 당시 600만 명인 러시아, 4,000만 명인 금나라(Jurchen, 여진)까지 정복할 수 있었던 승리의 비결을 명확하게 밝힌 사료(史料)도 없다. 일부에 의하면, 금나라는 문명국가로 최소 50만 명에 이르는 군대를 보유하고 있었던 반면에 몽골은 고작 기병(騎兵) 12만 명으로 편성하였다. 칭기즈칸의 몽골 군대는 경제적으로 부유한 국가가 군사적으로 강하다는 근거가 될 수 없음을 먼저 인식하고 접근할 필요가 있다.[3])

---
1) '테무친'이란 '최고의 강철 또는 지상 최고의 전사'를 뜻하고 있다.
2) '흑거란'은 금나라에 의해 요나라가 패망하자 요나라의 왕족이었던 야율대석(耶律大石)이 1132년 카라한 왕조를 멸망시킨 다음 중앙아시아에 건립한 국가로 1211년 칭기즈칸이 정복하였다.

당시의 몽골족은 이합집산(離合集散)이 정상으로 보일 정도의 쇠락한 부족이었으며, 주변 지역과 민족에 아무런 영향력을 미칠 수 없는 수준이었다. 그러나 테무친은 메르키트(Merkit)족과 타타르(Tatar)족을 정복하고 주변의 씨족과 부족을 통일한 다음 1204년 서(西)측의 나이만(Naiman)족을 마지막으로 정복함으로써 초원을 통일하고 칭기즈칸에 등극하였다. 이후 금나라에서 복종을 요구하자 불복하며 정복한 다음 이어서 서하지역과 호라즘제국(花剌子模, 지금의 아프가니스탄)을 정복하는 와중에 1227년 병사(病死)하였다. 이후에도 그의 후손들은 기세를 몰아 러시아와 헝가리를 정복하는 등 주변 세력을 확장하고 원나라를 건국하였다.

칭기즈칸은 씨족제도를 중심으로 영위(營爲, 일을 꾸려나가는)하고 있던 행정조직의 문제점을 인식하였기에 이를 해체하였다. 곧이어 행정과 군사조직을 연계시키는 등을 통하여 95개의 천호(千戶)제도로 정착시켰고, 백호(百戶) 제도로까지 발전시켰다. 직급은 백호장(百戶長,) 천호장(千戶長), 만호장(萬戶長)으로 구체화하였다. 이들은 몽골의 기동식 사냥 전술을 실제 전투에 응용하였고, 이러한 전술은 20년 만에 유라시아를 정복하는 성과를 달성하였다. 당시 몽골이 정복한 지역은 남쪽의 인더스강(Indus River)으로부터 서남쪽으로는 티그리스강(Tigris River) 하류까지 이어졌고, 동유럽과 러시아의 동부 및 남부를 포함하는 대제국을 형성하였으며 총면적은 3,320만 ㎢였다.

---

3) 몽골의 칭기즈칸에 관해서는 2007년도에 상영한 영화 『몽골(Mongol: The Rise Of Genghis Khan)』을 보면, 이해하는 데 도움이 될 듯싶다.

제 2 절

세계 정복 전쟁이 발발(勃發)한 배경과 원인

1. 역사적 배경과 주변 정세

몽골이 건국될 즈음 국제 사회의 정치·군사적 상황은 매우 불안정한 시기였으며, 민족적 독립성이 강하게 표출된 분열의 시대였다고 봄이 정확하지 않을까 싶다. 유럽지역은 분열이 심화한 상태였고, 비잔틴(동로마) 제국의 역동성은 점차 떨어지는 추세였다. 1183년 달마시아(현재의 크로아티아)는 헝가리에 점령당했으며, 1184년에는 키프로스가, 1187년에는 불가리아가 독립을 선언하였다. 1190년 세르비아가 분리되어 독립하였다. 스페인은 삼국으로 분할된 다음 내전(Civil War)으로 심각한 분열이 일어났다. 비잔틴 제국이 쇠퇴하면서 신성로마제국이 몇 개의 독립 국가로 새로이 탄생하였다.

 이 시기에 프랑스와 독일은 '신성한 땅'을 이슬람교도들로부터 해방해야 한다는 명분을 내세워 전쟁을 일으켰는데 바로 '십자군 전쟁'이다.[4] 이러한 분열 과정은 소아시아지역에도 전파되어 니케아(Nicaea), 에피루스(Epirus), 알바니아(Albania), 트레비존드(Trebizond) 등의 국가가 독립하였다. 유럽지역은 몽골이 건국할 당시에 외부의 위험뿐만 아니라 내전까지 복잡한 양상으로 전개되면서 거의 전(全) 지역이 내부 분쟁과 국가 간 전쟁에 휩싸였다.

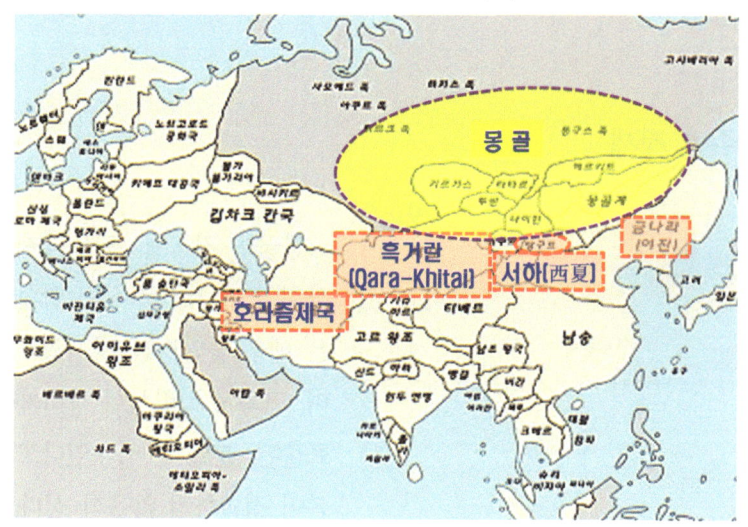

몽골지역은 서하(西夏)로 불리는 탕구트(982~1127), 거란인들이 세운 흑거란(Qara-Khitai, 1125~1217)[5], 주르첸(Jurchen)[6]의 금나라 (1125~1234)가 서로 접경지역을 맞대고 있었다.

탕구트(西夏)는 국경선으로부터 황하강까지 동서 1,400여 km에 이를 정도로 길게 뻗어 있었다. 약 250만 명이 살고 있었으며, 약 50여만 명의 군대가 있었다고 보고 있다.[7] 이들은 산악(山岳) 전투를 위한 보병과 초원전투가 주전장(主戰場)인 기병이 중심이었다. 전투할 때의 대형은 기병을 중앙에, 양 측면에 보병 대형으로 편성하여 전투를 수행하였다.

금나라는 남송·고려와 국경을 접하였으며, 서쪽으로 탕구트와 접경하였다. 약 5,000만 명의 인구가 살고 있었으며, 약 50만여 명의 군대가 있었다.[8] 군대 규모는 전체 인구의 1%로서 기병이 12만 명, 보병은 38만 명으로 추정하고 있다. 20마리의 말이 끄는 수레와 대포, 중·소형 투석기, 10명이 당겨야 하는 대형 활과 화살, 200명이 필요한 대형 투석기 등을 보유하였다.

---

4) '십자군 전쟁(The Crusades)'은 비잔틴 제국의 황제 알렉시우스(Alexius) 1세가 이슬람교도인 튀르크족의 압박을 벗어나기 위해 로마 교황에게 도움을 요청하였고, 서로의 이해관계가 맞아떨어지면서 진행하게 된 원정 전쟁이다. 진행되는 과정에서 변질하였고, 명분과 실리를 얻지 못한 전쟁으로 평가할 수 있다. 조금 더 상세하게 알아보려면, 시오노 나나미가 2011년도에 출간한 『십자군 이야기』를 읽어보면 좋을 듯싶다.
5) '흑거란(투르크어로는 카라 키타이)(Qara-Khitai)'은 이슬람 역사가들에 의해 붙여진 이름이다.
6) '주르첸'은 '여진족'을 뜻한다. 영미권(英美權)이 'Jurchen'이라는 단어를 사용하고 있는데, 이는 몽골어로 '여진족'을 부를 때 사용하는 'Jürchen'에서 유래되었다. 중국 역사나 드라마에 나오는 청(靑)나라가 바로 주르첸의 후예가 세운 나라이다.
7) 6~7만 명에 불과하다는 일부 해석도 있지만, 22개 행정구역을 12개 군구(軍區)에 통합하여 편성하였다. 1개 군구(軍區)에 약 3만 호가 있었고, 가구당 7명의 가족을 가정할 때 전체 인구 중 가장 높은 20% 비율로 군인을 동원할 경우 약 50만 명의 숫자가 나온다.
8) 올호노드 하인잔 샥달, 『칭기즈칸의 전쟁술』(대전: 군사연구소, 2009), pp. 58~60.

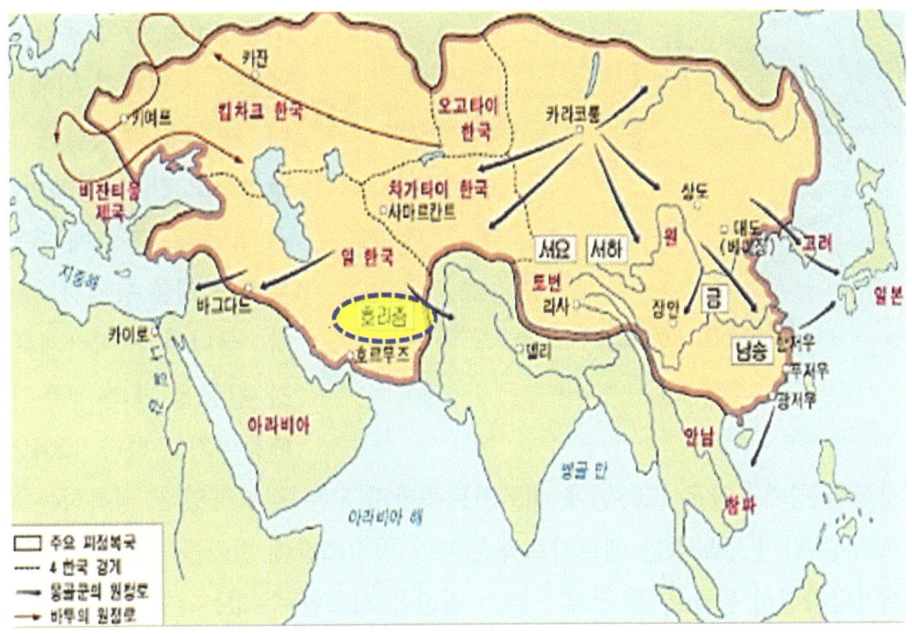

　호라즘(1128~1231)은 1128년에 알라딘 아트시즈(Aladdin Atsiz, 1128~1156)가 샤(王)로 즉위하면서부터였다. 약 2,000만 명의 인구가 살고 있었으나, 군대의 규모는 4만 명으로 대다수 기병이었다. 특히 주목할 부분은 다른 국가에 없는 코끼리로 편성한 부대가 있었다. 지정학적으로 세계 무역로의 중앙에 위치하면서 비단길을 장악하고 있었기에 중앙아시아·소아시아지역의 국가들이 저마다 가진 일반적인 전략 목표는 호라즘 정복에 두었다.

　금나라가 중원을 접수하게 되자 거란족은 동아시아지역에서 활동하다가 중앙아시아지역에 새로운 나라 요(遼, 카라 키타이)를 건국했다. 이때 서방의 유럽지역은 십자군 전쟁(1095~1291)이 일어나면서 시리아 등이 있는 중동 서부지역을 정복하기 시작하였다. 칭기즈 칸도 몽골고원을 통일한 다음 금나라를 함락시키고, 서방 유럽지역을 정복 목표로 잡았다.

2. 몽골의 국내·외 정세 및 환경

2.1. 몽골의 국내 정세 및 환경

　12세기 당시 몽골은 동쪽에 터전을 잡은 타타르(Tatar)족, 중부지역을 터전으로 잡은 케레이트(Keraites)족, 북쪽에 터전을 잡은 메르키트(Merkit)족, 서쪽에 터전을 잡은 나이만

(Naiman)족 등이 몽골 부족의 패권을 차지하기 위해 끊임없이 싸웠다. 부족들은 국가를 형성하고 칸(汗, 동북아시아에서 군주를 호칭)에 올랐지만, 부족 전체를 통일하지는 못했다. 금나라가 이간계로 부족 간 갈등을 계속 부추긴 결과 때문이기도 하다. 1204년 나이만족을 정복한 칭기즈칸은 1205년에 메르키트족까지 모두 정복하였다. 정복하는 과정에서 다이르 우순 칸이 주도하는 메르키트족 일부가 칭기즈칸에 반란을 도모하였으나, 호위부대에 제압당하면서 몽골 부족 전체가 더는 반란을 시도할 수 없는 분위기로 변화하였다. 1206년에 이르러 드디어 몽골제국(Mongol dynasty)이 건국되었다. <그림 3-1>은 몽골제국이 건국된 이래 4개의 칸국으로 분할되어 통치했던 연대기다.

<그림 3-1> 몽골제국이 4대 칸국으로 분할 통치기(統治期)

이후 칭기즈칸은 내부 체제를 다잡으면서 계획들을 추진하였다. <그림 3-2>는 칭기즈칸이 건국과 동시에 추진한 7가지의 국가발전 전략이다.

① 군사·행정을 통합한 십호제(十戶制, Arban)를 조직, 전쟁준비로 전환
② 부족제도를 없애고, 임의로 타 부족에 들어가는 것을 금지(法 제정)
③ 국가를 西-東-中 3개 지역으로 분할, 지방군대를 배치
④ 대 자사크(Yeke Jasag, 큰 法) 제정, 재판관 임명
⑤ 부수상(무칼리)과 국방장관(코빌라이) 등을 직제로 편성, 임명
⑥ 원정이 필요한 초원-사막-도로 상에 우물(샘)을 준비
⑦ 국정을 운영하는데 물의가 있는 인사(人士, 무당)는 제거

<그림 3-2> 칭기즈칸의 국가발전 전략

텝 텡그리(무당)

이를 통해 전국(全國)을 전쟁 준비와 국가안보 차원의 대비 태세로 전환하였다. 이전까지 부족 간 악순환으로 반복되었던 부족제도를 없애고, 만호(萬戶)제, 백호(百戶)제, 십호(十戶)제 등으로 만들어 군사와 행정을 통합시켰다. 이로써 중앙 통제가 가능한 체제를 확립했고, 대자사크(大法)를 제정하는 등을 통해 법령과 질서의 토대도 마련하였다. 이 과정에서 무당(예언자로서 '텡그리'로 호칭) 텝이 부족들 간에 이간계(離間計)로 편 가르기와 충동질을 통하여 내부 결속과 화합을 해치는 행위가 문제가 되자 바로 제거함으로써 내부의 동요를 가라앉혔다.9)

2.2. 몽골의 국외 정세 및 환경

몽골족은 중앙아시아 북부지역(현재의 중국과 러시아 경계지역 일대)의 척박한 땅에 터전을 잡고 사냥과 유목 생활을 하는 민족으로 인내심이 강하고 용감하였으며, 사냥을 위한 기마술이 뛰어난 데다 부족장에게 절대복종하는 충성심이 강한 기질을 가졌다. 12세기 서방 유럽지역에서 십자군 전쟁으로 동방(東方)에 대한 원정을 감행하였을 때, 중국의 송나라는 여진이 세운 금나라에 밀려 수도를 옮겼다. 금나라 세력이 약화하는 13세기 초에

---

9) 칭기즈칸은 하늘을 신봉하는 샤머니즘(전통종교)인 '텡그리 신앙'을 믿었다. 그는 전쟁터에 출정하거나, 어려운 문제를 결정할 때는 텡그리 신에게 제사를 올린 다음에야 행동하였다. 텡그리 무당인 텝 텡그리 가문은 칭기즈칸이 어릴 때부터 아버지(예수게이) 가문을 보필해왔던 충직한 심복이었다. 나중에 칭기즈칸이 어머니(후얼룬)의 남편으로 텝 텡그리의 아버지(몽릭)를 맞아주었다는 사실을 보더라도 이들에게 상당한 믿음과 의지를 했음을 알 수 있는 대목이다.

등장한 인물이 바로 칭기즈칸(테무친)이다. 그는 서남 국경 지역에 있는 나이만(Naiman)족과 메르키트(Merkit)족의 잔당을 대비하는 데 노력을 집중하였다. 1207년 조치(Jochi, 일부 자료는 '주치(Juchi)'로 명명)에게 우익 군을 지휘토록 하여 오이라트(Oyrat)족을 정복하였고,[10] 현재의 위구르(Uighur) 지역과 맞닿아 있는 서쪽 국경선의 허르 투메드 인들을 복속시켰다. 그러나 복종하지 않고 무장저항 활동을 계속하자 1216년 군대를 보내 정복하였다. 1211년 금나라를 공격하고 점령하였다. 이처럼 12세기 말부터 13세기 초기까지는 아시아와 유럽지역에서 수많은 전쟁과 분쟁이 반복적으로 발생하는 혼란기였으며, 이와 동시에 강대국의 침략과 약탈에 저항하여 분리 독립하려는 현상들도 같이 일어났다.

---

10) '오이라트(Oyrat)'는 몽골의 서(西) 몽골족으로 칭기즈칸이 세운 몽골은 동(東) 몽골족으로 이해하면 된다.

제 3 절

인간 칭기즈칸(Genghis Khan)에 관한 이해

1. 칭기즈칸의 생애

칭기즈칸(Genghis Khan, ?~1227)의 출생에서부터 주요한 성장 과정, 그리고 빛나는 전과(戰果)는 <그림 3-3>에서 정리한 바와 같다.

- 1155(또는 1162, 1167 등), 고비사막의 바이칼 호수 근처에서 출생
  * 본명: 테무친(Temujin)
- 1178, 메르키트족의 공격, 아내(부르테 우징) 피랍(被拉)
- 1189, 하막몽골의 칸으로 추대(자무카 세력은 제외)
- 1190~1196, 몽골 내부의 세력 확장
- 1199, 서(西) 나이만족 공격 정복
- 1200~1201, 메르키트-타타르-자무카 연합세력과 전쟁
- 1202, 타타르와의 제3차 전쟁: 4개 타타르 부족 섬멸
- ~1204, 케레이트+ 나이만 부족 섬멸
- ~1206, 메르키트 + 나이만 잔여세력 제거, 칭기즈 칸에 등극
- 1214~1215, 금나라 베이징(北京) 함락
- ~1223, 호라즘 제국 정벌
- 1226~1227, 퉁구트(西夏) 정벌, 1227. 8. 18, 사망

<그림 3-3> 칭기즈칸(Genghis Khan)의 생애(종합)

테무친이 출생한 날짜는 다소 혼란이 있지만, 몽골 부족의 부류인 보르지긴(Borjigin)족 추장의 아들로 태어났다. 아버지(예수게이)가 타타르족에 독살당한 이후부터 살해 위협으로 매우 힘든 시기를 보냈다. 그러나 혼자서는 수없이 많은 적을 상대할 수 없었던 그는 의형제인 케레이트족의 완 칸(王汗, Ong Qan, 원래 이름은 토오릴-To'oril)과 자다란족의 친구 자무카의 도움으로 메르키트족과 재산을 약탈한 주르킨 족을 섬멸하였다. 이후 그를 시기하여 배신을 거듭한 자무카를 전쟁을 통해 짓밟았다. 몽골을 통일하려는 야심을 가진 테무친은 자신을 지원해준 완 칸과의 동맹을 파기하고 공격함으로써 1204년 모든 몽골 부족을 통일하는 데 성공했다. 2년 후인 1206년 드디어 몽골제국의 칸으로 등극하였다.

이에 만족하지 않고 서쪽에 있던 오이라트(Oirat)족과 키르기스(Kirgiz)족, 탕구트(西夏, 위구르)를 멸망시켰다. 1211년부터는 금나라를 공격하여 1215년에 멸망시켰다. 1218년 상업의 중심지였던 호라즘제국과 교류하려고 사신(使臣)을 보냈으나, 수모를 받자 호라즘제국을 정복하였다. 1220년이 지나면서 러시아와 크림반도, 볼가강 유역까지 진출하였고, 인도와 바미안(지금의 아프가니스탄)으로 영역을 확장하였다. 1226년부터 탕구트를 정복하기 위해 원정을 시도하는 과정에서 말에서 굴러 떨어진 다음 회복하지 못하고 1227년 8월 18일 사망하였다.[11]

2. 칭기즈칸과 몽골제국의 통치 계보

<그림 3-4>는 칭기즈칸이 몽골제국의 대(大) 칸에 등극한 이후 이루어진 통치 계보다.

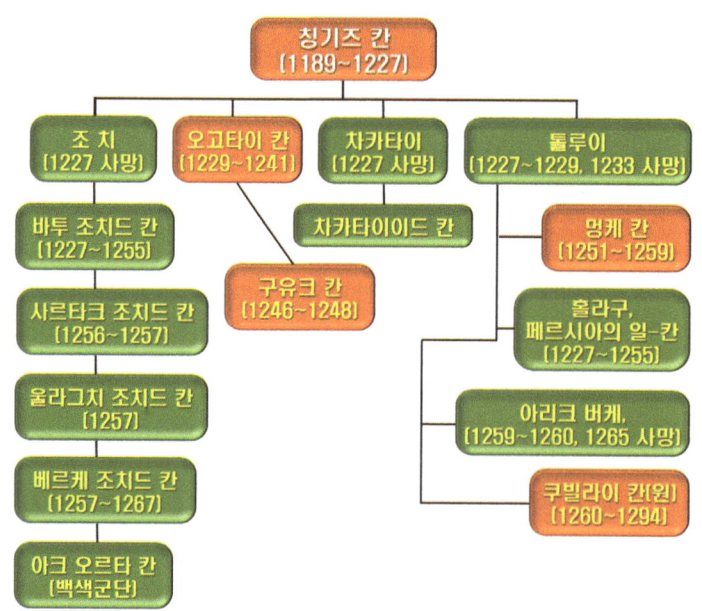

<그림 3-4> 칭기즈칸(Genghis Khan)이 이룩한 몽골제국의 통치 계보

---

11) 2008년 아카데미 상(賞)을 받은 영화로 테무친의 굴곡이 많았던 생애와 몽골제국의 전성기를 그려냈던 『몽골: 위대한 전사, 칭기즈칸』을 보면 이해가 쉬울 듯하다.

칭기즈칸은 사망하였지만, 탕구트(西夏)는 멸망하였다. 이제 몽골제국이 당면한 과제는 새로운 통치자를 선출하는 일이었다. 군사적 능력이나 통솔력에서는 툴루이가 최상이었으나, 정작 칸으로 등극한 사람은 중용(中庸)을 지키면서 타협하는 능력이 탁월했던 오고타이(Ogotai)였다. 그는 등극한 이후 세계정복을 계속 추진하였다.[12] 그러나 오고타이가 갑작스럽게 사망하면서 그의 아내와 아들 구유크 칸(Güyük Khan)이 섭정하자 정국의 불안감이 커지며 혼란스러워졌다. 결국, 멍케가 4대 칸으로 등극하여 내부를 안정시켰고, 두 차례에 걸친 원정을 시도함으로써 영토 확장에 총력을 기울였다. 그러나 1279년 멍케 칸(Möngke Khan)도 송나라를 공격하던 도중에 갑작스럽게 사망하였다. 몽골 내부는 또다시 엄청난 권력 다툼에 직면하였다. 이때 동생인 쿠빌라이(버림받았던 칭기즈칸의 손자)가 형인 아리크 버케와 내전(內戰)을 벌인 끝에 권력을 획득하면서 칸으로 등극하였다. 이때 쿠빌라이가 국호를 원(元)으로 바꾸고 북경(베이징)을 도읍으로 정했다. 이후 남송을 멸망시키고 중국을 통일하였으며, 고려, 미얀마, 일본 등으로 침공(invasion)을 확대하는 등 전성기를 구가하였다. 고려 시대의 25대 충렬왕이 쿠빌라이 칸의 사위였다.

---

12) 사료(史料)에 의하면, 오고타이의 행동은 세계정복에 대한 야심보다는 외부의 위협으로부터 몽골 고원의 안전을 확보하는 데 집중하였다(티모시 메이 지음, 신우철 옮김, 『칭기즈칸의 세계화 전략 몽골 병법』 (서울: 대성 Korea.com, 2016), pp. 53~57.).

제 4 절

몽골의 군사제도와 초원의 전쟁술

1. 개 요

　칭기즈칸의 몽골군 징집제도와 군대 편성을 탐구하다 보면, 특이한 점을 발견할 수 있다. 과거와 현대를 통틀어 여느 국가의 군대와 다르게 특정한 지휘관이나 장수, 또는 칸의 명령(통제)에 의존하지 않고 있다는 측면에서다. 이는 몽골군의 특성상 원정 전쟁을 많이 하기에 특정한 지휘관(장수)에게만 집중될 경우 상당한 위기를 맞이할 수 있다는 환경을 고려한 결과로 볼 수 있다. 국가로 형성되기 이전의 몽골 군대는 부족 단위로 움직이다 보니 장비와 전술, 편제 및 보급 방식이 모두 달랐다. 한편 부족 단위의 결속력은 대단히 강했다. 이로 인해 칭기즈칸이 초기에 부족들을 통합하여 새로운 편제의 군대를 편성했을 때 해당 부족 출신인 지휘관이 아니면, 지휘 통제가 불가능하였다. 이러한 폐해를 대체(代替)하기 위해 규모를 특정하여 하나의 제대 단위로 묶어 편성하는 등의 방식과 부족 단위를 해체하고 행정 부문으로의 통합은 상당한 성과를 가져왔다.

2. 몽골군의 징집제도

　몽골제국이 채택한 징병(徵兵)이나 징발(徵發) 과정을 살펴보면, 일반적 생각과는 다르게 간단하지 않았다. 몽골은 모든 남성을 전쟁에 참여시키지 않았으며, 정복한 부족이나 주변 국가의 남성들도 몽골군에 편입시키지 않았다. 그렇다고 병적부(兵籍簿)에 올린 것도 아니다. 이들은 영토를 확장하는 과정에서 현지의 상황을 보면서 몽골군의 규모도 수시로 바꿨다. 기록에도 몽골군은 전체 병력을 한 지역에 두지 않았고, 한 지역에 둘 수도 없는 환경이었다. 동해(East Sea)에서 흑해(Black Sea)에 이르기까지 몽골제국이 정복한 전(全) 지역에 고르게 병력을 분산하여 배치하였으나, 정확한 인구는 파악하기 어렵다. 대략 적게는 70만 명에서 많게는 250만 명으로 추정하고 있을 뿐이다. ≪몽골족의 비사(Secret History of the Mongols), 또는 원조비사≫에도 테무친이 칭기즈칸으로 즉위한 1206년 몽골군의 규모는

95,000명으로 기록되어 있다.[13]

몽골군은 계획한 국가를 정복하고 나면, 필요한 수 만큼의 성인 남자만 몽골군에 편입하였으며, 일부 사료(史料)에도 그렇게 기록되어 있다. 정복한 나라의 성인 남자 모두를 군대에 편입시키면, 규모가 너무 비대(肥大)하게 되어 병참선을 활용하기가 어렵고, 새롭게 정복한 지역의 경제와 보안 유지에도 문제가 생기기 때문이다. 따라서 적절한 규모를 편입시켜야만, 피정복지(被征服地)의 병사가 몽골군의 병사 수(數)보다 많아지는 불균형과 반란을 사전에 방비할 수 있고, 징집한 지역에 대한 안정적인 노동력의 제공이 가능하였다. 징집된 병사들도 노련한 몽골군 병사들이 주축을 이루고 있는 부대에 새롭게 합류하는 방식을 취하였기 때문에 큰 어려움 없이 군사훈련을 함께 받으며 쉽게 동화(同化)되었다.

몽골이 비몽골 국가의 병사를 징집한 데에는 군대 조직을 유지하거나, 세금을 징수할 목적도 있었지만, 피 정복지의 사회를 몽골제국에 낯익은 체계로 재편하는 방법과 수단의 하나로 활용하였음을 이해할 필요가 있다. 그러나 모든 몽골군이 훈련이 잘된 정예 병사가 아님은 알려진 사실이다. 당시 정예군대의 상징이었던 맘루크(Mamluke) 군이 오직 군인이 되기 위해 훈련하는 정예군이었던데 반해 몽골군은 장성한 남자라면, 누구인지를 불문하고, 징집하는 등 병사들을 선별하여 징집하는 제도가 아니었기 때문이다.[14]

3. 몽골군의 군사제도와 제대 편성

1250년대 중반 멍케 칸이 송나라를 침공할 때 천호제에 의한 1만 명 단위의 규모인 군단(약 90 투멧-Tümet)으로 편성하였다.[15] 일 칸국이 22 투멧, 킵차크 칸국은 43 투멧 등으로 거의 백만 명에 가까운 규모였다. <표 3-1>은 몽골군의 천호제 편성 제대와 규모다.

---

13) 이마저도 당시 몽골제국의 15세에서 70세 사이의 모든 남자가 몽골군에 복무했다는 가정이 이루어졌을 때 가능한 숫자이다. 1241년의 인구 조사 결과를 보면, 당시 몽골의 총인구는 723,910명으로 병사가 97,575명임을 계산할 때 한 가정의 식구가 대략 7.4명이라고 볼 수 있다. 따라서 평균 7명당 한 명이 군인이라고 가정하면, 실제 총인구는 665,000명이다. 그러나 몽골제국 전역(戰域)에서 몽골 병사는 10명당 1명 또는 20명당 1명이 전형적인 현상이었기에 몽골고원의 총인구는 95만 명에서 100만 명 사이로 추정할 수 있다(티모시 메이 지음, 신우철 옮김, 앞의 책(2016), pp. 70~76.).
14) 맘루크(Mamluke) 왕조는 이집트와 인도에서 시작한 노예의 후손들이 1250년 건국한 국가로 1517년에 이르기까지 이집트와 시리아를 통치하였다.
15) 美 북조지아 대학과 주립대학교의 '티모시 메이(Timothy, May)' 교수는 '투멧의 정원이 꽉 차는 일은 드물었고, 보통 60% 정도의 인원을 유지했다.'라고 한다.

<표 3-1> 몽골군의 천호제 편성 제대와 규모

구 분(단수 → 복수)	규 모
아르반(Arban) → Arbat	10명의 병사를 모을 수 있는 집단
자군(Jaghun) → Jaghut	100명의 병사를 모을 수 있는 집단
밍칸(Minqan) → Minqat	1,000명의 병사를 모을 수 있는 집단
투멘(Tümen) → Tümet	10,000명의 병사를 모을 수 있는 집단

천호제가 정식으로 편성된 연도는 1206년으로 테무친이 몽골통일을 완성하는 막바지 단계에서였다. 칭기즈칸은 십진법에 따라 새롭게 군대를 편성하였으나, 이는 칭기즈칸이 새롭게 창안한 제도는 아니다. 케레이트족의 완 칸에게 의지할 때 처음 접하고, 통일된 몽골군을 위해 초기 단계부터 도입하였다. 기존의 부족사회가 배신하는 등의 폐해가 많았기에 새로운 제국과 군대에 맞는 지배체계의 확립이 필요했고, 이를 통해 중앙에서의 지배체계를 강화할 수 있는 합리적인 군대 조직으로 변화시킬 수 있었다.

새롭게 편성한 부대는 이전(以前)과 다르게 자유롭게 이동하거나, 자신이 부대를 선택할 수 없었다. 이는 몽골·타타르·케레이트·나이만족 간에 남아 있던 유대감과 적대감을 일소(一掃)하는 효과에 이바지했다. 모든 유목 부족이 특정한 부족을 중심으로 하여야 한다는 인식에서 벗어나 카무크 몽골 울러스(Qamuq Mongol Ulus, 몽골제국)로 결속시켰다.

3.1. 몽골군의 편성과 전술단위

몽골군의 핵심 자산은 몽골족과 튀르크족 출신의 기병이었지만, 방어군과 공성군(攻城軍)은 농경민족 출신이 주축인 보병이었다. 이들은 몽골군의 영토 확장에 상당한 영향을 끼쳤다. 몽골군에서 공병(工兵)이 최초로 등장한 시기는 1214년이다. 금나라와 전투하는 과정에서 성곽(城廓)으로 둘러싼 요새나 도시를 공격할 때 기습공격 이외에는 봉쇄(封鎖)하여 내부에서 식량이 떨어지거나, 반역자가 생길 때까지 마냥 기다릴 수밖에 없었다. 이를 타개하기 위해 공성전을 위한 공병부대가 필요했기에 처음에는 한족(漢族)과 거란·여진족 출신으로 구성하였다. 그러나 중앙아시아와 중동 지역으로 세력을 확장하는 과정에서 아랍과 페르시아인, 아르메니아인 등을 공병에 추가하였다. 이들의 전술단위는 토우만(Touman, 萬戶)으로부터 시작하는데, 이는 기동성을 최대한 활용하기 위함이었다. <표 3-2>는 세부 편성 단위와 병력의 규모다.

<표 3-2> 토우만의 편성 단위 및 병력 규모

구 분	제대 편성 및 병력의 규모	비 고
1개 군단	3개 토우만(1개 토우만: 10,000명)	군단장
1개 토우만	10개 연대(1개 연대: 1,000명)	만호(萬戶)장
1개 연대	10개 대대(1개 대대: 100명)	천호(千戶)장
1개 대대	10개 중대(1개 중대: 10명)	백호(百戶)장
1개 중대	10명	십호(十戶)장

외날곡도

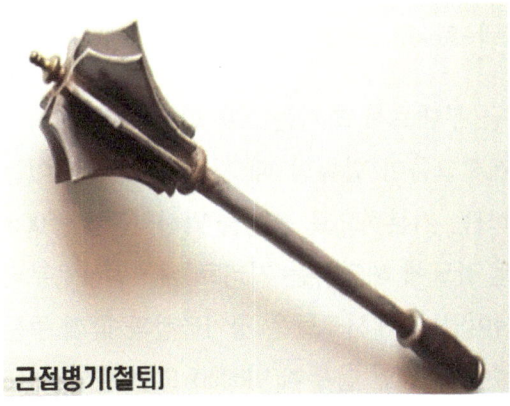
근접병기(철퇴)

전투원의 연령대는 15세에서 70세까지였으며, 세부 구성 비율은 중기병이 40%, 경기병이 60%였다. 중기병이 휴대한 무기는 가죽으로 무장한 상태에서 투구를 쓰고 창과 외날곡도(만곡도 또는 반월도), 철퇴 등을 휴대하여 적에게 충격을 주는 행동 위주로 임무와 역할을 부여받았다.[16] 경기병(輕騎兵)이 정찰과 수색을 진행하기 위해서는 복장이 가벼워야 하기에 주로 활과 창, 외날곡도, 도끼, 올가미 밧줄 등을 휴대했다.

보병은 궁병(弓兵)의 역할을 같이할 수 있게끔 통합하여 편성하였다. 1개 군단은 3개 토우만으로 편성하였으며, 중앙과 좌·우익이 협력하는 형태로 전투 임무를 수행하였다. <표 3-3>은 칭기즈칸 당시 몽골군의 3개 군(軍) 편성 형태이다.

---

16) '외날곡도(만곡도 또는 반월도)'는 전체 모양이 약간 휘어져 있으며, 칼의 면이 비교적 얇아서 한 손으로 휘두르거나 베는 등의 용도로 사용하였다. 말 위에서 적을 효과적으로 베기 위하여 제작되었으며, 휘어진 칼날의 각도는 시대에 따라 다소의 차이는 있다. 그러나 팔의 힘과 원심력의 영향을 긍정적으로 받을 수 있기에 직도(直刀)보다 더 큰 타격이 가능하였다.

<표 3-3> 칭기즈칸 당시 몽골군의 3개 군(軍) 편성

구 분	명 칭	책임지휘관
우익군	바라군 가르(Baraghun Ghar)	보르추(Bóorchu)
좌익군	제운 가르(Jëün Ghar)	무칼리(Muqali)
중앙 또는 주축군	톱(Töb) 또는 콜(Qol)	나야(Naya)

3개 군 이외의 나머지 군대도 명령을 이행할 때는 유연성을 발휘하도록 명령체계와 구조는 똑같이 만들었다. 이들이 전쟁에서 물러서지 않고 용감하게 전투에 임하게 만든 핵심 요인을 꼽자면, 엄정한 규율과 병사 개개인에게 군인정신을 주입하였기 때문이다. 규율은 쉽고 단순했다. 상관의 명령에 복종함은 물론이거니와 군사작전 중 대열을 이탈하지 않고 자신이 맡은 임무와 역할에 충실하게 임하면 되는 등의 단순한 내용이었다. 예를 들면, 적진을 급습하거나, 약탈하는 경우 공격 목표로 지정되지 않은 지역은 우회했다. 이처럼 규율이 단순한 이유는 장군이나 칸의 아들, 일반 병사를 막론하고 임무를 이해하게 만드는 것이 가장 중요한 핵심 요소라고 판단했기 때문이다. 단순한 규율이 있었기에 전열을 흐트러뜨리지 않았고 옆에서 전리품을 약탈하더라도 자신의 임무가 아니면, 가담하지 않았고, 이를 토대로 승리할 수 있었다는 측면은 현대 군대도 깊이 새겨야 할 부분이다.

3.1.1. 케시크(Keshig, 복수는 케식텐-Keshigten)

케시크(Keshig)는 칭기즈칸을 호위하는 최측근 부대로서 초기는 200~300명으로 시작하였으나, 점차 늘어나 1만 명을 넘었다. 이는 케시크들이 합류할 때 자신이 데리고 있는 수행원들도 같이 왔기 때문이다. 칭기즈칸의 막사는 기본적으로 병사들 막사와는 약 500m의 간격을 띄워서 세웠다. 화살 사정거리의 2배 정도에 해당하는 거리로 내·외부로부터의 갑작스러운 암살 기도를 예방하기 위한 대책이었다. 케시크들은 칭기즈칸과 함께 주둔하며, 활이 주력 무기인 코르치(Qorci)와 칼이 주력 무기인 울두치(Üldüci) 또는 컬덜치(Köldölci), 절도범을 붙잡는 쿨라간치(Qulaghanci) 등으로 다양하게 편성하였다. 이들이 모인 집단인 케식텐은 점차 몽골군에서 가장 중요한 군사조직으로 확대되면서 발전하였다. <그림 3-5>는 칭기즈칸의 병영(兵營)과 주변 병영의 형태다.

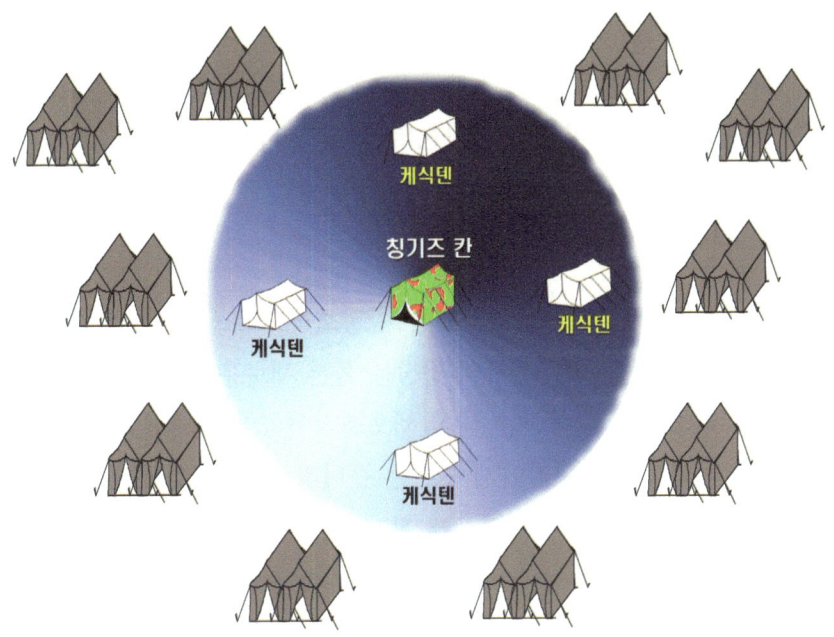

<그림 3-5> 칭기즈칸의 병영(兵營)과 주변 병영의 형태

케식텐(기병, 친위부대)

칭기즈칸의 막사는 일반 병사들의 막사와 떨어져 있었기에 누구라도 허락받지 않거나, 무장한 상태에서 칭기즈칸의 막사에 섣불리 다가갈 수 없었다. 케식텐은 칭기즈칸 휘하에 있는 직속 장수(책임지휘관)들이 통제하였다. 야간 호위병인 케브테울(Kebtéül) 80명과 주간 호위병인 투르카우트(Turqáut) 70명, 궁수인 코르치(Qorci) 등을 비롯하여 전시에 칭기즈칸을 호위하는 밍카트(Minqat)로 조직하였다. 초기 칭기즈칸은 크게 두 가지 목적으로 제도를 시행하였다. 첫째, 강력한 영향력을 가진 부족장에서부터 양치기에 이르기까지 모든 계층을 망라하는 출신으로 호위군을 편성하여 암살 위협으로부터 보호받기 위함이었다. 둘째, 정치적 통제 수단으로서 강력한 영향력을 가진 유력한 부족장의 자식을 2명씩 케식텐에 포함하여 반역의 조짐을 예방하는 데 있었다. 초기에는 예하 부족장들도 이들을 단순히 인질로 인식하였기에 케식텐의 존재 자체에 비판적이었다. 그러나 특정한 지위나 출신 성분에 관계하지 않고 개인의 능력과 수준이 탁월하면, 서슴없이 중요한 인재로 발탁되자 점차 부족장들이 먼저 자식을 넣어주기를 요청하는 사례가 늘어났다. 이러한 관행은 몽골뿐만 아니라 정복을 당한 민족에게도 적용되어 피정복 국가의 왕자나 친족이 조직에 들어오는 사례도 많았다. 이를 통해 자연스레 피정복 국가들의 충성을 다짐받는 것도 가능해졌다.

3.1.2. 타마(Tamma)

타마(Tamma)는 몽골제국의 통치에 필요한 행정조직으로 군대를 양성하는 데 주요한 역할을 담당하였다.[17] 이들은 몽골제국의 확장은 물론 새로운 정복지가 만들어지면, 이들을 영향력 아래에 두기 위해 활동하는 핵심 세포조직이었다. 다시 말해 몽골군이 기계라면, 타마는 몽골군이 원활하게 움직이게 만드는 톱니바퀴 역할로 보면 될 듯하다. 타마의 주력부대는 알진치(Alginci)로 알진치가 2개 부대 이상이면 알진친(Algincin)으로 불렸다. 주로 초원지대에 주둔하였으나, 선봉 부대와 척후 부대는 별도로 도시 근방에 주둔하기도 하였다. 타마는 다양한 부족과 지역 출신으로 편성되어 영토 확장에 중요한 역할을 담당하였지만, 현대적 의미에서의 정규군은 아니었음을 이해할 필요가 있다.[18] 그러나 타마치군(軍)은 병영(兵營)을 활용하여 정복 지역을 통제하거나, 적의 공격을 격퇴하는 기지(Base)로서 임무를 수행하였다. <그림 3-6>은 타마치군을 비롯한 몽골 군대의 행군 대형이다.

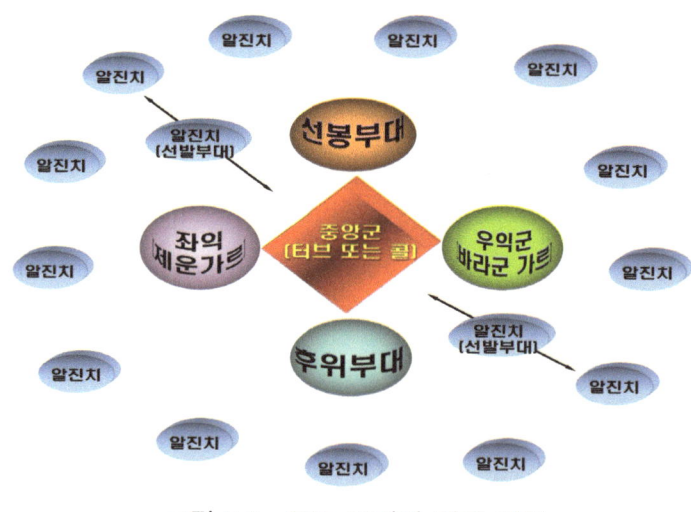

<그림 3-6> 몽골 군대의 행군 대형

---

17) '타마(Tamma)에 소속한 병사'를 '타마치(Tammaci)'라고 하며, 복수형은 '타마친(Tammacin)'으로 불렸다.
18) 유안 시(Yuan Shi)는 "몽골에는 두 개의 군대로 멩쿠 츈(Meng ku chün, 몽골군)과 타마치 츈(Tan ma chih Chün, 타마치 군)이 있다."라고 강조하고 있다. 몽골군은 순수한 몽골인으로만 구성됐지만, 타마치 군은 다양한 유목민족으로 편성되어 있다.

타마는 다른 군대에서 지역의 요새와 같은 기능이었지만, 대다수가 유목민족인 몽골은 자체적으로는 요새나 성곽을 구축하지 않았다. 오히려 정복하는 단계에서 요새나 성곽을 파괴하기 일쑤였다. 몽골제국은 새롭게 만들어진 국경 지역으로 확대와 전진을 거듭하기 바빴을 뿐이다.

3.2. 몽골군의 군사훈련과 장비

몽골군은 초원에서 수렵으로 생활하는 유목 민족답게 기마술과 활쏘기가 뛰어났다. 이들은 화약 무기가 보급된 14세기까지 강력한 전투력을 발휘하였다. 이들의 특성을 이해하기 위해서는 현대 군대와 13세기 이전에 활동하던 다양한 유목민족 군대의 역할이나 임무는 엄연히 다른 사실을 먼저 기억하고 접근할 필요가 있다. 유목민족의 군대 조직과 훈련, 운영에 그치지 않고 더 세련되게 조직된 군대였다. 칭기즈칸은 이 조직을 바탕으로 통일되고 결속된 모습으로 격상시켜 적용하였다.

칭기즈칸의 군사훈련에 관한 좌우명(Bilig)은 "이슬람계 상인(Ortaq)이 금실로 짠 직물을 팔아 이윤을 만들어내는 것과 같이 군대의 장수도 부하들에게 궁술(弓術), 궁마(弓馬), 몸으로 치고받으면서 상대를 이길 수 있도록 훈련을 시켜야 한다. 이슬람계 상인이 자신의 상술(商術)에 자신감을 느끼고 있듯이 몽골의 장수도 군사훈련을 통해 부하들을 용감하고 대담한 전사로 육성해야 한다."라면서 의지가 실천될 수 있게끔 강하게 몰아붙였다.

몽골은 군사훈련을 중요하게 판단하였지만, 그들 자체가 어려서부터 사냥과 말타기, 활쏘기는 생존의 필수 수단이었기에 이미 선천·환경적으로 유능한 전사가 되어있었다고 봄이 타당하지 않을까 싶다. 프란체스코회(Franciscan, 1209년 프란체스코가 세운 그리스도교의 수도회 오르도(Ordo)와 같은 이름)의 수사인 존 드 플라노 카르피니(John de Plano Carpini)[19]는 "몽골인은 활과 화살 이외는 만들 줄 아는 것이 없고, 방목하는 가축을 돌보았지만, 활을 들고 사냥하는 경우가 많았다. 이들은 활 솜씨가 뛰어났으며, 두세 살이 되면

---

19) 존 드 플라노 카르피니(John de Plano Carpini)는 프란체스코파의 수도사로 『몽골의 역사(Ystoriae Mongalorum)』와 『몽골 기행(Itinerarium)』을 작성하였다. 『동방견문록』을 쓴 마르코 폴로(Marco Polo)가 중국을 방문하기 20-30년 전에 벌써 몽골제국의 수도인 카라코룸을 방문하였다.

서부터 말을 타고 전속력으로 질주하는 법을 배웠다. 활쏘기는 자신의 키에 맞는 활로 배우는데 순발력이 굉장히 좋았고, 두려움을 모르는 전사들이었다."라고 하면서 몽골인들의 기마술과 활쏘기를 극찬하고 있다. 어려서부터 활쏘기를 익히는 몽골 전사들은 반복적인 훈련을 통해 100~160파운드의 힘으로 활시위를 당길 수 있다. 몽골군의 말 안장 무게는 4~5kg 정도였다. 말의 안장은 나무로 만들었으며, 물에 닿더라도 부풀지 않게 양(羊) 기름을 발랐다. 앞과 뒷부분이 높았기에 기마병이 양손으로 활이나 그 밖의 무기를 잡고 있더라도 안정감을 제공하였다. 등자(鐙子, stirrup)는 무게 중심을 양쪽 측면에 두지 않고 중앙에 위치하도록 설계하였기에 말을 탄 상태에서 뒤를 돌아보며 쏘는 파르티안 샷(Parthian shot)을 발사할 때 큰 도움이 되었다. 말의 발굽은 쇠나 나무로 된 편자를 덧대어 붙였다. 특히 몽골군은 매일 30리가량을 말을 타고 급하게 달렸다. 그리고 숨이 가빠하는 말의 호흡을 안정할 때까지 단단히 붙들어 맨 상태에서 먹이를 주지 않았다. 이러한 방법을 통해 말 등에 생길 수 있는 지방의 축적을 방지할뿐더러 말의 엉덩이가 크고 단단해지도록 만들었다.[20]

13세기 문헌에서도 몽골군의 군사훈련에 관한 내용은 거의 등장하지 않는다. 그래서 연구가들은 어쩔 수 없이 몽골군의 전술과 유사했던 이집트와 시리아의 맘루크(Mamluke) 왕조, 요나라 거란족의 군사훈련을 분석하여 몽골군의 군사훈련을 추정하고 있다.[21]

몽골군의 기본 무기는 뿔과 나무, 소의 힘줄 등을 접착제를 사용하여 여러 겹으로 붙여 만든 각궁(角弓)이지만, 최대 사거리가 300~500m까지 나갔다.[22] 프랑크(Franks)족 석궁의 사정거리가 75m에 불과했다는 사실을 고려할 때 상당한 위력을 갖추었음을 유추(類推)해 볼 수 있다.[23] 이들은 10세기에서 11세기의 중국 요(거란)나라와 중앙아시아의 서요(西遼, Qara Khitai) 군이 보유하던 질 좋은 무기를 갖추었다.[24]

---

20) 몽골군은 숫말 보다는 거세마 또는 암말을 선호하였다. 특히 암말은 필요할 때 젖을 짜서 식용으로 사용할 수 있었다.
21) 맘루크 왕조(Mamluk Sultanate)는 13~16세기에 걸쳐 이슬람 세계에 팔려온 이집트와 인도의 노예였던 러시아 초원 출신의 용병들이 세운 나라였고, 거란족과 몽골은 인종·언어적으로 친족 관계로서 거란족이 몽골 고원 지역의 일부에 나라를 건국(建國)하였다.
22) 실전에서 적을 살상할 때는 약 150m 이내에서까지 사용하였지만, 최대 50m까지 접근하여 사용함으로써 활의 살상 위력을 높였다.
23) 14세기 웨일스(Wales)와 잉글랜드(England, 영국의 일부 지역)에서 사용하던 롱-보우(limg-bow)가 최대 사거리가 220m인 점을 생각한다면, 상당한 위력의 활이었음을 알 수 있다.
24) 존 드 플라노 카르피니(John de Plano Carpini)에 의하면, "모든 몽골 병사는 적어도 활 2~3개, 화살이 가득 채워진 3개의 화살통, 도끼, 대형 전쟁 장비를 운반하기에 좋은 밧줄 등을 가지고 있다. 경제적으로 여유가 있는 병사는 날이 한쪽으로만 서고 약간 휘어진 칼(외날곡도)을 찼고, 말에 갑옷을 걸쳤으며, 투구와 흉갑(胸甲)을 입었고, 다리에 보호장비를 착용하고 있다." 그러나 일부 학파는 무기가 형편없었고, 아무 무기나 닥치는 대로 사용

몽골군은 대다수 경기병이지만, 갑옷을 입었다. 특히 일반적인 미늘형 갑옷보다 화살을 막을 수 있는 층상형(層狀形) 갑옷을 선호했다. 어떤 병사들은 흉갑을 입었고, 말을 보호하기 위해 마갑(馬甲)을 입혔다. 흉갑은 가죽으로 만들었으며, 쇠가죽이나 기타 가죽을 한 뼘 정도의 폭으로 벗긴 다음 서너 장을 층(層, 계단)이 지도록 포개었다. 층상형 갑옷은 맨 위쪽의 가죽은 끝에, 그다음 가죽은 중간쯤에 매듭을 짓게 하는 형식으로 맨 아래에 있는 장까지 레이스를 넣은 다음 가죽끈으로 단단히 묶었다. 이렇게 포갠 가죽을 구부리면, 몸체 두께가 두세 겹이나 되었다.

몽골군의 층상형 갑옷

3.2.1. 맘루크 왕조[25]의 카바크(Qabaq) 훈련

'카바크 훈련'은 '말을 타고 질주하면서 기둥에 묶어놓은 호리병 바가지를 쏴서 맞추는 훈련'이었다. 기둥은 높이 조절이 가능했기에 궁수(弓手)가 활의 각도를 각기 다르게 하면서 위쪽이나, 뒤쪽으로 쐈다. 이러한 기초 활쏘기 훈련을 통과하면, 궁수가 좀 더 유리한 위치에서 활을 쏘기 위해 목표물을 지나는 순간 등자(鐙子)에서 일어서서 활을 쏘는 심화 훈련인 카파즈(Qipaj), 키그하즈(Qighaj)를 통해 활쏘기를 숙달시켰다.

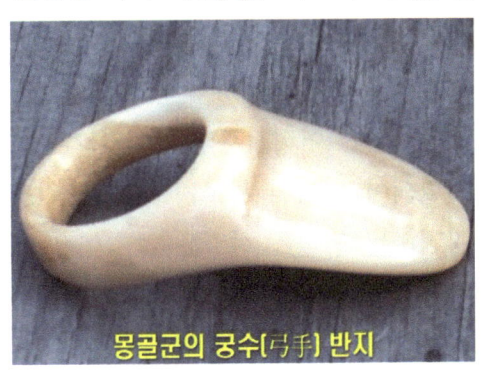
몽골군의 궁수(弓手) 반지

기마술은 중세의 궁수 기마병들에게는 필수 항목이었다. 맘루크 인은 말고삐를 쥔 채 활을 쏘는 훈련을 진행했다. 고삐의 길이를 줄이기 위해 매듭을 묶어서 한 가닥으로 꼬아 만들었다. 이후 고삐는 끈으로 연결하여 활을 당기는 손의 중지로 잡거나, 안장 앞머리에 걸칠 수 있도록 숙달하였다. 검지와 약지로 활을 당기면서 나머지 손가락으로 고삐와 연결된 끈을 쥐었다. 검지에 끼는 깍지는 활줄이 마찰을 일으키지 않도록 돌을 잘 다듬어서 만들었다. 점차 동물의 뼈로 만들어 '궁수(弓手) 반지'로 활용함으로써

했다는 주장도 있다.
25) '맘루크(Mamluk)'는 '소유된 자'라는 뜻으로 아랍어로는 '굴람(Ghulam, 소년)'이다. '어려서 노예로 팔려 온 군인'을 뜻하고 있다. 왕조 초기에는 '굴람'을 많이 사용하였으나, 11세기가 지나면서 점차 '맘루크'라는 용어를 사용하였다.

활시위가 궁수의 손가락에 패이지 않도록 예방하여 더 큰 힘을 주어 활시위를 당기는 게 가능하도록 발전하였다.

3.2.2. 거란족의 기마 전술 훈련

한 부대가 활을 쏘면서 전진하면, 또 다른 부대가 그 뒤쪽에서 활을 쏘면서 전진한다. 먼저 전진했던 부대는 퇴각했다가 다시 돌아오는 일명 '칼라콜 전술(Caracole Tactics)'을 숙련(熟練, 능숙하게 단련)시켰다. 이 전술이 효과를 보기 위해서는 규칙적인 훈련이 필요했다. 다시 말해 부대가 명령에 따라 연이은 공격을 반복하기 위해서는 부대 간 조화와 엄격한 규율이 존재하지 않고서는 효과가 없었다. 충분하게 숙달이 되어있지 않으면, 퇴각하는 부대와 전진하는 부대의 맞부딪히는 등의 혼란이 발생하였기 때문이다.

맘루크 왕조의 카바크(Qabaq) 훈련이나, 거란족의 기마 전술(Caracole Tactics)은 칭기즈칸이 만든 전술이 아니다. 몽골제국에 도입하기 이전부터 유라시아 초원에서 널리 사용되고 있었다. 비잔틴 제국의 황제인 마우리코스(Maurikos)는 자신이 작성한 전쟁 교범인『스트라테지콘(Strategikon)』에서 이란계 유목민 알란(Alans) 부족의 카바크와 칼라콜 전술 훈련을 배워야 한다면서 "알란족의 군사체계는 공격과 방어부대로 나눠서 하나의 전선에 배치한다. 이들은 다시 모이라스(Moiras, 세부적으로 나눈 단위부대)로 구분되어 병사들이 200~400m 간격으로 정렬하면, 공격부대가 전속력으로 말을 질주하여 주력부대의 비어있는 공간으로 퇴각한다. 그리고는 또다시 방어부대와 함께 적진을 향해 돌격한다. 또 다른 공격부대는 원래의 비어있는 공간을 유지하면서 우회함으로써 적군의 양 날개를 공격한다."라고 기록하고 있다.

몽골군은 어려서부터 활쏘기 기술이 숙달되어 있기에 활쏘기 기술로 적을 공격하는 전술을 선호하였다. 이로 인해 백병전(白兵戰, 칼이나 창을 사용하여 직접 적과 전투하는 행위)은 될 수 있으면 회피하였다. 실제 몽골군의 군사작전은 집단 사냥술인 네르제(Nerge)[26]

---

26) '네르제(Nerge)'는 '수많은 사냥꾼이 몇 km 밖에서 가까이 다가설 때까지 부채꼴로 대형을 펼친 상태로 진행하는 사냥방식'의 또 다른 명칭이다.

에서 출발하고 있음을 알 수 있다. 이러한 집단 사냥술은 숙달하는 과정에서 원활한 의사소통과 엄격한 규율이 자연스레 습성화되었다.

칭기즈칸은 부족들이 자신의 명령에 절대복종할 것을 원했다. 그는 초원의 지배자들과 같이 씨족이나 부족 간 유대관계에 의지하지 않고 절대적인 존재로 추앙받기를 바랐던 것이다. 테무친이 1206년 칭기즈칸에 등극한 다음 남긴 유명한 일화가 있다. "내가 너의 아비를 죽이라고 명령하더라도 내 말을 따라야만, 명령에 복종한다고 할 수 있다."

4. 몽골군의 군사전략과 전술

4.1. 몽골군의 기본 전술

몽골군의 기본 전술은 스텝 지대(키가 작은 풀로 이루어진 건조한 사막지대)에서 일반적으로 사용하는 전술이지만, 여기에 대규모 군대가 수행하는 작전 개념을 적용하였다. 이들은 특유의 전략과 전술로 광대한 지역을 마구잡이식으로 정복하지 않고 단계를 밟으면서 치밀하게 영토를 확장하였다. 몽골군의 주축인 궁기병(弓騎兵)은 비교적 가벼운 옷차림의 형태로 말의 기동력과 뛰어난 활 솜씨를 충분히 활용하였다. 이들은 활의 사거리가 닿는 범위 내에서만 전투하였고, 200~250m 거리에서 화살 세례를 집중하여 적의 대열이 버티지 못하고 무너진 다음에야 근접전을 시도하였다. 화살의 목표는 특정하게 정하지 않고 특정 지역을 정하여 하늘 높이 쏘았다. 이는 살상의 목적보다 주변의 병사가 한꺼번에 상처(負傷)를 입는 장면을 보게 함으로써 심리적으로 위축되게 하고 사기를 떨어뜨리기 위함이었다. 이와 같은 원리는 현대 군대에서도 주목할 필요가 있다.

칭기즈칸은 정복 전쟁 초기에 기병에 의한 충격 전술 위주로만 진행하였고, 공성 전투의 형태와 방식도 특이하게 느낄만한 전략과 전술은 보이지 않았다. 그러나 점차 성안의 병력을 유인하는 방책을 추가하고, 정복지에서 강제로 동원한 주민들이 공성 장비를 만드는 작업에 투입하게 만드는 등 치밀하게 진행하였다. 특히 위험한 작업은 몽골군들이 직접 하지 않고 주민(포로)들이 죽을 때까지 담당하도록 강제하였다. 이때 금이나 요, 서하 등으로부터 들여온 투석기와 화약 등으로 무자비한 살상과 파괴행위를 자행함으로써 이들이 아예 반항할 엄두조차 내지 못하게 폭압적인 전략을 사용하였다.

사석포(射石砲 또는 봄바드-bombard)는 원시적인 공성포(攻城砲, 요새와 성곽 등의 견고

사석(射石) 포(1453, 콘스탄티노플 공략)
· 포 무게 8t, 포탄 무게 270kg

한 진지를 공격하는 화포)로 14세기 초반 중국과 서부 유럽지역에서 발명되었으며, 14세기 후반에는 다른 지역으로까지 보급되었다. 포신(砲身) 재료는 청동과 철이었고, 돌로 된 포탄이나 불타오르는 포탄을 발사하여 적의 방어를 무너뜨리거나 불태워 버릴 수 있게끔 제작하였다. 1453년 오스만튀르크의 마호멧 2세가 콘스탄티노플을 공략할 때는 양쪽 사석포를 연결하여 나무못으로 고정하고 포신은 포미(砲尾, 꼬리 부분)에 연결하였다. 노포(弩砲, 쇠로 만든 발사장치)는 투창을 정확하게 발사할 수 있으며, 아무리 단단한 갑옷도 파괴할 정도의 강력한 관통력을 가졌다. 캐터펄트는 고대 로마의 투석기와 같으며, 몸체는 나무로, 포탄은 투척용 돌로 구성하였다. 회회포는 중세 유럽에서 제작된 트레뷰셋(trebuchet, 추(錘, sinker)의 원리를 적용하여 돌을 날려 보냄)) 투석기와 같은 종류로 쿠빌라이(칭기즈칸의 손자)가 동생인 일 칸 국왕 훌라구에 요청하여 중동으로 보내어진 무기이다. 화차(火車)는 나무로 제작하여 로켓 36발을 장착하였으며, 정확도가 떨어지는데도 일단 발사하면, 엄청난 탄막(彈幕)을 형성하여 다수를 동시에 공격하기에 유리하였다. 반면에 발사 준비 시간이 너무 오래 걸린다는 단점이 존재하였기에 빠른 기병으로 견제할 경우 이를 방해할 수 있었다.

회회포(trebuchet, 투석기)
· 포탄 무게 140kg

몽골군이 화력을 집중시키는 전술을 다른 국가들도 하지 않았던 것은 아니다. 그러나 화살에서부터 공성 무기에 이르기까지 동원할 수 있는 모든 사격 무기를 최대한 동원하여 특정한 목표 지역이나 목표물에 집중시키고 무조건 항복이나 전멸할 때까지 퍼부었던 군대는 그들이 최초였다. 칭기즈칸이 호라즘제국을 정벌하는 과정에

호라즘 제국의 니사푸르 정복
[인간 피라미드]

서 1221년 니샤푸르(Nishapur, 이란의 동북부에 있는 도시)를 포위했을 때 심리전과 기만전술, 그리고 대규모의 공성 장비 등을 호라즘제국이 모르게 니샤푸르에 집중적으로 투입함으로써 300대의 투석기와 3천 개의 석궁을 보유한 호라즘제국의 수비병들을 오히려 공포에 질리게 하였다. 이는 몽골군이 초기와 같이 활만 잘 쏘는 경기병 군대가 아니라 공성전투에 대비한 공성 무기도 충분히 사용했다는 대표적인 사례로 볼 수 있다.[27]

4.2. 몽골군 고유의 교활하고 정교한 전술

어떠한 무기체계와 스텝 전술이 몽골군의 서방(西方) 원정을 성공적으로 진행할 수 있게 만들었는지에 대하여 연구해 보자. 몽골군은 다양한 전투방식과 전술을 독특하게 구사하기로 유명했다. 대다수 유목민족의 부대에서는 흔한 현상이었지만, 주력은 경기병(輕騎兵)으로서 활 솜씨와 기동성을 최대한 활용하였다. 몽골군이 전투에서 매번 승리할 수 있었던 핵심 요인이 혁신적인 전술을 사용해서가 아니라 초원지대 어디에서라도 바로 펼칠 수 있는 그들만의 전술에 숙달된 결과로 볼 수 있다. 대표적인 전술은 세 가지로서 첫째, 윤번충봉전술(輪番衝鋒戰術), 둘째, 납와전법(拉瓦戰法), 셋째, 심리전과 기만전술이다. 서유럽지역의 국가들은 13세기가 되어서야 집중사격으로 파괴력을 높였지만, 몽골군은 11세기부터 군기와 봉수(烽燧), 신호 화살 등을 활용한 집중사격 지휘로 적군의 전열(戰列)을 파괴하였다는 점에 주목할 필요가 있지 않을까 싶다.

4.2.1. 윤번충봉전술(輪番衝鋒戰術)

'윤번충봉전술(輪番衝鋒戰術)'은 ① 선회전술(Caracole Tactics)과 ② 위장 후퇴(망구다이) 전술을 복합적으로 실시하는 전투방식이다. <그림 3-7>은 몽골군이 전투에서 흔히 적용하는 선회전술과 위장 후퇴(망구다이) 전술 모형이다.

---

[27] 니샤푸르 전투는 전투를 수행하는 과정에서 칭기즈칸의 사위인 투쿠차르(일명 탈홀찰아)가 전사하면서 분노한 칭기즈칸의 딸이 주도하여 성곽 도시를 점령한 후 살아 있는 모든 생명(도시민 170만 명으로 추정)을 학살하였다. 이로 인하여 몽골군의 악명(惡名)이 널리 퍼졌다.

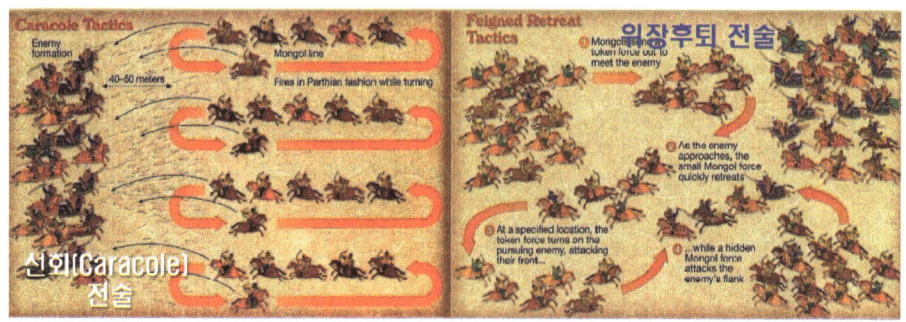

<그림 3-7> 몽골군의 선회전술과 위장 후퇴(망구다이) 전술

① '선회전술(Caracole Tactics)'은 몽골인들의 활 쏘기 실력에 기초하여 실시하는 것으로 현대의 hit & run 전술과 같다. 이들은 카바크(Qabaq)를 통해 치고 빠지는 전술을 숙달시켰다. 적과의 전투가 시작되면, 적의 규모를 고려하여 전투하지만, 일반적으로 활을 집중하여 발사하는 방식이다. 각 중대(백인대)는 경기병이 80명, 중기병이 20명으로 편성되어 전투를 수행하였다.

선회전술은 각 중대에 편성되어 있는 경기병 80명이 4개 조로 나뉘어 한 번의 공세마다 20명이 출전하게 되어있다. 한 번 출전할 때마다 수십 발의 활을 발사하고 되돌아 나와 마지막에 대열의 맨 후미로 되돌아가는 행위를 반복하였다. 포위할 때쯤 되면, 적의 군대와 근접하기에 40~50m 떨어진 최종 돌격 지점에서 마지막 화살을 쏘고 난 다음 되돌아 나와 본진으로 돌아오는 형태를 취하였다. 이는 적의 갑작스러운 반격으로 인한 피해를 사전에 방비(防備)하기 위한 목적도 있었다.

몽골군은 병사의 수에 따라 다소의 차이는 있으나, 평균적으로 1시간 동안 60여 발의 화살을 쏘았으며, 병사들의 수에 따라 시간은 다소 길어지기도 하였다. 이 전술은 16~17세기에 유럽의 소총 기병대가 사용한 전술과도 유사하다고 보면 된다.

② '위장 후퇴(mangudai) 전술'은 오래전부터 초원전투에서 진행한 전통적인 전술 방식이다. 적의 무기가 도달할 수 없는 지역에서 전열(戰列)을 형성한 다음 화살 세례를 연발(連發)하여 계획된 '살인 지역'에 집중적으로 퍼붓는다. 그러다가 아무런 상황의 변화가 없는데도 갑자기 퇴각한다. 이때 멋모르고 적이 추격을 해오면, 갑자기 파르티안 샷(Parthian shot)으로 공격을 가하고 적이 다시 움츠리게 되면, 기습적으로 방향을 다시 전환하여 적을 섬멸하는 방식이다.[28]

---

28) '파르티안 샷(Parthian shot)'은 '거짓으로 도망가는 척하다가 안장에 거꾸로 앉아 적에게 조준 사격을 하는 기술'로서 기습공격이나 매복, 포위 작전 등을 할 때 애용하는 작전이다.

환경적인 특성으로 인한 수적 열세(劣勢)는 특유의 기동성과 활 솜씨, 기만(欺瞞, 속임수) 등의 책략을 사용하여 승리를 쟁취하였다. 이들은 높은 기동성을 유지하기 위해 계속 새로운 말로 바꿔 탐으로써 기동성이 떨어지지 않게 하였다. 경기병은 1명당 약 60여 발의 화살을 준비하기 때문에 거의 1시간 이상 특정한 지역에 집중하여 화살 세례를 퍼부을 수 있는 형태였다.

4.2.2. 납와전법(拉瓦戰法)

'납와전법(拉瓦戰法)'은 고대로부터 존재하는 스텝 전투의 기초전술이다. 네르제(Nerge)를 통해 포위 전술을 숙달시켰다. 소수의 병력이 적에게 돌격했다가 실패한 척하면서 전투를 회피함으로써 오히려 적이 추격하게 만든다. 보통의 추격전은 오랜 시간이 걸리기 마련이다. 적의 추격 대열을 한없이 늘어지게 만들고 그들이 인지하지 못하는 사이에 미리 정해진 지역으로 자연스레 적을 유도한다. 이때 사전에 집결하고 있던 몽골군이 측면에서 기습하고 후퇴하면, 후퇴하던 부대가 크게 원을 그리며 한 바퀴를 돌아온 다음 적의 정면으로 공격하여 격멸하는 방식이다. 마르코 폴로(Marco Polo, 1254~1324)는 위장 후퇴 전술(Fabian) 전술에 대하여 "몽골군의 후퇴는 적과 정면으로 맞서 전투하는 행동과 같았다. 후퇴하는 듯하다가 이미 승리하였다고 안심하고 있는 적을 향해 갑자기 돌아서서 빗발치듯 화살을 쏘아댔다. 큰 함성을 지르며 질서정연하게 적진으로 돌격하는 몽골군에게 수많은 적과 말이 살상당하면서 적들은 도망치기에 바빴다."라고 회상하고 있다.

다시 말해 선두에 있는 부대가 적의 주변을 말(馬)로 질주하면서 공포에 휩싸이게 하고 저항이 강력할 경우 준비된 한쪽의 포위를 풀어주어 적이 그 방향으로 패주하면 이미 준비된 몽골군이 대기하고 있다가 포위망 내로 들어오는 적을 집중적으로 격멸하는 전술이다. <그림 3-8>은 납와전법(拉瓦戰法)이다.

<그림 3-8> 몽골군의 납와전법(拉瓦戰法)

납와전법은 ① '전투회피(Fabian) 전술'과 ② '측면 및 이중(二重)포위 전술(Open-End Tactics)'의 두 가지로 요약할 수 있다.

① '전투회피(Fabian) 전술'은 몽골군이 계획했던 전장(戰場)이 아니거나, 몽골군 전체가 계획된 지역에 미처 집결하지 못하였을 때 수행하는 전술이다. 유인(誘引)하거나, 후퇴하는 게 아니라 아예 적과의 직접적인 전투를 회피하는 전술이다. 소규모 단위로 움직이기 때문에 적의 대부대에 포위당하지 않도록 최대한 회피하려고 노력한다. 이를 위해 전투는 회피하면서도 적을 피로하게끔 노력하였다. 바로 야지(野地) 또는 공성 전투에서 적이 강력하게 방어할 때 사용하는 전술이다. 적은 몽골군이 쉼 없이 주변에 나타나기 때문에 방어태세를 해제할 시간이 따로 낼 수 없어 피로가 축적될 수밖에 없다. 또 몽골군의 기병도 워낙 신속하게 움직이다 보니 이를 저지하기 위해 창을 땅에 위치시키게 되면, 아예 본대를 후퇴시키고 별동대만 남아서 적을 현혹한다. 몽골군 주력이 철수했다고 생각하여 방심한 적이 방어진지에서 나오면, 소리 없이 집결하고 있던 주력 부대가 갑자기 나타나 적을 공격했다.

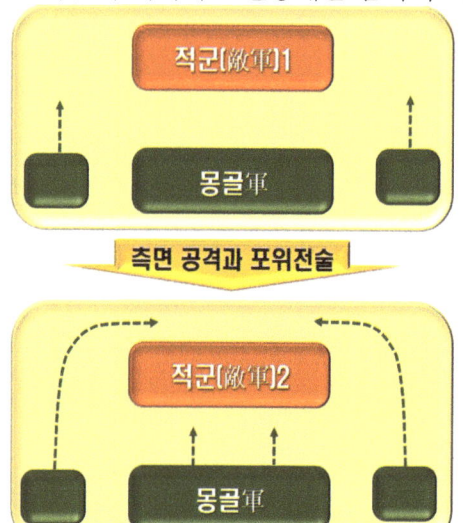

② '측면 및 이중포위 전술(Open-End Tactics)'은 정면에서 위장 공격을 하면서 후위(後衛)에 있던 주력이 공격하여 적을 교란함과 동시에 여러 방향에서 공격하여 적을 혼란과 착각에 빠지게 하는 전술이다. 한쪽은 열어두어 적이 도주하게 만든 다음 대기하고 있던 몽골군이 집중적으로 공격하여 공포를 극대화했다. 적이 무기 등을 팽개치

고 도망가면, 무차별적인 학살이 시작되었다. 이러한 전술은 적이 강력한 전투력으로 끝까지 버티거나 대응할 때 주로 사용되었으며, 몽골학자 달라타이(Dalatai)는 이를 '개방(Open the End) 전술'이라고 불렀다. 몽골군이 1241년 헝가리군을 학살한 '모히 전투(Battle of Mohi)'를 대표적인 사례로 들 수 있다.29)

초기에 칭기즈칸이 가장 힘들어한 전투는 공성(攻城) 전투였다. 주로 기병을 이용한 기동력과 충격으로 성안의 병력을 유인하였으나, 큰 성과를 기대할 수 없자 점령한 도시나 마을에서 잡은 포로를 10명 단위로 편성하여 공성(攻城) 전투에 활용하였다. <그림 3-9>는 공성전(攻城戰)에 주로 사용하던 공성 장비이다.

<그림 3-9> 몽골군의 후기 공성 전투와 공성 장비

몽골군은 점차 충격 무기와 투석기뿐만 아니라 터널을 파는 등 다양한 방법을 사용하여 요새화된 성벽을 무너뜨리기 시작하였다. 이때 위험한 작업은 모두 잡혀 온 포로들을 투입하였다. 정작 몽골군은 적들의 무기 사거리 밖에서 대기하면서 휴식을 취하다가 공격이 시작되면 나타났다. 그러다가 성벽이 무너지면, 중장갑을 갖춘 몽골군이 기습적으로 나타나 공격(夜襲)을 시도하였다. 이는 원정 내내 사용된 표준방식이었다. 몽골군은 도시를 외

---

29) '모히 전투(Battle of Mohi)'는 1241년 4월 11일 헝가리의 모히(Mohi)에서 헝가리와 몽골제국 간 진행하였던 전투이다. 당시 유럽 국가들은 헝가리의 도움 요청에 응하지 않았다.

부에서부터 둘러싸 고립시키거나, 강력한 방어력을 갖춘 도시는 아예 우회해 버렸다. 다른 지역을 정복하면, 그 도시는 자연스레 고립되기 때문이다. 이후 투석기, 화살 또는 불화살, 충돌 무기로 포격(砲擊)을 퍼붓다가 방어벽이 무너지면 말을 타고 신속하게 내부로 돌격하여 학살을 감행함으로써 감히 누구도

저항하지 못할 절대의 공포심을 심어주었다. 이는 1237년 점령한 블라디미르(Vladimir) 전투를 통해 도시 전체를 완전히 파괴한 사례를 통해서도 알 수 있다.

4.2.3. 심리전과 기만(欺瞞)전술

'심리전과 기만전술'은 목축과 수렵을 위주로 생활하던 기마 유목민족에 상당히 중요한 역할을 하였다. 몽골군은 요새나 도시를 공격하는 형태의 전투가 비교적 수월하게 진행하였다. 반면에 사람을 설득하거나, 스스로 항복하게 만드는 정치적 해법에는 익숙하지 않았다. 그러다 보니 초기에는 무자비하게 학살을 자행하였고, 악명(惡名)이 자자해질 수밖에 없었다. 하지만 분명한 목적을 가지고 일부러 학살을 자행한 모습도 많이 발견할 수 있다. 지역과 여건, 상황에 따라서 여자와 어린이를 제외하는 때도 많았기 때문이다. 이는 몽골의 인구를 통해 그들의 내심을 읽을 수 있다. 몽골군의 규모는 전성기에 최대로 추산하여도 10만여 명에 불과하였기에 요새나 도시를 점령하더라도 몽골군 일부가 남아서 통치하거나, 지배할 수 있는 환경이 아니었다. 이로 인해 항복한 지역(도시)에서 반란을 도모하거나 몽골군이 지나간 다음 배후(背後, 등 또는 뒤쪽)에 위협이 될 가능성은 아예 남기지 않았다. 다시 말해 어떠한 위협적인 시도도 용납하지 않을 것을 극명하게 보여주는 게 최선이라고 판단하였다. 이들의 의도가 주변 도시들에 각인되도록 반란이나 저항하는 도시민들의 전부를 대량 학살하였다는 소식은 몽골군이 운용하는 제5열(첩자)들에 의해 각지로 전파되었다. 이는 주변 도시민들을 보이지 않는 공포로 굳게 만들어 아예 저항이나 반란이라는 용어 자체를 생각조차 하지 못하게 하였다.

몽골군은 군대의 사기를 한층 높이기 위해 '미신 전술(Supernatural tactics)'을 활용하였고, 이는 승리의 가능성을 더 높였다. 전투를 시작하기 전에 유럽인들이 신(God)에게 기도

하였듯이 몽골군은 초자연적인 '텡그리(Tenggari)'에 의존하여 승리 가능성을 점치고 믿도록 하였다. 무당(Jadaci)은 날씨를 바꾸는 힘을 가진 '우석(rain stone)'이라는 특수한 돌을 사용하여 폭풍우를 부르고 여름에도 눈보라를 오게 함으로써 적을 혼란의 도가니에 빠뜨렸다. 폭풍우나 눈보라가 불어닥쳐 적이 혼란에 빠지면 곧바로 몽골군이 적진으로 공격하여 승리하였다.

결과적으로 서구 유럽 중심으로 진행되고 있던 세계사에서 칭기즈칸이 이끄는 몽골군이 100여 년이 넘는 기간 동안 전성기를 구가할 수 있었던 세 가지 요소는 뛰어난 전사(warrior), 기마 유목민족 특유의 기마술을 가미한 스텝 전술, 그리고 활을 이용하는 강력한 무기체계를 가졌다는 점을 이해한다면, 상당한 학습의 성과를 거두었다고 할 수 있다.

제 5 절

칭기즈칸의 주요 전역(戰域)

1. 개 요

 칭기즈칸과 몽골군은 전쟁 경험이 쌓일수록 전법(戰法)이 덩달아 발전하였다. 1202년까지 총 14회의 전투를 치르며 '제압'을 계획하였으나, 이후부터는 '전멸' 중심의 작전으로 전환하면서 전쟁의 역사를 다시 썼다.

칭기즈 칸의 몽골군

 현대 군사학에서 '제압'은 '적 부대의 병력과 무기, 전술적인 기동 전반을 통제할 수 있고, 지휘의 혼란을 초래하게 만듦으로써 적의 전투능력을 일시적으로 잃게 하는 피해를 준다.'라는 뜻이다. 현재 軍에서도 표적의 25~30%를 파괴했을 경우 '제압'으로 간주하고 있다.

 '전멸'은 '적의 전투능력을 모두 파괴한 상태'로서 표적의 70~90%가 파괴되었을 경우 '전멸'한 상태로 간주한다. 현대의 전쟁술에서도 '지속적이고 결정적인 목표의 원칙'을 사용하고 있다. 그러나 800여 년 전인 1202년에 이미 칭기즈칸이 적용하고 있다는 점이 놀랍다. 그는 생애 마지막으로 출전(出戰)하면서 "만약 너희들이 어떤 계획을 수립하였다면, 상황이 어떻게 바뀌든지 간에 그 일을 끝까지 마무리하여야 한다. 적을 완전하게 섬멸하기 전에는 어떠한 일이 있더라도 전투를 중단해서는 안 된다."라고 유언하였던 점에 주목할 필요가 있다. 주요 전쟁 사례는 첫째, 서하(탕구트)와의 전쟁, 둘째, 금나라 정복, 셋째, 호라즘과의 전쟁을 순서대로 탐구하였다.

2. 서하(西夏, 탕구트) 전쟁

2.1. 주요 정세

서하(西夏, 탕구트-Tangut)는 1038년부터 1227년까지 중국 북서부의 간쑤성(甘肅省), 산시성(陝西省) 일대에서 활동했던 티베트의 분파였던 탕구트족 왕조로 탕구트 유목민들이 간쑤성, 알라샨, 오르도스 지역에 세운 나라이다. 북으로는 고비 사막, 남으로는 난주, 동으로는 황허, 서로는 옥문에 이르렀다.

서하는 정치적 부패가 만연했고, 경제는 열악했다. 게다가 1202년부터 칭기즈 칸의 몽골군에게 6회에 걸쳐 공격받았다. 1206년 왕의 사촌인 이안전이 황제(양종)에 즉위하면서 군사력 증강에 노력하였으나, 1207년 몽골의 대대적인 침공에 결국 딸을 칭기즈칸과 혼인시켰다. 이후 칭기즈칸의 지시에 따라 금나라(Jürchen)와 오랜 전쟁을 치르면서 국력은 급속도로 쇠퇴하였다. 1226년 서정(西征) 참가를 거부하였으나, 분노한 칭기즈칸에 공격을 당하는 와중에 갑자기 사망하였고, 몽골군이 황제를 암살한 이후 서서히 멸망하였다. 그래도 주변 국가 중 칭기즈칸에 가장 강력하게 저항한 국가로 손꼽을 수 있다.

2.2. 몽골-서하(이하 탕구트) 간 전쟁의 원인

<그림 3-10>은 몽골-탕구트 간 전쟁 원인을 3단계로 구분하였다.

<그림 3-10> 몽골-탕구트 간 전쟁 원인 3단계

칭기즈칸이 탕구트와 긍정적인 의미에서 외교활동을 하려는 목적은 처음부터 끝까지 금나라(Jürchen)의 '왼팔' 역할을 끊어내려는 단순한 목적이자 몽골의 '오른팔'로 만들려는 의도가 있었다.

2.3. 몽골-탕구트 간 전쟁

1205년부터 몽골과 탕구트의 국경 사이에 점차 몽골군이 나타나기 시작하였다. 탕구트는 전쟁이 임박했다는 조짐을 느끼자 부랴부랴 무너져 방치된 성벽 등을 수리하고 죄수를 풀어주는 등 전쟁에 대비하였다. 이들의 마음속에는 자신들이 주인으로 섬기는 금나라가 군대를 지원해줄 것으로 철석같이 믿었다. <그림 3-11>은 몽골군이 탕구트를 침공한 작전 요도다.

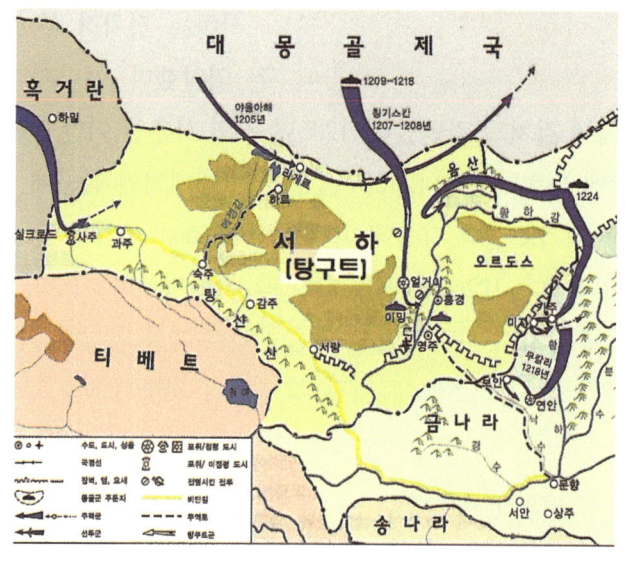

<그림 3-11> 몽골군의 탕구트 침공 요도(개략)

탕구트는 몽골과 비교할 때 막강한 군사력을 보유한 문명국가였다. 그러나 칭기즈칸은 이를 인정하지 않고 첩자들을 투입하여 정보원을 포섭하였고, 발 빠른 병사들의 활발한 정보 수집 활동을 통해 수많은 정보를 수집하였다. 이러한 토대가 마련되자 이후 6차례에 걸쳐 탕구트를 공격하였다. <그림 3-12>는 몽골군의 행군종대 편성과 이동하는 형태다.

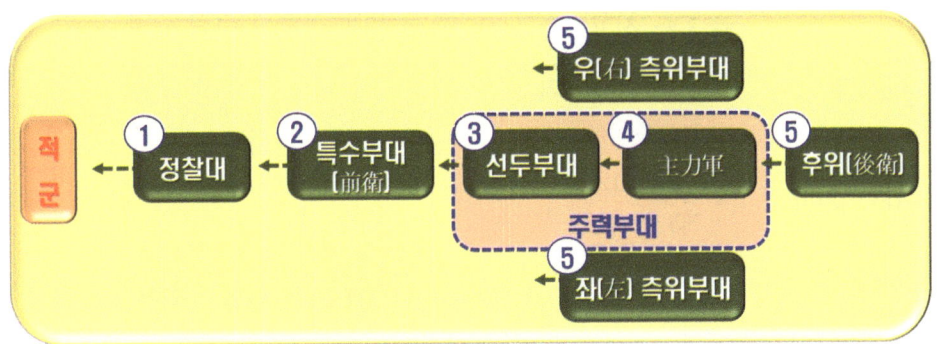

<그림 3-12> 몽골군의 행군종대 편성과 움직이는 형태

몽골군의 행군종대 편성을 보면, '경계부대'와 '주력부대'로 구분하고 있다. '경계부대'는 정찰대와 특수부대(前衛), 좌·우 측위(側衛), 후위(後衛) 부대로 편성하였으며, '주력부대'는 선두부대와 주력군으로 구분하였다. 이러한 행군 제대 편성은 현대 군대에서도 유사하게 적용하기에 관련 용어를 정리하고 넘어가자.

① 정찰대는 행군종대에 대한 경계와 전장(戰場)을 감시하는 임무를 수행한다. ② 특수부대(전위, 前衛)는 행군 제대의 전방에서 적과 관련한 내용을 전파하면서 정찰을 병행하는 임무다. ③ 선두부대는 행군하는 주력부대의 첫 번째 제대를 의미하고 있다. ④ 주력군(主力軍)은 주력부대의 두 번째 제대이자 본대(本隊)라는 의미이다. ⑤ 우(右)·좌(左) 측위 부대와 후위(後衛) 부대는 측면과 후방지역에 대한 경계와 감시활동을 하다가 적을 식별할 경우 보고 및 전파하고, 소규모의 적일 때는 필요할 경우 공격하여 격퇴하는 역할도 병행하고 있다는 점을 이해할 필요가 있다. <표 3-4>는 칭기즈칸이 탕구트에 대하여 전쟁을 벌이려는 목적과 단계다.

<표 3-4> 칭기즈칸과 탕구트의 전쟁 목적과 단계

구 분	시 기	전쟁의 목적
제1단계 (1206~1214)	• 제1차: 1205 • 제2차: 1207 • 제3차: 1209	탕구트의 항복 * 금나라를 공격 간 후방의 위협 제거 (오른팔 요구)
제2단계 (1214~1224)	• 제4차: 1218 • 제5차: 1224	오른팔 임무를 차질없이 수행
제3단계 (1225~1227)	• 제6차: 1226~1227	탕구트 정복

2.3.1. 제1차 공격(1205)

테무친은 몽골제국을 건국하고 칭기즈칸으로 추대되었지만, 초기는 몽골고원의 부족 전체를 통합하지 못했고, 메르키트(Merkit)족과 나이만(Naiman)족을 비롯한 내부의 반란도 완전히 진압하지 못한 상태였다. 탕구트와 금나라는 현대적 의미의 상호 방위조약을 맺고 동쪽과 남쪽에서 몽골에 위협을 가하는 상황이었다. 1205년 칭기즈칸은 내·외부적으로 상당히 어려운 시기였기에 다른 나라를 공격하기가 힘들었다. 따라서 야율아해(耶律阿海)에 탕구트와 금나라 국경 지역 일대에 주둔하면서 경계부대 임무를 수행토록 하였다.30)

야율아해

야율아해는 에젱강과 인접한 서거어 호수와 가까이 있는 탕구트 국경선의 두 개 성읍을 공략하였다. '공격으로 방어한다.'라는 전술의 원칙을 적용한 작전으로 탕구트 軍의 전력 수준까지 정탐하였다. 한편으로는 국경선도 방어하고 탕구트에 긴장감을 불어넣어 몽골 편으로 끌어들이려는 책략으로도 볼 수 있다. 봄과 여름에는 탕구트의 국경선을 가로지르며 동쪽에서 서쪽으로 기동하여 금나라 국경까지 도달함으로써 금나라를 깜짝 놀라게 만들어 함부로 공격하지 못하게 만드는 예방효과까지 달성하였다. 여기에서 중요한 키-워드는 야율아해가 몽골제국의 내부를 정리하는 칭기즈칸에 부담이 되지 않도록

---

30) 야율아해는 본래 거란족 출신의 금나라 호족이었다. 금나라의 사자 자격으로 칭기즈칸과 만난 다음 의기투합하여 칭기즈칸에 귀순하였고, 이후 정복 전쟁에 상당한 역할을 맡았다.

탕구트 군이 공격해오면, 교전하기보다 침착하게 회피하는 노련함까지 엿보였다는 점이다. 그의 임무가 탕구트와 금나라가 공격하지 못하도록 하는 특수부대의 임무였음에도 탕구트 내부까지 전복(顚覆, overthrown)시키는 성과를 달성하였다. 더욱이 조공까지 바치겠다는 약속까지 받아낸 점은 금상첨화(錦上添花)였다.

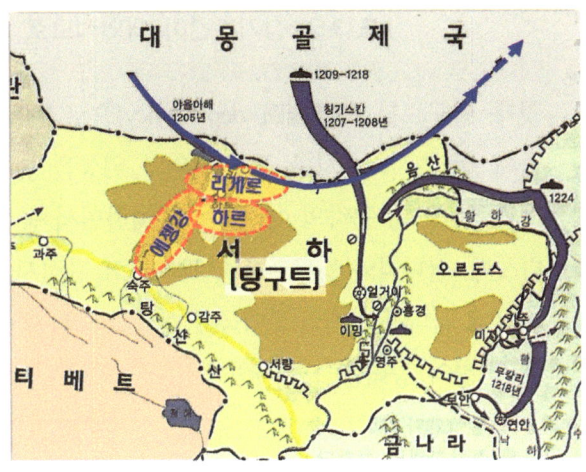

2.3.2. 제2·3차 공격(1207·1209)

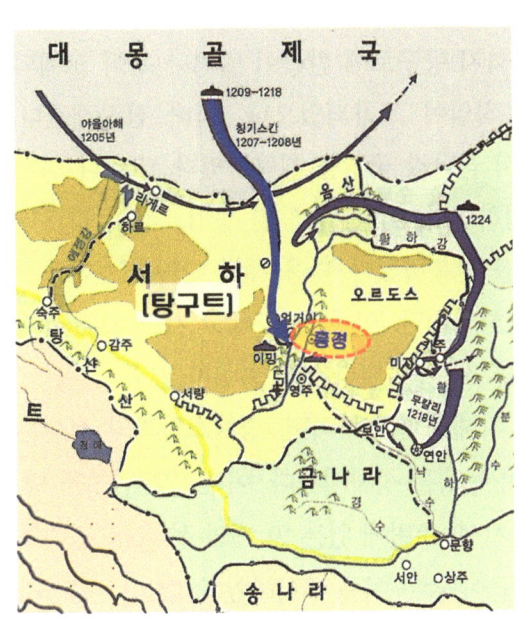

1207년 8월 1일 칭기즈칸이 10만 병력을 이끌고 침공하였으나, 침략하고자 하는 의도였다기보다 탕구트가 금나라와 몽골 사이에서 어느 나라에 의지해야 할 것인지 생각할 기회를 주기 위함이었다고 봄이 타당하다. 결국, 금나라는 탕구트에 군사적 지원은 하지 않고 잡았던 포로들을 돌려보내는 소극적인 지원에 그쳤다. 1208년 위구르와 티베트의 일부 부족이 칭기즈칸에 복속하였으나, 탕구트가 변화의 조짐을 보이지 않자 1209년 4월 6일 본격적으로 침공을 개시하여 수도인 흥경을 포위하였다. 이때 축조(building)한 성벽에 가로막혀 장기(長期)간에 걸친 포위전이 불가피하였으나, 우기(雨期)로 접어들자 곧바로 수공(水攻)을 단행하여 도시가 물에 잠기도록 하였다. 다시 금나라에 지원을 요청하였으나, 이번에도 미적거리며 시간을 끌었다. 더는 버티지 못한 탕구트는 마침내 몽골의 오른팔이 되기로 약속하고 딸인 차가(察合) 공주를 바쳤다.

이 전쟁은 칭기즈칸이 대외 원정에서 최초로 거둔 승리였다. <표 3-5>는 승리의 요인이자 칭기즈칸이 획득한 전리품(戰利物)을 정리하였다.

<표 3-5> 칭기즈칸이 대외적으로 거둔 최초의 전리물(戰利物)

> 첫째, 탕구트를 속국(屬國, dependency)으로 만들고 공물(貢物)을 받았다.
> 둘째, 동양 사회에서 몽골의 권위와 위상을 높이는 계기가 되었다.
> 셋째, 성(요새) 공략의 어려움을 경험하면서 공성 전법(攻城戰法)의 중요성을 체득하였다.
> 다섯째, 금나라와 탕구트를 전략적으로 단절시켰고, 전초기지를 마련하였다.
> 여섯째, 금나라 황제의 동맹국에 대한 소극적인 대처 방식은 칭기즈칸의 대외 국가에 대한 장악 능력을 고무시켰다.

2-3-3. 제4~6차 공격(1218~1227)

칭기즈칸은 금나라와의 전쟁을 수행하면서 전선(戰線)의 오른쪽을 맡기고 싸우는 방식을 중요시하였다. 1211년 8월 10일부터 9월 9일까지 탕구트에 반란이 일어나 왕이 교체되면서 몽골과의 약속을 파기하려는 내부의 움직임이 포착되었으나, 이내 잠잠해졌다. 1211~1214년까지 탕구트는 몽골의 동맹군으로서 금나라 국경을 침략하였다. 그러나 점차 침략하기보다 평화적인 관계를 맺기 위해 노력하였다. 이를 알게 된 칭기즈칸이 1218년 탕구트를 공격하자 다시금 복종을 맹세하는 등을 반복하였다. 다음 해인 1219년 칭기즈칸이 호라즘 전쟁에 출정하면서 지원하라고 명령하였지만, 이를 듣지 않고 사신(使臣)까지 홀대당하자 호라즘 전쟁을 끝낸 다음 탕구트를 재(再)정벌하기로 결심하였다.

한편 탕구트는 금나라와의 전쟁에서 발생한 피해를 정비하려면, 칭기즈칸과의 전쟁은 시기상조였기에 우선 송나라에 연합을 제안하여 동맹을 성사시켰다. 이후 1220년까지 탕-송 연합군은 금나라와 전쟁을 벌여 섬서(陝西, 산시성) 주변에 있는 몇 개의 성(城)을 점령하였다. 금나라가 화해를 요청하였으나, 과거의 앙금이 남아 이를 무시하였다. 그러나 금나라 軍에 탕-송 연합군 1만여 명이 섬멸되면서 더는 전쟁을 하지 못하고 방어태세로 전환하였다.

1223년 왕이 축출되고 그의 아들이 즉위하면서 금나라와 비밀 협정을 맺고 몽골에 대항하기로 약속하였다. 이로써 10년간 끌어왔던 탕-금 전쟁이 종결되었다. 칭기즈칸은 이러한 정보를 확인하고 1224년 9월에 몽골군을 남과 북으로 나누어 공격하여 다시금 항복을 받고 왕자는 인질로 삼았다.

1225년 탕구트가 칭기즈칸의 적이었던 나이만족의 왕자(실각상허노)를 다시금 비밀리에 망명시킨 사실이 드러나자 칸은 선제공격(先制攻擊, Preemptive Attack)을 결심하였다. 그러

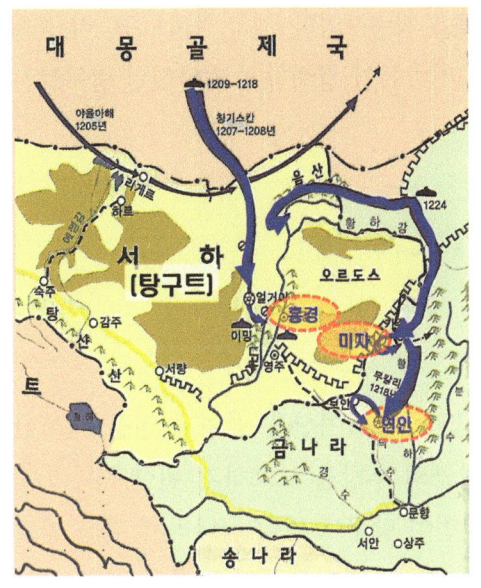

나 11월 13만여 명의 몽골군을 이끌고 진격하는 와중에 말에서 떨어져 다쳤다. 그럼에도 칭기즈칸은 사신을 통해 전쟁을 선포하였다. 탕구트 왕은 분을 참지 못하여 "몽골인들이 싸울 줄 안다면, 알라샤로 오라. 거기서 싸우자, 금은이 필요하면 흥경으로 오라."라고 하면서 내심을 감추지 못하고 은연중에 전략까지 드러내고 말았다. 여기에서 주목할 키-워드가 있다. 탕구트 왕이 자신의 내심을 감추지 못하면서 군사전략과 작전 구상을 은연중에 노출하였다는 점이다. <표 3-6>은 사전에 드러난 탕구트의 전투준비와 작전 구상이다.

<표 3-6> 탕구트 왕이 은연중에 노출한 전투준비와 작전 구상

> 첫째, 알라샤와 흥경 근처에 주력을 집결시켜 놓았고, 에젱강을 보조 접근로로 판단하여 군사력을 적게 배치했다.
> 둘째, 몽골군은 이전(以前)과 같은 전투방식으로 공격해올 것이다.
> 셋째, 알라샤와 흥경 근처에서 몽골군에 치명적인 타격을 주고, 서경(西京)을 방어하고자 한다.
> 넷째, 성(城) 밖에서 싸우지 않고 성들을 지키면서 가능성이 있다고 보이는 두 방향에 경계 부대를 배치하였다.

1226년 칭기즈칸은 진격하면서 "대항하는 건방진 탕구트인들은 모두 죽이고 자발적으로 항복하는 자들은 포로로 잡아라."라고 명령을 내렸다.

1226년 6월에서 7월까지 숙주와 감주를 포위하고 압박하였으나, 끝까지 저항하자 주민 전체를 몰살하였다. 1227년 다시 흥경을 포위하면서 황하강 동

제3장 몽골 칭기즈칸의 정복 전쟁 | 173

쪽 연안(東岸)을 타고 내려가 국경지대에 있는 성읍들을 점령하였다. 결국, 탕구트의 리샹(쇼다르고) 왕은 더 버티지 못하고 항복했다. 이로써 22년여 동안 강력하게 저항했던 탕구트는 결국 패망(敗亡)하였다.

2.4. 칭기즈칸의 승리 요인과 탕구트의 패배 원인

2.4.1. 칭기즈칸이 승리한 세 가지 요인

첫째, 전쟁술(戰爭術)의 측면에서 1205년 칭기즈칸이 알타이산을 넘어 원정을 시도한 것은 현대적 의미에서의 '양동(陽動)작전'으로 몽골군의 후방을 보호하기 위한 특수부대 활동의 일환이었다. 둘째, 1207년 공격을 시행한 원인이 탕구트 왕이 금나라 작위를 받고 동맹을 맺었기 때문이다. 이 전쟁은 탕구트와 금나라를 분리함으로써 몽골의 속국이 될 수밖에 없다는 위력시위 즉, '강압(强壓) 작전'이었다. 1218년의 공격도 탕구트가 금나라와 무역협정을 맺은 데 대한 제2차로 강압(强壓)하기 위한 목적이었다. 셋째, 1226년에서 1227년까지의 공격은 이후 나폴레옹의 전법과도 유사하다. 주력을 알라샤 방면 한쪽으로만 집중하지 않고 에젱강 방면으로 양 갈래로 진격하며 주변 성읍(城邑)을 2개 지역으로 분리하고 한쪽을 완전히 정복하였다. 특히 선제공격을 통해 흥경의 주력이 지원하지 못하도록 사전에 차단함으로써 탕구트의 전쟁 승리 요인을 아예 단절시켰다.

2.4.2. 탕구트의 패배 원인

<표 3-7>은 탕구트가 칭기즈칸과의 전쟁에서 패배한 여섯 가지 원인을 세부 분야별로 구분하여 가능한 구체적으로 정리하였다.

<표 3-7> 탕구트의 여섯 가지 패배 원인

> 첫째, 금나라와 연합하지 않고 서로 싸우면서 군사력을 낭비하는 동안 몽골군은 원하는 시기와 장소에서 전투할 수 있었다.
> 둘째, 내부의 권력 다툼에 빠져 반목과 갈등이 심화(深化)하여 단결하지 못하고 국력을 낭비했다.

셋째, 50여 년의 평화기에 군사력을 증대시키지 않았고, 몽골군이 공성 전법(攻城戰法)을 터득하고 있음을 간과(看過)하였다.

넷째, 몽골과의 평화조약을 여러 차례 속였고, 배신하는 우(愚)를 범하여 결국 칭기즈칸의 공격을 스스로 끌어들였다.

다섯째, 주변 나라와의 외교 관계를 소홀히 하였기에 정작 위기가 발생하자 도와줄 나라가 없었다.

여섯째, 칭기즈칸의 적국인 금나라와 연합 자체가 위기를 불러들였다. 금나라를 멸망시키려는 칭기즈칸의 전략상 탕구트는 짚고 넘어가야 할 절대 명제(命題)였음에도 이를 인식하지 못했다.

3. 금나라와의 전쟁

3.1. 주요 정세

칭기즈칸이 벌인 주변 나라와의 전쟁은 대대로 철천지원수였던 금나라(1115~1234)를 공격하기 위함으로 1208년 전쟁 준비에 들어갔다. 금나라는 초원 부족들 간의 대립과 분열을 책동하여 변방 지역의 평화를 유지하였고, 그들로부터 조공을 받았다. 몽골과 주변 지역의 문제가 발생하면, 항시 타타르족을 앞세워 초원의 다른 부족들을 공격하게 하였다.[31] <표 3-8>은 칭기즈칸은 유리한 정세를 조성하려는 노력이다.

<표 3-8> 칭기즈칸이 금나라를 공격하기 위한 유리한 정세 조성(종합)

① 1207~1211년까지 주변 부족들의 정벌과 복속을 통해 서북 국경선과 후방의 안전 확보, 군사・경제적 부(富)를 축적하였다.

---

31) 당시 금나라의 시각으로는 칭기즈칸이 타타르족에 승리하자 마뜩잖았으나, 중국의 지배자로서 몽골의 칭기즈칸을 신하 중의 한 명으로만 생각했을 뿐이었다.

② 메르키트, 나이만족의 잔당에 대비하여 서부 흑거란 국경 지역에 몽골군을 배치하였다.
③ 탕구트를 세 차례 공격하여 금나라의 서쪽에 공격 통로를 만들었다. 특히 탕구트의 무기 제조와 공성 전술(攻城 戰術)을 익혔다.
④ 금나라에 대한 정탐(偵探) 활동과 포로로부터 정보를 수집하고, 특수부대 활동을 통해 지형과 군사력 현황 등을 파악하였다.
⑤ 1211년 주변 나라들과 연합 회의를 열고 지지를 얻고 금나라에 대한 무역과 물건들을 차단하면서 관련 상인까지 통제하였다.
⑥ "금나라의 억압으로부터 거란의 형제들을 해방하자."라는 구호로 반란을 일으키게 하였다.
⑦ 출정하기 전에 며칠간에 걸쳐 기도를 올리면서 군대의 사기(士氣)를 북돋웠다.

<표 3-9>는 칭기즈칸이 전쟁을 준비하는 기간 중 진행하였던 강한 군사훈련 노력을 정리하였다.

<표 3-9> 칭기즈칸의 군사훈련 강화(종합)

① 말들을 산 정상에 끊임없이 오르게 하고 살을 찌운 후에는 마른 풀을 먹을 수 있게 적응시켰다. 특히 탕구트의 대장장이 50명을 데려와 말에 편자(horseshoe)를 박게 하였다.
② 사다리와 돌 주머니, 화공(火攻)장비, 깃발[32])과 북, 방패 수레, 마차, 악기, 천막, 표적, 불 창(槍, spear), 대포 등의 전투 장비와 물자를 준비하였다.
③ 병사마다 개별적으로 보루츠(말린 고기, 고기를 얇게 저민 육포(肉脯)) 주머니를 준비하였다.
④ 15~60세까지의 남자들을 징집하였으며, 이는 몽골 전체 인구의 20%에 해당하였다.

---

32) 현대에 사용하는 '부대 지휘용 깃발'과 같은 의미로 보면 될 듯하다. 각급 제대 단위로 부대기가 있듯이 칭기즈칸 군대의 단위 제대들도 각자 독자적인 깃발을 갖고 있었다. 이를 활용하여 전진(前進)과 후퇴(後退) 등의 방향을 알리는 신호용 도구로 사용하였다.

3.2. 몽골-금나라(주르첸) 간 전쟁의 원인

칭기즈칸은 젊었을 때 케레이트족과 함께 금나라 장종(마달갈, 1189~1208)의 부하로서 타타르족과 전투하여 승리하였고, 용병의 대가(代價)로 중국식 신하의 칭호까지 받았다. 그러나 종증조부(몽골의 제2대 암바가이 칸-Ambaγai Qan)가 금나라에 의해 사지가 찢겨 죽었던 참혹한 과거를 잊지 않았다. 그러한 차에 중종이 사망하자 무능한 후계자인 영제(위소왕)가 칭기즈칸에게 신하(臣下)로서 예를 갖추고 더 많은 조공을 요구하자 정복하기로 하였다. 1121년에 시작된 금나라와의 전쟁은 칭기즈칸이 죽을 때까지 지속하였으며, 1233년이 되면서 종결되었다. <표 3-10>은 칭기즈칸 시대에 금나라와 벌인 전쟁 단계다.

<표 3-10> 칭기즈칸과 금나라와의 전쟁 단계

구 분	주요 내용
제1단계(1211~1216)	칭기즈칸이 직접 출정
제2단계(1217~1223)	무칼리 장군이 공격
제3단계(1224~1227)	보루 장군과 칭기즈칸의 마지막 공격

3.3. 몽골-금나라(주르첸) 간 전쟁

3.3.1. 제1단계 공격(1211~1216)

3.3.1.1. 제1차 공격(1211)

1211년 봄 칭기즈칸은 전쟁 준비가 끝나자 시간을 허비하지 않고 금나라가 대비하기 이전에 공격을 시도했다. 눈이 많이 내린 이후 약간의 눈이 남아 있는 추운 시기에 사막과 초원을 횡단하려는 의도였다.

칭기즈칸은 동쪽에서 공격하여 중도(中都, 지금의 베이징)로, 서쪽은 제베와 무칼리 軍이 정주를 공략하여 오월영-오사보-대동(백등)-이주까지 진출하였으며, 이후 방향을 전환하여 야호령까지 함락시켰다. 이를 통해 금나라는 동쪽에 있는 고려와 단절(斷切)되었고, 후방이 뚫려버리는 위기에 처했다. 인접해있던 송나라와 탕구트도 몽골과 연합하여 동시에 공격하자 금나라는 사면초가에 빠지는 암울한 상황이 발생하였다. 그러나 몽골이 서

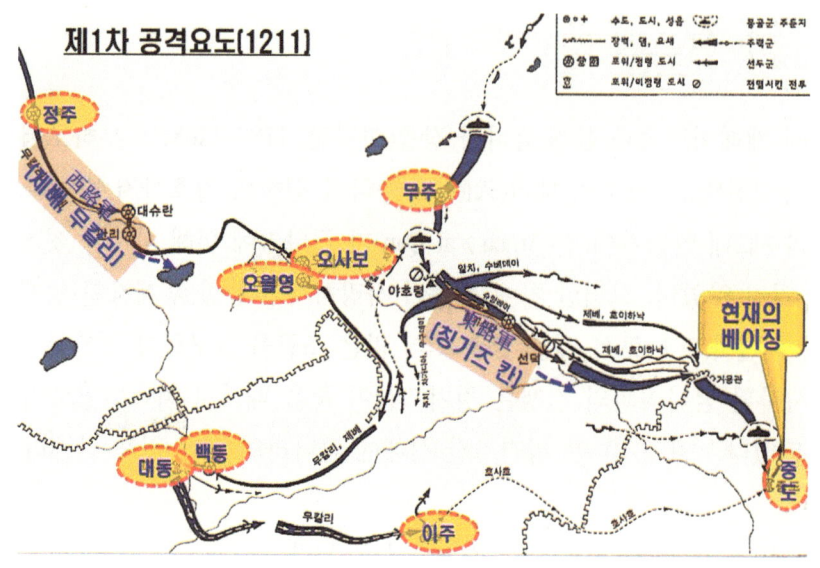

쪽 전선에 보충할 말들이 부족해지며 추가로 징집이 필요해졌다. 결국, 금나라 북쪽 국경을 지키던 장수들이 차례로 복종하여 왔지만, 전략적으로 철수하는 결단을 내렸다.

3.3.1.2. 제2차 공격(1212~1214)

1212년 가을 톨루이가 이끄는 선두부대가 중도(中都) 방향으로 공격을 시작하여 무주와 선덕을 점령하였다. 8월이 되면서 칭기즈칸은 대동(大同)을 포위하였으나, 금나라가 후방에서 재차 포위하려고 시도하는 낌새를 눈치채고, 병력을 보내 창주로 유인하였다. 금나라 군은 미처 내막을 모르는 상태로 창주 협곡에서 공격을 감행하였지만, 오히려 몽골군의 선회 전술(Caracole Tactics)과 이중포위 전술에 당하면서 대패(大敗)하였다. 하지만 칭기즈칸이 전투 중에 상처(負傷)를 입으면서 몽골군은 스스로 후방으로 철수하였다.

1213년 7월 칭기즈칸은 다시 중도 방향으로 공격을 개시하였다. 거용관을 먼저 점령해야 승리할 수 있었기에 금나라 군이 숨어 있는 협곡을 우회하여 2개 부대가 협공하자 마침내 거용관은 무릎을 꿇었다. 이제 몽골군은 90여 개의 성읍과 황하강 서쪽 지역을 모두 점령하였다. 금나라는 11개 도시만이 남았다. 이를 계기로 요동(遼東)에는 '요(遼)'나라가 건국되었고, 수많은 장군이 항복하면서 몽골은 강력한 제국으로 거듭났다.

1214년 1월 탕구트와 송나라가 금나라를 공격하면서, 금나라는 송나라와 탕구트, 몽골, 요나라의 4개 국가로 전선(戰線)을 확대할 수밖에 없었다. 결국, 3월이 지나면서 내부 혼란에 빠진 금나라는 칭기즈칸에 화해를 요청하고 항복하였다.

3.3.1.3. 제3차 공격(1215~1216)

1215년 금나라의 862개 성읍이 다시 점령당하자 왕은 다급하게 중도(中都)를 떠나 남경(南京)으로 도피하였고, 이를 바라본 다른 세력들이 몽골에 항복하거나, 복종하겠다는 숫자는 늘어났다.

사모하 軍이 태행산을 중심으로 하는 2개 방향으로 벌인 기동작전은 인류 전쟁사에서 가장 발군(拔群)의 작전이었음을 여실하게 보여준다. 60일 만에 1,200km를 기동하였으니 말이다.[33] 8~9월에 연안-황릉-동관까지 진출하였으나, 완전하게 점령하지는 못했다.

중도를 점령하기 위한 칭기즈칸이 구상한 작전계획은 지름길을 이용하여 포위함으로써 적의 병참선과 식량 보급을 끊고자 하였다. 다시 말해 동관을 점령한 다음 황하강을 바로 도하(渡河)하던지, 겨울철 북쪽에서부터 강을 건너 양쪽에서 포위한다는 구상이었다. 이를 위해 주변의 지형과 성읍, 금나라 군의 활동 등을 정탐(偵探)하였다. 한편 사모하 장군의 남경작전은 신속한 기동에 두고 있다는 점이다. 사모하 군은 계속 공격하여 남경 주변의 20여 개 성읍을 점령하자 금나라가 더는 못 견디고 협상을 제의할 수밖에 없었다. <표

---

33) 나폴레옹이 제3차 대불 동맹을 결성하고 프랑스를 공격해오는 오스트리아와 러시아 연합군을 격파하기 위해 울름(Ulm) 지역으로 실시한 대(大) 우회기동은 오직 기동만으로 승리한 작전이다. 영국을 공격하기 위해 대다수 병력을 영국 방향의 해안지역에 펼쳐놓았던 나폴레옹은 보고를 받자마자 프랑스군(20만여 명)의 을 8월 26일부터 각 제대 별로 분산시켜 기동하였다. 여기에서 나폴레옹이 40여 일간에 걸쳐 800km를 기동하였다면, 몽골의 사모하 軍은 60일 만에 1,200km 구간을 기동하였다는 점에서 놀라운 기동술을 재인식할 필요가 있다.

3-11>은 칭기즈칸이 금나라에 요구한 강화 협상안이다.

<표 3-11> 칭기즈칸이 금나라에 요구한 강화 협상안(요약)

첫째, 황하강 이북 지역의 모든 땅은 몽골의 소유다.
둘째, 금나라 황제의 칭호를 낮추고 왕으로 칭해야 한다.

이후 제2단계(1217~1223) 공격과 제3단계(1224~1227) 공격을 지속하였지만, 전쟁은 끝나지 않았다. 몽골이 금나라를 완전하게 장악하기까지는 17년이라는 세월이 더 필요했다.

3.4. 칭기즈칸의 전략 구상과 금나라 대응 전략의 비교

3.4.1. 칭기즈칸의 전략 구상

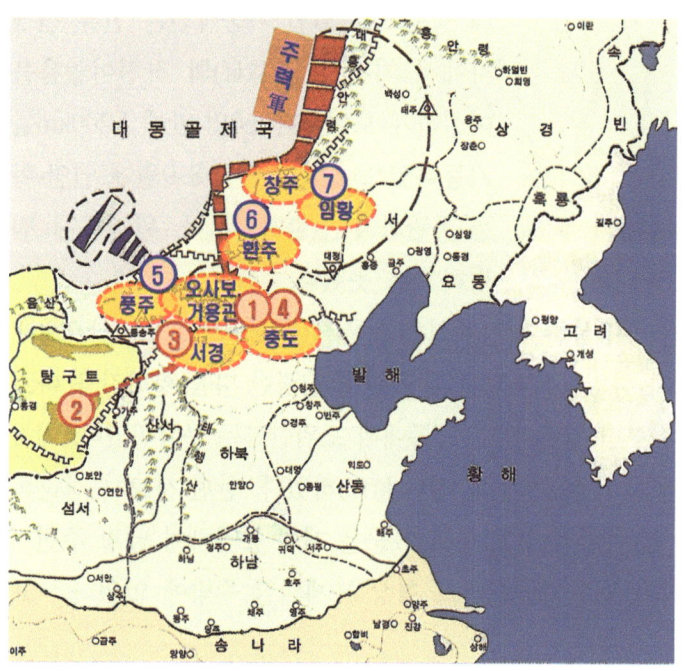

전략 구상은 크게 두 가지로서 첫째, ① 몽골군 주력은 중도(中都)로 지향하되, 후속 부대는 말들이 휴식을 취하게 하면서 금나라 군이 기동하는 동부와 중앙 지역을 가로막는다. 이때 ② 선두부대는 탕구트 지역에서부터 금나라 국경을 공격하면서 정탐 활동을 병행한다. ③ 동시에 금나라의 서경을 점령함으로써 우측 군의 안전을 도모한다. 둘째, ④ 금나라 군이 만리장성 밖으로 나오면 쉬고 있던 주력부대가 총공세를 취하여 신속하게 다음 목표인 중도 방향으로 진격한다. 이러한 작전 구상을 실현하기 위한 작전 종심(縱深)은 120km였다. 이는 몽골군을 좌측에서 포위하고 공격하겠다는 금나라의 작전계획 자체를 무용지물로 만들었다.

3.4.2. 금나라의 대응 전략 구상

⑤ 몽골군의 선두부대를 풍주와 오사보에서 저지한 다음 거용관 방향으로 철수한다. 이를 위해 ⑥ 창주와 환주 일대에 거주하는 백성과 재물은 전부 만리장성 안으로 철수시키고 견고한 방어를 수행한다. ⑦ 몽골군의 후방이 비어있는 기회를 노려 임황을 수비하고 있는 거란과 중국 군대를 몽골군의 좌측으로 우회하여 후방을 공격하는 방책(方策, 방법과 대책)을 구상하였다. 하지만, 금나라의 대응 전략은 실패하였다. <표 3-12>는 칭기즈칸이 실천한 전략 구상을 정리하였다.

<표 3-12> 칭기즈칸이 금나라와의 전쟁에 구현한 전략(요약)

> 빠른 기동 위주의 작전 수행, 필요한 시간에 결정적인 방향에 노력을 집중, 기만 작전, 상대보다 유리한 위치 확보, 전장(戰場)에서의 주도권 장악 노력 등

금나라는 내·외부적으로 어려운 상황이었기 때문에 평화조약을 맺을 수밖에 없는 처지였다. 여러 전선에서의 동시 압박, 거란인들의 분리 독립, 주변 나라의 배신, 금나라 장수들의 칭기즈칸에 대한 충성 맹세와 이탈, 병사들의 징집에 대한 어려움, 중도가 포위를 당했다는 위기감이 증폭된 등은 상당한 영향을 미쳤다. 금나라는 3개의 수도를 잃고 대내·외 관계가 악화하였으며, 내부 반란으로 왕이 수도를 남경으로 천도해야 하는 처지로까지 내몰렸다.

여기에서 키-워드는 칭기즈칸의 전략·전술이 초기의 방식과 달라졌다는 점이다. 첫째, 중도는 포위한 채 공격하지 않고, 다른 주변 지역의 성읍들을 공략하였으며, 이때 잡아온 포로들을 공격부대의 앞에 세웠다. 즉 현대적 의미에서 '총알받이'였다. 그리고 수도에만 집중하지 않고 저항의 근원지를 주변에서부터 하나씩 제거하는 전술을 채택하였다. 둘째, 대담하고 신속한 기동작전을 통해 금나라 남경에 갑자기 나타남으로써 금나라 군과 장수들에게 심리적으로 공황(恐慌, panic)을 심어주었다. 셋째, 금나라에서 '거란인들을 해방하여 주겠다.'라는 구호가 현실로 확인되면서 거란인들이 몽골의 믿음직한 동맹국으로 자리매김하면서 금나라의 북쪽 전선을 담당하였다. 칭기즈칸은 고려에 대해서도 같은 전략을 사용하여 화합을 도모함으로써 금나라와 주변 나라들을 분리하는 데 성공하였다.

4. 호라즘제국(Khwarezm, 花剌子模)과의 전쟁

4.1. 주요 정세와 전쟁 발발(勃發)의 원인

호라즘제국은 셀주크튀르크의 속국으로서 중앙아시아와 페르시아 일대의 패권을 차지하고 있는 강력한 국가였으며, 용병군 체제였다.34) 당시 호라즘제국의 샤(王)는 무함마드 2세로 강력한 카리스마를 갖춘 지도자였다. 이를 알고 있는 칭기즈칸은 적대감보다는 좋은 관계를 유지하고자 사신단과 함께 450여 명의 상인, 낙타 500마리와 좋은 선물을 함께 보내어 화친을 제의하였다. 그러나 호라즘제국의 관문인 오트라르(Otrar)의 총독(이날축-Inalchuq, 무함마드 2세의 친족)에 의해 모조리 살해당하고 말았다. 칭기즈칸이 재차(再次) 사신을 보내면서 무함마드 2세의 사과와 총독의 처벌을 요구했으나, 이번에는 오히려 사신단의 수염을 깎아버렸다. 그리고는 아예 쫓아버리는 등 굴욕적인 멸시가 반복되자 마침내 호라즘제국의 정벌을 결심하였다.

---

34) 칭기즈칸이 정복 전쟁을 시작하기 이전(以前)의 호라즘제국은 현재의 이란, 아프가니스탄, 투르크메니스탄, 우즈베키스탄, 키르기스스탄, 타지키스탄 영역을 차지하고 있는 광대한 국가였다.

4.2. 칭기즈칸과 호라즘제국의 전략

4.2.1. 칭기즈칸의 전략 구상

1218년 칭기즈칸은 부족회의(이히에예)를 개최하고 1년 반이라는 기간에 걸쳐 전쟁을 준비하였다. <표 3-13>은 칭기즈칸이 호라즘제국과의 전쟁을 준비한 분야를 정리하였다.

<표 3-13> 칭기즈칸이 호라즘제국과 전쟁을 준비했던 11대 과제

① 금나라 공격은 무칼리(Muqali) 장군에게 맡기고, 나머지 군사력을 호라즘 전쟁으로 집중하여 투입하였다.
② 호라즘 전반에 관한 정보 수집과 분석, 위구르를 비롯한 호라즘과 전쟁을 하던 나라들로부터 정보를 획득했다.
③ 고려와 동맹을 맺고, 탕구트에 사신을 보내어 오른팔 역할 수행하도록 압력을 가하였다.[35]
④ 일리강(Ili River, 현재의 톈산(天山)산맥에서부터 발원하여 카자흐스탄을 흐르는 강) 주변의 초원으로 말이 지나갈 수 있도록 몽골군의 주둔지를 멀리하였다. 특히 원정군이 집결하는 지역에는 수많은 가축 중 일부만을 머물게 했다.
⑤ 원정로 상에 있는 도로와 교량 보수를 위한 특수부대를 편성하여 48개 이상의 교량을 건설하였다.
⑥ 나라 전쟁에서 얻은 무기 기술자들을 포함하여 15문의 대포로 무장한 대포 부대를 창설하였고, 공성전에 대비하여 1,500여 명의 기술자를 중국지역에서 징집하였다.
⑦ 병사 1명당 3~4필의 말과 원·근거리 전투에 필요한 2가지 종류의 화살, 개인당 활 1개와 화살통 2개, 적을 생포할 때 사용할 밧줄, 실, 숫돌, 가는 줄과 방패를 휴대하도록 했다.[36]
⑧ 칭기즈칸에 유고(有故) 사유가 발생하면, 오고타이(ögödei, 우구데이)에게 대(大) 칸 지위를 이양(移讓)하기로 하였다.[37]

---

[35] 고려 시대 서희 장군이 진행하였던 강동 6주 반환 협상과 궤(軌)를 같이한다고 이해하면 된다.
[36] 하나의 화살통은 병사가 직접 메고 사용하는 용도로, 다른 하나의 화살통은 물이 들어가지 않도록 밀봉(密封, sealing tightly)하여 가져갔다.
[37] 오고타이 칸(ögödei Khan, 1229~1241)은 몽골의 제2대 칸이다.

⑨ 1219년 5월 이르티슈강(Irtysh River) 일대에 몽골군을 집결하고, 1218년에 선두부대(Jebe 軍)를 파미르 고원으로 출발시켰다. ⑩ 몽골군을 십호제로 전환하고, 전쟁 준비를 하면서 말들을 살찌우게 하였다.
⑪ 무함마드 2세에게 사신을 보내 '전쟁을 선포'하였다. 한편으로는 무함마드 2세와 그의 어머니(토라키나 왕비) 간 이간책을 써서 서로 믿지 못하게 만들었다.

4.2.2. 호라즘제국의 대응 전략 구상

주변 국가와 별로 관계가 좋지 않던 호라즘제국은 칭기즈칸의 선전포고를 통보받고도 주변과 협력할 수 없는 처지였다. <표 3-14>는 칭기즈칸과의 전쟁에 대비한 4대 과제이다.

<표 3-14> 호라즘제국이 칭기즈칸과의 전쟁에 대비한 4대 과제

① 사마르칸트에 성벽을 다시 축조하고 40만 기병의 대다수는 투르키스탄(위구르)과 마웨렌나흐르(Transoxania)에 배치하였다.38)
② 시르강(Syr-Darya)을 경계로 적을 격퇴한 다음 오트라르에 2만 명, 파나가트에 1만 명, 젠과 호젠트에도 군대를 일부 배치하였다.
③ 시르강 후방에 두 번째 제대를 배치하고 사마르칸트에 10만 명을, 귀족들은 각 3,000명씩 할당하여 해당 지역을 지키도록 하였다.
④ 예비대가 필요하다고 판단하여 테르미츠, 발흐, 동쪽에 있는 호트라랸과 콘도스 지역에 일정 군대를 주둔시키고 대비하였다.

그러나 약점이 있음에도 이를 간과한 결과는 처참한 패배로 결론이 났다. <그림 3-13>은 호라즘제국을 분리 공격한 기동로이다.

---

38) '마에뤤나흐르'는 '트란속사니아(Transoxania)'로서 현재의 우즈베키스탄과 투르크메니스탄, 카자흐스탄 일부 지역을 포함하고 있다.

<그림 3-13> 호라즘제국의 부대 배치와 칭기즈칸 군의 공격 기동로

첫째, 아무 다리아(Amu-Darya-아무강)와 시르 다리아(Sir-darya-시르강)를 연결하는 통로는 사마르칸트와 파나가트에 있는 도로 외에는 없다. 시르강 전방에서 몽골군과 교전 시 강이 오히려 방해물이 되고, 후방에서 맞이한다면, 동쪽 도시는 그냥 내어주게 된다는 점을 간과하였다. 호라즘군의 위치는 너무 떨어져 있었고, 군대의 배치도 대충 지나쳤다. 둘째, 호라즘제국의 특성상 각기 독립 국가와 같이 분리된 도시와 지역의 군대가 각기 해당 책임 지역만 방어함으로써 통합된 지휘체계와 군대가 없음을 적나라하게 보여주었다. 셋째, 성(城)이 견고하고 식량을 비축하고 있기에 유목민족인 몽골군이 성곽을 공격하지 못할 것으로 짐작하였고, 사마르칸트 요새를 구축하기 위해 조세를 3배로 올리자 농민들의 불만이 쌓이면서 폭동 조짐까지 발생하였다. 이러한 여러 가지의 요인이 복합적으로 작용하다 보니 칭기즈칸의 군대보다 규모가 더 컸음에도 불구하고 군율(軍律)과 복종심, 인내심, 훈련의 강도는 한참 뒤처졌다. 이로 인해 준비단계부터 군대의 사기는 떨어져 있었다.

4.3. 칭기즈칸-호라즘제국의 전쟁

4.3.1. 칭기즈칸의 공격

제베의 남부군은 톈산(천산) 근처에서 정탐 활동과 지름길을 개척하고 있었다. 이들은 1218~1219년 겨울 눈이 덮인 파미르와 톈산의 협곡을 따라 기동하였다. 페르간에서 휴식을 취하며 식량과 말을 획득함으로써 전투력을 상승시켰고, 호라즘제국은 우왕좌왕하며 특수부대가 출동했다. <그림 3-14>는 칭기즈칸이 편성하였던 4로 軍의 공격 기동로다.

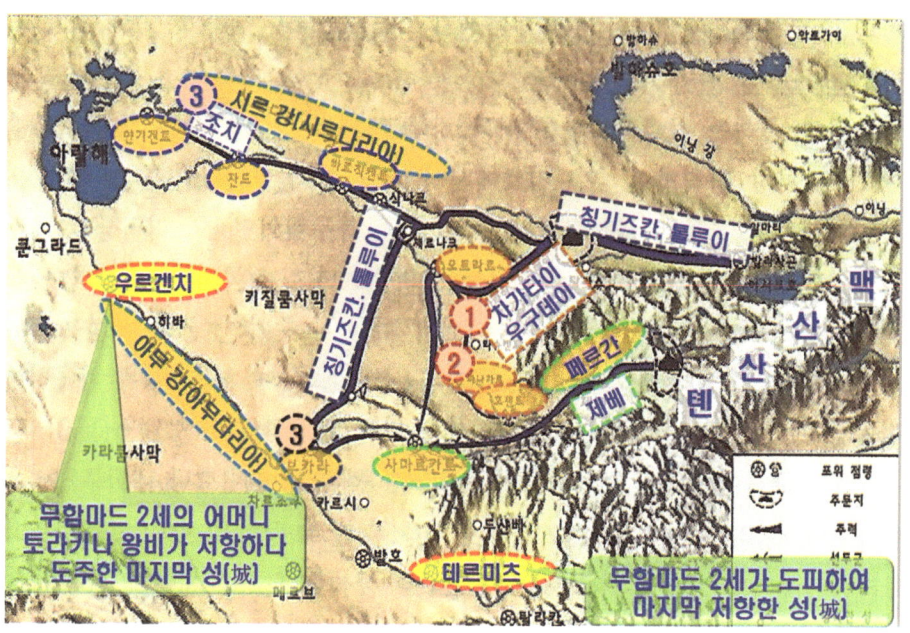

<그림 3-14> 칭기즈칸이 편성한 4로(路) 군의 공격 기동로

제베 군은 결정적인 전투를 회피하면서 기습공격 등 기동 전술을 펼쳤고, 호라즘 군대는 우왕좌왕하기 일쑤였다. 이때 칭기즈칸은 4개 방향으로 공격하도록 명령하였다. ① 차가타이(Chagata)와 오고타이(Ögedei, 또는 우구데이)는 제1로 軍으로 오트라르를 공격하여 점령한다. ② 체르비(Cervi)와 기타 5,000명은 제2로 軍으로 시르강[39] 상류에 있는 파나가트와 호젠트 성 방향으로 공격한다. ③ 조치(Jochi)는 제3로 軍으로 시르강 하류의 바르직

---

39) 일부 사료(史料)와 번역서는 시르다리아 또는 아무다리아로 기록하고 있다. 그러나 시르 다리아(Syr-Darya)와 아무 다리아(Amu-Darya)에서 'Darya'는 페르시아어로 '강이나 바다'를 뜻하고 있기에 시르강 또는 아무강으로 통일하였다.

켄트-잔드-얀기켄트를 공격하여 점령한다. ④ 칭기즈칸이 직접 지휘하는 주력군과 예비대인 톨루이(Tolui) 군은 제4로 軍으로 호라즘제국의 양대 수도의 중간 지역에 있는 부카라를 공격하여 점령하도록 치밀하게 기동하였다.

사마르칸트 전투 시 호라즘군은 튀르크(Turkic)군 6만 명, 타지크(Tadzhik)군 5만 명, 전투용 코끼리 20마리 등 상당한 규모의 병력과 장비를 보유하였음에도 불구하고 수비에만 치중하고 있었다. 그러나 이들의 약점을 파악한 몽골군은 교활하게 움직였다. 전투에서 잡은 포로들을 방패막이로 앞세우는 등 강하고 무자비하게 공격을 거듭하였다. 결국, 무함마드 2세는 방어하지 못하고 아무 다리아(아무강)를 넘어 도주하였다. 무함마드 2세의 무책임한 행동은 몽골군이 자신감을 느끼고 아프가니스탄, 파키스탄, 이란 지역으로까지 원정을 확대하는 만드는 결과를 초래하였다.

4.3.2. 칭기즈칸의 승리와 호라즘제국의 패망 원인 비교

4.3.2.1. 칭기즈칸의 승리 요인

<표 3-15>는 칭기즈칸의 다섯 가지 승리 요인이다.

<표 3-15> 칭기즈칸의 다섯 가지 승리 요인

① 군대를 직접지휘·통제·장악하는 능력이 탁월하였다.
② 軍의 기동성과 심리·지형적인 특징을 잘 활용하였다.
③ 서요(흑거란, Qara-Khitai) 정벌 시 회교도들을 해방하였다.
④ 공성전(攻城戰) 시 돌과 화염 투척기를 사용하였다.
⑤ 금나라와 전쟁하기 이전에 후방 안전을 먼저 도모하였다.

① 끊임없는 정탐(偵探, spying) 활동으로 정보를 수집, 군사·외교 분야의 균형성, 기습을 통한 전장(戰場)의 주도권 장악, 제대를 통합하고 상호 지원하도록 지휘·통제, 기병의 우회 작전 능력을 최대한 활용, 분산과 집중, 예리한 기회의 포착과 즉각 활용, 측·후방의 안전 보장, 주공(主攻) 방향의 선정과 집중, 화력과 기동의 조화 등 작전의 원칙을 충실하게 지켰다.
② 먼저, 시르강의 상·하류로 기동하는 조치의 군대가 적을 시선을 끌어냄으로써 칭기즈칸의 주력이 키질쿰(Kyzylkum) 사막을 종단한다는 사실을 은폐할 수 있었다. 특히 사마

르칸트에서 3로 軍이 합류를 완성함으로써 전략적 집중에 성공하였고, 무함마드 2세와 모친과의 갈등 관계를 잘 이용하였다. 이는 주력 기동부대가 부카라 성(城)으로 안전하게 도착할 수 있게 하였다. 특히 제베의 톈산산맥 기동, 칭기즈칸의 5만 병사와 15만 마리의 말이 키질쿰 사막(600km)을 30일 만에 횡단(橫斷)한 사실은 세계전쟁사에서도 경이로운 사건으로 볼 수 있다.40)

③ 호라즘 주민들은 무기를 사용하지 않고 항복하면, 죽지 않을 수 있다는 신뢰감을 심어주었다.

④ 정복 전쟁을 시작한 초기는 공성전 자체가 어려웠으나, 금나라와 서요(Qara-Khitai)에서 획득한 포로와 화염 투척기 등의 공성 무기들을 전투에 투입함으로써 점차 우세를 확보하였다.

⑤ 호라즘제국의 지배 아래에 있던 중앙아시아와 남아시아 일대의 우즈베키스탄(Uzbekistan), 키르기스스탄(Kyrgyzstan), 타지크(Tajikistan), 투르크(Turkmenistan), 아프가니스탄(Afghanistan), 이란, 파키스탄 등의 영토를 점령하였고, 카자흐스탄(Kazakhstan)도 절반을 점령하였다. 이를 통해 금나라 공격 시 후방의 안전을 확보하고, 동-서-남-북 무역의 중심 교역로를 모두 차지하게 되었다.

4.3.2.2. 호라즘제국의 패망 요인

<표 3-16>은 호라즘제국이 칭기즈칸의 몽골군에 패망할 수밖에 없었던 네 가지 요인이다.

<표 3-16> 호라즘제국의 네 가지 패망 요인

① 무함마드 2세가 신하들의 권한을 빼앗아 軍 장수와 귀족, 종교인 등에서 존경받지 못했다.
② 무력으로 통합하였으나, 통합된 법률과 지휘체계는 없었다. 특히 바그다드의 칼리프(Caliph)는 통합하지 못하여 양자(兩者) 간 갈등이 외부에 대한 저항력 자체를 약화하였다.
③ 몽골군은 공성전(攻城戰)에 취약하다는 근거 없는 희망적 인식에만 의존하였다.
④ 정치·군사적 지휘관(통치자)이 수도를 버리고 도피함으로써 국가체계가 무너졌다.

---

40) 나폴레옹 보나파르트(Napoleon Bonaparte)의 20만 대군이 제3차 대불(大佛) 동맹을 맺은 오스트리아 10만 대군과 러시아 9만 대군의 공격 사실을 보고받은 후 8월 26일 울름 전역(Battle of Ulm, 10.16.~19.)으로 출발하여 중간 지점인 라인강 일대에 도착한 날짜가 30일 만인 9월 26일이다. 라인강까지의 거리가 600km였음을 고려할 필요가 있다.

① 서요(흑거란)는 회교도들을 압박에서 구해줄 노력이 전혀 없었고, 칭기즈칸의 사신과 회교도 상인들을 이유 없이 죽이는 등 존경받을 수 있는 통치행위가 없었기에 국가의 통치구조 자체가 가동되지 않았다.

② 여러 민족을 섞어놓은 것에 불과하였기에 통일된 법률과 지휘체계를 가동(稼動)할 수 있는 여건이 되지 않았다.

③ 천혜의 천연 장애물인 톈산(天山), 키질쿰 사막, 시르강과 아무 강을 이용한 통합 방어체계를 세우지 않았다. 이는 '몽골인들은 성을 점령하지 않을 것'이라는 막연한 생각에 치우쳤다. 자신을 지극히 유리한 입장으로만 바라보는 우(愚)를 범하였다.

④ 통치자이자 군의 통수권자인 무함마드 2세가 수도를 버리고 도피하였을 때 이미 내부 질서와 통치체계는 무너졌다.

제 6 절

칭기즈칸의 정복 전쟁이 남긴 의미와 교훈

　　칭기즈칸이 승리한 요인은 당시 유라시아 국가들의 정치적인 쇠퇴도 큰 몫을 했음에 틀림이 없다. 그러함에도 불구하고 그가 국가와 군대에 이바지한 개혁과 질서의 재구성, 변화의 영향이 당시의 전쟁과 전투 양상을 뒤흔들어 놓았다는 점에 별다른 이의(異議)는 없을 것이다. 명심해야 할 키-워드는 당시 몽골인은 유목민족으로 글자가 없었기에 역사를 기록할 수 있는 여건이 조성되지 않았다는 점이다.

　　현대에 나와 있는 몽골 관련 자료는 대다수 칭기즈칸에 의해 정복되거나, 피해를 본 국가의 학자들에 의해 기록된 사료(史料)라는 점에 주목할 필요가 있다. 다시 말해 긍정적인 측면에서 기록하기는 어렵다는 점을 이해하고 몽골의 세계 정복사에 접근하여야 한다. 몽골의 칭기즈칸이 전쟁을 준비하고 수행하는 과정에서 무엇을(What)? 어떻게(How)? 하였는지에 관한 논점을 정확하게 이해하고 접근하는 노력이 필요하다는 얘기다. 칭기즈칸은 전쟁에 관한 원인과 배경, 그리고 목적을 명확하게 결정한 다음에야 정복 전쟁을 시작하였고, 이는 대다수의 전쟁에서 승리를 가져왔다. 국가 최고지도자의 자아상(自我像, self image)과 상황, 사태를 대하는 인식이 전쟁의 승패를 갈랐음은 그의 정복사(征服史)가 여실히 보여주고 있다. 13세기의 전쟁 수행능력은 칭기즈칸의 정복 전쟁을 통해 정착 민족보다 유목민족의 문명이 훨씬 뛰어났음을 증명하고 있다.

　　칭기즈칸이 승리한 전쟁 전략은 크게 네 가지로서 첫째, 동맹국을 만들어 적을 국제무대에서 고립시키는 외교력을 발휘하였다. 전쟁에서 해당 국가에 유리한 동맹국을 찾고 찾지 못하는 결과는 참혹했다. 역사·지리·종교·민족적 특성을 비롯하여 전쟁의 목적과 특징, 국가 최고지도자의 외교적 인식과 개인 성향에 이르기까지 다양한 요소에 의해 국가의 명운(命運)을 결정짓게 한다. 그는 이러한 어려움을 특유의 성격과 추진력으로 해결하였으며, 몽골-서요(흑거란)-남송 연합을 달성함으로써 전략적 목표를 성취하였다. 이는 대몽골 제국을 건국하면서 수행한 19회의 전쟁 중에서 47.3%에 달하는 9회를 연합작전으로 승리하였다는 점에서 느낄 수 있다.

둘째, 적의 갈등 관계를 이용하는 데 능수능란하였다. 특정 지역을 침공하기 전에는 반드시 주민과 상인들을 회유하여 정탐꾼으로 활용하였다. 이들을 통해 허위와 진실을 섞인 다양한 소문을 조작하여 퍼뜨렸다. 상인들에게는 안전한 교역로와 적은 세금 징수를, 종교 교파(敎派)에게는 종교의 자유와 세금 감면(減免)을, 가난한 주민들에게는 부자들을 제거해 주겠다는 등의 약속을 통해서 말이다. 적국 간에는 현실적인 갈등 관계를 부추기거나, 군주국과 종속국 간에는 갈등을 조장하였고, 통합된 국가는 내부 민족 간 갈등을, 종교적 갈등을, 적국 내부는 귀족 간 또는 귀족과 평민 간의 갈등 등을 다양한 방법과 수단으로 부추겼다.

셋째, 전쟁을 수행하는 동안에도 몽골제국과 군대의 측·후방 안전을 반드시 확보하였다. 고향을 지킬 장수와 군대는 반드시 일정 규모 이상을 잔류시켰고, 호라즘제국을 정벌 간에는 귀족들이 고향을 지키게 하였다. 또한, 동맹국의 지원을 받아 측·후방의 안전을 도모하였다. 원정 및 행군 시에는 항시 2~5개의 기동로로 분산하여 기동함으로써 대규모 피해가 발생하지 않도록 예방하였다. 진군로(進軍路) 상에서는 쉼 없이 군대와 말의 식량을 확보하였고, 적의 힘은 여러 방향으로 분산시키도록 노력하였다. 기병의 기동력을 이용한 상호지원과 집중의 장점을 살리기 위한 노력의 일환이었다. 특히 적으로부터 포위를 예방함과 동시에 즉각 양익(兩翼) 포위를 할 수 있다는 장점을 잘 활용하였다.

넷째, 적에게 전투력을 집중할 기회가 부여되지 않도록 하였고, 분리하여 각개격파하는 전술을 즐겨 사용하였다. 이는 금나라 침공 시 900여km를 두 개의 기동로를 이용하여 기동하였고, 호라즘제국을 침공할 때는 다섯 개의 기동로를 이용한 데서도 짐작할 수 있다. 그러나 주목하여야 할 키-워드는 분산하여 행동하면서도 공격할 때는 최대한 전투력을 집중하였다는 점에 있다. 이는 현대의 '분리 행군, 협동 공격'과도 그 궤(軌)를 같이한다고 보면 될 듯싶다.

강의 III 美 독립전쟁에 관하여 이해합시다.

학습하기 이전(以前)에 요구되는 사항

1. 미국 독립전쟁 당시의 국제정세와 주변 환경은?
2. 식민지 내부의 분위기와 여론 형성의 정도는?
3. 독립전쟁이 발발(勃發)하게 된 배경과 원인은?
4. 조지 워싱턴(George Washington)의 성향과 특징은?
5. 독립전쟁이 시작하게 만든 전투의 명칭과 원인은?
6. 독립전쟁 간 진행된 주요 전투는?
7. 독립선언문을 작성한 배경과 성과를 꼽는다면?
8. 렉싱턴-콩코드 전투의 주요 경과와 특징은?
9. 새러토가 전투의 주요 경과와 특징은?
10. 몬머스-요크타운 전투의 주요 경과와 특징은?
11. 그린마운틴 보이스(Green Mountain Boys)는 어떠한 조직인가?
12. 학습자가 독립전쟁 시 지휘관이었다면, 어떤 점을 보완 및 개선해야 할까?
13. 2000년에 상영된 영화 〈패트리어트-늪 속의 여우〉를 시청하시오.

제4장

미국의 독립전쟁(아메리카 식민지 혁명)

제1절 개요

제2절 독립전쟁이 발발(勃發)한 배경과 원인

제3절 인간 조지 워싱턴에 관한 이해

제4절 독립선언문 작성 배경과 주요 성과

제5절 독립전쟁 간 주요 전투

제6절 독립전쟁이 남긴 의미와 교훈

제 1 절
개 요

엘리자베스 1세[英]

아메리카 식민지는 영국의 엘리자베스 여왕(Elizabeth I, 1533~1603)이 스페인의 무적함대에 맞서기 위해 식민지를 건설하기 위한 노력의 일환이었다. 실패를 거듭하는 가운데 1606년 버지니아(메인~노스캐롤라이나에 이르는 지역)와 메릴랜드[1]) 근처의 체사피크만에 도착하여 영국 최초의 식민지인 제임스타운을 건설하였으나, 토착민(모히크 인디언)들에 의해 어려움을 겪다가 담배 제조에 성공하며 성과를 거뒀다. 이후 영국 찰스 1세(Charles Ⅰ, 1625~1649)의 폭정(暴政)을 견디지 못하고 아메리카로 건너온 퓨리탄(Puritans, 청교도) 인들이 함께하였으며, 중심이 된 철학으로는 '자유와 평등주의'를 내세울 수 있다.[2]) 다시 말해 모든 인간이 신 앞에 평등하다는 평등주의와 자유의지 주의가 이들이 가진 도덕관의 바탕이었다.

찰스 1세[英]

독립전쟁(1775~1783)은 미국사를 연구하는 시각에서 가장 큰 관심과 논의의 대상으로 일명 아메리카 식민지 전쟁(또는 혁명)으로 불리고 있다. 영국의 가혹한 지배와 과세(課稅)의 억압 속에서 통일된 복장 하나 갖추지 못한 민병(民兵)이 영국 정규군대를 상대로 승리를 쟁취하였으며 독립 국가를 건설했다는 측면에서 상당한 의미가 있다. 또한, 이를

---

1) 권위적인 통치와 의회와 갈등을 빚으면서 청교도 혁명을 일어나게 만든 영국왕 찰스 1세(Charles I, 1600~1649)가 특허장을 주면서 자신의 왕비인 앙리에뜨 메리의 이름을 따서 '메릴랜드(Maryland-메리의 땅)'로 명명(命名)하였다.
2) '퓨리탄(Puritans)'은 16~17세기에 활동하던 '청교도(淸敎徒)'를 뜻하며, 서방교회가 교황을 중심으로 하는 '제도 중심주의'인데 반해 영국 국교회의 '순결(purity)과 복음 중심주의'를 추구하는 개신교들을 의미하고 있다. 이들은 점차 다양한 전통적인 복음주의를 지향하였다. 영국 내에서는 종교적 권위를 갖추고자 성공회를 설립하였고 성공회에서 요구하는 39개 조 신조를 준수하게끔 요구하였다. 그러나 이에 응하지 않으면서 비국교도로 평가받았으며, 분리주의자로 탄압을 받으면서 이를 피해 대서양 너머의 아메리카 대륙으로 건너오면서 청교도의 부흥을 이루었다.

통해 오늘날 세계 최강의 패권 국가가 되었고, 시민 의식을 확립한 최초의 계기이기도 하며, 미국의 '시민 정신(citizen spirit)'과 '국가 정체성(national identity)'을 형성하게 한 첫 번째 전쟁이기도 하다. 미국의 정치학자인 새뮤얼 P. 헌팅턴(Samuel P. Huntington, 1927~2008) 박사는 『군인과 국가(soldier and the state)』에서 미국은 세 가지 전쟁, 즉, 독립전쟁-남북전쟁-제2차 세계대전을 통해 현재의 '팍스 아메리카나(Pax Americana)'를 완성하였다고 강조하고 있다. 이러한 관점에 기초하여 미국의 독립전쟁(아메리카 식민지 혁명)을 탐구하고자 한다.

제 2 절

미국의 독립전쟁이 발발(勃發)한 배경과 원인

1. 독립전쟁 이전(以前)의 국내·외 정세

레판토 해전(1571)

16세기 말의 유럽지역은 에스파냐(현재의 스페인)가 최대 강국으로 군림하였다. 당시 국왕 펠리페 2세(Felipe II, 1527~1598)가 지중해 무역을 방해하던 오스만튀르크 제국의 함대를 1571년 레판토 해전에서 격파하면서 세계전쟁사 최초로 무적함대라는 별칭을 얻었다.[3]

1580년 에스파냐가 포르투갈까지 병합하자 영국과 에스파냐 사이에 긴장이 감돌기 시작하였다. 특히 영국 엘리자베스 여왕의 언니(메리 1세)가 펠리페 2세와 결혼한 이후부터 에스파냐 우호적인 정책을 펼치자 엘리자베스는 언니의 죽음을 계기로 신교(新敎, Protestant)를 숭상하고, 가톨릭(Catholic)을 억압하는 등 에스파냐를 적대시하는 정책으로 전환하였다. 특히 엘리자베스의 비호(庇護)를 등에 업은 해적(海賊) 프란시스 드레이크(Francis Drake, 1540~2596)가 에스파냐의 상선을 공격하고, 여왕은 에스파냐가 지배하던 바타비아(현재의 네덜란드)의 독립운동을 지원하는 등 공세를 계속 강화하

Francis Drake(英 해적)

였다. 상황이 불리해지자 펠리페 2세는 엘리자베스 여왕에게 청혼하여 난국을 타개하려고

---

[3] 1571년 10월 4일 레판토 성에서 오스만튀르크군의 작전 회의를 진행하는 과정에서 에스파냐가 고작 140척에 불과하다는 보고를 받고 에스파냐의 기독교 함대를 과소평가하게 되면서 패전(敗戰)은 이미 결정되었다.

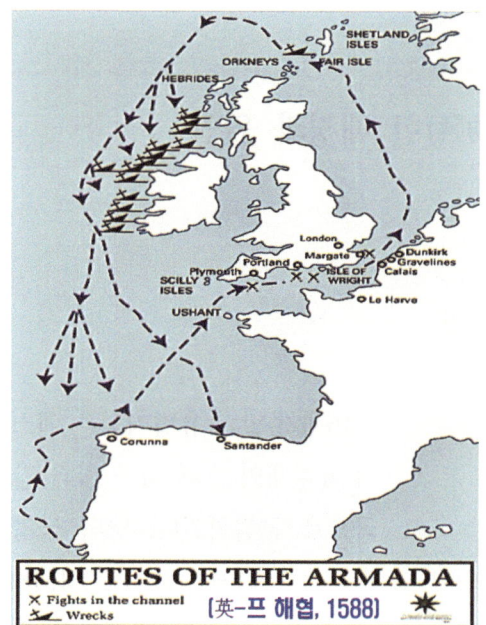

하였으나, 단번에 거절당했다. 펠리페 2세는 이에 앙심을 품고 엘리자베스 여왕의 축출(逐出, oust)을 시도했지만, 실패하자 1587년 대영(對英) 전쟁을 선포하였다.

당시 에스파냐는 무적함대로 불리며 지중해를 장악하고 있었다. 이에 따라 대형 함선 위주로 편성하고 있었지만, 영국은 주변이 좁은 해협들로 형성되어 있다 보니 소형 함선 위주로 함대를 편성하고 있었다. 1588년 에스파냐의 무적함대(Spanish Armada)와 영국 함대가 영-프 해협의 좁은 길목에서 해상전투를 벌였다. 130여 척의 대형 전함을 보유하고 있던 에스파냐는 소형 함선으로 편성한 영국 함선을 우습게 보고 쉽게 승리할 것으로 낙관(樂觀)하고 있었다. 그러나 아르마다 해전에서 출동함대의 ⅔를 잃고 대패하면서 무적함대라는 칭호를 영국에 넘겼다. 이를 계기로 현대에 이르기까지 무적함대는 영국 함대의 대명사가 되었다.[4]

영국은 해군을 중심으로 강력하게 국력을 확장하였고, 프로이센(프러시아)과 오스트리아와의 분쟁을 계기로 하여 1756년부터 1763년까지의 7년 전쟁(Seven Years' War)을 통해 유럽 대륙의 지배자로 등극하였다.[5] 이즈음 진행되었던 프로이센 동맹 대(對) 反 프로이센 동맹 간의 대립은 유럽 열강들이 서로 대륙 지배권을 확보하기 위한 경쟁이었으며, 영국과 프랑스가 북아메리카를 차지하기 위해 벌인 전쟁으로 압축하면 이해가 쉬울 듯하다. 이는 미국이 독립전쟁을 진행하는 중요한 유인(誘因)으로 작용하였다.

영국은 승전국으로서 북아메리카와 인도의 지배권을 확보하였고, 1600년 동인도(東印度)회사를 설립하였다. 그러나 전쟁으로 국고(國庫)가 부족해지자 이를 보충하기 위해 아메리카 식민지(미국)에 과도한 세금을 부과하면서부터 식민지의 분위기는 서서히 가라앉기 시작하였다. 反 프로이센 동맹이었던 프랑스는 패전국으로 전락하자 재정수입을 해결

---

4) '아르마다(Armada) 해전'을 조금 더 깊이 이해하려면, 1964년 상영된 《Les Pirates Du Diable, The Devil-Ship Pirates: 해적선 악마호》를 보면 이해가 쉬울 듯하다.
5) 프로이센과 하노버, 영국으로 구성된 프로이센 동맹과 프랑스, 오스트리아, 작센, 스웨덴, 러시아가 연합한 反 프로이센 동맹 간 전쟁이다. 1756년 오스트리아가 슐레지엔 지방을 회복하기 위해 프로이센과 전쟁을 시작하였으나, 연달아 패배하자 오스트리아와 러시아 연합군의 지원을 받자 프로이센도 영국의 지원을 받으면서 승리하였다. 이를 통해 영국은 유럽의 맹주로, 프로이센은 독일제국의 맹주로 등극하면서 전성기를 구가하였다.

하기 위해 귀족계층이 아닌 서민들에게 과도한 세금을 부과하는 악수(惡手)를 두었다. 이로 인해 국민의 분노와 원성이 높아지면서 1789년 자본가와 상공업자 등의 중산(中産) 계층이 주도하는 프랑스 혁명이 발생하였다.

아메리카 식민지주들도 초기에는 크게 동요하지 않는 분위기였으나, 기간이 지나면서 과도한 조세(租稅, taxation)정책이 경제적 압박으로 가중(加重)되면서 급진주의자들 사이에서 극렬하게 저항하는 분위기가 조성되었다. 그러나 당시만 하더라도 조세 경감에 대한 불만(不滿, complaint) 이외에는 없었다는 게 학자들의 중론(衆論, majority opinion)이다. 특히 일반적으로 얘기하는 국가 독립 등으로의 변화 필요성에 관한 조짐(sign)이 거의 없었다는 점은 역사적으로 증명되고 있다.

2. 식민지 내부의 분위기와 여론(public opinion)

1775년 이전 아메리카 식민지 주들은 영국의 식민지를 당연시하는 분위기가 주류였고, 인식도 그다지 부정적이지 않았다. <그림 4-1>은 당시 아메리카 식민지인들의 내부적인 분위기와 인식을 정리하였다.

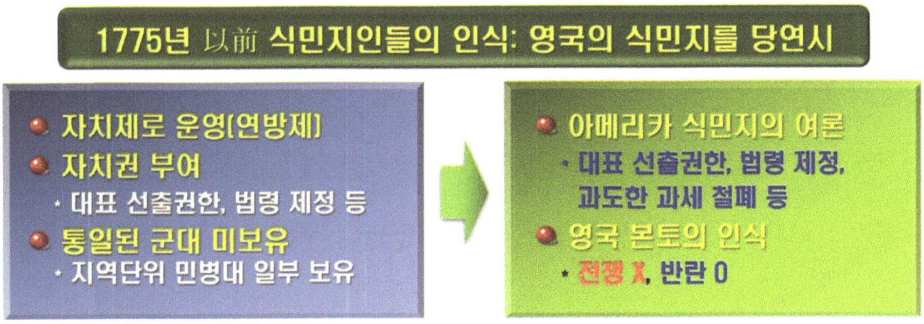

<그림 4-1> 아메리카 식민지인들의 내부 분위기와 인식 정도

아메리카 식민지는 연방제였으나, 대부분 자치제로서 자율적인 운영이 가능하였기에 식민지인이라는 느낌을 갖지 않았다고 보는 게 타당하다. 자율적으로 대표를 선출하였고, 식민주(州)별 필요로 하는 법령도 자체적으로 제정할 수 있었기 때문이다. 따라서 아쉬울 것도 더 필요한 것도 없었다고 함이 타당하리라고 보인다. 이는 1775년에 개최하였던 대륙회의를 진행하는 과정과 결과를 보더라도 투쟁 목표가 분명하지 않았다는 측면에서 당시

의 분위기를 짐작할 수 있다. 관세와 무역의 제한에 대한 불만이 다수였기 때문이다.[6] 그 이유로 영국의 연방제는 느슨하였고, 자치권이 많아 굳이 속박에서 벗어날 이유가 없었다. 본토에서 아메리카 식민지 주를 통제하는 방식에 문제가 없다고 판단한 이유도 전(全) 식민지에서 거둬들이는 세금 수입의 30%를 아메리카 식민지에서 거뒀기 때문에 그냥 자율적인 제도를 유지하더라도 다른 식민지에서 거둬들이는 수익의 배가 넘는 이익이 나오고 있는 아메리카 식민지 주들을 굳이 강제나 압박을 가할 필요가 없었다.[7]

이러한 환경은 식민지인들이 식민지 주 전체나 각자 주(州)별로 통일된 군대를 보유할 필요성을 느끼지 못하게 하였다. 따라서 민병대(militia)[8] 개념의 군대만 있어도 된다는 인식이 주류였기에 통일된 복장도 필요하지 않았다.[9] <그림4-2>는 당시의 민병대 복장이고, <그림 4-3>은 지역별 식민지 軍의 현황과 약사(略史)다.

<그림 4-2> 미국 독립전쟁 당시 민병대 복장(벙커힐 전투)

---

6) 독립전쟁 당시 혁명군 총사령관이었던 조지 워싱턴(George Washington, 1732~1799)을 비롯하여 독립선언문에 서명했던 25명도 초기에는 한결같이 독립을 원하는 것이 아니라는 성명을 발표한 바 있다.
7) 당시 영국 본토인 사우스 햄튼(Southampton)에서 아메리카 식민지인 뉴욕까지의 거리는 6,000km로서 편하게 오갈 수 있는 거리가 아니었던 점도 작용하였다고 봄이 타당하지 않나 싶다.
8) 아메리카 식민지 초기 민병대는 여러 차례에 걸쳐 재정의(再定義)되었다. 영국의 식민지 시기에는 '미닛맨(Minuteman)'으로 '평시는 생업에 종사하다가 유사시에는 1분(minute) 안에 무장하여 소집할 수 있는 남자들(men)'이라는 뜻이다. 미국의 수정헌법 제2조는 "규율 있는 민병대(militia)는 자유로운 주의 안전 보장에 필요하므로, 무기를 소장하고 휴대하는 국민의 권리를 침해(侵害)하여서는 안 된다."라고 규정하고 있기에 현대에 와서도 미국인들은 자유롭게 민병대를 조직할 수 있게 되어있다.
9) 독립전쟁 당시 사용된 주(主) 무기는 머스킷 소총으로 사거리가 75야드(70m) 이내였으나, 켄터키와 펜실베이니아 주에서 도입한 장총(Long Rifle)의 사거리는 500야드(460m)였다고 한다.

분류	정식 명칭	구별	약사
뉴 잉글랜드 식민지軍	뉴햄프셔 식민지	자치 식민지	매사추세츠 만 직할식민지로부터 분리(1679)
	매사추세츠 [직할식민지]		매사추세츠 만 회사에 의해 설립(1629) 폴리머스 식민지 합병(1691)
	로드 아일랜드 식민지		로저 윌리엄스가 설립(1636)
	코네티컷 식민지		토마스 훅이 설립(1636)
중부 식민지軍	뉴욕 식민지	영주 식민지	요크 공작(제임스 2세)의 영지로 시작(1664)
	뉴저지 식민지		존 버클리, 조지 캐트렛이 설립(1664)
	펜실베이니아 식민지		윌리엄 펜이 설립(1681)
	델라웨어 식민지		펜실베이니아 식민지로부터 분리(1703)
남부 식민지軍	메릴랜드 식민지	영주 식민지	볼티모어 경이 설립(1634)
	버지니아 식민지	자치 식민지	버지니아 회사가 설립(1607)
	노스 캐롤라이나 식민지	영주 식민지	클라렌 경 등 8명의 귀족들이 설립(1663) → 남북으로 분리(1729)
	사우스 캐롤라이나 식민지		
	조지아 식민지		제임스 오글소프가 설립(1733년)

<그림 4-3> 미국 독립전쟁 당시의 식민지 軍 분류와 창설 약사(略史)

조지 워싱턴이 제1·2차 대륙회의에 등장하기 이전까지만 하여도 통일된 혁명군(대륙군) 조직은 존재하지 않았다. 하지만 강경파인 토마스 제퍼슨(Thomas Jefferson, 제3대 대통령), 새뮤얼 애덤스(Samuel Adams), 존 행콕(John Hancock, 제2차 대륙회의 의장으로 독립선언문의 첫 서명자)과 같은 급진적인 인물들이 전면(前面)에 등장하면서 식민지의 내부 분위기도 변화하기 시작하였다. 이들이 모두 매사추세츠주(州)의 급진파를 이끈 대표적인 인물이었다.

독립선언문은 초기에 토마스 제퍼슨이 작성하였고, 이후 제3대 대통령(1801~1809)으로 당선되었다. 새뮤얼 애덤스는 차(茶) 밀수업자로서 '자유의 아들들(Son of Liberty)'이라는 과격하고 급진적(急進的)인 성향을 보유한 애국파(愛國派)를 조직하여 활동한 인물이다. 동인도회사에서 생산하는 차(茶) 불매 운동과 보스턴 항에 정박하고 있던 동인도회사 선박의 홍차(紅茶, black tea)가 들어있는 상자를 바닷물에 던져 버리는 극단적인 행동을 주도하였다. 이는 영국의 불만과 강력한 통제(억압)를 불러왔다. 이후 인지세법(Stamp Act)을 주도적으로 반대하면서 보스턴의 격렬한 시위를 계획하였고, 대륙회의 대표를 지냈다.

동인도회사에서 생산한 차(茶)

존 행콕은 새뮤얼 애덤스와 같은 차(茶) 밀수업자였으며, 토머스 제퍼슨과는 매사추세츠 급진적 행동 조직인 애국파를 이끌었던 인물로 대륙회의 대표와 의장을 지냈으며, 독립전쟁의 도화선이 되었던 렉싱턴 전투를 있게 한 핵심 인물로서 아홉 차례나 주지사를 지낸 인물이다.

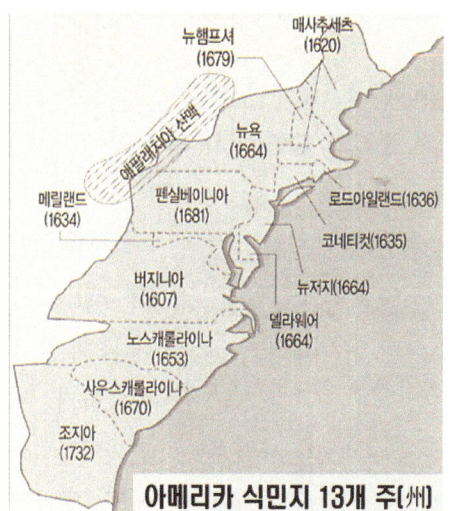
아메리카 식민지 13개 주(州)

1775년의 아메리카 식민지는 13개 주로 구성되어 있었고, 총인구는 흑인 54만 명을 포함한 250만여 명이었다. 인구 통계학적 시각에서 접근하자면, 한 가구당 평균 8명의 아이가 있다고 이해함이 타당하리라고 본다. 아메리카 식민지 주 중 남부지역의 최대 수출 품목은 담배였고, 프랑스령의 최대 수출 품목은 비버(Beaver) 모피였다.10) <그림 4-4>는 17세기 아메리카 식민지의 영역과 산업 중 담배와 비버 모피 산지(産地), 프렌치-인디언 전쟁이 발생한 지역 현황이다.11)

비버

---

10) '비버(Beaver)'는 설치류에 속하는 포유동물로서 땅딸막하며 크기는 약 60~70cm, 무게는 약 20~27kg의 초식동물이다. 19세기에는 멸종 위기에 처하였지만, 20세기 들어서면서 복원되어 멸종 위기에서 벗어났다.
11) 프렌치-인디언 전쟁을 조금 더 깊이 이해하려면, 1992년 상영된 영화 《라스트 모히칸: The Last of the Mohicans》을 보면, 조금 더 이해가 쉬울 듯하다.

<그림 4-4> 아메리카 식민지의 영역과 산지(産地), 프렌치-인디언 전쟁 발생지역 현황

　프랑스령의 최대 수출 품목인 비버 모피는 프랑스가 25만 파운드의 이익을 보았을 때 영국은 125만 파운드의 수익을 올려 프랑스가 가져가는 수익보다 5배가 많았다.[12] 이러다 보니 프랑스 군대가 아메리카 식민지주의 사냥꾼과 상인들을 강력하게 체포하거나, 구금(拘禁)하기 일쑤였다. 그러나 영국과의 수익에서 좀처럼 격차가 좁혀지지 않자 결국, 프랑스는 본국에서 4,000여 명 규모의 정규군대를 추가로 파견하였고, 1755년 프렌치-인디언 전쟁을 개시하였다.

　다만 전쟁을 시작하기 위해서는 대외적인 정당한 명분이 필요하였다. 이러한 빌미를 만들기 위하여 오하이오 강 상류에 거주하고 있는 버지니아와 펜실베이니아주의 지역민들이 교역과 정착을 할 수 있는 지역을 걸고 넘어갔다. 이들 지역이 영국의 영토인지, 프랑스 영토인지를 명확하게 결정해야 한다는 문제 제기였다.[13] 당시의 드러난 상황만으로는 영국계 정착민들이 다수를 차지하고 있었지만, 탐험과 무역, 토착 인디언들과의 유대관계가 좋았던 프랑스가 전적으로 유리했기 때문이다.

---

12) 1파운드가 2020년 현재 약 1.3$(한화 1,450원)이므로 프랑스가 3.6억 원의 수익을 올릴 때 영국은 18억 원의 수익을 올렸다.
13) 내면적(interest, 숨겨진 욕구)으로는 어떤 국가의 문화가 북아메리카의 심장부를 장악하게 될 것인지를 가늠하려는 더 큰 정치적 이면(裏面)이 숨겨져 있었다는 점을 이해하여야 한다.

3. 독립전쟁이 발발(勃發)하게 된 원인

1754년부터 1763년까지 9년에 걸쳐 진행된 영국과 프렌치-인디언과의 전쟁이 발발하자 초기 식민지 민병대는 영국군 편으로 참전(參戰)하였다. 유격대 대위인 조지 워싱턴이 통합지휘관으로 퀘벡(Quebec, 비버 모피의 최대 집산지)을 공격하여 점령하는 등 전공(戰功)을 세우면서 대외적으로 명성이 부각(浮刻)되기 시작하였다.

종전(終戰)한 이후 중서부 인디언 지역의 비옥한 땅을 개척하게 해달라고 요청하였으나, 영국이 승인하지 않자 모히칸 인디언(Mohican Indian)들과 분쟁을 일으켰다.14) 상황이 복잡해지자 영국은 1764년부터 설탕과 당밀, 철, 소금 등에 과세하는 설탕법, 당밀법 등을 부과하였다. 식민지가 공분(公憤, righteous indignation)하자 1765년 신문, 일간지 등 출판물에 과세하는 인지세법을 제정하며 강하게 압박했다. 이때 매사추세츠주의 새뮤얼 애덤스가 이끄는 급진과격파인 '자유의 아들들'이 먼저 움직였다.

찰스 타운센드(英)

아메리카 식민지주의 저항이 거세지자 본토에서도 더 강력한 입법과 통제로 맞받았다. 1767년 6월 15일 외무장관 찰스 타운센드(Charles Townshend, 1725~1767)에 의해 '타운센드법'이 시행되었으나, 식민지인들이 강력하게 반발하자 철회하였다. <표 4-1>은 1967년 영국이 아메리카 식민지에 강제 부과한 타운센드법을 정리한 내용이다.

<표 4-1> 영국이 아메리카 식민지에 강제 부과한 타운센드법(정리)

① 임무 일시 정지법: 뉴욕 식민지 의회가 영국군이 주둔하는 비용을 분담하도록 규정한 숙영법
② 납, 유리, 페인트, 차 등에 과세
③ 각종 인력 운영에 관한 과세
④ 차(茶)에 대한 무역세

---

14) '모히칸 인디언'은 아메리카 대륙의 원주민으로서 시대적 배경과 상황을 조금 더 이해하려면, 1992년 상영한 영화 《라스트 모히칸: The Last of the Mohicans》을 보면, 조금 더 이해가 쉬울 듯하다.

그러나 식민지 주는 영국 의회에 대표단을 파견하지 않은 상태에서 과세법이 통과되었기에 원천 무효라고 주장하며 "대표 없이는 과세도 없다(No taxation representation)."라는 구호로 격렬하게 항의하였다. <그림 4-5>는 독립전쟁으로 고조되는 과정에서 발생한 주요 사건을 정리한 내용이다.

① 1764, 설탕법, 당밀법 등 수입품에 대한 과세
② 1765, 신문, 일간지 등의 출판물에 대한 인지세법[印紙稅法] 시행
③ 1767.6.15.~1773, 타운센드법 공포, 폐지
  * 차[茶] 과세 유지
④ 1770.3월, 보스턴 주민 학살 사건
⑤ 1773, 12.26, 보스턴 항구 차[茶] 사건
⑥ 1776.1월, 토마스 페인의 《상식론》 출간

<그림 4-5> 독립전쟁으로 격화되는 주요 사건(종합)

1770년 3월 초, 보스턴 시내에 있는 밧줄 공장 노동자들과 부두 노동자들이 부대에서 나온 영국군 10명과 시비가 붙는 과정에서 소총을 발사하여 노동자 5명이 현장에서 사망하였다. 새뮤얼 애덤스는 이를 '대학살(massacre)'로 확대하여 '보스턴 대학살 사건'으로 포장하고 주민들을 선동(propaganda)하였다.15) 사건이 커지면서 부담을 느낀 영국이 주민들을 자극하지 않기 위해 타운센드법을 폐지하고 식민지 주들을 달랬다. 식민지 주민들의 원성이 잠잠해지자 급진파인 토마스 제퍼슨, 새뮤얼 애덤스, 존 행콕 등은 자신들의 의도대로 되지 않는 데 대하여 조급해하였다. 이들은 로드아일랜드(Rhode Island) 급진파가 영국 해군 함선인 '가스피(Gaspee)'호를 불태운 사건과도 연계하며 확대하기 위해 노력하였으나, 저항의 불길은 기대한 만큼 높아지지 않았다.

이러한 과정이 지루하게 이어지는 가운데 1773년 영국은 '인디언 보호구역'에 관한 포고령을 선포하고, 식민지를 보호한다는 명분으로 영국 군대가 주둔하는 비용 일부를 식민지가 부담하게 하는 '병참법(兵站法)'을 강압적으로 부과하였다. <그림 4-6>은 당시 영국이

---
15) 당시 보스턴의 총인구가 1.6만 명인데 사망한 노동자 장례식에 참석한 주민이 1만 명이라고 하는 사실에서 현장의 분위기를 느낄 수 있다.

중서부지역에서 비버 모피 수익으로 인한 갈등이 격화하자 인디언 보호구역을 설정했던 과정에서 드러난 내면적 사실을 정리하였다.

① 농민, 사업가, 사냥꾼 등의 무질서한 진출에 따른 사건사고 발생
② 순수한 인디언들의 토지는 투기 업자의 사기(詐欺) 등으로 피해
③ 분배 받지 못한 식민지(州)들의 불만[적개심]이 발생이 우려
※ 허가 없는 비버(모피) 사냥 및 인디언과의 개별적 토지 거래 금지

<그림 4-6> 영국이 인디언 보호구역을 설정한 내면적 사실

이러한 조치는 프렌치-인디언 전쟁에서 승전국의 지위를 확보하며 북아메리카와 인도 전역(全域)의 지배권을 가져온 데 따른 과도한 자신감의 발로(發露, expression)였지만, 독립전쟁의 시발점으로 작용하였다.

1773년 영국이 동인도회사에 차(茶)에 관한 독점유통권을 부여하면서 전(全) 식민지의 밀수 차 수입을 철저하게 단속하자 차 수입업자인 급진파들은 바로 동인도회사의 차 불매(不買) 운동을 전개하였고, 현지 총독(토머스 허친슨)도 강력한 단속을 시작하였다.[16] 12월 26일 밤, 새뮤얼 애덤스와 존 행콕 등 비롯한 150명이 모히칸 인디언 복장으로 위장한 다음 보스턴 항구에 정박하고 있는 동인도회사 선박 2척에 적재하고 있던 홍차 342개 상자를 모조리 바다에 던져 버렸다. 이 사건을 계기로 다른 지역에서도 저항운동이 들불처럼 번져갔다. 영국의 엄청난 분노에 휩싸였고, 이후 식민지에 대한 탄압을 강화하는 결정적인 계기로 작동하였다. 영국 의회는 곧바로 「매사추세츠 주 응징법(Repressive Act)」을 제정하였고, 식민지 주민들도 너무 심하다는 분위기로 변했다. 식민지 전체가 옥죄이는 상태에서 서서히 자치제에 대한 의구심을 품는 분위기가 감지되었다. <그림 4-7>은 당시 「매사추세츠 주 응징법(Repressive Act)」의 주요 내용을 정리하였다.

---

16) 차(茶) 수입과 관련된 얘기가 경과가 왜! 이렇게 독립전쟁의 원인으로 등장하고 있는지에 대한 의문이 생길 수 있다. 그러나 당시 영국 본토와 아메리카 식민지인들의 일반적인 대표 음료가 홍차(紅茶, Black Tea)였기 때문이다. 현재의 탄산음료나 커피와 같은 수준으로 생각하면 이해가 쉬울 듯싶다.

> ① 매사추세츠 정부법: 국왕과 현지 총독만 법원 판사 임면권 부여
> ② 재판 운영권: 다른 지역이나 영국 본토에서만 재판을 진행
> ③ 군대 민박법: 영국군은 필요시 어떠한 가정집에도 민박이 가능

<그림 4-7> 「매사추세츠 주 응징법(Repressive Act)」 (요약)

이제 더는 물러설 곳이 없게 된 매사추세츠주 의회도 주민들의 격앙된 분위기에 동조하여 처음으로 독립전쟁(아메리카 식민지 혁명)으로 연결되는 '혁명정부'의 모체(母體)를 구축하였다. 결국, '보스턴 차 사건(Boston Tea Party)'은 1775년부터 시작하는 독립전쟁의 전초전이자 무력충돌의 도화선으로 비화하였다. 이는 아메리카 식민지 혁명의 직접적인 원인으로 작동하였다.[17]

---

[17] 1773년 봄에 영국 의회가 통과시킨 '홍차법(Tea Act)'이 실제로는 아메리카 식민지인들이 마시는 홍차 가격에 비싼 세금을 부과한 게 아니라 오히려 세금을 낮추는 법이다. 다시 말해 동인도회사라는 정식 과정을 거쳐 수입하는 홍차를 겨냥한 게 아니라 네덜란드에서 밀수입되는 홍차를 비싸게 유통하여 수수료를 많이 남겨 이익을 챙기는 식민지주의 밀수업자들을 통제하기 위한 법안이었다. 다시 말해 소비자 가격을 획기적으로 낮춰버린 것이다. 이 과정에서 식민지주의 중간 유통 상인들의 반발과 식민지에 관련된 법안을 영국 의회가 일방적으로 승인함으로써 무시당했다는 자존심이 복합적으로 발산된 결과로 보는 게 타당하지 않을까 싶다.

제 3 절

인간 조지 워싱턴(George Washington)에 관한 이해

1. 조지 워싱턴의 생애와 성향(性向)

조지 워싱턴(美)

미국의 독립전쟁과 미국의 본질을 이해하려면, 먼저 조지 워싱턴(George Washington, 1732~1799)이라는 개인을 살펴볼 필요가 있다. 왜냐하면, 혁명군(대륙군, Continental Army) 총사령관이었고, 독립된 미국의 초대 대통령으로서 세계사에서 최초로 대중(大衆) 민주주의를 실천한 인물로 평가받고 있기 때문이다. 물론 본인이 몸소 실천했다고 평가하기는 다소 어렵다는 점은 이해하고 접근하였으면 한다. <그림 4-8>은 조지 워싱턴의 일생을 정리하였다.

- 1732.2.22, 버지니아 식민지 웨스트 모일랜드 출생
- 1753, 버지니아 민병대 입대 → 영국 정규軍 장교로 지원
- 1774~1775, 1·2차 대륙회의 대표/대륙軍총사령관 취임
  · "軍은 민간정부에 철저하게 복종한다" → 軍의 독재로 진행
- 1776, 트렌턴 전투 승리(영국軍 + 헤센軍을 기습, 격파)
  · <독립선언문> 발표
- 1777, 새러토가 전투 승리(영국軍 포로: 6,400명) → 프 개입
- 1781, 요크타운 전투 승리 · 전세(戰勢) 역전에 성공
- 1787~1789, 버지니아州 대표, 미국 초대대통령 선출
- 1797/1799, 대통령 재선 후 퇴임/사망(67세)

<그림 4-8> 조지 워싱턴의 일생

조지 워싱턴은 원래 영국 정규군 장교로서 근무를 희망하였기에 에드워드 브래독(Edward Braddock, 1695~1755) 장군의 휘하로 들어갔다. 이후 프렌치-인디언 전쟁에 참전

에드워드 브래독
식민지사령관(英)

하여 공을 세우는 등 정규군에 들어가기 위해 노력하는 과정에서 브래독 장군이 전사하면서 영국군 장교로 입대가 물거품이 되자 고향의 마운트 버넌 농장으로 귀향하였다. 17년이 지난 후 영국이 과도한 조세와 억압정책을 밀어붙이자 개최된 제1·2차 대륙회의에서 대륙군 총사령관으로 임명되었다.[18] 이후 미국이 독립전쟁에서 승리하고 독립한 다음 초대 대통령이 된 조지 워싱턴에 관한 평가는 공과(功過)로 구분하여 정리할 필요가 있다. 먼저, 군인으로서의 조지 워싱턴은 부하들이 신뢰하고 따를만한 리더십이 충분한 장교로서 국가관이 상당히 곧았고, 국가를 위한 충정(忠情)도 충분히 느낄 수 있는 일화가 많이 있다. 둘째, 보통 사람도 대통령이 될 수 있음을 실천한 인물이었고, 재선한 이후 조금의 망설임도 없이 퇴임을 실천했다는 결정은 존경받아야 한다. 그러나 스스로 대중 민주주의를 주창했으면서도 실제로는 왕(군주)으로 처신했다는 점에서 아쉽다. 초기 아메리카 식민지의 국민도 공화국 대통령이 무엇이고, 어떤 의미인지를 몰랐기에 이의(異意)를 제기할 생각도 분위기도 아니었음은 확실하다. 학습자들도 여건이 부여되었을 때 이러한 처신에서 자유롭기는 쉽지 않다. 장차 국가지도자나 군사 지도자가 되기 위해 노력하고 있는 신분이라면, 마땅히 유념해야 할 부분이 아닐까 싶다.

1781년 10월 대륙군은 요크타운 전투로 승기를 잡았지만, 평화조약을 체결하는 과정에서 군부 내부의 불만이 고조되었다. 당시 조지 워싱턴 장군은 루이스 니콜라(Lewis Nicola) 대령이 보낸 편지를 읽은 다음 곧바로 답장을 보냈다. 편지의 내용을 보면, 조지 워싱턴 장군의 성정(性情)이 느껴진다. 분노와 비탄을 표현하며 군인으로서 불가능한 얘기임을 올곧게 표출하였고, 병사들의 불만이 수그러들지 않자 직접 소집하여 연설하는 등의 노력을 실천한 점은 존중할 만하다. 특히 그와 루이스 니콜라 대령 간에 형성되어 있는 상관과 부하의 진정한 신뢰가 무엇인지를 여실하게 보여주고 있다. <그림 4-9>는 당시 조지 워싱턴 총사령관의 사고방식과 철학을 엿볼 수 있도록 편지 내용을 요약하였다.

---

[18] 대륙군 총사령관을 임명하는 과정에는 숨겨진 사실이 있다. 당시 총사령관 후보는 총 4명이었다. 아트미스 워드 장군(뉴잉글랜드 출신), 찰스 리 장군(Charles Lee, 영국 출신), 조지 워싱턴 장군(버지니아주 출신), 존 행콕(John Hancock, 대륙회의 의장으로 메사추세츠 급진파 수장) 중에 아트미스 워드 장군과 찰스 리 장군의 경우 전투지휘 능력은 뛰어났으나, 군인 기질(氣質)이 강하였다. 당시는 전투능력보다 인격을 중요시하였다. 지역 이기주의의 극복과 단결, 통합이 우선이었기에 온건한(한편으로는 수동적인) 리더십을 실천하면서 주변과 화합하고 부하들로부터 신뢰하고 존경받는 조지 워싱턴을 총사령관으로 결정하였다.

제4장 미국의 독립전쟁(아메리카 식민지 혁명)

Lewis Nicola 대령(1782.5.22.)

지금까지 군인들은 온갖 어려움을 견뎌왔지만… 이제 그 인내는 한계에 도달한 것 같습니다. 저는 우연히 군인들의 얘기를 엿들었습니다. '대륙회의가 군인들의 불만을 해소해주지 못한다면, 그들은 새로운 차원의 피와 혼란의 상태를 예상할 수 밖에 없다.' 저는 지금 이 나라에는 공화국의 지혜보다 군주국의 에너지가 훨씬 효과적이라 생각합니다… 군주국들이 문제가 있지만, 아직도 건재한 것을 볼 때 그러합니다. 총사령관님이 미국 최초의 군주가 되어주시기를 간청합니다.

George Washington(1782.5.22.)

그동안 軍이 이룬 폭넓은 정의는 대단한 것입니다… 그 누구라도 만약 기회가 주어진다면, 내가 이룬 일보다 훨씬 더 많은 일을 했을 것입니다. 나는 이 나라에 그 어떤 불행한 일도 일어나는 것을 원치 않습니다. 전쟁이 아직 끝나지 않은 상황에서 군대 內에 이런 생각이 있다는 귀관의 편지에 놀라움과 비통한 마음을 가눌 길이 없습니다. 만약 귀관이 이 나라와 그대 자신, 후손을 위하는 마음이 있다면, 또는 나에 대한 존경이 조금이라도 있다면, 이와같은 말은 물론 생각조차 하지 말기 바랍니다.

<그림 4-9> 조지 워싱턴 장군-루이스 니콜라 대령과의 왕관 편지(Crown Letter, 1982.5.22.)

대륙회의의 처사에 대하여 대륙군 내부의 분위기는 비판적이고 부정적이었다. 경비를 절감하여야 한다면서도 정작 자신들이 절약 노력은 하지 않고 병력만 일방적으로 감축하였고, 봉급과 연금의 지급 여부를 불확실하다고 공공연하게 발표하는 등으로 인해 내부의 불만은 극렬해졌고, 고조되어 갔다. 이를 감지한 루이스 니콜라 대령이 직속 상관인 조지 워싱턴 장군에게 군주(君主)가 되어 달라고 간청한 것이다. 이를 읽은 조지 워싱턴이 바로 답장을 보냈고, 니콜라 대령은 5월 23일과 24일, 그리고 28일 세 차례에 걸쳐 자신의 잘못을 인정하는 편지를 보냈다.[19]

---

[19] 이렇게 주고받은 편지의 내용과 조지 워싱턴의 심정을 긍정적으로만 바라보기는 어렵지 않을까 한다. 답장의 주된 내용의 맥락을 보면, 주변의 오해에서 벗어나려는 일말의 심경이 읽히고 있기 때문이다. 그가 온건하고 수동적인 리더십을 지향하는 인물이었음을 되새길 필요가 있다.

제 4 절

독립선언문 작성의 배경과 주요 성과

1. 개 요

아메리카 식민지와 갈등이 계속되자 영국은 4,000명의 정규군을 보스턴으로 파견하였다. 그러나 본토로부터 봉급과 처우 등의 대우는 열악하기 짝이 없었다. 이를 견디지 못한 영국군이 식민지 노동자들과 일자리를 차지하기 위해 경쟁하는 지경까지 이르렀다.

이러한 분위기가 계속되는 와중에 1770년 3월 5일 항구를 지나가던 영국군들과 부두 노동자들 사이에 시비가 일어났다. 부두 노동자들이 눈덩이에 돌을 넣어 영국군에게 던지자 영국군은 발포하였다. 현장에서 노동자 5명이 사망하면서 엄청난 파문(波紋, ripple)을 일으켰다. 일명 '보스턴 대학살 사건'이었다. 그러나 급진파들이 예상하던 전국으로의 확산은 되지 않았다. 반영(反英) 무역의 확대를 노리던 급진파들은 다급해졌다. 1773년 동인도회사의 차(茶) 수입을 막기 위해 네덜란드 차를 독점하여 밀수업으로 이익을 창출하던 새뮤얼 애덤스와 존 행콕 등은 자신들이 이끄는 급진과격파들과 모의한 다음 모히크 인디언 복장을 하고 보스턴 항에 정박하고 있던 선박 2척의 홍차 적재물을 바다로 던지는 사건을 일으켰다.[20] <그림 4-10>은 독립전쟁으로 발전되는 단계를 정리하였다.

- 1774.11월, 영국인 토마스 페인, 아메리카 식민지에 합류
  - 투쟁 목표 '세금' → '식민지 주(州)의 독립'
- 1776.1월, 《상식(Common Sense)》 발간
  - 50만부 이상 판매
- 1776.4월, 아메리카 식민지 13개주 → 모든 국가에 항구 개방
  - 6.12, 버지니아, 최초의 헌법 제정 및 선포
  - 6.15, 조지 워싱턴 장군 → 대륙군 총사령관으로 임명
  - 7.2.~4, 제2차 대륙회의 개최 → 독립선언문 승인
- 1781.3월, 미국 최초 헌법의 기초(독립선언문)

<그림 4-10> 독립전쟁으로 발전 단계(종합)

2. 제1차 대륙회의 개최와 민병대 소집

1774년 9월 5일 처음으로 13개 아메리카 식민지 주 중 조지아주를 제외한 12개 식민지주 대표(56명)가 필라델피아에서 대륙회의를 시작하여 10월 26일까지 진행하였다. <그림 4-11>은 제1차 대륙회의에 참석한 12개 식민지 주 현황이다.

① 버지니아, ② 매사추세츠, ③ 코네티컷, ④ 로드 아일랜드, ⑤ 뉴햄프셔, ⑥ 메릴랜드, ⑦ 노스캐롤라이나, ⑧ 사우스캐롤라이나, ⑨ 뉴욕, ⑩ 뉴저지, ⑪ 델라웨어, ⑫ 펜실베이니아, ⑬ 조지아

<그림 4-11> 제1차 대륙회의에 참석한 12개 식민지주

---

20) 동인도회사에서 생산한 차는 가격이 저렴하였지만, 네덜란드 수입차는 가격이 비쌌기 때문에 상대적으로 저렴한 가격의 동인도회사 차가 식민지 내에서 유통되게 놔두는 행위는 네덜란드 차를 밀수하여 수익을 내야 하는 급진파들의 처지에서는 수익이 줄어드는 문제였다.

제1차 대륙회의(1774.9.5.~10.26.)

주요 의제(Agenda)는 크게 두 가지였다. 하나는 영국 상품에 대한 불매(不買) 운동을 전개하고, 과세(課稅, taxation)와 대표는 식민지인들에게 당연한 권리가 있다는 결의안을 채택하자는 내용이었다. 다른 하나는 영국과의 타협을 모색하자는 내용으로 주장한 인물은 펜실베이니아주에 있는 조셉 갤러웨이(Joseph Galloway, 1731~1803, 영국 편에 섰던 식민지 입법 의원) 변호사였다. 그는 영국 왕(George Ⅰ세)보다 영국 의회가 더 나쁘다는 주장을 펼쳤다. 이러한 와중에 매사추세츠 주에서 최초로 민병대를 소집하였다.[21]

3. 토마스 페인의 합류와 『상식(Common Sense)』 출간

1774년 11월 '건국의 아버지(Founding Fathers)'로 불리는 벤자민 프랭클린(Benjamin Franklin, 1706~1790)이 영국 런던에서 영국인이자 정치 선동가인 토마스 페인(Thomas Paine, 1737~1809)을 만났다.[22] 그는 페인의 주장이 '독립'이 아니라 '세금'이 문제라는데

---

21) 2가지의 설이 존재하고 있다. 제1설(說)은 1775년 새뮤얼 애덤스와 존 행콕이 이끄는 급진과격파 '자유의 아들들'이 영국군과의 전투를 준비하기 위해 민병대에 '긴급 소집병'을 모집하자 18,000명이 지원하였다. 이를 보고받은 현지의 토마스 게이지(Thomas Gage, 1774~1775년까지 在任) 총독은 불안하였다. 프랜시스 스미스 중령에게 지시하여 군수물자 창고와 무기고를 습격하고 새뮤얼 애덤스와 존 행콕을 체포하도록 명령하면서 맞붙은 전투가 바로 렉싱턴-콩코드 전투였다. 제2설(說)은 토마스 게이지 총독이 영국 국무장관으로부터 보스턴에 있는 민병대 보급창고를 점령하고 새뮤얼 애덤스와 존 행콕을 체포하라는 비밀 명령을 접수하였다. 관련 정보를 수집한 결과 렉싱턴과 콩코드에 민병대 보급창고가 있음을 확인하고 영국군 1,500명을 출동시켰다. 그러나 주민(Paul Revere)이 먼저 알고 "영국군이 공격하러 오니 창고 물품을 빨리 치우라"고 민병대에 알렸다. 이때 관계자가 새뮤얼 애덤스와 존 행콕에 연락을 시도하였으나, 연락이 닿지 않았다. 이로 인하여 급하게 소집된 민병대 3,800명과 교전이 시작된 지역이 렉싱턴과 콩코드라는 설이다. 어쨌든 렉싱턴-콩코드 전투는 독립전쟁이라는 도화선에 불을 붙인 결정적인 계기로 작용하였다.
22) '토마스 페인(Thomas Paine)'은 원래 과세징수관으로서 사생활이 복잡한 인물로 비난받아 왔으나, 철학과 자연과학에 대한 천재성을 인정받았다. 벤자민 플랭클린의 소개장을 들고 1774년 11월 30일 필라델피아에 도착한 이후 신문 편집을 도우면서 논문과 시(詩)를 출간하였고, 아메리카 식민지주의 독립에 관한 논문과 책 등 자료를 출간

벤자민 프랭클린[美] 토마스 페인[英]

의문을 제기하면서 독립의 정당성과 필요성을 피력하고 아메리카 식민지주 편에 서도록 권유하였다. 이후 토마스 페인은 아메리카 식민지로 건너와서는 투쟁 목표를 '독립'으로 바꾸었다.

1775년 4월 19일 렉싱턴-콩코드 전투가 발생한 이후 그는 미국이 단지 과세에 대한 반발에 그치기보다는 근본적으로 독립을 요구해야 한다면서 대외적으로 주장하기 시작하였다. 그리고는 관련 자료를 집필하기 시작하였다. 드디어 1776년 1월 10일 『상식(Common Sense)』이 출간되었다. 50만 부가 팔려나가는 베스트셀러였다. <그림 4-12>는 토마스 페인이 『상식(Common Sense)』에서 주장한 내용을 정리하였다.

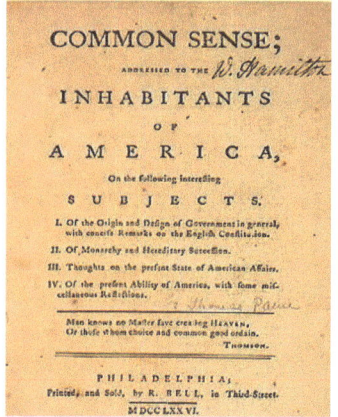

① 영국의 군주제는 최고의 법인 자연법에 위배
② 큰 대륙[美]이 작은 섬나라[英]의 통치를 받음은 자연법 질서에 위배
③ 스스로 독립을 선포, 法 제정이 필요 → 자연법 = 공화국가

<그림 4-12> 토마스 페인의 『상식(Common Sense)』

핵심적인 내용(要旨)은 아메리카 식민지주의 독립이었다. 인지조례 등으로 아메리카 식민지 13개 주를 억압하는 영국 정부를 폄하(貶下)하고 아메리카 식민지의 독립의 정당성을 옹호하고 있다. 그의 정치사상은 미국의 '독립선언'이라는 국가 이념의 기초가 되었다.

4. 제2차 대륙회의 개최

1775년 5월 10일 대륙회의에서 식민지 13개 주(州)는 공동으로 영국을 제외한 모든 국가

하였다.

제2차 대륙회의(1776.7.2.~4.)

에 항구를 개방한다고 선언하였다. 여기에서 주목해야 할 점은 이미 4월 19일 렉싱턴-콩코드 전투가 시작되었기에 독립전쟁의 포문은 열렸다고 봄이 타당하지 않나 싶다. 6월 7일 버지니아주 대표인 리처드 헨리 리(Richard Henry Lee)가 독립을 촉구하는 결의안을 처음으로 발의하였다.23) 6월 12일 버지니아주에서 아메리카 식민지 최초로 헌법을 제정하여 선포하고, 6월 15일 조지 워싱턴을 대륙군 총사령관으로 임명하였다.

제2차 대륙회의는 7월 2일부터 2박 3일간에 걸쳐 진행하면서 독립선언문을 승인하는 절차를 거쳤다. 이는 1781년 3월에 공포하게 되는 미국 최초로 성문 헌법으로 탄생하는 기초가 되었다. 당시 독립선언문을 작성하자고 결정한 대륙회의 위원들은 총 6명이다. 리처드 헨리 리((Richard Henry Lee, 1732~1794)를 필두로 하여 제2대 대통령인 존 애덤스(John Adams, 1797~1801 在任), 제3대 대통령인 토마스 제퍼슨(Thomas Jefferson, 1801~1809 在任) 등이 포함되어 있다. <그림 4-13>은 독립선언문을 요약하였다.

① 리처드 헨리 리(Richard Henry Lee, 버지니아州 대표)
② 존 애덤스(John Adams, 메사추세츠州 대표)
③ 벤자민 플랭클린(Benjamin Franklin, 펜실베니아州 대표)
④ 토마스 제퍼슨(Thomas Jefferson, 버지니아州 대표)
⑤ 로저 셔먼(Roger Sherman, 코네티컷州 대표)
⑥ 로버트 리빙스턴(Robert Livingston, 뉴욕州 대표)

---

23) 당시의 상황과 여건을 고려할 때 리처드 헨리 리(Richard Henry Lee)가 독립을 추구하는 결의안을 발의한 시점은 대단한 고민과 결단력이 없고서는 불가능했다. 왜냐하면, 영국이 배신자로 몰아 사형시킬 게 당연하였지만, 세계가 아메리카 식민지의 입장을 이해해주기를 바라는 절실한 마음이지 않았을까 싶다. 그가 발의한 <독립결의안>은 7월 2일 통과되어 8월 2일 공식 서명을 끝냈다.

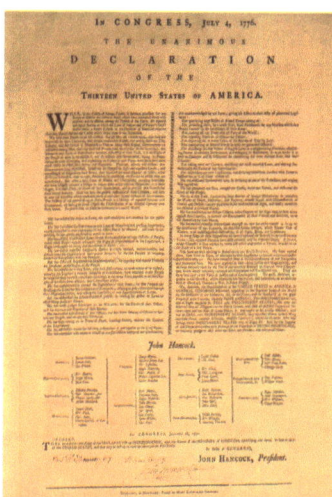

<그림 4-13> 아메리카 식민지의 독립선언문(요약)

일반적으로 알려진 사실과는 다소 다르게 독립선언문은 토마스 제퍼슨 혼자서 작성한 결과물은 아니다. 맨 앞의 첫 문장만 그대로이고, 나머지 부분은 수많은 수정을 거듭하는 과정에서 대부분 바뀌었다. 윗부분의 초록색 문장은 '평등권과 자연법(自然法)사상'을, 다음의 청색 문장은 '생명·자유·행복 추구권'을, 두 번째 청색 문장은 정권의 '정당성과 정통성'을, 맨 아랫부분의 청색 문장은 '주권재민(主權在民) 사상'을 포함하고 있다.

5. 그린마운틴보이스(Green Mountain Boys)

독립전쟁을 본격적으로 탐구하기 전에 뉴햄프셔(지금의 버몬트州)에서 결성된 과격하고 급진적 조직인 애국민병대 그린마운틴보이스에 관하여 알아둘 필요가 있다. 이 조직은 1764년 설립하였다가 1791년 해체되었다. 이후 1812년 남북전쟁과 美-英 전쟁[24], 1898년 美-

---
24) 1812년 6월 18일 미국이 영국에 선전포고하였다. 美 제4대 대통령 제임스 매디슨(James Madison, 1809~1817 在任)과 지지세력이 영국에 적대적 행동을 표출하자 영국이 프랑스로 항행(航行)하던 美 선박들을 나포하여 수출하

西 전쟁(Spanish-American War) 때 재결성되었으며, 버몬트주 방위군의 비공식 명칭이기도 하다. 뉴햄프셔주에서 독립 시 뉴욕 보안관 집단에 승리하면서 전투력이 높아졌다. 1775년 5월 10일 이선 앨런(Ethan Allen, 1738~1789)과 베네딕트 아널드(Benedict Arnold, 1741~1801)가 합동으로 지휘하여 영국의 타이컨더로가 요새(Fort Ticonderoga)를 탈환하였다. <그림 4-14>는 이선 앨런의 생애다.

<그림 4-14> 이선 앨런(Ethan Allen)의 생애(종합)

<그림 4-15>는 미국의 독립을 위해 싸웠지만, 마지막에 영국으로 변절하여 최근까지도 '반역자'로 인식하고 있는 베네딕트 아널드의 생애다.

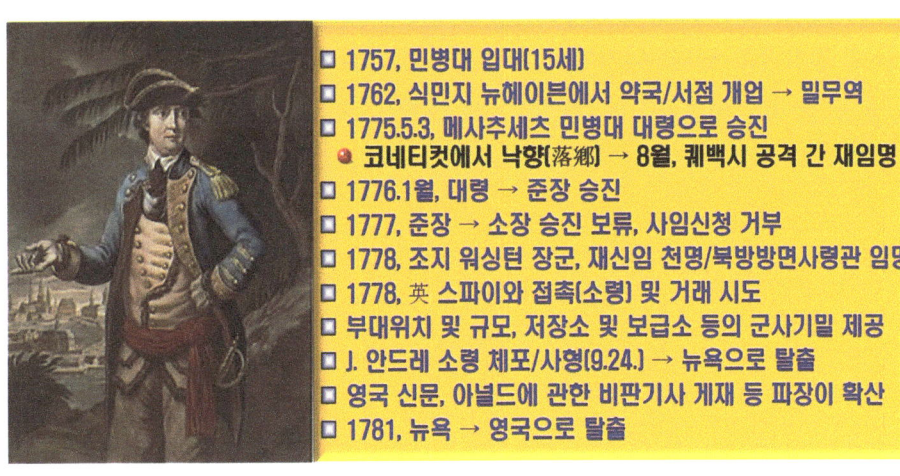

<그림 4-15> 베네딕트 아널드(Benedict Arnold)의 생애(종합)

는 데 차질을 빚게 되자 32개월여에 걸친 전쟁을 하였으나, 어느 일방의 승리 없이 종결된 전쟁이다. 이때 영국의 특수부대의 백악관이 불타 잿더미로 변하여 당시 매디슨 대통령이 하얗게 색을 칠하였다. 이후 1902년 제26대 시어도어 루스벨트 대통령(Theodore Roosevelt, 1901~1909)부터 백악관(White House)'으로 불리고 있다.

이선 알랜은 원래 부유한 집안 출신으로 뉴욕의 버몬트 식민지화에 반대하면서 '그린마운틴보이스'를 결성하고 게릴라 지도자로 활약하였다. 영국군이 주둔하고 있던 타이컨더로가 요새를 습격할 때 동료인 베네딕트 아널드와의 지휘·협조 관계가 명확하지 않았고, 이들은 이후 이 문제로 알력이 심해졌다. 그러나 그는 역사가들과 버몬트 주민들로부터 상당한 존경과 숭배를 받는 긍정적인 인물로 묘사된다.

타이컨더로가 요새(뉴욕 허드슨 강, 프랑스 구축)

한편 베네딕트 아널드는 이선 알랜과는 반대되는 성향의 인물로 마찬가지로 미국 독립에 이바지하였으나, '배신자(반역자)'로 낙인이 찍힌 인물이다. 독립선언문 작성에 참여했던 벤자민 프랭클린(Benjamin Franklin)도 "유다는 단지 한 사내를 팔아넘겼지만, 아널드는 300만 명을 팔아넘겼다."라고 힐난한 바 있다. 그는 조지 워싱턴 장군의 전폭적인 신뢰와 보호를 받았지만, 자신의 의지대로 되지 않자 스스로 영국의 간첩(Spy)인 존 안드레(J. Andre) 소령과 접촉 및 거래를 시도하다가 발각되었다. 이로 인하여 현대에도 베네딕트 아널드와 같다고 하면, 싸움하자는 의미로 인식될 만큼 미국 사회에서는 부정적이고 비판적인 인물로 평가받고 있다. 여기에서 기억해야 할 키-워드는 어떻게 행동하고 고민해야 하며, 어떻게 살아야 하는지? 에 관하여 한 번쯤은 되돌아볼 필요가 있지 않나 싶다.

제 5 절

독립전쟁 간 주요 전투

1. 개 요

 미국 독립전쟁을 탐구할 때 아쉬운 점은 명확한 작전계획이나 전투 요도 등에 관한 연구 자료가 거의 없다는 점이다. 그러나 5개 주요 지역에서의 전투사례를 대표적으로 탐구하면, 주요 전투의 전반적인 양상과 흐름에 관하여 이해가 충분하다고 판단하였다. 보스턴이 모든 항쟁(抗爭)의 중심지 역할을 하였기에 이 지역을 중심으로 하는 전투사례를 살펴보고자 한다. <그림 4-16>은 미국 독립전쟁의 5대 주요 전투 요도다.

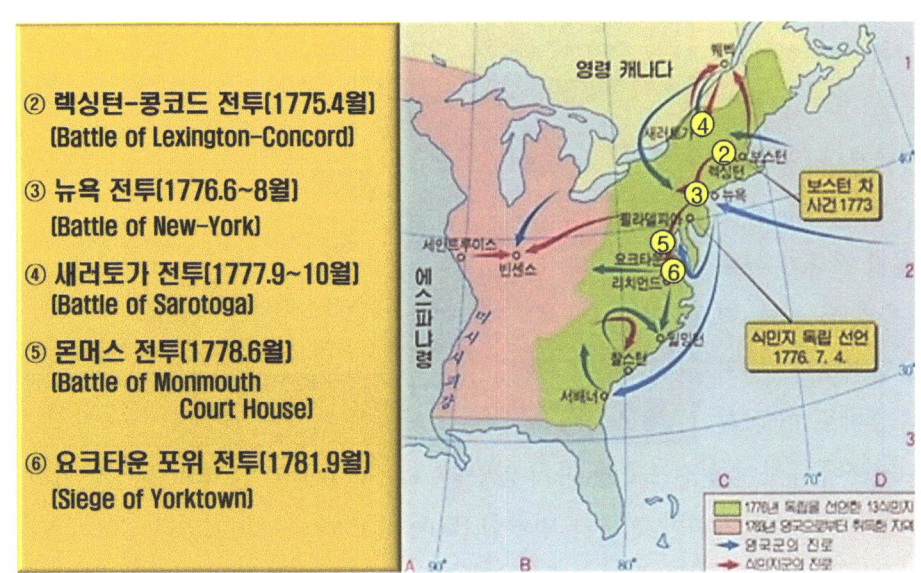

<그림 4-16> 미국 독립전쟁의 5대 주요 전투

 ② 렉싱턴-콩코드 전투는 독립전쟁 이전(以前)에 진행한 전투로서 독립전쟁 간 일어난 전투로 보기는 어렵다. 그러나 독립전쟁의 도화선이 된 최초의 전투로 최초의 희생자가 발생한 전투로서 의미를 부여할 수 있기에 포함하였다.

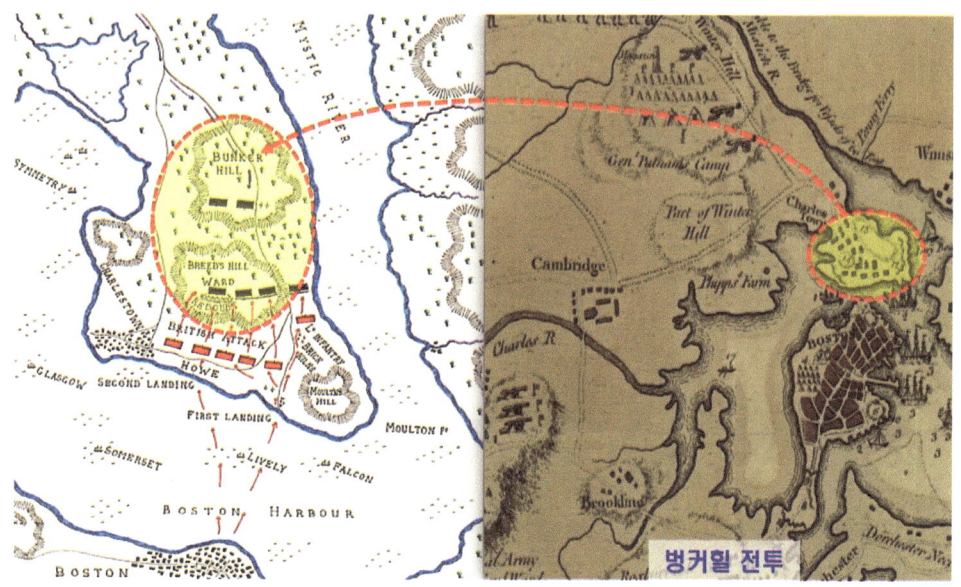

벙커힐 전투

③ 독립전쟁으로서의 최초 전투는 뉴욕전투가 아니라 벙커힐(일명 브리즈힐) 전투가 최초의 전투였으나, 양국 軍이 정상적으로 교전(交戰)을 벌인 전투가 뉴욕전투였기에 두 번째 전투로 포함하였다. 벙커힐 전투 후에도 미국 식

윌리엄 프레스콧 대령

민지는 영국에 대하여 선전포고를 하지 않았다. 1775년 6월 17일 조지 워싱턴이 총사령관에 취임한 다음 처음 지휘한 전투가 벙커힐(Battle of Bunker Hill)이었다. 대륙군과 영국군이 벌인 렉싱턴-콩코드 전투에 이은 두 번째 전투였으나, 전투를 시작하는 과정에서 대륙군의 탄약이 떨어지면서 세 차례에 걸쳐 일방적으로 사격을 가한 다음 스스로 후퇴하였다. 영국군은 대륙군이 철수하고 비어있는 진지를 그냥 접수한 데 불과하였다. 따라서 정상적인 전투 과정을 진행하지 않았기에 큰 의미를 부여하기는 어렵지 않을까 싶다. 그러함에도 훈련이 되어있지 않은 윌리엄 프레스콧(William Prescott) 대령의 민병대(이후 대륙군 1,200명)가 정예부대인 영국 정규군에 대항하여 승리하였다는 점은 식민지인들에게 상당한 자

신감을 불러왔고, 저항이 가능하다는 희망을 불러일으켰다.25) 당연히 싸워볼 만하다는 전투 의지를 생성하게 했음도 사실이다.26) 영국군은 초기에 미국과의 협상을 염두에 두고 전투에 임하였기에 다소 느슨한 분위기였지만, 조지 3세(George W. Frederick, 1738~1820)가 반란으로 규정하면서 전투력이 강한 헤센 군(독일인으로서 영국군에 복무하고 있는 용병-傭兵을 의미)을 투입하였다. 식민지인들이 이에 반발하면서 점차 독립전쟁에 돌입하는 계기로 굳어졌다.27)

2. 렉싱턴-콩코드 전투(Battles of Lexington and Concord)

영국군과 민병대의 최초 교전

렉싱턴-콩코드 전투는 1773년 보스턴 차(茶) 사건과 연계하여 긴장이 고조되는 상황에서 발생했다. 영국 정규군 1,500명과 민병대 3,800명이 최초로 맞붙은 전투로서 독립전쟁이라는 도화선에 불을 붙였다. 애국파(愛國派)인 새뮤얼 애덤스와 존 행콕이 보스턴 차(茶) 사건을 주도한 다음 영국군과의 전투를 준비해야 한다는 명분으로 '긴급 소집병'을 모집하자 18,000명이 지원하자 콩코드 창고에 탄약과 무기를 보관하였다. 1775년 4월 18일 관련 첩보를 입수한 영국 외무장관의 지시로 토마스 게이지 총독이 영국군을 콩코드로 출동시켰고, 다음날인 4월 19일 처음으로 교전이 발생하였다. <그림 4-17>은 렉싱턴-콩코드 전투 요도이다.

---

25) 원래는 찰스 타운 반도로 잠입하여 벙커힐(Bunker Hill)을 요새화하려고 하였지만, 그 앞에 있는 브리즈힐(Breeds Hill)이 요새화하기에 적합하다는 공병의 건의에 따라 브리즈힐에 방벽(防壁)을 쌓고 경사진 지역에 울타리를 쳤다. 이 울타리는 나중의 일이지만, 대륙군 전체의 목숨을 살리는 결정적인 역할을 했다.

26) 벙커힐 전투는 렉싱턴-콩코드 전투가 일어난 지 2개월 후에 진행된 전투다. 1775년 6월 13일 보스턴을 포위하고 있던 대륙군은 영국군이 보스턴 주변의 외곽지역을 점령한다는 계획을 사전에 입수하였다. 이에 따라 먼저 벙커힐과 브리즈 힐에 방어진지를 구축하고 유리한 고지를 선점하자고 판단하였다. 그러나 6월 14일부터 17일까지 진행된 영국군의 세 차례에 걸친 공격으로 보유하고 있던 탄약이 떨어지자 철수하게 된다. 이때 영국군은 1,000명이 넘는 전사상자(戰死傷者)가 발생하는 대규모 피해가 발생하였고, 이로 인해 대륙군의 사기(士氣)는 한층 높아졌다.

27) 정확하게 표현하면, 헤센 군은 개인 각자가 외국에서 복무하는 '용병(傭兵)'이기도 하고, 다른 대공(국가)을 지원하기 위해 파견된 '보조부대'라는 이중적인 뜻을 지니고 있다.

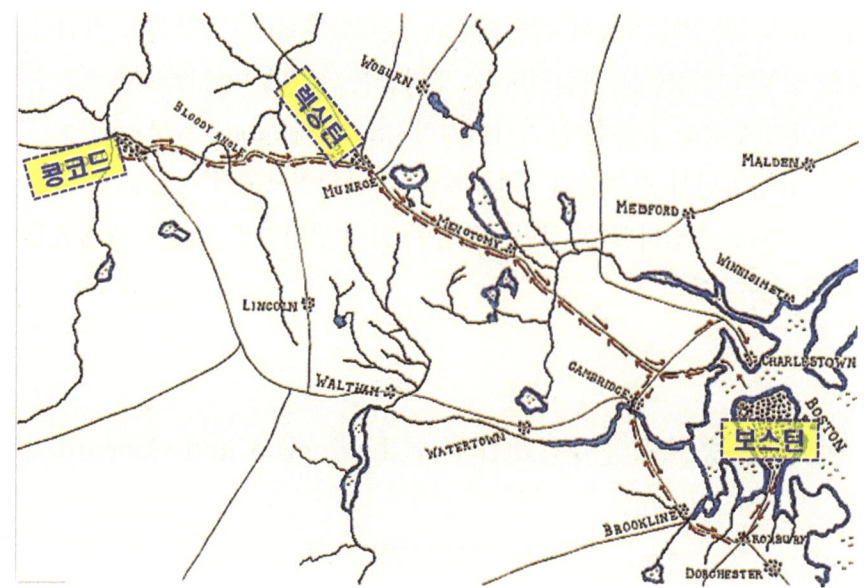

<그림 4-17> 렉싱턴-콩코드 전투(Battles of Lexington and Concord) 요도

　영국군이 출동하자 식민지 연락담당자(rider)들은 마을 일대를 돌아다니면서 "빨간 코트가 쳐들어온다(The Redcoats are coming.)."라고 소리치며 경고하였다.[28] 이때 영국군은 출동상황이 노출된 상황을 알지 못한 채 평시에 이동하던 자유로운 대형으로 렉싱턴 들판을 지나가다가 대륙군 77명과 조우(遭遇)하게 되었다. 그러나 이들의 복장이 너무 초라하여 긴가민가하면서 무심하게 지나쳤다. 이후 교전이 시작되어 처음으로 대륙군 8명이 전사하였다. 영국군은 여세를 몰아 콩코드로 진격하였으나, 이미 경고를 받은 콩코드의 대륙군은 전투준비를 완료한 상태였다. 이때 대륙군은 95명의 전사자가 발생하였던 반면에 영국군은 전사자 73명과 부상자 130여 명이 발생하는 등 더 큰 피해가 발생하였다.[29]

---

28) 일부 자료에는 '폴 리비어(Paul Revere)가 말을 타고 돌아다니면서 소리쳤다.'라고 되어 있으나, 당시 다수의 연락책이 활동하였고, 찰스강을 건널 때 영국군을 발견한 사람이 폴 리비어였다.
29) 렉싱턴-콩코드 전투 동영상(1775, 2분35초)을 보면, 이해하기가 쉬울 듯하다.

3. 뉴욕 전투(Battles of New York)

1776년 헨리 녹스(Henry Knox)가 이끄는 부대(대포)는 보스턴 시내로 포격을 집중하였다. 당시 대포의 사정거리가 보스턴 항구까지 닿았기에 영국군의 철수가 지체될 때 항구를 이용할 수 없기에 3월 17일 황급히 철수하였다. 이들이 철수하자 식민지 주와 대륙군은 독립전쟁이 끝났다고 오판(誤判, misjudgment)하여 뉴욕으로 집결하였다.

이러한 착각에서 시작된 뉴욕전투는 독립전쟁 일부로서 진행된 전투였지만, 조지 워싱턴 장군이 처절하게 패배한 전투다. 훗날 그는 이 전투에서 처참하게 패배하면서 엄청난 교훈을 얻었다는 소회를 밝혔다. 이후 그의 전투지휘 기법을 분석해 보면, 확연히 달라졌음을 알 수 있다. <그림 4-18>은 뉴욕전투 간 영국군의 상륙 요도이다.

<그림 4-18> 뉴욕전투(Battles of New York) 시 영국군 상륙지점 요도

제4장 미국의 독립전쟁(아메리카 식민지 혁명) | 225

6월 8일 영국 함대가 출발하였으나, 조지 워싱턴은 초기에 첩보를 확인하지 못했다. 이후에도 적극적으로 정보를 수집하는 노력이 지체되어 영국 함대가 도착하기 하루 전(前)에야 출발하였다는 사실을 인지하였다. 이로 인해 사전에 상륙에 대비할 시간적 여유가 없었고, 병력 규모에서도 영국군이 4배 이상 우세하였다.[30]

　6월 29일 영국군이 스태튼섬(Staten Island) 앞바다에 출현했음에도 지휘부가 우왕좌왕하는 사이에 시간은 흘러갔다. 7월 2일 영국군은 스태튼섬으로 상륙을 감행하였다. 미처 대비하지 못한 조지 워싱턴과 대륙군은 영국군의 강력한 기세에 눌려 전투다운 전투는 한 번 시도해보지도 못한 상태에서 후퇴에 후퇴를 거듭할 수밖에 없었다.[31]

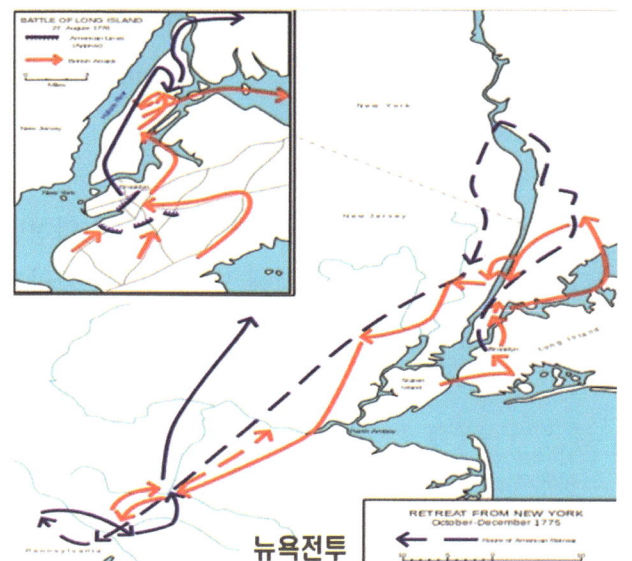

뉴욕전투

　8월 초 영국군이 롱섬(Long Island, 파푸아뉴기니) 일대에 다시 대규모의 상륙작전을 단행하면서 방어할 병력마저 부족해진 대륙군은 현재 있는 병력을 재분산하여 배치할 수밖에 없었다. 설상가상으로 영국군에 동조하는 식민지주의 왕당파 세력들이 브루클린 고지에 다다르는 좁은 샛길로 영국군을 안내했다. 이로써 영국군은 대륙군의 방어선을 회피하면서도 대륙군의 방어선 사이로 접근할 수 있게 되었다. 영국의 찰스 콘월리스(Charles Cornwallis) 장군은 8월 22일 롱섬에 추가로 15,000명을 상륙시켰다. 당시 브루클린(Brooklyn) 고지에 집중적으로 배치되어 있던 대륙군은 고립되어 옴짝달싹할 수 없는 처지가 되었다. 8월 26일 23:00경, 영국군은 대륙군을 정면에서 고착(固着, adherence)하고는 좌측을 압박함과 동시에 우측의 샛길로 조용하게 기동하여 포위한 다음 강력하게 공격하였다.

　조지 워싱턴도 더는 버티지 못하고 맨해튼 섬에서 이동해온 선박을 타고 8월 29일 21:00부터 10시간에 걸친 탈출을 필사적으로 감행하였다. 이제 병력은 총 병력의 ⅓ 규모인 5,000

---

30) 영국군은 전함 52척과 수송선 427척이었으며, 영국 정규군 32,000명과 헤센 용병(傭兵)이 8,000명인데 비해 대륙군은 19,000명이었다.
31) 7월 중순, 영국군이 조지 워싱턴 장군에게 화의(和議)를 제의하였으나, 받아들여지지 않았다. 조지 워싱턴을 호칭할 때 '장군(General)'이란 호칭을 하지 않자 자존심이 상했기 때문이다. 어떠한 태도가 옳았는지는 해당자의 성향과 '협상(Negotiation)'에 대한 관점이 결정하게 된다.

여 명밖에 남지 않았다. 이 전투로 인해 대륙군은 거지와 같은 모습으로 5개월 이상을 도망다니며, 영국군과의 전투를 회피할 수밖에 없는 지경까지 내몰렸다. 조지 워싱턴 처절한 후회와 절망 속에 값진 교훈을 얻었다. 이후부터 정상적인 전투를 회피하고 산악전투와 게릴라 전투방식을 채택하였다. 나중에 여러 차례 "전투에서 패배할 수도, 이길 수도 있지만, 전쟁은 궁극적으로 이겨야만 이기는 것"이라는 소회(所懷, one's impression)를 밝혔다.

4. 새러토가 전투(Battles of Saratoga)

새러토가 전투는 영국계 이주민이 많고, 대륙군의 심장부이자 북부 식민의 중심지였던 뉴잉글랜드가 영국군에 고립되자 전투 의지가 약화(弱化)되는 과정에서 발생하였다. 수차례에 걸쳐 진행된 이 전투로 아메리카 식민지 대륙군의 전투력을 인정하는 계기가 되면서 점차 영국 본토에서도 위기상황임을 절감하였다. 따라서 식민지 13개 주가 독립에 대한 요구를 포기하면, 1763년 이전으로 제도와 정책을 환원시키겠다고 화의(和議)를 제의했지만, 오히려 아메리카 식민지주들의 전투 의지를 강화하는 계기로 작용하였다. <그림 4-19-1>, <그림 4-19-2>, <그림 4-19-3>은 새러토가 전투 요도이다.

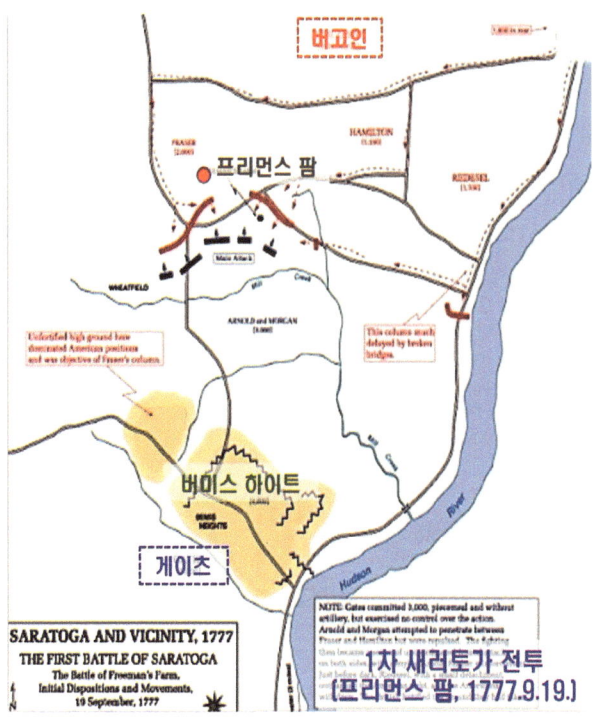

<그림 4-19-1> 제1차 새러토가 전투(프리먼스 팜, 1777.9.19.) 요도

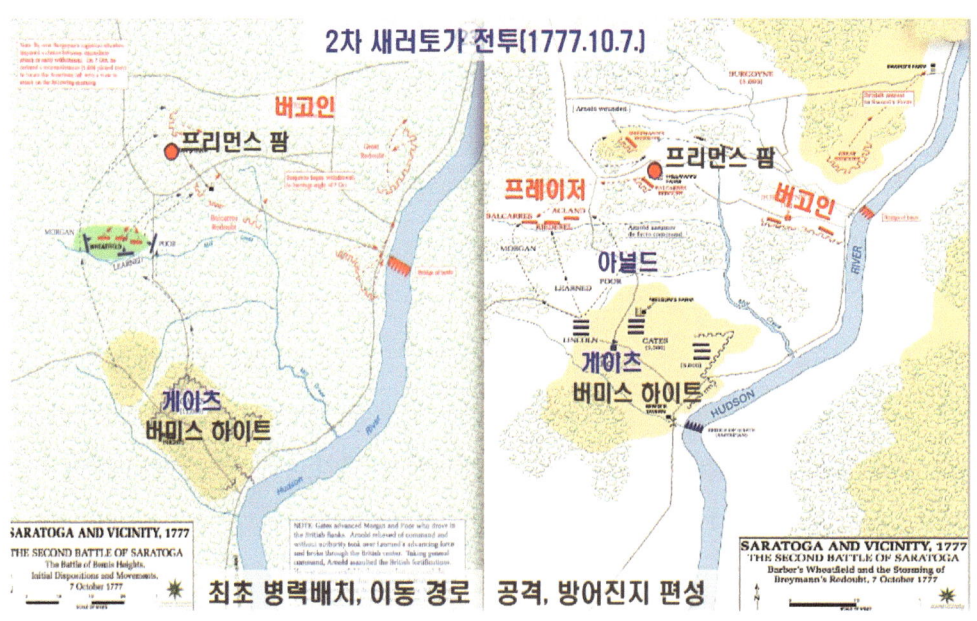

<그림 4-19-2> 제2차 새러토가 전투(버미스 하이트, 1777.10.7.) 요도

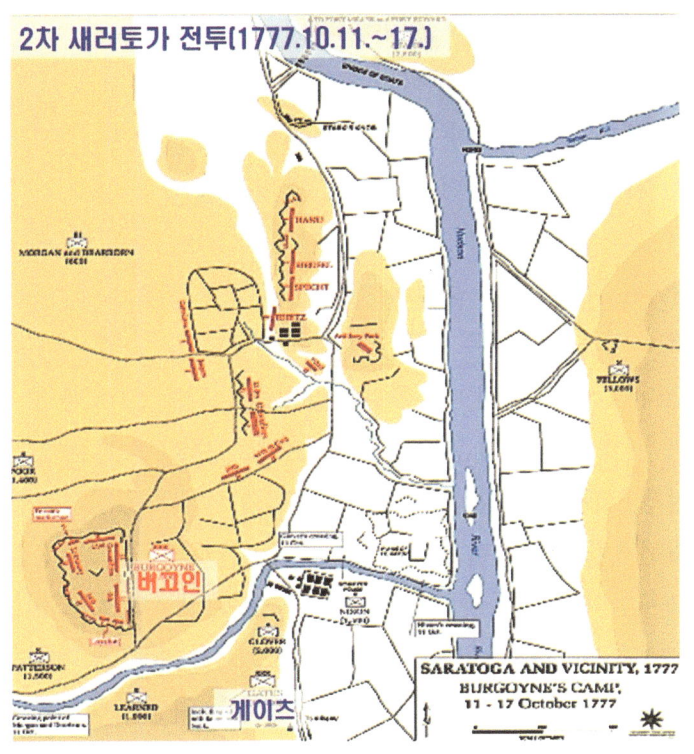

<그림 4-19-3> 제2차 새러토가 전투(대륙군-영국군 병력 배치, 1777.10.11.~17.) 상황

1777년 9월 늦은 여름에 영국 정부는 대륙군의 심장부인 뉴잉글랜드를 고립시키기 위해 캐나다에 주둔하고 있던 J. 버고인(John Burgoyne, 1722~1792) 장군에게 타이컨더로가 요새(Fort Ticonderoga)를 재점령하고 허드슨강을 따라 남진(南進)하도록 지시하였다. 이즈음부터 '아메리카 식민지군(대륙군)'은 '미국군'으로 변경된 명칭을 사용하였다. 현재의 뉴

욕주 올버니의 북쪽 약 50km 거리에 있는 새러토가 일대에서 영국군 J. 버고인 장군과 대륙군(이하 미국군) 호라시오 게이츠(Horatio Gates) 장군 간 전투가 벌어졌다. 이때 J. 버고인 장군은 미국군이 시도 때도 없이 나타나 게릴라 전투와 기습(奇襲, sudden attack)하는 전술에 상당히 고전하였다. 이때 호라시오 게이츠 장군은 12,000여 명이었던 반면에 J. 버고인 장군의 군대는 4,000여 명이었기에 고전(苦戰)하고 있었다. 그러던 와중에 뉴욕에

서 윌리엄 하우(William Howe, 1729~1814) 장군의 지원부대가 온다는 소식을 접하자 버티면서 방어에 치중하였다. 그러나 윌리엄 하우 장군의 지원부대가 오는 도중에 미국군에 습격당해 패퇴(敗退)하면서 기대했던 지원이 아예 불가능해졌다.

뉴욕에서 출발했던 지원부대가 중간에 패퇴한 상황을 전혀 보고받지 못한 J. 버고인 장군은 10월 17일까지 지원부대의 소식을 기다렸다. 그러나 끝내 버티지 못하고 게이츠 장

W. 하우 소장[英]

군의 항복 문서에 서명할 수밖에 없는 지경까지 이르렀다. 이 전투에서 미국군은 100여 명의 사상자가 발생한 데 비해 영국군은 1,000여 명의 사상자가 발생하였고, 6,400여 명이 항복하였다. 독립전쟁을 시작하며 치른 전투 중에 가장 큰 규모의 승리로 이는 전쟁의 판도(版圖)마저 바꾸었다. 그러나 이후 호라시오 게이츠 장군의 출세 지향 주의와 영웅주의적인 집착과 사고방식이 결국 문제를 일으켰다. 그는 월권(越權)행위를 비롯하여 조지 워싱턴 총사령관에 대한 무시 행위를 반복하였다. 대륙회의에 참석해서는 자신의 직속 상관으로 있는 조지 워싱턴을 총사령관직에서 물러나야 한다고까지 주장하는 등의 좋지 않은 행태가 반복되면서 내부의 지휘체계 혼란도 계속되었다.

버고인 장군이 게이츠 장군에 항복[1777.10.17.]

어쨌든 새러토가 전투는 미국군의 사기를 드높였고, 영국군에 밀리던 전세(戰勢)를 한순간에 역전시켰다. 이는 프렌치-인디언 전쟁에서 영국에게 패배한 이후 영토와 국익(國益)을 침해당한 복수를 다짐하면서도 아메리카 식민지 독립전쟁에 선뜻 가담하지 못하고 엉거주춤하던 프랑스와 스페인을 고무(鼓舞)시켰다. 두 나라는 이를 계기로 영국에 선전포고하고 적극적으로 참전(參戰)하게 되면서 독립전쟁의 불길은 더욱 활발해졌다.[32]

---

[32] 프랑스가 독립전쟁(아메리카 식민지 혁명)에 참전한 이유는 식민지의 대의(大義)가 옳기에 개입한 게 아니었다. 단순히 오랜 숙적(宿敵, old enemy) 관계인 영국에 복수할 수 있다는 기회가 왔기에 가담했다고 봄이 타당하다.

5. 몬머스 전투(Battles of Monmouth)

헨리 클린턴 소장[英]

뉴저지주의 몬머스(지금의 프리홀드 버로우) 전투는 독립전쟁을 초기의 교착상태로까지 내몰리게 만든 최악(最惡)의 전투로 평가받고 있다. 1777년 가을에 영국군이 필라델피아를 점령했지만, 새러토가 전투에서 J. 버고인 장군이 항복함으로 인해 영국군의 사기는 저하되었다. 이로 인해 1778년 북아메리카 파견군 총사령관인 윌리엄 하우 장군이 사직하고 헨리 클린턴(Henry Clinton, 1730~1795) 장군이 그의 후임으로 보직되었다. 1778년 2월 프랑스가 미국 편으로 참전함으로써 연합국 수가 확대되자 영국은 이전까지의 전략을 대폭 수정하지 않을 수 없었다. 이즈음 또 다른 점령지였던 뉴욕도 프랑스 해군의 위협을 받았다. 견디지 못한 헨리 클린턴 장군은 영국 본토의 지시에 따라 필라델피아에서 철수하였고, 뉴욕만 입구에 있는 뉴저지 식민지주의 샌디 후크(Sandy Hook) 반도로 이동하고 있었다.

한편 미국군은 1777년 12월부터 반년간 밸리 포지(Valley Forge)에서 훈련을 통해 이전의 군대 모습을 되찾았다.33) 조지 워

찰스 리 소장[英]

싱턴 장군은 헨리 클린턴 장군의 움직임을 살피다가 철수하는 영국군의 후방에서 기습을 감행하였다. 미국군은 밸리 포지에서 동쪽으로 이동했다. 6월 28일 조지 워싱턴 총사령관의 휘하에 있던 찰스 리(Charles Lee, 1732~1782) 장군이 공격부대의 지휘관으로 임명되었지만, 애초에 그 계획에 대한 의구심을 가진 나머지 초기엔 거절하였다. 하지만 부대 규모가 5,000명으로 늘어나면서 마음을 바꿔 지휘관으로 부임하였다. 그러나 공격작

---

33) 1777~1778년, 미국군이 동계에 주둔하던 지역으로 필라델피아 북서쪽으로 약 20mile 떨어져 있는 '펜실베이니아'를 뜻하고 있다.

전을 지시하면서 세부 명령도 하달하지 않은 채 무모하게 공격을 가함으로써 치명적인 결과를 발생시켰다. <그림 4-20>은 몬머스 전투 요도이다.

<그림 4-20> 몬머스 전투(1778.6.28.) 요도

① 찰스 리 장군은 필라델피아에서 뉴욕으로 이동하고 있는 ② 영국군 헨리 클린턴 총사령관의 군대를 몬머스 코트 하우스(Monmouth Court House) 근처에서 기습공격을 가하였지만 실패하였다. ③ 오히려 후위(後衛) 부대로 이동하고 있던 찰스 콘월리스(Charles Cornwallis) 장군의 반격이 시작되면서 거의 섬멸당할 절체절명의 위기에 직면하였다.34) ④ 급보(急報)를 받은 조지 워싱턴 장군이 신속하게 이동하여 부대를 재편성하고 반격하지 않았다면, 찰스 리 장군의 부대는 와해(瓦解)되고 말았을 것이다. 이후에도 영국군은 별다른 피해 없이 전선(戰線)을 이탈하였다. 이 전투로 인하여 미국군은 500여 명의 사상자와 포로가 발생하였고, 영국군은 300여 명의 전사자와 770여 명의 부상자, 60여 명의 포로가 발생하였다. 여기에서 아쉬운 점은 찰스 리 장군의 잘못된 패착으로 인하여 미국군과 영국군의 전선이 또다시 전쟁 초기의 상태로 환원되었고, 전쟁의 양상은 소규모 전투와 협상을 반복하는 형세로 되돌아갔다는 점이다.

---

34) 아직도 분명하게 밝혀지진 않았지만, 당시 찰스 리 장군은 헨리 클린턴 장군의 군대와 교전이 시작되자마자 갑자기 후퇴하라는 명령을 내려 미국군 내부에서 혼란이 발생하였다. 결국, 조지 워싱턴 사령관은 이 사실을 조사하여 군법회의에 회부(回附)하였다.

6. 요크타운 포위 전투(Siege of Yorktown)

1781년 9월 28부터 10월 9일까지 11일간 버지니아 식민지 주 요크강 옆의 요크타운(그레이트 브리튼 왕국군의 마지막 거점) 일대에서 진행된 전투로서 아메리카 식민지의 독립전쟁을 종결시킨 마지막 전투이다. 미국군과 프랑스 연합군에 의한 지·해 합동 공격이기도 하다. 1781년 5월 22일 프랑스의 로샹보 원수 겸 백작(Comte de Rochambeau, 1725~1807)과 조지 워싱턴 장군은 회담을 통해 영국군이 점령하고 있는 요크타운을 탈환하는 전략을 계획하였다. <그림 4-21>은 요크타운 당시의 병력 배치와 체사피크만 해전(Battle of the Chesapeake)의 요도다.

<그림 4-21> 요크타운 전투 병력 배치와 체사피크만 해전
(Battle of the Chesapeake)[35] 요도

당시 요크타운 요새의 영국군 지휘관은 찰스 콘월리스 장군이었다.[36] 프랑스의 로샹보

---

[35] '체사피크만 해전(Battle of the Chesapeake)'은 일명 '버지니아 곶 전투(Battle of the Virginia Capes)'라고도 불리고 있다.
[36] 뉴욕에 있는 영국의 헨리 클린턴 장군(상관)과 찰스 콘월리스 장군(부하)은 독립전쟁 간 서로 의견이 일치된 적이 별로 없고, 항상 갈등만 있었다. 조지 워싱턴 장군은 영국군 헨리 클린턴 장군이 믿도록 거짓으로 흘린 정보(뉴욕을 공격한다는 계획)대로 병력을 뉴욕 북방에 일부 배치하였고, 헨리 클린턴 장군은 이들이 뉴욕을 공격한다고 믿었다. 즉시 찰스 콘월리스 장군에게 병력 3,000명을 뉴욕에 증원하도록 하였으나, 찰스 콘월리스 장군은

로샹보 육군 원수(프)

원수는 조지 워싱턴과 회담을 하는 과정에서 조지 워싱턴에게 자신의 지휘권을 넘김으로써 단일화된 전투지휘체계로 효율성을 극대화하였다. 8월 14일 프랑스의 드 그라스(De Grasse) 제독이 지휘하는 함대 28척과 병력 3,000명이 서인도제도에 있는 체사피크만으로 출항하여 8월 30일 상륙하였다. 이어서 8월 21일 조지 워싱턴 장군과 로샹보 원수의 17,000여 명이 9월 28일 요크타운에 집결을 완료하였다.

이전인 8월 17일 영국군의 새뮤얼 후드(Samuel Hood, 1724~1816) 제독은 서인도 함대 14척을 지휘하여 체사피크만에 먼저 도착하였으나, 드 그라스 함대가 보이지 않자 뉴욕항으로 이동하였다. 여기에서 우유부단하였던 그레이브스(Thomas Graves) 제독과 합류한 다음 19척으로 함대를 편성하였다. 그러나 프랑스 드 그라스 제독의 함대가 9월 5일 뉴욕에서 도착한 영국의 그레이브스 제독 함대를 체사피크만 해협에서 처참하게 격파함으로써 찰스 콘월리스 장군이 지휘하고 있는 요크타운 요새에 대한 외부 지원이 아예 불가능해졌다.37)

새뮤얼 후드 제독(英)

9월 28일 조지 워싱턴과 로샹보 원수의 美·프 연합군 (17,000여 명)이 요크타운 요새를 방어하고 있는 찰스 콘월리스 장군(7,000명)에 대하여 공격을 개시했다. 찰스 콘월리스는 뉴욕의 헨리 클린턴 장군으로부터 10월 5일까지 지원부대(5,000명)를 도착시키겠다는 전달을 받았다. 그러나 美·프 연합군의 야간 기습작전으로 전의(fighting spirit)를 상실한 찰스 콘월리스 장군이 버티기는 어려웠다. 기다리는 지원병력은 오지 않았고, 보급과 탄약

요크타운에 주둔하겠다고 고집을 부렸다. 찰스 콘월리스 장군은 프랑스 함대가 체사피크만을 봉쇄하고, 프랑스와 美 연합군이 육지에서 요크타운을 봉쇄할 경우 최악의 상황이 되겠지만, 그럴 가능성은 아예 없다고 치부해 버리는 우(愚)를 범하면서 패배를 자초하고 말았다.

37) 이 해전은 전술적으로 평가하면, 영국 함대가 함선 1척이 침몰했고, 2척이 파손(破損)된 반면에 프랑스 함대는 1척도 손실되지 않았다. 심각한 패배로 볼 수는 없지만, 전략적 측면에서 요크타운 요새에 고립된 찰스 콘월리스 장군의 육군을 지원하지 못했다는 점에서 심각한 패배였다. 영국 해군 자체적으로도 1588년 스페인 무적함대를 패배시킨 이후 현대의 제2차 세계대전에 이르기까지 가장 심각한 패배로 평가하고 있다. 그레이브스(Thomas Graves) 함대의 패인(敗因)은 단순하다. 첫째, 프랑스 함대를 발견과 동시에, 또는 프랑스 함대가 진(陣)을 형성하기 이전에 기습공격을 해야 했지만, 시간적인 여유를 너무 가졌다. 둘째, 새뮤얼 후드(Samuel Hood) 제독이 상관인 그레이브스 제독을 신뢰하지 않았기에 중요한 시점에 지원하지 않음으로써 승패(勝敗)가 갈렸다. 타이밍(Timing)과 인간관계(human relations 또는 communication)의 중요성이 전투나 사회생활에서도 중요한 카-워드임을 되새길 필요가 있지 않나 싶다.

美·프 연합군의 요크타운 공격

마저 부족해지자 장병들의 사기(士氣)는 극도로 저하되었다. 방어가 어려워지자 야음(夜陰)을 이용하여 요크강 건너에 있는 글로우 스타(Glow Star)로 탈출을 감행하였으나, 이마저도 심한 폭풍우로 실패하였다. 결국, 그는 10월 17일 조지 워싱턴 장군에게 항복하겠다는 의사를 전달하였고, 10월 19일 항복 문서에 서명한 뒤 포로 신세가 되었다. 그로부터 5일이나 지난 10월 24일이 되어서야 영국군 지원부대가 뒤늦게 도착했으나, 이미 때는 지나버렸다.

미국의 독립전쟁(아메리카 식민지 혁명)은 세계 역사상 가장 성공한 혁명으로 평가받고 있다. 1783년 9월 3일 미국과 영국 사이에 이루어진 '파리조약(Treaty of Paris)'은 미국을 영국 식민지에서 독립한 최초의 국가로 만들었다.38) 미국의 독립전쟁(아메리카 식민지 혁명)은 아메리카에 산재(散在)한 영국 식민지와 영국과의 관계를 심각하게 훼손하는 결정적인 계기가 되었으며, 결국, 미국의 독립과 건국으로 이어졌다. 어렵게 시작한 독립전쟁이었지만, 수행하는 과정에서 이들이 보여준 정치철학, 즉, '인권'과 '자치'라는 개념은 이후 여러 세대에 걸쳐 전(全) 세계적으로 영향을 미쳤음이 사실이다. 1789년의 프랑스 혁명과 19세기에 발생한 라틴 아메리카39) 혁명도 영국의 산업혁명과 미국의 독립전쟁이 촉매제가 되었음을 이해할 필요가 있다.

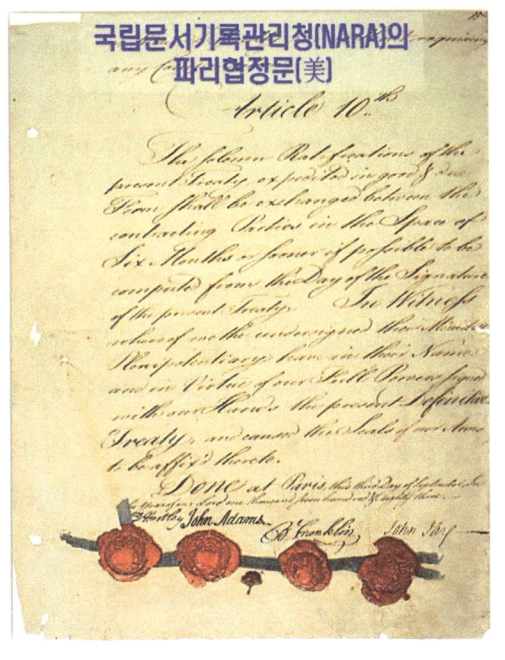

---

38) '파리조약(Treaty of Paris)'은 영국이 미국의 독립을 승인하며 미시시피강 동쪽을 미국의 영토로 인정하였다. 동시에 7년 전쟁의 결과 스페인으로부터 빼앗았던 플로리다를 스페인에 반환하였다.
39) '라틴아메리카(Latin America)'는 스페인어와 포르투갈어를 많이 사용하는 아메리카 대륙 내의 21개 주권 독립국과 속령(屬領)을 의미하고 있다. 지리적으로 보면, 북아메리카·중앙아메리카·카리브제도·남아메리카로 구분할 수 있는데, 한국에서는 '중앙아메리카와 남아메리카'를 합쳐 '중남미'로 부르고 있다.

제 6 절

독립전쟁이 남긴 의미와 교훈

　미국은 대영제국이 거느린 아메리카 식민지 중에 최초로 독립한 국가이다. 이들은 다른 지역의 식민지들에 독립 국가로서의 모범과 희망을 제시하였다. 이러한 역사적인 경험은 상류층을 대변하는 상원(上院)보다 서민층을 대변하는 하원(下院)에 권한을 더 부여하는 계기로도 작동하였다. 제도적 특징은 미국의 상·하원제도를 살펴보면 이해할 수 있다.[40]
　1789년 프랑스 혁명이 일어나는 데 직접적인 영향을 끼쳤고, 대중 민주주의를 구현하는 최초의 계기가 되었다. 영국은 이러한 시행착오의 역사를 통해 제2차 대영제국을 건설하는 결정적인 계기로 만들었다.
　독립전쟁은 크게 세 가지로 정리할 수 있다. 첫째, 지휘관의 전투 지휘 역량이 전쟁의 승패를 결정한다는 점이다. 전장(battlefield)의 한복판에서 군사 지휘관(지도자)의 역할은 고독하고 매사가 힘든 갈등의 연속이라고 할 수 있지만, '순간의 판단과 결정이 국가의 흥망성쇠(興亡盛衰, ups and downs of Nation)를 결정'하게 된다는 점을 명심할 필요가 있다. 둘째, 군사보안을 유지하려는 철저한 노력과 실천, 필승의 신념이 필요하다. 조지 워싱턴 총사령관이 뉴욕전투에서 철저하게 패배당한 후 굴욕의 시간을 보냈지만, 패배의 원인이 무엇인지를 깨우치면서 이전(以前)까지 사용하던 전략을 과감하게 버리고 새로운 전술로 승리를 가져왔다는 사실은 중요한 대목이다. 마지막으로, 조지 워싱턴 장군이 예하 지휘관에 온정으로 대한 게 도리어 대륙군의 사기(士氣)와 운영에 더 큰 문제로 비화(飛火)하였다는 점을 직시(直視)할 필요가 있다. 대표적으로 '베네딕트 아널드'를 들 수 있는데 인간적으로 대하면, 문제가 없을 것으로 미화하였지만, 그냥 지나쳤을 때 국가에 더 큰 재앙으로 번지게 됨을 유념(有念)하여야 한다.

---

[40] 미국은 '연방국가(United States of America)' 형태로서 각기 다른 나라가 모여 주(州)가 된 형태이다. 상·하원은 모두 주민투표로 선출하고 있으며, 입법권을 갖고 있다. 상원(the Upper House)은 임기가 6년이며 주(州)마다 2명씩 100명을 선출하고, 대표 의장은 부통령이 맡는다. 외국과의 외교 문제와 공식적인 조약, 고위직 또는 공무원에 대한 임명권과 탄핵심판권, 군대 파병 등의 권한을 갖고 있다. 하원(the House of Representatives)은 임기가 2년으로 각주에서 10년에 한 번씩 진행하는 인구 조사를 통해 인구에 비례한 435명을 선출하며, 국내의 제반 문제 특히, 과세와 고위직 또는 공무원에 관한 탄핵소추권 등의 권한을 행사한다. 이 제도는 아메리카 식민지 당시 상류층 권력에 대한 경험과 폐해를 깊이 인식한 결과로 평가할 수 있다. 따라서 상류층을 대변하는 상원보다 서민층을 대변하는 하원에 더 많은 권한을 부여하고 있다.

강의 IV 제1차 세계대전(World War I)에 관하여 이해합시다.

학습하기 이전(以前)에 요구되는 사항

1. 제1차 세계대전 前·後의 국제정세와 주변 환경은?
    * 역사적 연대기 측면에서 접근
    * 세계대전이 발발(勃發)하게 된 주요 배경과 원인
2. 주요 국가들의 전쟁 시나리오는?
    * 독일의 슐리펜 계획의 개념과 특징
    * 프랑스의 제17 계획의 개념과 특징
    * 러시아의 A·G 계획의 개념과 특징
3. 독일의 슐리펜 계획(The Schlieffen Plan) 수립 간 전제(全提)와 가정(假定)은 무엇인가?
4. 大 몰트케(Helmuth Karl Bernhard Graf von Moltke)의 성향과 특성은?
5. 슐리펜(Alfred, Graf von Schlieffen)의 성향과 특성은?
6. 小 몰트케(Helmuth Johannes Ludwig von Moltke)의 성향과 특성은?
7. EBS(2016)에서 방영된 《제1차 세계대전 3부작-제1부 인간성의 상실》을 시청하시오.
8. 영화 2011년의 《워 호스》와 2017년에 상영된 《원더우먼》을 시청하시오.

제5장

제1차 세계대전

제1절 개요

제2절 제1차 세계대전의 발발(勃發) 배경과 전략적 환경

제3절 국가별 전쟁 계획과 주요 인물에 관한 이해

제4절 연도별 주요 전투와 미국의 참전(參戰)

제5절 신(新)전술 및 전법에 대한 이해

제6절 세계대전이 남긴 의미와 교훈

제 1 절

개 요

프란츠 페르디난트
황태자(1863~1914, 오)　조피 부인(오)

역사적 시각으로 볼 때 제1차 세계대전은 필연적으로 발생할 수밖에 없었던 세계적 사건이다. 일반적으로 알려진 사실은 오스트리아의 프란츠 페르디난트(Frantz Ferdinand, 1863~1914) 황태자 부부가 세르비아에서 암살당하는 사건이 계기가 되어 촉발하였다. 하지만 여기에는 정치・경제적 측면에서의 갈등이 지속하여 충돌하는 과정에서 도화선 역할을 한 것에 불과하다고 봄이 타당하다.[1]

그 배경과 의미는 크게 세 가지로서 첫째, 유럽과 미국 등에서 산업혁명의 영향으로 상품의 생산량이 증가하게 되자 넘쳐나는 생산품을 판매할 시장 개척이 필요하게 되면서 식민지 개척이라는 현상으로 나타났다. 물론 초기는 경제적 이익을 위해 식민지와 불공정한 무역 계약을 체결하는 데 그쳤지만, 점차 자국을 위해 점령한 식민지의 문화와 생활까지 짓밟는 탄압 현상으로 발전하였다.[2] 둘째, 1815년 나폴레옹 보나파르트(Napoleon Bonaparte, 1769~1821)가 패망(敗亡)한 지 100년 만에 발발한 최초의 세계대전이다. 셋째, 이 전쟁을 통해 신무기인 최신형의 자동 기관총과 전차, 전투기 등이 등장하면서 전쟁의 양상과 형태도 급격히 진화하는 계기가 마련되었다.

---

[1] 원래 프란츠 페르디난트 황태자는 황위 계승과는 거리가 먼 인물이었다. 당시 황제인 프란츠 요제프 1세(Franz Joseph I, 1848~1867 在位)의 둘째 동생에게서 출생한 장남이었기 때문이다. 그러나 황실의 비극(① 루돌프 황태자(외아들)가 자살, ② 황제의 첫째 동생(Maximilian)은 사망, ③ 둘째 동생은 망나니 생활에 성병(性病)으로 사망) 등으로 인해 왕위가 돌아오게 되었다. 그러나 황제와 매사 정치적인 견해가 달라 충돌하는 사례가 많았고, 시녀였던 조피 초테크 폰 초트코프(Sophie Chotek von Chotkow, 1868~1914)와의 결혼으로 왕실의 각종 처우에서 소외당하는 등 엄청난 후과(後果)를 받았다. 따라서 황태자의 죽음이 원인의 일부는 될지언정, 세계대전을 일으킬 만큼의 결정적인 핵심 계기는 아니었음이 학자들의 중론(衆論)이다.

[2] 이로 인해 일어난 사건이 미국의 독립전쟁(아메리카 식민지 혁명, 1775~1783)이었고, 뒤이어 프랑스 혁명(1789)으로 들불처럼 번져갔다.

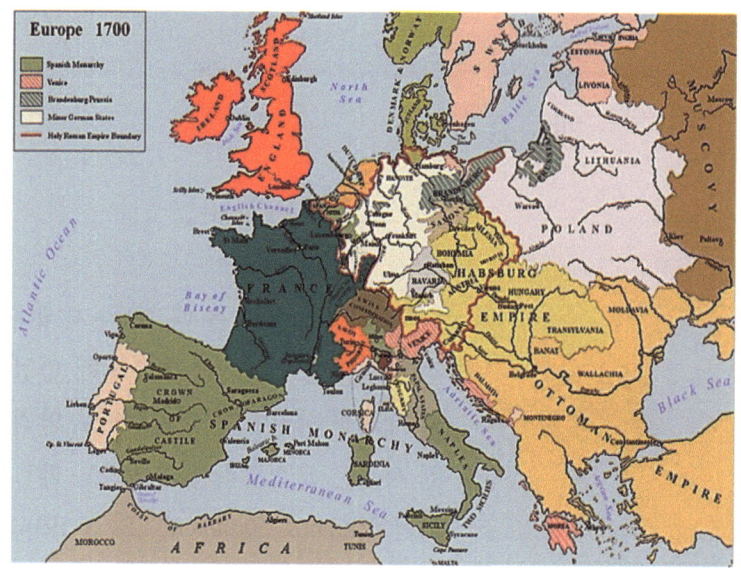

유럽지역은 공식적으로 역사가 만들어지면서 열강(列強)들의 각축장이었고, 세계의 모든 역사가 유럽을 중심으로 작성되었음은 일반적인 사실이다. 7세기에서 13세기에 이르기까지는 로마가, 13세기에서 17세기까지는 오스만튀르크 제국이 지중해 무역로를 장악하여 패권 국가로서 전(全) 유럽을 지배하였다. 하지만, 에스파냐(지금의 스페인) 무적함대에 참패를 당했고, 에스파냐는 영국에 무적함대의 명예와 패권(霸權)을 넘겼다. 이어서 잠깐 네덜란드가 해양을 지배하였으나, 나폴레옹 보나파르트가 프랑스를 강력한 패권 국가로 군림(reigning)하게 하였다. 그러나 영국과 프로이센(지금의 독일)에 패배하면서 쇠퇴의 길로 접어들었음은 알려진 사실이다.3) 1870~1871년까지 진행된 보불전쟁(普佛戰爭)은 통일 독일제국의 전성기를 구가(謳歌, glorify)하는 결정적인 계기로 작용하였다.

제1차 세계대전이 발생하기 직전의 유럽 형세는 기존에 강대국이었던 영국과 프랑스, 러시아 등이 최강국으로 자리매김하는 과정에서 독일이 군사·경제적 영향력을 확대하자 독일이 침공하면, 서로 지원한다는 내용으로 연맹을 맺었다. 이러한 연맹 결성이 바로 제1차 세계대전 직전에 이루어진 '3국 협상'이다. 그러자 독일을 비롯하여

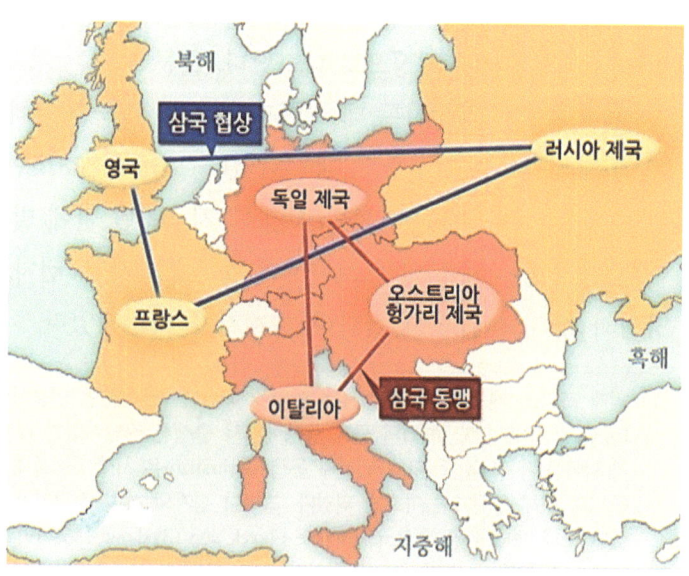

---

3) '프로이센(Preußen)'은 독일어이고, '프러시아(Prussia)'는 영어로 시대에 따라 변한 명칭이 아니다. 1871년 베르사유 궁전에서 선포한 '독일제국(German Empire)'과도 같은 명칭이다.

체코와 슬로바키아, 헝가리, 유고슬라비아 등을 통치하고 있던 오스트리아-헝가리가 발칸반도에서 민족주의 세력들이 더욱 성장할 것을 우려하여 다시 독일과 오스트리아-헝가리, 이탈리아가 '삼국동맹'으로 맞불을 놓았다.4)

1914년 7월 28일 개시된 전쟁은 1918년 11월 11일까지 총 4년 3개월에 걸쳐 진행되었으며, 규모도 28개 협상국과 4개 동맹국을 포함하여 총 32개국이 참전하였다. 그만큼 국제관계가 복잡다기(複雜多岐, complexity)하다고 이해하면 될 듯싶다. <표 5-1>은 참가국의 숫자와 초기에 투입한 사단 현황이고, <표 5-2>는 주요 국가에서 투입한 전투력 규모와 수준을 정리하였다.

<표 5-1> 제1차 세계대전 초기 참가국과 투입한 사단 현황(1914)

구 분		협상국	동맹국	비 고
국 가	수	28개국	4개국	-
	병력(명)	4,296만	2,520만	1.6:1
	투입 사단	249개	159개	

<표 5-2> 국가별 투입한 전투력 규모와 수준(개략)

구 분		독 일	프랑스	러시아	영 국
투입규모(명)		8개 야전군 (200만)	1,377.5만		
			±165만	±1,200만	12.5만
병역	제도	징병제			지원병제
	현역	2년	3년	장년·노년층	7년
	예비역	5.6년	14년		
	후비역	~39세	37~38세		-
기병부대		○ (자동차 수송)	△ (흉갑기병)	-	-
포병	중(重)포	420mm 3,500문	-	재고량 부족	화력 운용
	경(輕)포	77mm, 105mm 등	75mm 이상 300문		

---

4) 이탈리아는 초기에 동맹국의 일원이었으나, 동맹국이 공격을 받을 때만 유효하다고 주장하면서 중립을 지키다가 추후 협상국(연합국) 측에 가담하여 기회주의적인 면모를 엿보이고 있다.

소총, 경기관총	연발소총 (신형)	칼빈소총 (구형)	-	-
일반참모제도	○	△	-	○
훈련수준	○	△	-	○
산업화수준	○	○	-	○

　동맹국이나 협상국의 체결은 서로 관계가 좋아 맺어진 게 아니라 국가이익을 위해서는 어제의 적과도 서슴지 않고 손을 잡는다는 인식이 깔려 있음을 이해할 필요가 있다.5) 당시 동맹국과 협상국 간의 체결 패턴을 보면, 기존의 강대국과 신흥 강대국 간의 이합집산의 결과물임을 느낄 수 있다. 가장 먼저 동맹국과 협상국으로 분리된 배경과 이유는 독일-프랑스의 앙금(sediment) 때문이다.6) 특히 투입한 병력의 규모 측면에서 볼 때 독일을 중심으로 하는 동맹국에 비해 영국과 프랑스를 중심으로 하는 연합국의 규모가 훨씬 더 컸다.7) <표 5-3>은 세계대전 결과 발생한 피해 규모이다.

<표 5-3> 제1차 세계대전 결과 피해 규모(1918)

구 분	군 인		민간인	전비(戰費)
	전사자	부상자		
결 과	1,000만 명	2,100만 명	1,000만 명	3,321억$

　전체적으로 약 4,100만여 명의 피해가 발생하였다. 이중 민간인 사망자가 1,000만 명이 넘었으며, 동맹국은 사망자가 438만 6,000명, 부상자는 838만 8,000명이었요. 연합국은 사망자가 525만 명, 부상자는 1,280만 명이었다.
　제1차 세계대전은 전쟁 도구로 개부터 말, 비둘기, 노새에 이르기까지 수많은 종류의 동물들을 활용하였다는 점에서 이전의 전쟁 형태와는 다른 특이한 현상으로 볼 수 있다. <그림 5-1>은 제1차 세계대전에 활용되었던 대표적인 동물들의 사진 모습이다.

---

5) 2015년 상영된 범죄영화 《내부자들: 디 오리지널》에서 이병헌과 조승우, 백윤식의 얽히고설킨 관계도와 일반적으로 사용하고 있는 "적의 적은 아군이다."라는 문장을 생각하면 이해하기가 다소 쉬울 듯하다.
6) 1870년에 시작하여 1871년에 종결된 프로이센(독일)-프랑스 전쟁에서 패배한 프랑스가 독일에 배상금 5,000만 프랑(현재의 한화(韓貨)로 563억 2,000만 원)과 알자스-로렌 등의 핵심 영토를 강제로 빼앗겼기에 국민적 자존심에 상처를 입었고, 이후 세월이 지나면서 복수심으로 작동하였다고 봄이 타당하다. 조금 더 정확하게 접근하자면, 프랑스 국민은 전쟁에 패배하였다는 사실보다 영토를 강제로 빼앗겼다는 사실에 분노하였고, 이는 제1차 세계대전에서 폭발하였다. 독일은 이를 통해 통일제국을 건설하였고, 유럽의 최강국으로 군림하였다.
7) 통상적으로 1개 사단은 적게는 12,000명에서부터 많게는 18,000명 정도까지 편성하였다.

<그림 5-1> 제1차 세계대전에 활용된 대표적인 동물들의 사진

①, ②번의 '개'는 생명을 살리는 위생견, 통신 소통을 위한 통신견, 그리고 수색 정찰 등의 용도로 수십만 마리가 사용되었다. 실제 나폴레옹 보나파르트도 전쟁 간 훈련된 개를 전령(傳令, messenger)으로 사용한 사례가 있다. ③번의 '말'은 각종 물품과 화기 및 장비의 수송 수단, 기동수단으로, ④번의 '노새', ⑤번의 '코끼리'는 운반 및 수송 수단으로, ⑥번의 '비둘기'는 16만여 마리가 편지를 전달하게끔 훈련받은 전서구(傳書鳩)와 연락책, 가슴에 소형 카메라를 매달아 사진을 찍도록 훈련을 시킨 다음 사용하였다. 당시에는 통신망 구축이 부실하여 정확한 통신의 송수신이나, 확인되지 않는 경우가 많이 발생하였기에 유용한 통신수단으로 사용하였다.

1918년 9월 26일에 협상을 진행하여 11월 11일 정전(停戰, armistice)이 이루어졌던 뮤즈-아르곤 전투(battles of the Meuse-Argonne)에서는 통신용 비둘기 '셰어 아미(Cher Ami)'[8]의 진가가 발휘되었다. 미군 포병이 잘못된 사격

---

8) '셰어 아미(Cher Armi, 일명 체어 아미)'는 뮤즈-아르곤(Battle of Meuse-Argonne) 전투에서 활약하였다. 대대장 휘틀리 소령이 두 마리 남은 비둘기 중 한 마리를 잡으려고 하자 날아가 버리는 바람에 마지막 비둘기의 전달 여부에 따라 부대원의 전멸(全滅) 여부가 결정되는 순간이었다. 남은 한 마리의 다리에 통신문을 묶었으나, 나무에 앉아 날아가지 않아서 가지를 흔들자 그제야 날아가기 시작하였다. 그러나 독일군 진지를 지나가던 중에 통신용 비둘기임을 발견한 독일군의 집중 사격으로 인해 다리가 절단되고, 눈 한쪽, 가슴이 관통되어 떨어지다가 가까스로 날갯짓하여 42km 떨어져 있는 사단 포병부대에 65분이나 걸려 도착할 수 있었다. 비둘기를 통해 내용을

제원을 입력하여 휘틀리 소령이 지휘하는 대대가 전멸될 위기에 처하게 되었다. 다급해진 대대장이 통신문을 작성하여 "현재 우리 위치가 276.4 평행도로 상에 있는데 아군의 포격이 우리에게 가해지고 있으니 제발 멈춰주기 바란다."는 내용을 적은 메모지를 비둘기에 묶어 날려 보냈는데, 이때 활약한 비둘기가 '셰어 아미'이다.

확인한 포병부대가 재빨리 집중 포격을 멈춤으로써 휘틀리 소령과 대대원 384명이 무사할 수 있었다. 이후 '셰어 아미'는 영국에서 치료를 받은 다음 얼마 후에 미국에서 죽었고, 지금은 세계에서 가장 큰 워싱턴 DC의 스미스소니언 박물관에 박제되어 전시하고 있다.

제 2 절
제1차 세계대전의 발발(勃發) 배경과 전략적 환경

1. 역사적 배경과 전략적 환경

제1차 세계대전이 발발한 배경과 원인은 크게 다섯 가지로 정리할 수 있다. <그림 5-2>는 제1차 세계대전의 발발 배경과 당시 국제 사회의 전략적 환경이다.

> 첫째, 영국과 독일의 충돌과 대립
> 둘째, 프랑스의 독일에 대한 복수심
> 셋째, 3국 동맹과 3국 협상의 충돌과 대립
> 넷째, 발칸반도에서의 민족적 감정과 대립
> 다섯째, 사라예보 암살 사건

<그림 5-2> 제1차 세계대전의 발발 배경과 국제 사회의 전략적 환경

첫째, 영국과 독일의 제국주의적 충돌이 빚어낸 참극으로 볼 수 있다. 당시 유럽은 영국과 프랑스, 독일, 오스트리아-헝가리, 러시아라는 5대 강국으로 패권 구도가 형성되어 있었다. 이들 국가는 산업혁명의 결과로 생산력은 증대하였으나, 판로(販路, market)가 막히면서 공업원료의 획득과 상품 시장의 확대하는 과제가 당장 발등에 떨어진 불이었다. 이를 타개하기 위해 적극적으로 움직인 대표적인 국가가 해양(海洋)을 지배하고 있던 대영제국과 유럽지역의 신흥강국으로 육로(陸路)를 통제하고 있던 프로이센이었다.

신흥강국으로 부상(浮上)한 프로이센이 1870년에 진행된 보불(프-프로이센-독일)전쟁을 통해 강력한 통일 독일제국으로 완성되면서 육로, 다시 말해 철도를 이용한 제국주의 정책을 통해 식민지를 확장하였다. 한편 영국은 무적함대를 활용하여 유럽지역의 해상로를 장악하였다. <그림 5-3>은 영국의 '3C 정책'과 독일의 '3B 정책'이다.

<그림 5-3> 영국 주도의 '3C 정책'과 독일 주도의 '3B 정책'

영국은 동진(東進)에 유리한 '3C 정책'을 위해 '아프리카(케이프타운)-중동(카이로)-아시아 태평양 지역의 인도(캘커타)'를 중심 축선으로 묶는 제국주의 정책을 펼쳤다. 이에 독일은 남진(南進)하기 위한 '3B 정책'을 펼쳐 '베를린-비잔티움-바그다드'를 중심 축선으로 묶는 제국주의 정책을 펼침으로써 어차피 양 진영 간에 충돌은 시간문제였다. 페르시아만에서 양 진영이 충돌하며 치열한 군비 경쟁은 시작되었다.[9] 독일의 급격한 해군 확장이 영국에 직접적인 위협으로 인식되면서 긴장감은 점차 고조되었다. 영국은 유럽지역에서 세력균형을 도모하면서도 상업적 이익을 추구하기 위해서는 독일제국과의 패권(霸權, hegemony) 경쟁에서 우위를 확보해야 한다는 의지가 강하게 작용하였다. 이는 고립정책에서 탈피하는 결정적인 계기로도 작용하였다.

둘째, 프랑스와 독일의 충돌과 대립을 이해하기 위해서는 1870년부터 1년간 진행되었던 보-불 전쟁을 빼놓을 수 없다. 그림 <5-4>는 보-불 전쟁의 요도와 베르사유 궁전에서 거행한 독일제국 선포식이다.

---

9) 영국과 독일의 군비(軍備, armament) 수준은 1899년 6:1의 비율이었으나, 점차 둔화하면서 1912년 당시는 2:1로 좁혀졌다.

<그림 5-4> 보-불 전쟁(1870~1871) 요도와 독일제국 선포식(1871.1.18.)

당시만 하더라도 독일의 주력 무기는 드라이제 소총(일명 니들건, 구경 15.4mm)이었고, 프랑스는 최신식으로 분류된 샤스포 소총(구경 11mm)을 보유하고 있었다. 이는 프랑스군이 무적이라는 나폴레옹 3세의 착각으로 이어지면서 몰락을 부추겼다.[10] <그림 5-5>는 당시 독일과 프랑스의 주력 소총 형태이다.

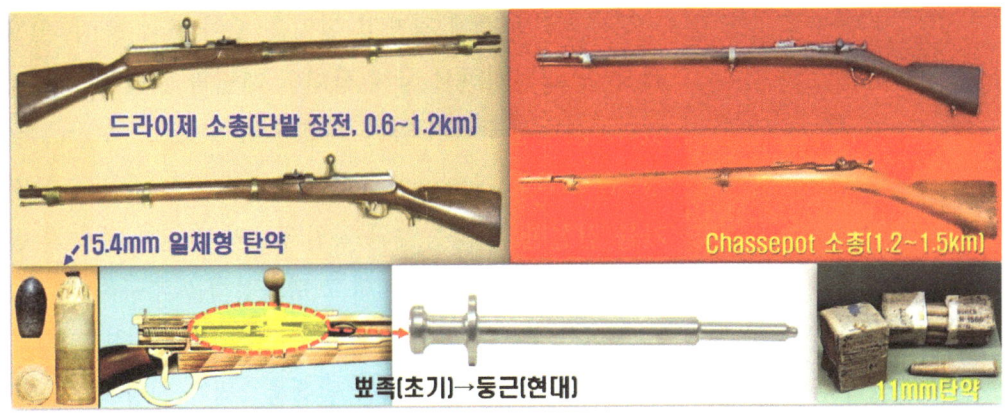

<그림 5-5> 1870년대 독일과 프랑스의 주력 소총

프랑스 나폴레옹 3세는 자신감에 넘쳐 1870년 7월 19일 독일에 먼저 선전포고를 하게 된다. 하지만, 이는 당시 연방(federal) 체제인 북독일과 독립 주(州)로 있던 남독일의 통합을 모색하던 독일의 오토 폰 비스마르크(Otto Eduard Leopold von Bismarck, 1815~1898) 수상과

---

10) 드라이제 소총(Dreyse Rifle)은 독일의 요한 니콜라우스 폰 드라이제(Johann Nikolaus von Dreyse, 1787~1867)가 개발한 세계 최초의 후장식(後裝式) 소총이다. 샤스포 소총(Chassepot Rifle, 1833~1905)은 프랑스의 포병 병기창 감독인 앙트완 알퐁스 샤스포(Antoine Alphonse Chassepot)가 드라이제 소총을 참고하여 제작하였다.

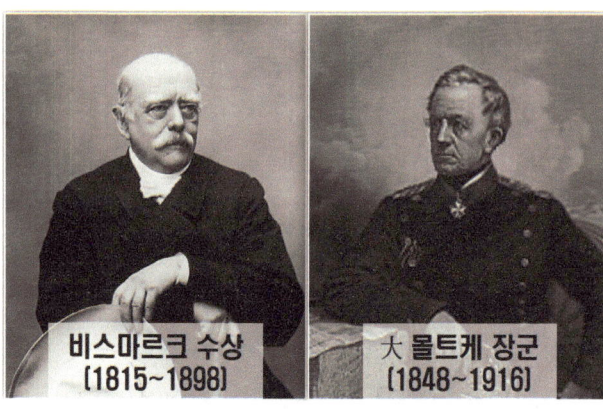

대(大) 몰트케(Helmuth Karl Bernhard Graf von Moltke, 1848~1916) 참모총장의 계략에 의한 것이었다는 역사적 사실이 존재할 뿐, 그 이상도 그 이하도 아니었다.[11]

전쟁 결과 독일은 사상자가 11.7만여 명인 데 비해 프랑스는 14만여 명의 사상자와 48만여 명이 포로로 붙잡히는 처절한 참패로 막을 내렸다. 프랑스 국민은 포로로 잡힌 나폴레옹 3세나, 전쟁에서 처참하게 패배했다는 사실보다 더 비통한 현실이 다가왔다. 독일에 50억 프랑(한화·韓貨로 5조 6천억 원)의 배상금과 알자스-로렌지방을 강제로 할양(割讓, cession)당했기 때문이다. 전쟁에서의 패배도 참지 못할 비극인데 하필 자신들의 자긍심인 베르사유궁에서 독일의 빌헬름 1세가 통일된 독일제국과 황제를 선포했다는 점에서 프랑스 국민이 느끼는 모멸감과 자존심은 완전히 곤두박질쳤다. 이후 피를 부르는 복수의 다짐이 대(代)를 지나면서 끊임없이 계속되었다.

셋째, 국가 간에 경제적 이익을 좇아 '3국 동맹'과 '3국 협상'이 결성되면서 국제 사회의 대립과 충돌은 불가피하였다. 당시 분리되어 있던 독일의 비스마르크 수상은 철혈정책(鐵血政策, blood and iron policy)을 통해 강력한 통일국가를 건설한 이후 통일된 독일제국의 영원한 존속과 번영을 위해 철혈정책을 중지하고 평화정책을 추구하는 방향으로 국가정책을 전환하는 단안(斷案)을 내렸다.[12] 그러나 내부적으로는 1888년 즉위한 빌헬름 2세가 팽창정책을 추구

---

11) 당시 독일의 철혈재상으로 불리는 비스마르크(Bismarck) 수상과 대(大) 몰트케(Helmuth Karl Bernhard Graf von Moltke) 참모총장의 목적은 두 가지였다. ① 프랑스와의 전쟁으로 민족주의 감정을 자극한다. ② 에스파냐(현재의 스페인)에서 비어있는 왕좌를 독일의 레오폴트 대공(大公)에게 오르도록 부추기게 되면, 통일된 독일을 통치하는 데 방해될 것이 우려되자 계략을 통해 사실을 왜곡하고 조작(현대적 의미로 해석하면, factum)하였다.

12) '철혈정책(鐵血政策)'은 1862년부터 독일의 비스마르크 수상이 주도한 '통일된 독일을 만들기 위한 정책'으로서 군사적 수단을 통한 독일의 통일을 추구하고 있다. "결국, 전쟁이란 정확히 말하자면, 자연스러운 인간의 본능이다."라는 문장에서도 느낄 수 있다. 그러나 프프로이센(독일) 전쟁으로 11.7만여 명의 사상자가 발생한 데 대하여 충격을 받고 '평화정책'으로 전환하였다. '동맹을 통해 우위를 선점하는 전략'으로 변화하였다고 봄이 타당하다.

하는 강력한 군국주의자였다. 당연히 비스마르크가 추진하는 평화적인 외교정책에 불신을 가졌고, 1890년 비스마르크는 버티지 못하고 사임하였다. 1894년 프랑스는 배신감과 불안감에 '프-러 동맹'을 체결하는 등에 노력하였다. 이를 통해 양 진영 간 일시적으로 평화가 오는 듯하였으나, 첨예한 대립과 충돌 행위는 반복되었다. <그림 5-6>은 3국 협상국 간 체결한 동맹과 협상 과정이다.

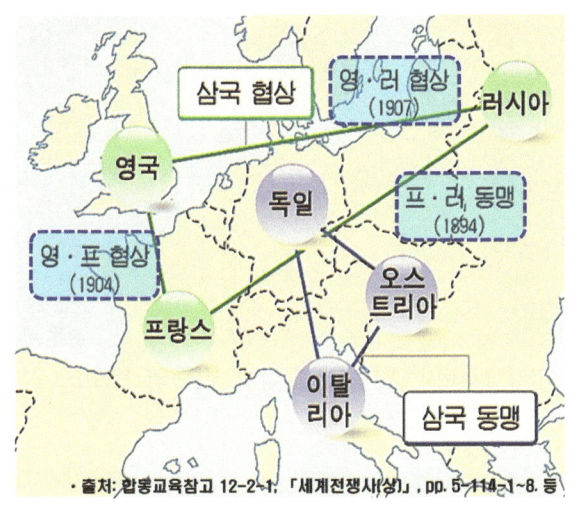

<그림 5-6> '3국 협상' 간 체결한 동맹과 협상(정리)

3국 협상국 간에 동맹과 협상 체결이 활발해진 이유는 극히 단순하다. 1890년 독일제국의 비스마르크 수상이 사임하자 고삐가 풀린 빌헬름 2세가 당장 러시아와의 비밀 재보장 조약을 파기하였다. 이를 바라보는 3국 협상국의 처지에서는 상대국이 언제라도 등을 돌릴 수 있다는 불안감과 배신감이 팽배하게 되면서 위기의식을 느낄 수밖에 없었다.

넷째, 발칸지역에서의 민족적 감정의 대립과 충돌이 심화(深化)하였다. 당시 발칸반도는 독일의 지원을 받는 게르만(German) 민족과 러시아의 지원을 받은 슬라브(Slavs) 민족이 서로 뒤섞여 삶을 영위하고 있었다.13) 유럽지역에서 게르만 민족(독일)이 통일제국을 형성하자 슬라브 민족이 자극을 받아 오스만 제국(Ottoman Empire)의 지배에서 벗어나 민족국가를 형성하기 위해 노력하였다. 이러한 분위기 가운데 이 지역으로 세력의 확장을 꾀하

---

13) 게르만 민족은 독일을 중심으로 하는 서유럽지역에 분포하고 있으며, 키가 크고 금발에 벽안(碧眼)으로 현재의 독일, 스웨덴, 노르웨이, 네덜란드, 덴마크, 아이슬란드 등을 들 수 있다. 슬라브 민족은 동유럽과 아시아에 널리 분포하여 있으며, 흑발에 검은 눈으로 현재의 러시아, 유고슬라비아, 폴란드 등 사회주의 국가가 다수를 차지하고 있으며, 약 3억 5천만 명이다.

던 오스트리아-헝가리와 러시아가 대립하면서 게르만-슬라브 민족 간 갈등으로 고조되었다. <그림 5-7>은 범(凡)게르만 민족과 슬라브 민족의 분포도와 진출 방향이다.

<그림 5-7> 범(凡)게르만 민족과 슬라브 민족의 분포도 및 진출 방향

다섯째, 전쟁 분위기가 고조(the climax)되는 가운데 세르비아에서 페르디난트 황태자 부부가 피살되었고, 이를 계기로 유럽지역이 폭발하였다.14) 1914년 6월 28일 황태자 부부가 反 오스트리아 운동을 견제하기 위해 보스니아에서 실시하는 '육군 대(大) 연습'을 참관하기 위하여 사라예보를 방문하였다가 세르비아의 비밀 결사단(決死團) '검은 손(Ujedinjenje ili smart)' 요원인 대학생(19세) 가브릴로 프린치프(Gavrilo Princip)에게 저격당해 현장에서 사망하였다. 이후 오스트리아-헝가리가 책임을 묻는다며 세르비아에 최후통첩을 보내면서 일촉즉발의 상황이 연출되었다. <그림 5-8>은 오스트리아-헝가리가 세르비아에 보낸 최후통첩 10개 항을 정리하였다.

---

14) 오스트리아 황제 프란츠 요제프 1세는 이를 빌미로 하여 독일 황제(빌헬름 2세)의 지원을 약속받고 세르비아의 도전임을 대외적으로 공표(公表)하였다.

최후 통첩 10개항(요약)

- 모든 反 오스트리아 단체를 해산할 것.
- 암살과 관련된 모든 者들을 처벌할 것.
- 反 오스트리아 단체에 관련되어 있는 모든 관리를 파면할 것.
- 이와 관련된 당사자를 조사하는데 오스트리아 관리가 세르비아 內로 들어가는 것을 허용할 것.

<그림 5-8> 오스트리아-헝가리가 세르비아에 보낸 최후통첩(요약)

2. 동원령 선포와 제1차 세계대전의 개시(開始)

사태가 급박(急迫, urgency)하게 진전되자 세르비아도 더는 버티지 못하고 7월 25일 국가동원령을 선포하였다. 7월 28일 오스트리아-헝가리는 요구사항이 거부되었음을 명분으로 하여 일방적으로 세르비아에 선전포고한 다음 이튿날부터 수도인 베오그라드에 포병사격을 집중하였다. 러시아는 오스트리아-헝가리에 최후통첩의 기한을 연장하자고 직접 회담을 제의하였으나, 거절당하자 7월 30일 국가동원령을 선포한다. <그림 5-9>는 세계대전이 개시되는 前·後 시점의 연합국과 동맹국 중립국의 상황을 정리한 내용이다.

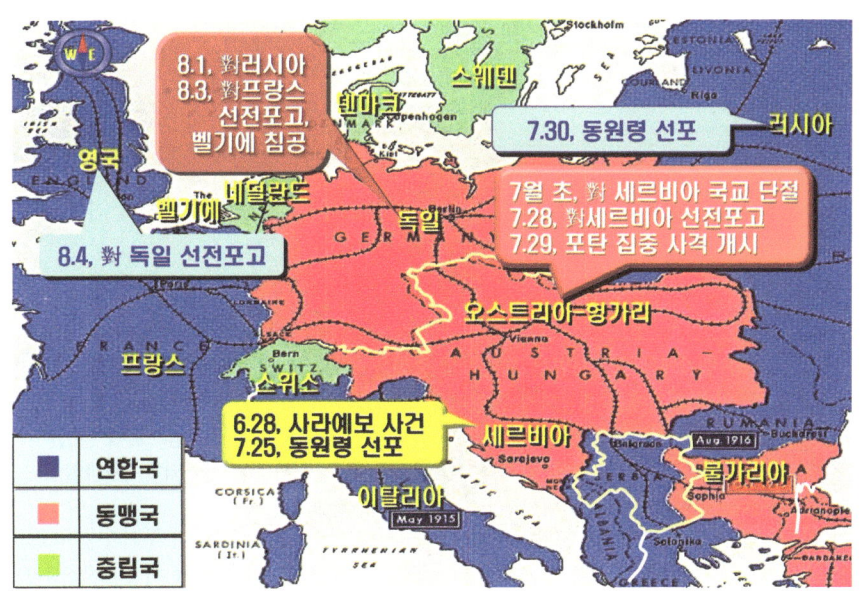

<그림 5-9> 제1차 세계대전 개시 前·後 연합·동맹·중립국의 상황

이를 주시하고 있던 독일이 러시아에 국가동원령의 철회를 요구하였으나, 거절당하자 위협을 느끼게 되면서 8월 1일 러시아에, 8월 3일 프랑스에 전쟁을 선포하였다. 그러자 영국도 독일을 대상으로 선전포고를 하는 등 유럽 각국이 자신들의 이해관계에 따라 연쇄반응으로 확대되었다.15) 이때만 하더라도 유럽지역에 국한된 전쟁이었지 세계대전으로 불릴 만큼의 상당한 전쟁 규모는 아니었다.16) 그러나 1915년 독일 잠수함에 의한 영국 민간 여객선 루시타니아호의 격침이 미국인 128명과 어린아이 100여 명이 사망하게 되면서 이전과는 다른 양상으로의 변화가 감지되었다. 국제 사회와 미국 내부의 여론도 전쟁에 참전해야 한다는 여론으로 확대하는 분위기였다. 잠시 악화하던 여론이 주춤하는 사이에

민간 여객선 루시타니아호 격침(1915.5.17.)

1917년 2월부터 3월까지 또다시 총 6척의 미국 민간상선이 독일 잠수함(U-20)에 격침되자 주춤하던 여론이 걷잡을 수 없이 확산하였다. '유럽전쟁'이 '세계대전'으로 비화(飛火)되는 순간이었다.

---

15) 독일이 룩셈부르크와 벨기에를 침공하면서 프랑스에 중립을 지키라고 요구하였으나, 거절당하자 선전포고한 데 불과하였다. 당시 독일이 벨기에를 침공하지 않았더라면, 영국이 개입하기는 어려웠다는 게 학자들의 중론(衆論)이다. 그러나 중립국으로서 영국과 동맹을 맺고 있는 벨기에를 독일이 먼저 침공함으로써 이 균형이 깨졌다. 영국은 벨기에 항구가 도버 해협에 있기에 국가의 전략적 이익에 불리하다고 판단되자 8월 4일 서슴없이 독일을 향해 선전포고하였다.

16) '유럽전쟁'이 '세계대전'으로 확대된 계기는 1915년 5월 7일 영국의 민간 여객선인 루시타니아(Lusitania, 31,500t)호가 독일의 U-보트에 격침되었다. 승객 2,000여 명 가운데 1,198명이 사망했는데, 미국인 128명이 사망자에 포함되어 있었다. 이후 침몰한 루시타니아호를 탐사한 결과 상당한 양(量)의 탄약 상자가 실려있었기에 반복된 폭발과 침몰이 가속화되었다는 자료도 있음을 이해할 필요가 있다.

제 3 절

국가별 전쟁 계획과 주요 인물에 관한 이해

1. 주요 국가별 전쟁계획

독일과 프랑스, 러시아, 영국 등 주요 국가의 전쟁계획을 살펴보면, 제1차 세계대전의 흐름과 윤곽을 이해할 수 있다. <표 5-4>는 4대 국가의 전쟁계획 명칭과 전장(battlefield) 지역을 정리하였다.

<표 5-4> 4대 국가의 전쟁 계획 명칭과 전장(battlefield)(요약)

구 분	계획 명칭	교전국	전장(戰場)	비 고
독 일	① 슐리펜 계획	프랑스	마르느강	러-불 동맹(1894)에 의한 양면전쟁 대비
프랑스	② 제17계획	독 일	알자스-로렌	對 독일 실지(失地) 회복 위주의 공격계획
러시아	③ A·G계획	독 일 (2개군)	동프로이센	A계획: 독일군이 서부로 주공(主攻) 시 공격계획 G계획: 독일군이 동부로 주공(主攻) 시 방어계획
		오스트리아(4개군)	갈리시아	
오스트리아-헝가리	④ B·R계획	러시아, 세르비아		B계획: 세르비아와의 단독 교전에 대비 R계획: 러시아+세르비아 교전에 대비

① 독일의 침공계획인 '슐리펜계획(Schlieffen Plan)'은 자체적으로 만들어진 공식 명칭이 아니다. 연합국의 전쟁연구가(군사 전략가)들이 전쟁 시나리오를 연구하는 과정에서 편의적으로 붙인 명칭으로 지금은 당연하게 사용하고 있다. 당사자인 알프레드 폰 슐리펜(Alfred von Schlieffen, 1833~1913) 육군 대장이 참모총장으로 재임하면서 39일이 지나기

이전(以前)에 프랑스를 섬멸할 수 있다는 자신감에서 비롯된 계획이다.

② 프랑스의 '제17계획'은 17가지의 계획을 총칭하는 명칭이다.17) 조세프 조프르(Joseph-Jacques-Césaire Joffre, 1852~1931) 참모총장이 1913년 공세 전략 개념에 기초하여 작성하였으나, 몇 가지의 맹점(盲點)을 지니고 있다. 프랑스군은 이 작전계획에 따라 독일 국경을 넘어 공격하는 대규모 침공작전을 수립하였으나, 독일군이 벨기에로 우회하여 공격함으로써 예상과 다르게 비참한 결과로 나타났다.

③ 러시아의 'A 계획'은 독일과 오스트리아-헝가리를 동시에 공격하는 계획이었고, 'G 계획'은 독일군의 공격에 대한 방어계획이었다. 핵심은 독일군이 보유하고 있는 4개 軍을 어디에(Where)?, 어떻게(How)? 운용할 것인지에 대한 차이가 있을 뿐, 작전 수행에 따른 부대의 규모나 운영에 관한 변동이나 변화는 아예 없는 계획임을 이해하고 접근할 필요가 있다.

④ 오스트리아-헝가리의 'B 계획'은 세르비아를 단독 공격할 때는 3개 군으로 갈리시아(Galicia)에서 러시아의 공격을 대비하려는 계획이고, 'R 계획'은 러시아와 세르비아를 동시에 상대해야 할 때 2개 군은 세르비아를 침공하고 4개 군은 러시아에 대항하는 계획으로 2개 군의 운용만 차이가 있다는 점을 기억하면 될 듯싶다. <그림 5-10>은 당시 프랑스군과 독일군의 군사력 수준을 비교한 현황이다.

구 분	프랑스軍	독일軍	비 고
군사제도	징병제(현역 + 예비역 + 후비역)		-
병력 규모	165만여 명	200만여 명	1 : 1.2
연령대	노년 + 중년층	청년층	-
軍에 대한 인식	냉 대	긍정적	-
전투경험	식민지전쟁 경험 풍부	상대적 열세	-
전술적 훈련 수준	高	低	-
보병의 기본무기	단발 구형 칼빈총+경포	모젤연발총+중포	-

<그림 5-10> 프랑스군-독일군의 군사력 수준 비교

---

17) '제1~7 계획'은 베르됭-투울-에피날 등을 강력하게 요새화하여 방어하는 계획이고, '제8~15 계획'은 공격계획을, '제16 계획'은 알자스-로렌 지역을 회복하려는 공격계획을, '제17 계획'은 부대 편성과 집결지를 비롯하여 대규모 공세와 관련한 조세프 조프르 총사령관의 의지가 포함되어 있으나, 행동으로 실천하기는 어려운 미완성된 계획으로 개념만 작성된 계획이었기에 실천하기는 어려웠다.

당시 연합군은 러시아가 1,200만 명, 영국이 884만 명, 프랑스가 866만 명, 이탈리아가 561만 명, 미국이 473만 명, 일본이 80만 명 등을 포함하여 총 4,296만여 명이었다. 동맹군은 독일이 1,325만 명, 오스트리아-헝가리가 780만 명, 오스만 제국이 299만 명, 불가리아 왕국이 120만 명을 포함한 총 2,520만여 명이었다.

프랑스군과 독일군의 군사제도는 징병제로서 프랑스는 군(軍)에 대한 일반적 인식이 냉담했던 반면, 독일은 긍정적이었다. 전투를 경험한 측면에서 보면, 프랑스가 우세하였다. 다만, 무기 수준에서는 프랑스보다 우수한 신식무기를 갖추고 있었다.

1.1. 독일의 슐리펜계획(Schlieffen Plan)

독일의 슐리펜계획을 이해하기 위해서는 알프레드 폰 슐리펜(Alfred Graf von Schlieffen)의 前·後로 참모총장을 역임하였던 두 인물을 먼저 탐구하여야 한다. 슐리펜에 영향을 끼친 긍정적인 측면에서의 대(大) 몰트케와 긍정적이지 못한 기억의 소(小) 몰트케라는 양대(兩大) 인물을 먼저 이해할 필요가 있다는 점이다.

1.1.1. 헬뮤트 폰 몰트케(Helmuth von Moltke)

'대(大) 몰트케'로 불리는 헬뮤트 폰 몰트케(Helmuth von Moltke, 1800~1891)는 탁월한 군사 혁신가로서 "전투계획이란 적과 마주치는 순간 사라져 버리게 된다.[18]"라고 주장하는 유연한 창조적 사고(思考)의 보유자로서 7개 국어와 여행작가 겸 스케치 화가로도 활동한 인물이다. 철혈재상으로 유명한 비스마르크와 함께 통일 독일을 완성한 일등 공신으로 보-오 전쟁(Austro-Prussian War, 1866)과 보-불 전쟁(Franco-Prussian War, 1870~1871)의 영웅이었다. <그림 5-11>은 대(大) 몰트케의 일대기를 간략하게 정리하였다.

---

18) 영국의 몽고메리 원수도 "전투가 시작되는 순간 작전계획의 적용 비율은 5% 이내로 바뀐다."라고 강조하였다는 점에서 전쟁(전투)에 임할 때 경직된 사고방식과 행위만으로는 절대 긍정적인 결과를 얻을 수 없다는 점을 반드시 인식할 필요가 있다.

- 1800.10.26. 北독일에서 출생(父: 육군장교)
- 1818, 덴마크軍 소위로 임관(18세)
- 1823~1826, 프러시아軍 소위로 재임관
- 1828~, 프러시아軍 총참모부에 근무
  - 1835~1839, 오스만제국 술탄(마흐무드 2세)의 군사고문→오스만 군대제도를 개혁
- 1857~1888, 프러시아軍 참모총장으로 재직
  - 보-오전쟁(1866), 보-불전쟁(1870), 징집제도 시행(1874), 참모본부제도 정립
- 1872/1891, 종신 상원의원에 임명, 사망
※ 상관에 집중되어 있던 권한을 해체하여 부하에 분담
 → "상관의 명령에 복종 시 그것이 자신의 명예를 훼손한다고 판단되면, 불복할 수 있어야 한다."
※ 철학적 신념이 확고한 성실·신중한 성격

<그림 5-11> 대(大) 몰트케의 일대기(요약)

현재 세계 각국의 軍에서 채택하고 있는 참모본부 제도를 최초로 정립시켰으며, 참모부 소속 장교들을 전문 교육기관에서 양성하도록 체계를 갖춤으로써 참모장교들의 위상을 확립한 인물이기도 하다. 이를 통해 지휘관들이 독단적인 결심으로 전쟁을 수행하기보다 참모판단과 건의 등을 통해 승리의 가능성이 더 큰 전략과 전술을 채택할 수 있는 토대를 마련하였다. 정면 공격으로 적을 타격하는 단순한 전투방식에서 참모장교들에 의해 정교한 판단-평가-건의 등의 절차를 거치는 과정을 포함하였다. 이를 통해 포위당한 이후 적이 정면으로 공격해 올 때 적의 저항 능력을 무력화시키는 방책을 구체적으로 수립하는 등을 통해 신속하게 전쟁을 종결짓는 방식으로의 변화가 가능하게 되었음을 특징으로 들 수 있다.

1.1.2. 알프레드 폰 슐리펜(Alfred Graf von Schlieffen)

알프레드 폰 슐리펜(Alfred Graf von Schlieffen, 1833~1912)은 58세에 참모총장으로 임명되었다. 그는 독일의 지정학적 위치가 러시아와 프랑스 사이에 있다는 점을 불안해하였다. 유럽이 동맹국과 연합국으로 나뉘어 있는 현실에서 러시아와 프랑스가 협공할 경우 2개 전선을 동시에 대항하기는 불가능했기 때문이다. 따라서 러시아와 프랑스를 잠재적인 적대 국가로 간주하고 이를 상대하기 위한 '슐리펜계획'을 1905년에

공식화하였다. <그림 5-12>는 알프레드 폰 슐리펜의 일대기를 간략하게 정리하였다.

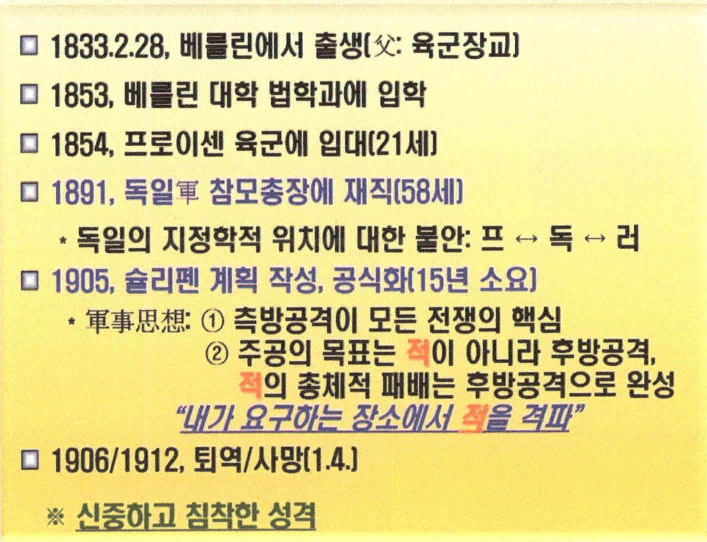

```
□ 1833.2.28, 베를린에서 출생(父: 육군장교)
□ 1853, 베를린 대학 법학과에 입학
□ 1854, 프로이센 육군에 입대(21세)
□ 1891, 독일軍 참모총장에 재직(58세)
  • 독일의 지정학적 위치에 대한 불안: 프 ↔ 독 ↔ 러
□ 1905, 슐리펜 계획 작성, 공식화(15년 소요)
  • 軍事思想: ① 측방공격이 모든 전쟁의 핵심
           ② 주공의 목표는 적이 아니라 후방공격,
             적의 총체적 패배는 후방공격으로 완성
           "내가 요구하는 장소에서 적을 격파"
□ 1906/1912, 퇴역/사망(1.4.)
※ 신중하고 침착한 성격
```

<그림 5-12> 알프레드 폰 슐리펜(Alfred Graf von Schlieffen)의 일대기(요약)

슐리펜 참모총장은 1905년 전쟁 계획을 공식화하기까지 15년의 세월이 필요할 만큼 고심에 고심을 거듭하였다. 그만큼 어렵고 중대한 사안으로 인식했음을 알 수 있다. 당시 슐리펜의 군사 사상은 크게 두 가지로서 첫째, 정면 공격보다는 측방 공격이 모든 전쟁에서 승리할 수 있다고 인식한 점, 둘째, 주공의 목표를 적에 두지 않고 후방공격으로 보았다는 점이다. 이 후방공격으로 적의 총체적 패배를 결정할 수 있었기 때문이다. 현대적 의미로 정리한다면, "내가 원하는 장소에서 적을 격파한다."라는 '주도권 확립 의지'로 가득했던 신념의 보유자임을 알 수 있다. 특히 15년에 걸쳐 수정을 거듭한 다음에야 작전계획을 공식화하였다는 측면에서 신중하고 침착한 성격의 소유자였음을 미루어 짐작할 수 있다. 그가 작성하였던 논문 ≪칸네-Canne, 또는 칸나이≫는 그의 사후(死後)에 영어로 번역되어 군사학도들에 배포되었고, 제2차 세계대전 시에도 연합국과 독일군 양측에서 중요하게 학습하였던 군사자료였다.

1.1.3. 소(小) 몰트케(Helmuth von Moltke the Younger)

소(小) 몰트케(Helmuth von Moltke the Younger, 1848~1916)는 대(大) 몰트케와는 완전히 대비되는 성향과 부류의 인물로서 그의 조카였다. 슐리펜계획의 개념 자체를 초기 수립할

때의 개념과 완전히 다른 방향으로 수정하였다. 이는 결과적으로 독일의 패망을 불러왔다는 점에서 슐리펜계획의 기본 개념도 알지 못한 채 무시하였고, 수정하는 과정에서도 결심하지 못하고 우유부단한 처신으로 부하들의 원성(怨聲)을 유발하였다.

슐리펜의 군사 사상이 "내가 요구하는 장소에서 적을 격파한다."라는 주도권 확립 사상을 자신의 고집과 아집으로 갑작스럽게 "적을 발견한 장소에서 적을 격파한다."라고 하는 이해하지 못할 작전 개념으로 변경하였다. 그리고 이를 시행하도록 지시함으로써 스스로 후대에 무능하고 부정적인 인물로 평가하게 만든 인물이다. 소(小) 몰트케로 인해 슐리펜이 공들여 완성한 '회전문 원리'는 수많은 전제로 문제가 있었지만, 이마저도 이행을 불가능하게 하였다.[19] <그림 5-13>은 소(小) 몰트케(Helmuth von Moltke the Younger)의 일대기를 간략하게 정리하였다.

- 1848.5.25, 프로이센 베클렌부르크 출생(귀족가문)
- 1887, 참모총장(大몰트케) 부관으로 근무
  - 빌헬름 황제의 총애 + 가문의 후광(後光)
- 1903, 병참감으로 임명
- 1906, 참모총장에 임명
  - 슐리펜 계획 수정을 결정 시 우유부단한 처신 반복
    "적을 발견한 곳에서 격파"
- 1914~, 작전통제권 행사 不可, 상실
- 1914.9.4/1916, 빌헬름 2세가 직무를 해임, 사망
- ※ 신중하지 못하고 심약·우유부단한 성격

<그림 5-13> 소(小) 몰트케(Helmuth von Moltke the Younger)의 일대기(요약)

---

19) 6·25전쟁 사례에도 유사한 인물이 존재하는데, 유재흥 장군이다. 그는 전쟁 초기 7사단장으로 의정부-동두천 축선에서 지휘관다운 지휘를 한 번도 해보지 못하고 북한군에 궤멸(潰滅)당하였고, 두 번째 기회인 2군단장 재직 시에도 청천강 전투(Battle of the Ch'ongch'on River, 1950.11.24.)에서 7·8사단의 60% 이상이 전멸되는 참패를 당하였다. 그러나 사실 파악조차 하지 않았고, 이른 1.4 후퇴를 불러왔다. 이후 3군단장 재직 시 현리전투(1951.5.16.~22.)에서도 중공군에 포위당하자 부하들은 남겨둔 채 혼자 헬기를 타고 도주한 인물이었다. 이는 이승만 대통령이 더글라스 맥아더 UN군 사령관에게 작전지휘권을 전격(電擊)적으로 이양한 이후에도 작전지휘권을 행사하지 않았던 UN군이 이 전투를 계기로 작전지휘권을 행사하였다는 점을 인식하여야 한다. 이후에도 별다른 징계나 처벌 없이 이승만과 박정희 정부에서 승승장구하였음은 국가적·군사적 측면에서 아쉬운 부분이다.

그는 선제적으로 프랑스에 대한 침공을 개시하였으면서도 우유부단한 처신과 지휘체계에 일관성이 없었으며, 지휘에 대한 자신감도 없었다. 물론 슐리펜계획 자체에 허점이 많았지만, 스스로 40일도 안 되는 짧은 기간 내에 프랑스를 점령하여야 한다는 강박관념과 다시 러시아로 공격 방향을 전환해야 한다는 압박감에 짓눌려 군사적 행동을 실천하지도 못하고 우물쭈물하기에 바빴던 심약한 지휘관이었다. 당시 독일군의 지나친 낙관주의도 문제였지만, 그가 슐리펜계획을 자신만의 생각대로 고쳤다는 오명(汚名)은 현대 군사전략에서도 결정적인 과오(過誤)로 평가받고 있다.

1.1.4. 전략적 상황

슐리펜계획이 작성될 당시의 정치적 측면을 살펴보면, 1894년 러-불 동맹이 체결되면서 독일은 프랑스와 러시아 사이에 끼어 양면 전쟁은 불을 보듯이 뻔한 현실이었다. 경제적 측면에서도 자원이 부족하여 해외에서 구매하는 원자재에 의존할 수밖에 없었던 현실은 장기전(長期戰)을 회피하게 하였다. 다시 말해 단기전(短期戰)이 불가피한 선택이었다. 객관적인 측면을 보더라도 독일보다는 프랑스와 러시아 군대의 군사력이 훨씬 우세하였다.[20] 그러나 지리적 측면에서 프랑스와 러시아 사이에 끼어있다는 단점이 있었지만, 철도망이 발달하고 있다는 점은 상당한 강점으로 평가되었다. <그림 5-14>는 슐리펜계획 작성 당시의 전략적 상황평가다.

<그림 5-14> 슐리펜계획 작성 당시 독일의 전략적 상황 평가(종합)

---

[20] 제1차 세계대전 당시 독일의 총면적은 540,857㎢이다. 1860년대부터 8,046km(5,000mile)에 대하여 철도를 개설하였기에 경제적 호황(好況)을 누릴 수 있는 기반이 조성되어 있었다.

특히 지리적 측면에서 나폴레옹 보나파르트가 구사했던 '내선작전(Operation On Interior Lines)' 운용에 유리한 점이 많았다.21)

1.1.5. 슐리펜 참모총장의 전략 개념

초기의 슐리펜계획은 '동수서공(東守西攻)의 단기 결전' 개념으로 보면 될 듯싶다. <그림 5-15>는 슐리펜이 단기 결전 전략을 채택할 수밖에 없었던 배경이다.

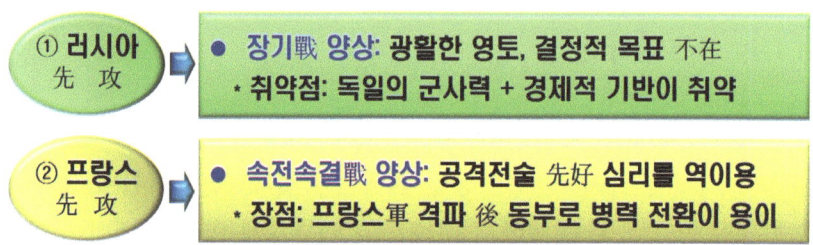

<그림 5-15> 슐리펜이 '동수서공(東守西攻)'의 단기 결전을
선택할 수밖에 없었던 불가피한 이유

① 러시아는 영토 면적이 1,709만 km로서 너무 광활하여 결정적으로 지향해야 할 목표를 정하기가 상당히 어려웠다. 반면에 ② 프랑스는 자신들이 빼앗긴 알자스-로렌 지역을 회복하기 위해 남측 방향에 주력(主力)을 지향하고, 공격할 것으로 예측하였으며, 이 예측은 적중하였다.

1.1.6. 슐리펜 참모총장의 작전 개념

당시 슐리펜 참모총장이 오랜 기간에 걸쳐 상당한 고심 끝에 내놓은 작전 개념이었으나, 결과적으로는 그렇게 실효적이지 못했음이 각종 연구를 통해 확인되고 있다. <그림 5-16>은 슐리펜의 작전 개념을 2개 단계로 구분하여 설정한 내용을 정리하였다.

---

21) '내선작전(內線作戰)'은 '외부에서부터 포위하고 공격해 들어오는 적을 상대하기 위하여 내부 혹은 중앙에서 적에 대응하는 작전'을 의미하고 있다. 독일이 제1차 세계대전 간 잘 발달한 철도망을 이용하여 동서로 활발하게 이동하면서 부대를 운영하였기에 승기(勝機)를 잡을 수 있었다. 6·25 전쟁사에서는 낙동강 방어작전을 '내선작전'의 전형(典型, pattern)으로 볼 수 있다.

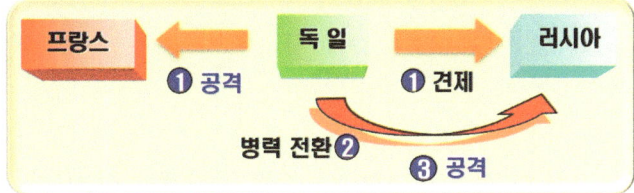

<그림 5-16> 슐리펜의 작전 개념 2단계 설정

제1단계는 ① 프랑스를 선제공격하는 동안 러시아는 견제(牽制)함으로써 러시아가 함부로 軍을 움직이지 못하게 위협한다. 이 시기를 이용하여 프랑스를 빠른 기간 내에 섬멸한 다음 ② 독일군이 신속하게 공격 방향을 전환하여 ③ 곧바로 러시아를 공격해 들어가는 개념이다. 슐리펜계획의 본질이 바로 제2단계(러시아 공격) 작전에 있다. 이는 그의 사상적 기초가 클라우제비츠의 '섬멸전'만이 적을 굴복시킬 수 있다는 인식에 있었고, 한니발 장군이 '칸네 전투(Battle of Canne, BC 216.7.30.)'에서 채택한 '대(大) 포위 섬멸전', 프리드리히 대왕이 '7년 전쟁' 간 로이텐 전투에서 채택한 '양동작전(陽動作戰, feint operation)'을 통한 측·배면 공격, 나폴레옹 보나파르트가 '울름 전역(Battle of Ulum, 1805.10.16.~19.)'에서 채택한 '내선작전'과 '대(大) 우회기동'을 깊이 연구한 결과물로 봄이 일견(一見) 타당하다.[22]

1.1.7. 슐리펜계획의 전제(全提)와 가정(假定)

슐리펜계획을 수립하는 과정에서 가장 먼저 이해해야 할 키-워드는 3가지의 전제조건과 5가지의 가정이 존재하고 있다. <그림 5-17>은 슐리펜계획을 수립할 때 채택한 3가지 전제(全提)이다.

---

[22] '칸네 전투'의 '대(大) 포위 섬멸전'은 아프리카 칸네(또는 칸나이) 평원에서 로마군과 카르타고의 한니발 軍 사이에 발생한 전투로 현대 '포위 섬멸전'의 표본으로 평가받고 있다. 일부 학자들은 '로이텐 전투'를 '전격전(電擊戰)'의 시초라고 주장하기도 한다. 프랑스 軍이 '울름 전역'에서 실시한 대(大) 우회기동은 전쟁 역사상 가장 깔끔한 작전으로 21만여 명이 1일당 26km 이상 행군하여 42일 만에 1,100km를 주파하였다.

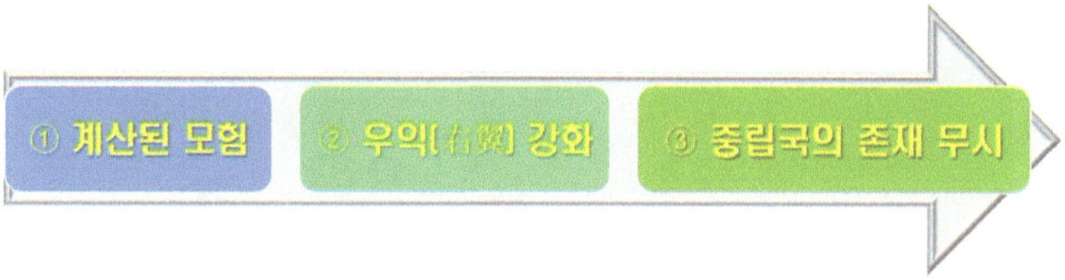

> ① 계산된 모험　② 우익(右翼) 강화　③ 중립국의 존재 무시

<그림 5-17> 슐리펜계획을 수립 간 3가지 전제(全提)

① 슐리펜의 전제(前提)는 가장 먼저 러시아와 프랑스에 대한 '계산된 모험'이다. 독일의 러시아에 대한 공격은 1894년 러시아와 프랑스가 맺은 러-불 동맹을 깨뜨리기 위함이었다. 등 뒤에 적을 두고 공격하게 되면, 상당한 위험을 초래함이 상식이다. 러시아는 러-불 동맹에 따라 동(東)독일 방향으로 공격할 것이 확실했기에 프랑스를 공격함과 동시에 동부지역은 최소의 병력으로 방어를 수행함으로써 프랑스를 섬멸할 시간을 보장받는 게 급선무였다. 또한, 독일이 공격할 때 프랑스가 알자스-로렌의 회복을 위한 공격을 할 것이 확실했기에 라인강의 도하(渡河)도 필요하였다. 이때 가장 확실한 사실은 프랑스의 경우 러시아가 동원하기 이전에는 절대 공격하지 못한다는 점에 두었다.

② 우익(右翼, 프랑스에서 바라볼 때 왼쪽 지역) 강화가 필요하다는 점이다. 비결정적 장소인 좌익(프랑스에서 바라볼 때 오른쪽 지역)의 메츠(Metz) 이남에서 병력의 절약이 필요하고, 결정적 장소로 판단하고 있는 우익에 병력을 집중함이 필요하였다. 이를 위해 좌익에는 미끼 역할을 하는 전략적 방어부대를, 우익에 주력부대를 편성하였다.

③ 우익에 배치한 주력부대가 신속하게 기동하려면, 중립국인 네덜란드와 벨기에 지역을 통과해야만 가능하였다. 그러나 전제조건이 달성되지 않는다면, 가정(假定) 5가지 중에 그 어떠한 항목도 성립할 수 없었다. 따라서 결과적으로 슐리펜계획은 처음부터 현실과 맞지 않은 계획이었음을 이해할 필요가 있다. <그림 5-18>은 슐리펜계획을 수립할 때 필요했던 5가지의 전제(前提)와 가정(假定)이다.

> ① 러시아의 동원은 지연될 것이다.
> ② 프랑스는 6주 이내 점령이 가능하다.
> ③ 독일軍이 벨기에 국경에 집결 시 프랑스軍의 벨기에 중립 침범에 대한 유도가 가능할 것이다.
> ④ 벨기에의 저항은 미약할 것이다.
> ⑤ 영국의 원정軍 병력은 10만 명 이내일 것이다.

<그림 5-18> 슐리펜계획을 수립 간 5가지의 가정(假定)

① 러시아의 동원 속도는 느릴 것이고, 오스트리아-헝가리는 러시아의 공격 속도를 지연시킬 것이며, 지형은 독일이 방어하기에 유리하다.

② 벨기에와 룩셈부르크 방향으로 공격할 경우 프랑스는 이에 대한 대비가 안 되어있으므로 6주 이내에 점령이 가능할 것이다.

③ 독일군이 벨기에 국경에 집결하면, 프랑스군이 조급하게 공격해올 것이기에 중립국을 침범했다는 비판에서 벗어날 수 있을 것이다. 특히 프랑스는 러시아가 동원하기 이전엔 공격하지 못할 것이며, 우익이 계속 진격하면, 파리에 피탈(被奪)에 대한 두려움 때문에 먼저 후퇴할 것이다.

④ 벨기에는 중립국으로 저항(resistance)의 강도가 극히 미약(微弱)할 것이다.

⑤ 영국이 프랑스에 원정군을 보내도 10만 명 이내(以內)일 것이다.

<그림 5-19>는 1905년 완성된 슐리펜계획의 부대 배치 요도이다.

<그림 5-19> 완성한 슐리펜계획의 부대 배치 요도

그러나 스스로 유리하게만 판단했던 일방적인 가정은 처음부터 빗나갔고, 결과는 처절한 패배로 돌아왔다. 슐리펜계획은 과거 리델 하트(Basil Henry Liddell Hart, 1895~1970)가 주창하였던 회전문 원리를 적용한 전법이다.23) 적에 대한 기동 방법을 '직접 접근(Direct

---

23) '바실 헨리 리델 하트(Basil Henry Liddell Hart)'는 잉글랜드의 군인이자 군사 역사학자 겸 군사 전략가였다. 간접접근전략의 창시자로 평가받고 있으며, "직접 접근은 공격자를 기진맥진하게 하지만, 압박으로 인해 저항력이

Approach)'으로, 반대되는 개념을 '간접접근(Indirect Approach)'으로 명명하면서 전쟁에서 승리를 보장받을 수 있는 유일한 방법임을 강조하였다. 이러한 원리에 따라 슐리펜 장군은 계획을 수립한 초기부터 메츠(Metz)를 중심축으로 사용하였다. <그림 5-20>은 리델 하트가 ≪전략론: 간접접근≫에서 주장한 '회전문 원리(principle of revolving door)'를 슐리펜 장군이 작전계획을 수립하면서 채택한 형태이다.

<그림 5-20> 리델 하트의 회전문 원리를 슐리펜계획에 적용한 형태

슐리펜은 1905년 계획의 완성을 공식적으로 발표한 후 12월이 지나면서 신병(身病)으로 사임하였고, 후임으로는 우유부단함의 대명사인 소(小) 몰트케 장군이 임명되었다.

1.1.8. 소(小) 몰트케 장군의 슐리펜계획 수정

소(小) 몰트케 장군은 취임한 이후 1911년 작성되어 있던 슐리펜계획(Schlieffen Plan)에 대한 수정 작업을 시작하였다. 그는 손자병법에서 '무소불비 부소불과(無所不備 無所不寡)'

강화하는 반면에 간접접근은 평형을 혼란스럽게 만들어 방어자의 저항력을 느슨하게 한다."라고 주장하면서 전쟁의 발포(發砲)가 적대하는 지휘관들의 마음에서부터 일방적으로 결정되는 것으로 병사들의 신체에서 나오는 게 아님을 강조하고 있다. 원래 회전문은 1888년 美 발명가인 테오필루스 반 카넬(Theophilus Van Kannel)이 '바람을 막아주는 문'으로 특허를 냈다. 슐리펜은 계획에서 회전문을 시계 반대 방향으로 개방하는 원리를 적용하여 우익과 좌익을 7:1로 편성함으로써 북쪽(우익)에서 미는 힘은 강하게 하고, 남쪽(좌익)이 버티는 힘은 약하게 함으로써 회전문이 빨리 열리도록 할 수 있다는 점에 착안하였다.

라고 하였듯이 '모든 곳에 대비하려면, 모든 곳이 허술해지기 마련이다.'라고 판단하였던 듯하다. <그림 5-21>은 소(小) 몰트케 장군이 수정한 슐리펜계획을 정리하였다.

> ① 네덜란드 중립 존중, 제1·2軍 기동계획수정
> ② 예비 군단의 위치를 변경
>   · 좌익(左翼, 동부지역)은 강화, 우익(右翼, 서부지역)은 약화
> ③ 좌익의 임무: 방어 → 공격(양익포위, 전투력 분산)
>   主攻 약화, 유인 不可 → 각개격파 + 단기결전 실패

<그림 5-21> 소(小) 몰트케 장군이 수정한 슐리펜계획(요약)

① 영국이 참전할 수 있다는 우려 등 정치적 측면을 고려하여 네덜란드의 중립을 존중하는 방향으로 기동계획을 수정하였다. 다시 말해 침공을 개시한 직후 제1군이 네덜란드로 향하지 않고 협소한 리에주(Liege) 협곡으로 기동시켰다. 그러나 제1·2군을 통합한 16개 군단을 일개 축선에 집결시켜 기동케 함으로써 기동 속도가 현저히 둔화(鈍化)되었다. 프랑스 軍이 국경지대(요새)에 잠복하고 있다면, 벨기에 평원(平原)으로의 우회기동이 사실상 무의미하다고 판단한 데서 나온 산물이다.

② 좌익(독일의 시각에서 동부전선)을 증강하기 위해 우익(독일의 시각에서 서부전선)의 병력을 전환함으로써 우익을 약화하였다. 우익 후방에 배치된 6개 예비군단을 좌익에 대한 지원이 쉽도록 전환하였다. 개전 초기 요새지대를 포위한다는 명분으로 다시 우익의 일부를 잔류(殘留)시켰기에 主 전력이 약화하는 현상은 당연한 결과였다. 더욱이 이 조치로 제1군과 제2군의 간격은 벌어졌고, 우익과 좌익의 비율도 7:1에서 3:1로 약화함으로써 파리 서남방으로의 결정적인 기동 자체가 불가능하였다. 이는 프랑스 軍이 主 전장 지역을 알자스-로렌 지역으로 선택할 것이라는 일방적인 판단에서 비롯되었다.

③ 기존의 슐리펜계획은 '회전문 원리'를 토대로 하여 프랑스 軍을 유인하여 고착시킨다는 전략적 방어 개념에서 나온 배치였으나, 무시하고 '양익(兩翼) 포위' 개념인 반격-공격으로 임무를 변경함으로써 집중된 전투력의 운용이 아예 불가능했다. 이는 프랑스 軍이 벨기에 방면으로 공격한다고 가정하여 우익으로 격파한다는 단순한 판단에서 출발하고 있다. <그림 5-22>는 소(小) 몰트케 장군이 수정한 슐리펜계획 요도다.

<그림 5-22> 소(小) 몰트케 장군이 수정한 슐리펜 요도

수정된 계획은 슐리펜계획이 원래부터 가지고 있던 본질적인 개념과 완전히 달랐고, 단기 결전을 하자면서도 알자스-로렌 지역의 상실은 우려하여 전투력을 좌·우익으로 고르게 분산하여 배치함으로써 전략적 집중에도 실패하였다. 특히 슐리펜 장군의 "내가 요구하는 장소에서 적을 격파한다."라는 주도권 확립 사상을 "적을 발견한 장소에서 격파한다."라는 상식적이지 못한 논리(unreasonable argument)로 접근하여 시기와 장소, 결정권을 모두 적에게 넘겨주었기에 참패(慘敗)는 당연하였다.

1.2. 프랑스의 제17 계획

프랑스는 독일보다 인구가 적었으며, 매년 20세에 달하는 장정의 80%를 징집하였다. 독일과 같이 현역-예비역-후비(後備) 역으로 구분하고 있으나, 훈련수준은 상대적으로 높았다.

1.2.1. 조세프 조프르(Helmuth von Moltke)

조세프 조프르(Joseph Joffere, 1852~1931)는 1870년 육군 기술 소위로 임관하여 3년 후 보병으로 전과(轉科)하였고, 참모본부에서 동원계획을 수립하면서부터 혁혁한 명성을 알렸다. 1905년 사단장과 참모본부장에 임명되었으나, 1915년 독일군 진지를 돌파하는 데

실패하여 직접 지휘권을 박탈당하는 수모를 겪었다. 뛰어난 정치력으로 정치인들과의 친분을 활용하여 군부(軍部)의 자치권을 강화한 점은 인정할만하다. 침착하고 강인한 성격과 용기를 겸비한 인물로 평가받고 있으며, 지구전(持久戰, Endurance War)을 통해 적의 피로를 강요하는 작전을 주창하였다. <그림 5-23>은 조세프 조프르(Joseph Joffere) 장군의 일대기를 간략하게 정리하였다.

- 1852.1.12, 프랑스 리브살트 출생
- 1869, 에콜폴리테크니크(공립학교) 입학
- 1870~1901, 육군 기술 소위로 임관, 파견근무
  · 통킹만, 西아프리카-마다가스카르 등
- 1902~1905, 육군기술본부-참모본부장 근무
- 1914.8월, 북동부군 최고사령관 임명
  · 마른 전투에서 승리
- 1916.12.16, 최고사령관직 사임/원수
  · 1916, 베르덩 전투 패배 책임, 직접지휘권 박탈
- 1931.1.3, 사망(89세)

<그림 5-23> 조세프 조프르(Joseph Joffere)의 일대기(요약)

1.2.2. 제17 계획의 특징

제1차 세계대전은 방어하는 처지가 압도적으로 유리한 전장의 형태였다. 그러나 프랑스는 나폴레옹 시대의 몽상(夢想, dream)에서 벗어나지 못하고 기병(騎兵)에 의존하는 인식에 사로잡혀 있었다. 그러나 이미 기관총(Machine Gun)과 야포(Field Artillery)가 널리 보급되어 있었기에 기병을 투입할 경우 전멸당하기에 딱 좋다는 점을 간과하였다.

1.2.2.1. 제17 계획의 전제(前提)와 가정(假定)

벨기에는 중립국이므로 침범하지 않을 것이고, 침공하더라도 동쪽의 러시아와 협력하여 양측에서 동시에 공격하면, 독일이 타격을 받을 것이기에 방어에 도움이 될 것으로 판단하였다. 설혹 공격하더라도 회전문 효과로 인해 오히려 더 쉽게 알자스-로렌을 탈환할

수 있고, 반격도 가능할 것이라는 막연한 낙관론에 빠져있었다. <그림 5-24>는 계획을 완성도를 높이기 위하여 2가지 전제(前提)와 가정(假定)을 정리하였다.

> ① 독일軍 주력(제1·2군): 벨기에軍에 의해 투입이 불가, 他 방면으로 공격 지향
> ② 알덴느 삼림지대: 독일軍의 기동이 제한

<그림 5-24> 제17계획을 수립할 때의 2가지 전제(前提)와 가정(假定)

1.2.2.2. 제17계획에 의한 부대 배치

이러한 낙관적 인식은 제17계획을 수립하는 과정에서 부대의 편성과 배치 수준을 개념적으로만 하는 데 그치게 하였다. 아래의 <그림 5-25>는 프랑스군의 제17 계획에 의한 부대 배치 요도다.

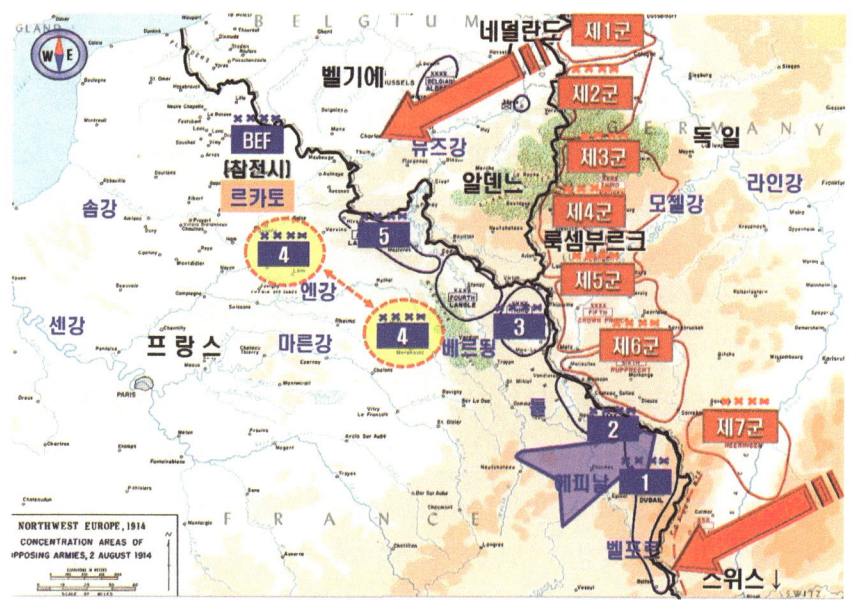

<그림 5-25> 제17 계획에 의한 부대 배치 요도

프랑스군은 우에서 좌로 제1·2·3·5군 순으로 배치하였다. 제4군은 독일군의 주공(主攻, main attack)이 예상되는 방향을 고려하였다. 벨기에 쪽으로 침공할 경우는 제5군의 좌측에, 스위스 방향으로 침공할 경우는 제5군 우측에 배치하도록 하였다. 영국군(BEF)이

참전할 경우 제5군의 좌측에 배치하도록 계획하였다. 독일은 러시아가 총동원하는데 걸리는 소요 기간을 2개월로 판단하는 우(愚)를 범하였으며, 이러한 현상은 프랑스가 러시아에 철도망 건설을 위한 자금을 전쟁 이전에 지원함으로써 더 빨리 완료할 수 있다는 가능성을 간과하는 실책을 범했다.

1.3. 러시아의 A·G 계획

A·G 계획은 러시아가 독일과 오스트리아-헝가리와의 동시 전쟁에 대비하고자 수립하였다.

1.3.1. 알렉산더 삼소노프와 폴 폰 렌넨캄프 장군

계획을 탐구하기 이전에 1914년 8월 17일부터 31일까지 러시아가 독일과의 탄넨베르크 전투(Battle of Tannenberg)에서 왜! 참패를 당할 수밖에 없었는지를 이해하고 넘어갈 필요가 있다. 당시 제2군 사령관인 알렉산더 삼소노프(Alexander Samsonov, 1858~1918) 장군과 제1군 사령관인 폴 폰 렌넨캄프(Paul von Rennenkampf, 1854~1918) 장군의 개인적인 인간관계에 관하여 이해하고 이를 나쁜 본보기로 삼아야 한다. 알렉산드 삼소노프 장군은 러-일 전쟁(1858~1914) 간 기병사단장이었다. 만주의 옌타이(煙臺, Yantai) 탄광을 방어하던 중에 인근에 집결하여 있던 렌넨캄프 사단장이 지원해주도록 지시하였으나, 이를 지원하지 않으면서 참패를 당하면서 원한과 앙금을 품었다.24)

독일 제8군의 포격에 무너지는 삼소노프군(러)

이러한 현장을 당시 독일 무관으로 관전하고 있던 막스 호프만(Max Hoffmann, 1869~1927)이 보았고, 이는 탄넨베르크 전투 간 결정적인 패인(敗因)으로 작용한다. 삼소노프 사령관은 1914. 8월 26일부터 벌어진 독일 제8군과의 전투에서 포위망이 좁혀지면서 퇴로(退路)가 막히자 자존심을 굽히고 다시 한번 제1군 렌넨캄프 사령관에 지원을 요청하였다. 하지만 렌넨캄프가 또다시 거부하면서 13만 명이 전사하였고, 9만여 명은 포로가 되는 참패를 당하자 권총으로 자결하였다. <그림 5-26>은 탄넨베르크 전투 당시의 부대 배치 요도다.

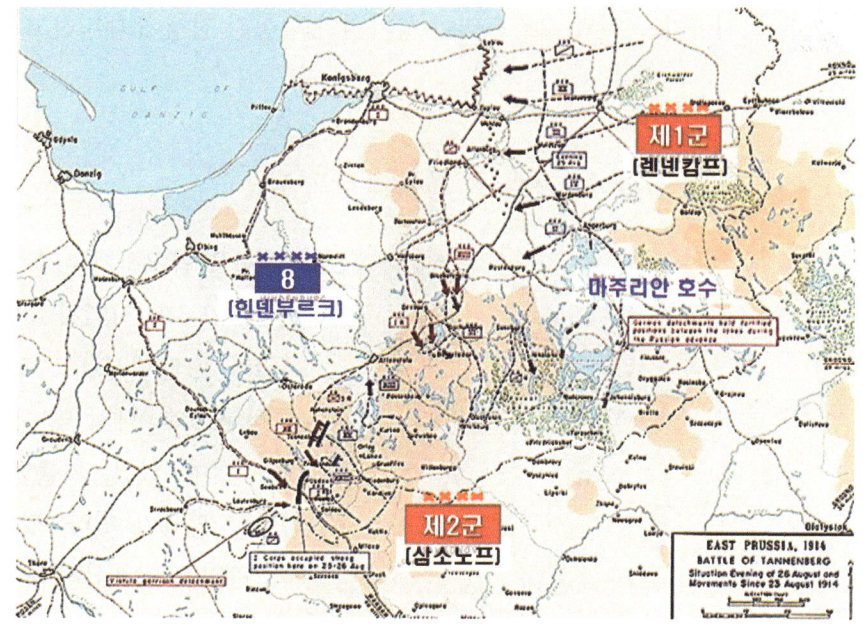

<그림 5-26> 탄넨베르크 전투 당시의 부대 배치 요도

결국, 지원을 거절한 렌넨캄프 사령관의 제1군도 제2군이 전멸된 이후 바로 진행된 마주리안 호수 일대의 전투(Battle of 1st Masurian)에서 12만여 명이 전사하였고, 500여 문의 대포가 파괴되었으며, 6만여 명이 포로가 되는 처참한 패배로 끝났다. 두 장군의 반목(反目)과 아집(我執)이 러시아 제국을 붕괴시킨 결정적인 원인 중의 하나로 평가받고 있다. 다만 두 장군의 문제를 러시아군 내부의 파벌 싸움 가운데 하나의 사례로 끄집어낸 것이 아닌가 싶기도 하다. 어쨌든 아집과 고집에 사로잡혔던 무능한 러시아군 지휘관들이 지휘

---

24) 삼소노프와 렌넨캄프 장군이 봉천 전투에서 서로 물리적으로 싸울 처지가 아니었다는 일부 연구 자료도 있음을 이해하고 접근할 필요가 있다(에릭 두르슈미트 著, 강미경 譯, 『아집과 실패의 전쟁사』 (고양: 세종서적, 2001), pp. 219~220.).

원칙을 지키지 않으면서 가뜩이나 준비되지 않은 상태로 투입된 러시아군은 엄청난 참패(慘敗)를 스스로 초래하였다.

1.3.2. A · G 계획

러시아의 'A 계획'은 독일군 주력이 서부전선을 지향할 때 독일과 오스트리아-헝가리를 동시에 공격하는 계획이고, 'G 계획'은 독일군 주력이 서부전선으로 지향할 때를 대비하기 위한 방어계획이다. <그림 5-27>은 'A 계획'과 'G 계획'에 따른 부대의 편성과 배치를 종합하였다.

<그림 5-27> 'A 계획'과 'G 계획'의 부대 편성과 배치 요도

'A 계획'은 '공격계획'으로 독일군 주공(主攻)이 프랑스로 지향하게 되면, 제4군은 루블린(Lublin, 지금의 폴란드 동부지역에 있는 도시)에 배치하고, 제1·2군은 동(東)독일 방면에, 제5·3·8군은 오스트리아 방면에 배치하여 공격한다는 계획이다. 'G 계획'은 '방어계획'으로 독일군 주공(主攻)이 동부 방면을 지향하게 되면, 제4군은 제1군의 전방에 있는 리가(Riga, 지금의 라트비아 수도)에 배치하고, 후방에 있던 서북·남서 집단군은 철수하여 반격 준비를 한다는 계획이다.

제 4 절

연도별 주요 전투와 미국의 참전(參戰)

1. 1914년 개전 초기의 주요 전황(戰況)

　연도별 주요 전투는 1914년 7월부터 1918년 11월까지의 전투를 중심으로 탐구하고자 한다. 1914년도에 진행하였던 초기 전투는 탄넨베르크 전투·마른 전투·이프르 전투를 중심으로, 1915년부터 1917년까지는 베르됭-솜·니벨 공세-캉브레 전투를 순차적으로 탐구한다. 아래의 <그림 5-28>은 1914년 초기 전투 간 부대 배치 요도이다.

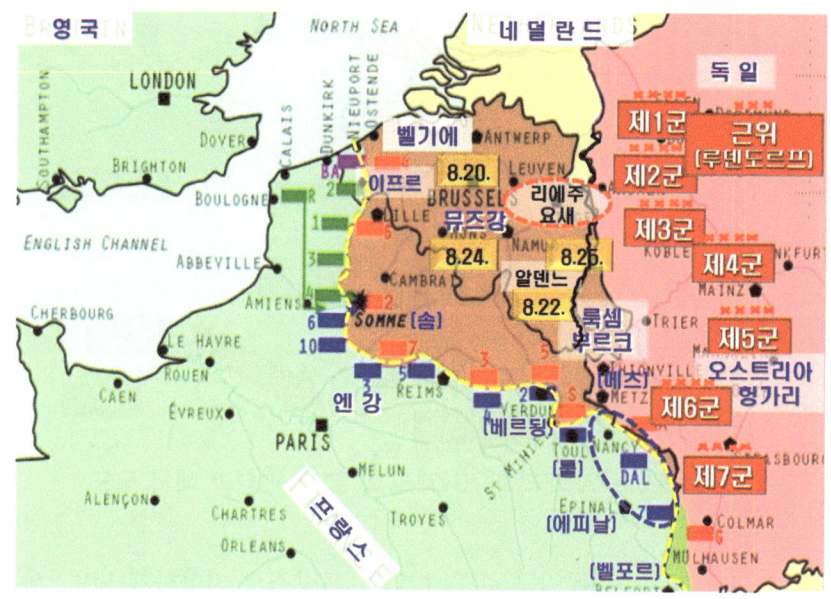

<그림 5-28> 1914년 초기 전투(8.3.~31.) 간 부대 배치 요도

　독일 제4군은 룩셈부르크를 점령하기 위해 공격을 개시하였으며, 제5군은 베르됭(Vedun) 요새로 진격하였다. 제1·2·3군은 벨기에로 진격하였으나, 48개 전역(戰域)에서 저항이 있었으며, 특히 리에주(Liége) 요새의 저항이 예상외로 강력함으로써 8월 16일까지 돌파하지 못했다. 그러자 후속(後屬)하던 근위(近衛) 군단장 에리히 루덴도르프(Erich

Ludendorff, 1865~1937) 장군이 주도적으로 요새를 함락시켰다. 그는 바로 제8군 참모장으로 탄넨베르크 전투에 참전하였다. <그림 5-29>는 벨기에 국경의 리에주 요새와 루덴도르프 근위 군단장이다.

<그림 5-29> 벨기에 국경의 리에주 요새와 루덴도르프 근위군단장

8월 7일부터 독일군은 선제공격을 통해 프랑스 국경 지역에서 파리 50km 일대까지 진격할 정도로 선전(善戰)하였다. 그러자 8월 14일 프랑스의 조세프 조프르 참모총장은 제17계획을 시행하였다. 스위스와 알자스-로렌 방면으로의 전면 공세를 개시한 것이다. 이를 주시하던 독일군은 기다렸다는 듯이 제6군을 서서히 퇴각(退却)시켰다. 승리에 도취(陶醉, narcissism)된 프랑스군이 무모하게 돌격을 감행하면서 참극이 시작되었다. 독일군은 준비한 철조망과 기관총, 참호(진지)에서 방어하며 총공세를 퍼부어 프랑스군은 30만여 명의 전사·상자가 발생하는 대참패를 당했다. 조세프 조프르 장군은 제17 계획이 실패하자 방어로 전환하고, 국가 지도부는 보르도(Bordeaux, 프랑스 서부의 포도주 산지)로 피신하였다.

1.1. 탄넨베르크 전투(Battle of Tannenberg)

탄넨베르크 전투는 독일이 참패를 당하는 계기가 된 전투이기도 하다. 독일 황제 빌헬름 2세가 이 전투에서 승리한 힌덴부르크-루덴도르프에게 전쟁 지휘를 전적으로 위임했기 때문이다. 힌덴부르크-루덴도르프는 잠수함으로 무차별 공격 방침을 채택하고 대서양을 횡단하는 영국의 정기 여객선(루시타니아호)을 무리하게 격침함으로써 미국을 참전케 하였다. 이로써 세계대전으로 확산하여 굴욕적인 정전 협정을 맺으며 끝났다.

러시아는 개전 초기 제1·2군을 동(東)독일 방향으로 공격을 시도하였으며, 8월 20일 렌넨캄프의 제1군이 교통 요지(要地)인 굼비넨(Gumbinnen, 폴란드어로는 골다프-Gołdap)을 점령하였다. 당시 독일의 소(小) 몰트케 참모총장은 굼비넨 전투에서 패배한 이후 소극적으로 작전을 수행하는 맥시밀란 프리트빗츠(Maximilian von Prittwitz, 1848~1917) 제8군 사령관을 경질하고 전임(前任) 참모총장(67세)인 파울 본 힌덴부르크(Paul von Hindenburg, 1848~1934)를 후임으로 임명하였다. 8월 23일 04:00에 비스툴라(Vistula) 강 옆에 있는 마리

엔부르크 시(市)의 제8군 사령부에 도착한 힌덴부르크 장군은 막스 호프만 대령이 3일 전 예하 부대에 하달한 기동계획을 보고받고 만족하였다. "서부전선의 6개 군단이 증원되기 이전에 현재 배치된 제8군만으로 러시아군을 공격할 수 있다."라는 내용이 자기 생각과 일치했기 때문이다. <그림 5-30>은 탄넨베르크 전투의 부대 배치와 기동 요도다.

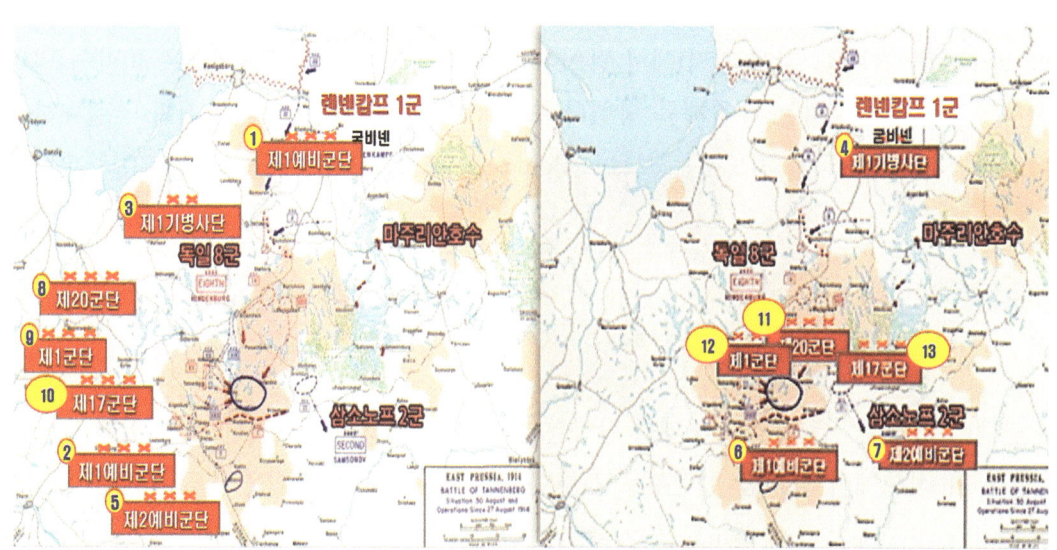

<그림 5-30> 탄넨베르크 전투 시 독일-러시아 軍의 배치 요도

굼비넨의 렌넨캄프 軍을 제1기병사단으로 고착(固着)시키면, 제8군 주력은 삼소노프 군을 급습(急襲)할 때 렌넨캄프 군이 삼소노프 군을 지원하지 않을 것이라는 예상과 일치하였다. ① 제1 예비군단은 처음의 위치에서 ②-⑥번으로 기동하였고, ③ 제1기병사단은 ④번에서 렌넨캄프 군을 고착하는 임무를 수행하였다. ⑤ 제2 예비군단은 ⑦번으로, ⑧ 제20군단은 ⑪번으로, ⑨ 제1군단은 ⑫번으로, ⑩ 제17군단은 ⑬번으로 기동하여 삼소노프 군을 섬멸하였다. 이때 렌넨캄프 군은 굼비넨에 머물러 있었다. 삼소노프 군과 렌넨캄프 군의 거리는 70여 km에 불과하였기에 아쉬운 판단과 결정이었다. 물론 독일군도 프랑스를 공격 중이던 2개 군단을 빼내어 제8군사령부로 전환하면서 공격이 지체되었고, 이는 독일군의 전쟁(Schlieffen Plan) 수행에 심대한 차질을 초래하였다. 이 전투는 프랑스가 패배할 수밖에 없었던 전쟁을 한숨 돌리게 하는 결정적 계기로 작용하였다. 독일군 2개 군단이 동부전선으로 빠지면서 방어에 다소 여유가 생겼기 때문이다. 결론적으로 군사 지휘관들의 쓸데없는 자존심과 불필요한 고집의 앙금(sediment)이 개인과 국가를 패망하게 했다는 점에서 현대 군대도 진중하게 되새길 필요가 있다.

1.2. 마른 전투(Battle of the Marne)

프랑스 마른강 일대에서의 전투는 총 2회에 걸쳐 진행하였다. 제1차 전투는 1914년 9월 6일부터 12일까지의 7일간 독일군이 벨기에와 프랑스 북동부 지역을 점령하고 파리의 외곽 48km까지 진격했다. 이때 프랑스군과 영국 원정군(BEF)이 연합하여 감행한 공세를 지칭한다, 프랑스 정부는 보르도로 피신한 상태였다. 제2차 전투는 1918년 7월 15일부터 18일까지 수행한 독일군의 마지막 대공세(大攻勢, great offensive)다. 여기에서는 제1차 마른 전투(First Battle of the Marne)를 중심으로 한다. 조세프 조프르 참모총장은 '일반훈령 제6호'를 하달하고 총공세를 개시하였다. <그림 5-31-1>은 제1차 마른 전투에서 프랑스군이 취한 공세 요도이다.

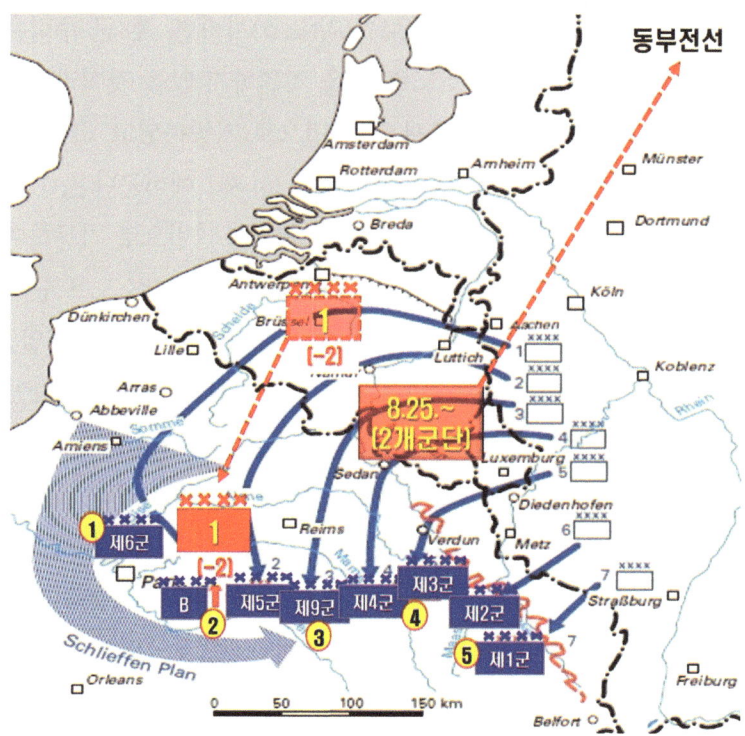

<그림 5-31-1> 제1차 마른 전투(1914.9.6.~12.)의 프랑스군 공세 요도

① 제6군은 마른강 북방으로 진격하여 우르크(Uruk) 강을 도하(渡河)하고, ② 영국 원정군(BEF)과 제5군은 몽미랠 북방으로, ③ 제9군은 북방으로, ④ 제3·4군은 서북방으로, ⑤ 제1·2군은 낭시 일대에서 방어진지를 고수(固守)하도록 지시하였다.

프랑스군과 영국 원정군(BEF)은 적극적인 참호 전투를 통해 파리 방어에 성공하였다. 이때 승기를 가져온 다른 하나의 요인은 적극적인 공세로 진격하던 독일군 제8군(맥시밀란 프리트빗츠 사령관)이 굼비넨(Gumbinnen) 전투에서 패배하면서 전격적으로 해임되었고, 8월 25일 서부전선의 2개 예비군이 긴급하게 동부전선에 차출된 요인도 작용하였다. 독일군이 러시아의 대부대를 대항하기 위함이었으나, 상대적 측면에서 프랑스군의 압박(壓迫, oppress) 강도가 느슨해졌다는 사실도 짚고 넘어갈 필요가 있다.

<그림 5-31-2>는 독일군의 공세와 프랑스군의 방어작전 간 주요하게 진행된 경과를 정리하였다.

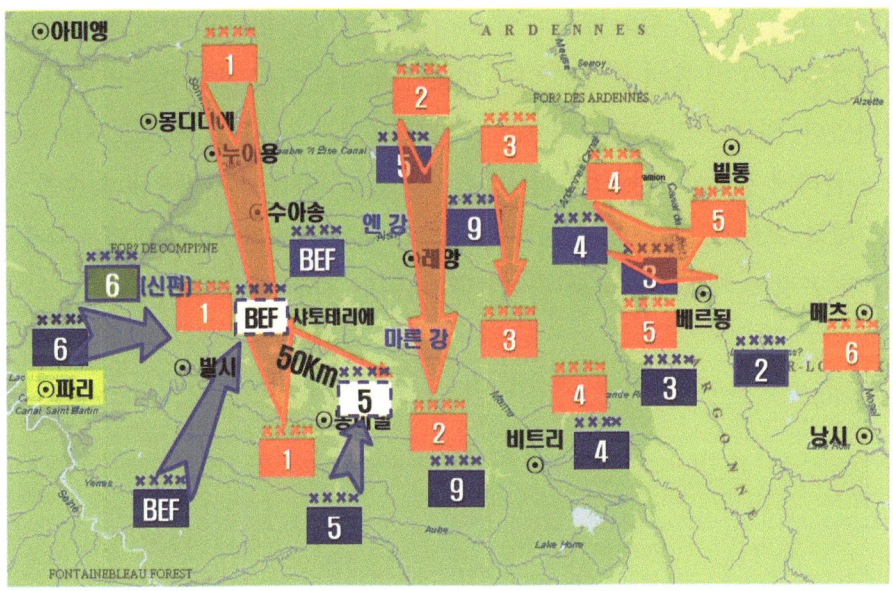

<그림 5-31-2> 제1차 마른 전투(1914.9.6.~12.)에서 독일군의 공세와 프랑스군의 방어작전 경과

당시 독일 제1군(알렉산더 클루크-Alexander von Kluck 사령관)의 전투력은 상당히 저하된 상태였다. 한 달 이상을 1일 평균 30km의 공격 속도를 계속 유지함으로써 피로가 누적된 데다가 보급마저 제대로 이루어지지 않았기 때문이다. 설상가상으로 탄넨베르크 전투에 투입하기 위해 2개 군단을 동부전선으로 전환하면서 가뜩이나 지치고 굶주린 독일군의 사기(士氣)는 급전직하(急轉直下)로 떨어졌다. 이 와중에 제1군 사령관이 계획된 진격 기동로를 임의로 수정하면서까지 연합군을 추격하다 보니 어느새 마른강에 도착했다. 그러나 휴식이나 정비 없이 9월 2일 도하(渡河)를 시행하였다.25)

그런데 하필 공격 방향으로 전환한 지역이 프랑스의 조세프 조프르 참모총장이 제17계획의 잘못을 인정하고 9월 3일 제6군을 재편성하여 배치해놓은 지역이었다. 결국, 9월 6일 공격한 독일 제1군의 측면은 프랑스 제6군에 고스란히 노출되었다.26) 이때 프랑스 제6군은 우르크 강(江)을 도하(渡河)하려면, 독일 제1군을 돌파해야 하기에 대응하기 위해

---

25) 독일군이 무리하게 밀어붙인 이유는 후퇴하던 영국군을 전멸시키기 위함이었다. 독일군 제1군 사령관은 영국군만 격파하면, 프랑스 제5군도 손쉽게 제압이 가능할 것으로 판단하였다. 그리고 이들을 제거하지 않고는 파리를 함락시키는데 지장을 초래될 것으로 판단되어 자체적으로 공격 방향을 수정하였다. 그러나 소(小) 몰트케 참모총장은 전장(battlefield)에서 일어난 사실은 모른 채 이를 사후에 승인하는 우(愚)를 범하였다.

26) 아이러니한 사실은 당시 독일 제1군과 프랑스 제6군, 영국 원정군(BEF) 그 누구도 이러한 사실을 인지하지 못했다.

파리 시내의 민간 택시들까지 징발(동원)하여 부족한 보충병력을 실어날랐다. 교전 결과 피해는 연합군 측이 더 많이 발생했지만, 피로가 누적된 독일 제1·2군이 먼저 전의(戰意)를 상실하였다. 영국 원정군의 공격으로 오판한 독일군 제2군(칼 뷜로브-Karl von Bulow 사령관)도 급하게 철수하였다.27) 그러나 9월 7일 독일 제1군이 후방으로 철수를 시도하는 과정에서 결국, 프랑스 제6군과 조우(遭遇)하였고, 전투가 벌어졌다. <그림 5-31-3>은 독일 제1·2군과 프랑스 제5군, 영국군 간에 진행하였던 작전 요도이다.

<그림 5-31-3> 독일 제1·2군과 프랑스 제5군, 영국군의 작전 요도

당시 독일 제1군과 제2군의 간격은 불과 50km에 불과하여 크게 간격이 벌어진 것도 아니었다. 그러나 피로가 누적된 독일 제1·2군은 엔 강(Aisne river)선으로 철수하면서 전선은 교착 상태에 빠져들었다. 결론적으로 독일군이 마른 전투에서 패배한 요인은 크게 4가지로서 첫째, 소(小) 몰트케에 의해 수정된 부대 편성과 배치로 인하여 주공(우익)과 조공(좌익)의 비율이 7:1에서 3:1로 약화(弱化)되었다.28) 둘째, 소(小) 몰트케 참모총장이

---

27) 당시 영국 원정군(BEF)도 실은 독일 제2군을 공격하기 위함이 아니라 전황(戰況)을 파악하기 위해 실시한 일반적인 위력수색(威力搜索, Reconnaissance In Force)이었음이 밝혀졌다. 참모본부에 파견되어 임무를 수행하던 리차드 헨취(Richard Hentsch) 대령은 자신의 오판을 자책하다가 결국 1918년 2월 권총으로 자살하였다.
28) 초기 슐리펜계획은 우익에 35개 군단 좌익에 5개 군단을 배치하여 7:1 비율을 유지하였으나, 소(小) 몰트케가 수정하면서 우익의 6개 군단을 좌익으로 보내어 우익이 29개 군단, 좌익이 11개 군단을 배치하면서 3:1 비율이 되었다.

각 군에 대한 필요한 정보를 적시에 제공하려는 노력을 소홀히 하였으며, 필요한 정보를 제때 전파하지도 못했다. 셋째, 파리 부근에 배치된 영국 원정군(BEF)과 프랑스 제6군 등에 대한 정보평가가 소홀하였기에 적기(適期)에 필요한 조치를 진행할 수 없었다. 마지막으로, 지휘관들이 작전계획대로 전투하지 않았다는 점을 분명히 짚고 넘어가야 할 필요가 있다. 진격 명령을 준수하지 않았을 뿐만 아니라 이마저도 공격로를 자기 멋대로 수정함으로써 전체 전선의 균형과 참모판단마저 올바르게 작동할 수 없게 만들었다. 승리하기 위해서는 군사 지휘관의 판단력과 결단력 여부, 적시성(timing)이 얼마나 중요한지를 재인식할 필요가 있다.

결과적으로 이때부터 '바다로의 경주'를 시작되었으며, 스위스-북해까지 약 1,000km에 이르는 참호선(塹壕線, 방어선)이 형성되었다. 전선의 교착을 꺼리던 독일군도 어쩔 수 없이 지구전(持久戰, Endurance War)으로 전환하는 이외에 다른 선택의 여지가 없었다.

1.3. 이프르 전투(Battle of the Ypres)29)

Albert I 세(벨)

이프르(Ypres)는 프랑스로 가는 침공로(侵攻路) 상에 놓여있다는 이유만으로 4년간 5차례에 걸쳐 격전이 벌어진 지역이다. 개전 초기에 독일군이 벨기에의 리에주 요새를 함락하자 벨기에의 알베르 국왕(Albert Ⅰ, 1875~1934)은 1914년 여름에 중립국을 재선포하면서 독일 황제 빌헬름 2세의 최후통첩을 거절하였다. 그러나 자신의 의견이 무시당하고 독일이 무단으로 침공(invasion)을 하자 자존심에 상당한 상처를 입었다. 그는 곧바로 이제르(Isere) 강의 수문(水門)을 열어 국가의 절반을 차지하는 동쪽의 저지대를 완전히 수몰시켜 버리는 초강수를 두었다. 이로써 기동이 가능한 공간은 이프르 지역뿐이었기에 독일군은 이프르 방향으로 공격할 수밖에 없는 형편이었다.

---

29) 제1차 세계대전을 거치면서 총 5회에 걸친 이프르 전투가 있었다. 탐구할 내용은 1914년 10월 19일부터 11월 22일까지 실시한 제1차 이프르 전투사례이다.

2. 1915~1917년의 주요 전황(戰況)

1915년 말까지 동서부 전선은 독일군에 유리하게 전개되었으나, 차츰 결정적 승리에 대한 불안감이 장병들 사이에서 나타나기 시작하였다. 연합군이 포위망을 좁히고 압박해 오자 지구전(소모전)이 진행되면서 자원이 풍부한 연합군이 상대적으로 우세를 선점하였기 때문이다. 결국, 독일군 지휘부는 보-불전쟁(Franco-Prussian War, 1870~1871) 때 프랑스가 마지막까지 저항한 베르됭 요새 점령에 성공할 경우 프랑스 국민과 軍에 엄청난 좌절감을 안기면서 다시 승기(勝機)를 잡는 게 가능할 것으로 판단하였다. <그림 3-32>는 베르됭-솜 전투 요도이다.

<그림 5-32> 베르됭-솜 전투(1916.2~11월) 요도

소(小) 몰트케 후임으로 부임한 에리히 폰 팔켄하인(Erich von Falkenhayn, 1861~192) 참모총장은 베르됭에 3개 군단과 1,400문의 포를 집결시켜 기습 돌파를 시도하였으나, 실패하면서 바로 해임되었다. 그의 후임으로 탄넨베르크 전투에서 승리한 힌덴부르크 제8군 사령관이 임명되었다.[30]

이로 인해 프랑스는 베르됭 지역에 대한 독일군의 압력을

---

30) 1916년 2월 21일 팔켄하인 참모총장은 고착 상태에 빠진 전쟁 국면(局面)을 타개하려고 강력한 지하 요새로 구축되어있는 베르됭에 대규모 공격을 감행하였지만 실패했다.

감소시키기 위한 계기가 필요하였다. 조세프 조프르 참모총장은 영국군과 협의하여 8월 1일로 예정된 솜 공세를 7월 1일로 앞당겨 감행하면서 3,000여 문의 포를 집중적으로 퍼붓고, 보병들은 독일군 진지로 돌격을 감행하였다. 독일도 영국이 해상을 봉쇄하여 보급물자가 부족하였기에 1917년 1월부터는 제한적으로 시행하던 잠수함 공격을 무제한으로 공격하도록 승인하였다. 이즈음 독일이 멕시코를 회유하는 과정이 대외로 노출되면서 미국의 거센 반발과 참전 여론이 들끓었으나, 이를 가볍게 취급하여 결국 미국이 참전토록 하였다. <그림 3-33>은 니벨 공세와 캉브레 전투 요도이다.

<그림 5-33> 니벨 공세(1917.4월)-캉브레 전투(1917.11월) 요도

솜 전투에서 연합군의 피해가 워낙 커지자 로베르 니벨(Robert Nivelle) 참모총장은 돌출된 누아용(Noyon) 지역에 춘계공세를 계획하였다. 그러나 독일군이 사전에 관련 정보를 입수하였다. 독일군은 전선(戰線)을 30km 직후방으로 신속하게 조정한 '지그프리트 선(Sieg Fried Line)'에서 대응하였다.[31] 니벨의 춘계공세 특징은 두 가지로서 첫째, 맹렬한 포격으로 적진지를 제압하는 동안 보병이 적의 탄착지점에 접근하여 진격하면, 단숨에 독일군을 돌파할 수 있다는 가능성을 예측하였고, 둘째, 기병을 대량으로 투입한다면, 24~48시간 이내에 독일군 전선을 돌파할 수 있다는 예측이었다. 그러나 정작 니벨 본인이 스스로 외부에 군사보안을 노출하여 기습 달성에 실패하였다는 점은 깊이 되새겨야 한다.

---

31) '지그프리트'는 게르만 신화에 나오는 영웅의 이름으로 '지그(Sieg)'는 '승리'를, '프리트(Fried)'는 '평화'를 의미하므로 '승리를 통해 얻은 평화'라는 의미로 해석하면 될 듯싶다. 독일군은 방어 정면을 축소하면서 13개 사단을 예비로 확보하였다. 철수하는 지역에는 철근콘크리트 진지를 구축하고 지뢰와 급조폭발물 등을 설치하였다.

캉브레로 수송하는 Mark-4 전차

기도가 노출된 프랑스군은 공세를 개시하였으나, 24시간 만에 10만여 명이 전사하였다. 결국, 군 내부에서 하극상이 일어났고, 일부 부대는 파리를 향해 진격하는 등 반란의 조짐마저 나타났다. 결국, 니벨 참모총장은 해임되어 북아프리카로 좌천되었고, 후임으로 앙리 필리프 페텡(Henri Philippe Benoni Petain, 1856~1951) 장군을 임명하였다.[32]

캉브레(Cambrai) 전투는 1917년 11월 20일부터 12월 7일까지 영국군이 독일군을 공격한 전투이다. 이때 최초로 대규모 전차를 투입하였다. 이전(以前)까지 전차의 충격력과 기동력을 등한시했던 군사 지휘관들이 전차의 중요성을 깨우치게 만든 전투로서 500여 대의 Mark-4 전차를 투입하였다. 그러나 캉브레를 점령하는 과정에서 전차 중 180대가 고장으로 멈춰서면서 전차를 투입하는 효율성에 일말의 의구심이 제기되었다. 독일군이 이 틈새를 이용하여 90일 만에 캉브레를 재탈환하면서 전선은 교착상태가 계속되었다. 결과적으로 이 때의 경험과 인식을 축적한 독일군은 제2차 세계대전 초기 전차를 이용하여 '전격전(電擊戰)'을 감행함으로써 프랑스가 자랑하던 마지노선(Maginot Line)을 단숨에 돌파하고 6주 만에 프랑스를 점령하였다.

3. 미국의 참전(參戰)

1914년 8월 19일 미국의 우드로 윌슨(Woodrow Wilson, 1913~1921, 제28대) 대통령은 의회 연설을 통해 중립을 선언하면서 제1차 세계대전에 참전하는 자체를 꺼렸다. 그러나 미국인 희생자들이 점차 늘어나자 그의 인식에도 변화가 감지되었다. 1915년 5월 7일 영국

---

32) 페텡 장군은 이전까지는 특징적이지 않았으나, 베르됭 전투에서 두각을 나타내면서 참모총장으로 보직되었다. 이후 승승장구하였으나, 제2차 세계대전이 시작되면서 1940년 6월 프랑스 파리가 6주 만에 함락당하고, 독일의 군정(軍政)하에서 비시 괴뢰정부의 수반임을 자처하면서 치욕적인 결말을 맞고 말았다.

의 정기 여객선 루시타니아호(RMS Lusitania)가 아일랜드 남쪽 해안에서 독일 잠수함(U-20)에 격침당하며 미국인 128명이 사망하였다. 또다시 6월에 영국 전함(戰艦)인 석세스호(HMS Success)가 격침될 때도 미국인 다수가 사망하였다.

미국민의 감정이 점차 격화하는 가운데 영국이 벌인 두 가지의 공작 활동이 빛을 발했다. 첫째, 영국은 독일과 미국을 연결하는 대서양 횡단 케이블을 절단함으로써 독미 간 직접적인 대화가 불가능하게 하였다. 즉, 영국을 거쳐야 대화할 수 있게 함으로써 자신들이 원하는 내용으로 수정 및 편집된 내용을 미국에 전달할 수 있었다. 바로 기회가 주어졌다. 독일 외무장관이던 아르투르 치머만(Arthur Zimmermann, 1864~1940)이 1917년 1월 16일 워싱턴 주재 독일 대사를 통해 주(駐) 멕시코대사인 하인리히 폰 에카르트(Heinrich von Eckhart)에게 보낸 비밀 전문을 영국 해군 정보국이 감청하여 해독하였다. 영국은 해석한 전문 내용을 곧바로 미국에 전달함으로써 프랑스와 영국(협상국) 편으로 돌아설 수 있게 하였다. <표 5-5>는 독일 외무장관 치머만이 주(駐) 멕시코대사에게 보낸 전문 내용이다.

<표 5-5> 독일 외무장관이 주(駐) 멕시코대사에게 보낸 전문(電文)

"독일이 미국과의 중립 유지가 불가능할 경우 멕시코와 동맹을 맺어야 한다. 멕시코가 일본과 동맹을 맺고 미국을 공격하면, 그 대가로 재정적 지원과 함께 1448년도에 미국에 빼앗긴 텍사스·뉴멕시코·애리조나와 캘리포니아를 되돌려 주겠다."

미국에 전달한 전문(電文) 내용은 친영파(親英派) 측근들이 대통령을 설득하여 연합군 측에 가담하도록 하였다. 이로써 4월 6일 내부에서 대독(對獨) 선전포고를 하기고 결정하였고, 4월 14일 우드로 윌슨 대통령은 독일에 선전포고를 공표(公表)하였다. <그림 5-34>는 독일 외무장관 치머만의 전문 형태와 미군의 참전 항로다.

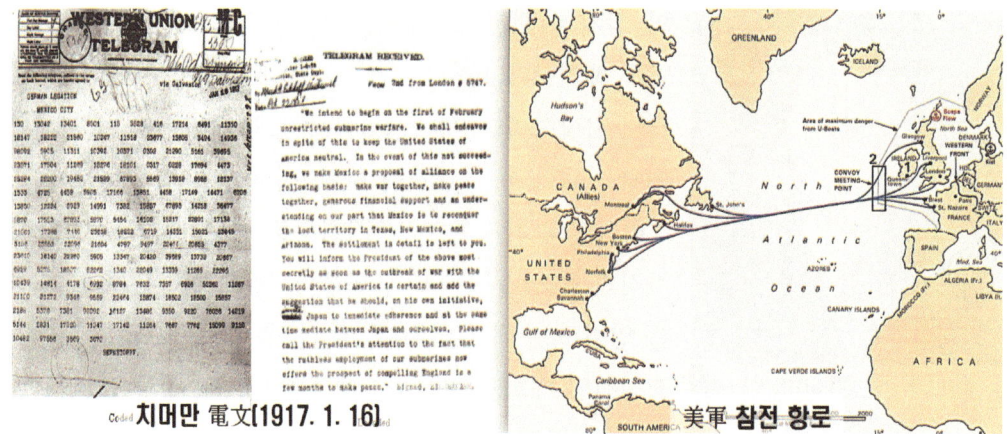

<그림 5-34> 독일 외무장관 아르투르 치머만 전문(電文)과 미군의 참전 항로

   당시 멕시코 내부에서는 "현실성이 없다."라고 결론지었으나, 미국은 연합국 편에 참전하기로 한 다음이었다. 당시 멕시코가 독일의 제안을 거절한 이유는 크게 세 가지로 정리할 수 있다. 첫째, 멕시코가 옛 주(州)를 돌려받는 것은 미국과 또 다른 정치·외교적 문제를 야기(惹起)시킬 수 있기에 전쟁을 불가피하게 하는 상황이 발생할 것이다. 둘째, 국경지대에 거주하는 수많은 앵글로계 주민을 수용할 시설 자체가 없었다. 마지막으로, 독일이 미국과의 적대적 관계를 유지하는데 필요한 무기를 제공할 능력 자체가 없었다. 결국, 독일의 제안을 공식적으로 거부하였다.

   역사적 측면에서 보면, 영국과 미국은 민족·문화적으로 동류(同類)의식이 크고 경제적 이유 등으로 인해 결속되어 있다고 봄이 타당하지 않을까 싶다. 미국이 참전하게 되면서 비유럽국가로는 유일하게 세계 무대에 최초로 등장하였다. 이와 동시에 전쟁 장비와 물자를 제공하면서 채권과 채무 관계를 이용하여 국제 사회의 주도권을 장악하는 직접적인 계기로 작용하였고, 오늘날 강력한 패권(霸權) 국가로 우뚝 서는 결정적인 원인이 되었다고 하여도 과언(過言)은 아니다.

제 5 절

신(新)전술 및 전법(戰法)에 관한 이해

1. 오스카 폰 후티어(Oska Von Hutier)의 '종심돌파 전술'

Oska Von Hutier(獨)

'종심돌파 전술'은 독일의 오스카 폰 후티어 장군이 침투하는 병력에 유리하도록 고민한 끝에 탄생한 포병 전술이다. 최근 전략가들 사이에 유명해진 전술이지만, 초기에는 주류(main)가 아니던 후티어 장군의 아이디어에 의한 전술이었다.[33] 기존에 수행하던 방식은 장기간 포병 화력을 집중한 다음 보병이 집단돌격하는 단순한 패턴이었으나, 이는 참호(塹壕)를 돌파하는데 상당한 어려움을 동반하였다. 이를 타개하기 위해 경보병대가 적의 강력한 방어지역은 우회 기동하여 적을 크게 포위한 다음 아군의 주력부대와 함께 공략한다는 점이 핵심 요체(要諦)라고 볼 수 있다. <그림 5-35>는 후티어가 개발한 종심돌파 전술의 수행체계다.

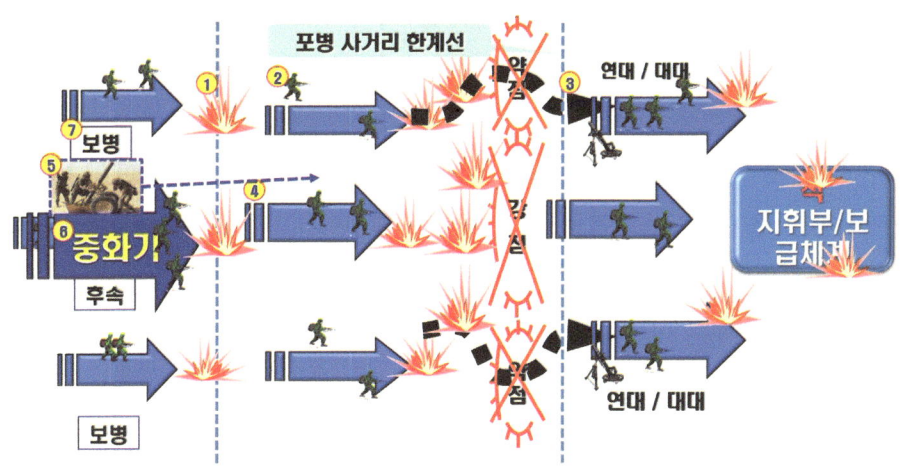

<그림 5-35> 후티어 종심돌파 전술의 단계별 기동 요도 및 전법(戰法)

---

[33] 실제 '후티어 전술'이라는 용어는 1918년 프랑스 신문 기사에서 처음 사용한 말이었으나, 그 내용도 집중적으로 퍼붓는 의미의 허리케인(hurricane) 식 포격의 효용성에만 집중하였을 뿐이다.

① 단기간에 걸쳐 넓은 지역(광정면)에 화학탄과 일반 포탄 사격을 집중하여 적의 반격 의지를 일시적으로 마비시키고, ② 잘 훈련된 소규모 보병을 투입하되, 적의 약점을 집중 공격하거나, 돌파하여 적 후방에 있는 지휘부와 보급체계를 먼저 마비시킨다. ③ 적의 강력한 방어거점은 우회 기동하여 고립시키고, ④·⑤·⑥·⑦ 지원 화력과 중화기로 무장한 병력이 고립된 적 거점에 대한 강력한 공격을 통해 파괴하는 전술이다. 이 전술은 기습과 보·포병 간 제병협동으로 돌파하는 게 핵심이며 기동전과 전격전(電擊戰, Blitzkrieg)의 모체로 평가하고 있다.

2. 앙리 꾸로우(Henri Gouraud)의 '종심방어 전술'

'종심방어 전술(Tactics On Defense In Depth)'은 프랑스 제4군 사령관인 앙리 꾸로우(또는 헨리 꾸로우) 장군이 독일 후티어 장군의 종심돌파 전술에 대비하기 위해 만든 전술이다. 전방 지역에는 최소 병력을 배치하고, 1,800~2,700m 후방에 주(主) 방어진지를 구축하여 적의 기습을 방지함과 동시에 사전에 적의 공격 기도를 간파(看破)하고자 만들어진 방어 전술이다.

종심방어는 "적의 공격을 유인하되, 점진적으로 약화하게 만들며 모든 진지를 적이 최초에 관측할 수 없게 한다. 이후 지휘관이 주도하여 예비대를 기동하되, 상호지원이 가능하게 구축한 방어진지의 배치 형태"를 뜻한다. 이때 예비대는 주(主) 방어전선 직후방에 배치하여 전선이 돌파될 경우 바로 역습할 수 있게 함으로써 전선(戰線)을 조기에 회복한다는 개념이다. 현대 방어 전술의 기초로 이해하면 될 듯싶다. 소련군도 제2차 세계대전에서 종심방어 진지를 3선(線) 개념으로 구축하여 강력한 독일군의 공세를 분쇄하였다. 현대 러시아군 방어 전술의 기초 이론으로 발전된 전술이기도 하다.

전초선(前哨線)은 일반전초(一般前哨, General Outpost)라고 하며, 군사 약어로 '전투전초(COP)'까지 포함하는 의미이다.34) '전초진지(Outpost Position)'는 주 방어선과 전초선 사이

---

34) '일반전초(GOP)'는 '부대가 정지하거나, 야영 및 숙영지에 주둔, 진지를 점령할 때 적의 접근을 경고·지연·와해 또는 적을 기만하고 여건이 되면, 최대한 적의 희생을 강요하기 위해 주력(主力)으로부터 일정 거리를 두고 배치되는 부대의 형태'를 의미한다. '전투전초(COP)'는 '방어작전 간 각 제대(梯隊)가 운용하는 경계부대 중에서 전방연대가 설치 및 운용하는 경계부대'이다.

에서 운용하는데, ① 소수의 병력을 배치하고, ② 적의 공격을 지연하거나, 소수의 적은 와해시켜 기습효과를 감소시키는 동시에 ③ 아군의 주(主) 방어선을 기만(欺瞞)하는 데 있다. '주 방어선'은 전초진지로부터 1,800~2,700여m 정도 떨어져 운용하되, 적 포병 사거리를 고려하여 준비하여야 하고, 요새화한 진지와 장애물 지대를 계획하여 설치함으로써 적의 조기 전개를 강요하고 적의 공격을 지연시키는 역할까지 수행하고 있다. '예비대(Reserve)'는 통상 주 방어진지가 있는 직후방에 배치하여 돌파되었을 때 바로 역습할 수 있는 지역에 배치한다. 포병은 방어지역의 종심 상에 배치하여 전초선에서 주 방어진지를 지원하도록 편성 및 배치하였다. 이 전술은 현대 방어 전술의 효시(嚆矢)로 이해하면 될 듯싶다.

제 6 절

제1차 세계대전이 남긴 의미와 교훈

1. 개 요

제1차 세계대전은 편 가르기 발상으로 단순하게 진행했던 구시대적인 외교 방식과 현대적 무기체계가 결합한 산물이다. 국민국가가 형성되면서 대규모 병력 운영에 대한 기대감이 한데 어우러져 전례(前例) 없는 대(大)참사로 번진 불필요한 참극이었다. 보-불 전쟁(1870~1871)을 통해 확장하는 독일의 영향력이 영국과 프랑스, 러시아에 긴장감을 불러일으키는 과정에서 어차피 벌어질 수밖에 없는 사건이었고, 전쟁이었다.

2. 제1차 세계대전의 특징

특징은 크게 네 가지로서 첫째, 전(全) 국민과 자원이 총동원된 총력전 양상이었다. 둘째, 전시 국가산업 능력과 기관총, 전차, 항공기, 독가스 등의 신무기가 승리의 결정적인 요인이었다. 셋째, 전격전의 모체가 된 '종심돌파 전술'과 '종심방어 전술'이 잇달아 개발되었다. 넷째, 미국이 비유럽국가로서 최초로 국제무대의 중앙에 등장하였고, 러시아에 공산정권이 들어서는 계기가 되었다.

3. 군사적 측면

군사적 측면에서는 크게 네 가지로서 먼저, 1789년 프랑스 혁명이 일어나면서 국민군대의 개념이 형성되었다. 이는 이전부터 군사 전략가들에 의해 주장되어왔던 국가의 가용자원과 국민이 총동원되어 전쟁에 동참해야 한다는 '총력전(Total war)' 양상으로 변화하였다. 둘째, 교착된 전선에서의 진지전(참호전)과 소모전(지구전) 양상은 더 큰 피해를 불러왔다. 먼저 공격을 시도하는 쪽이 피해가 컸기 때문에 서로 눈치를 보며, 공격을 미루는 과정에서 전쟁 기간이 길어졌다. 셋째, 새로운 신무기가 등장하였고, 이를 위해 전술의 형태도 상당히 진화(進化)하였다. 무기체계는 기관총과 독가스, 전차, 항공기 등을 비롯한 대량살상무기(WMD)가 개발되었으며, 연락 및 통신수단이 축차적으로 발전하면서 동물인 말, 쥐, 개, 비둘기, 매 등의 활용이 가속화되었다. 전술적 측면에서 오스카 폰 후티어의 '종심돌파 전술'과 앙리 꾸로우의 '종심방어 전술'이 혁신적으로 나타났다. 마지막으로, 새로운 군사이론이 등장하였는데 풀러(J. F. C. Fuller)의 '마비 이론'과 리델 하트(Liddel Hart)의 '간접접근 전략', 줄리오 두헤(Giulio Douhet)와 윌리엄 미첼(William Mitchell)의 '항공 전략사상'을 대표적으로 들 수 있다. 이러한 전략과 이론에 관해서는 군사 전략론에서 구체적으로 탐구할 수 있다.

4. 정치·사상·경제적 측면

정치·사상·경제적 측면에서는 크게 다섯 가지로서 먼저, 미국이 국제 사회의 무대 중심에 등장하는 계기가 되었고, 이는 누구도 넘보기 어려운 패권 국가로서의 위상을 갖게 하였다. 둘째, 종전(終戰) 직후 러시아에서 볼셰비키(Bolshevik) 혁명을 통해 공산화가 시작되었다는 점이다. 셋째, 군소(群小)단위의 민족국가가 독립하면서 다양하게 발흥함에 따라 국경선 분쟁이 복잡하게 얽히고 설켜진 현상으로 확산하였다. 넷째, 전후(戰後)의 불경기는 세계 경제의 침체를 불러오면서 전체주의(totalitarianism)를 등장시켰다.[35] 마지막으로, 베르사유 조약(1919. 6. 28.) 간 가혹한 전후(戰後) 처리는 새로운 전쟁이 멀지 않았음을 일찌감치 예고하였다.

---

[35] '전체주의'는 '민족이나 국가 전체의 존립과 발전을 위해서만 개인이 존재하여야 한다는 이념으로 개인의 자유와 권리는 억압하고 정부나 지도자의 권위는 절대화하는 정치사상과 체계'이다. 다시 말해 집단의 이익만을 극단적으로 강조하는 사상과 체계로 이탈리아 무솔리니의 '파시즘(Fascism)', 독일 히틀러의 '나치즘(Nazism)'이 대표적이다.

강의 V 제2차 세계대전(World War II)에 관하여 이해합시다.

학습하기 이전(以前)에 요구되는 사항

1. 제2차 세계대전 前·後의 국제정세와 주변 환경은?
   * 역사적 연대기 측면에서 접근
   * 세계대전이 발발(勃發)하게 된 주요 배경과 원인
2. 덩케르크 철수 작전과 노르망디 상륙작전의 특징은?
   * 덩케르크 철수 작전 시 히틀러의 판단 및 조치
   * 노르망디 상륙작전과 인천상륙작전의 차이점
3. 한스 폰 젝트(Hans von Seeckt)의 성향과 특성은?
   * 비밀 재군비 작업의 특징과 5대 추진과제
4. 베르사유 조약이란?
5. 아돌프 히틀러(Adolf Hitler)의 성향과 특성은?
6. 독일의 폴란드 침공작전과 전격전(電擊戰)이란?
   * 전격전, 쐐기와 함정전술의 의미와 개념 비교
7. 독일의 할더 계획과 만슈타인 계획의 차이점은?
   * 프란츠 할더(Franz Halder)의 성향과 특성
   * 에리히 폰 만슈타인(Erich von Manstein)의 성향과 특성
8. 프랑스 전역(戰域)에서 연합군의 방어계획과 독일군의 공격계획을 비교하시오.

제6장

제2차 세계대전

제1절 개요

제2절 제2차 세계대전의 발발(勃發) 배경과 전략적 환경

제3절 국가별 전쟁계획과 주요 인물에 관한 이해

제4절 주요 전역(戰域, 1939~1945)과 진행 경과

제5절 신(新)전술 및 전법에 대한 이해

제6절 세계대전이 남긴 의미와 교훈

제 1 절

개 요

베르사유 조약 체결 현장(1919.6.28.)

제1차 세계대전이 연합국의 일방적인 조건으로 도배된 베르사유 조약은 일찌감치 또 다른 세계대전을 예고하였다. 약 20여 년 동안 국제 사회는 여러 사상과 각종 유형의 민족주의가 충돌하는 등 미묘한 관계를 형성하였다. 국가 내부적으로도 집권 세력과 이상주의자 집단 간 이념과 정책 대립이 심화하면서 군사적 대립과 충돌의 위험성은 점차 증대하였다. 이번 주제(Agenda)는 두 번째 발생한 세계대전의 불씨와 전쟁의 성격에 대한 의문점을 해소하는데 이바지할 수 있지 않을까 싶다.

제2차 세계대전의 성격과 발발하게 된 목적은 크게 두 가지로 정리할 수 있다.[1] 첫째, 유럽지역의 주도권을 누가 가지느냐? 하는 것이고, 둘째, 극동(極東)의 주도권은 누가 가지느냐? 라는 데 있다고 봄이 타당하지 않을까 한다. 첫 번째의 해답은 독일이 원한과 복수심에서 시작한 전쟁으로 1939년 9월 1일 처음으로 시작된 폴란드 침공에서 출발할 필요가 있고, 두 번째의 해답은 일본이 1937년 7월 7일 노구교 사건을 명분으로 개시하였던 중-일 전쟁을 통해 중국 전역(全域)을 점령하는 과정에서 벌어지는 상황 전개가 자신들의 판단한 대로 흘러가지 않자 이를 만회하고자 태평양 전쟁으로 비화(飛火)시키는 과정으로 이해하면 될 듯싶다. <그림 6-1>은 제1차 세계대전 직후부터 제2차 세계대전까지 진전되는 과정을 정리하였다.

---

[1] 제2차 세계대전을 조금 더 깊이 이해하려면, 1993년도에 상영된 영화 《스탈린그라드- 최후의 전투: Stalingrad》, 1998년도에 상영된 영화 《라이언 일병 구하기: Saving Private Ryan》, 2017년도에 상영된 영화 《덩케르크: Dunkirk》 등을 보면 다소 이해가 쉬울 듯하다.

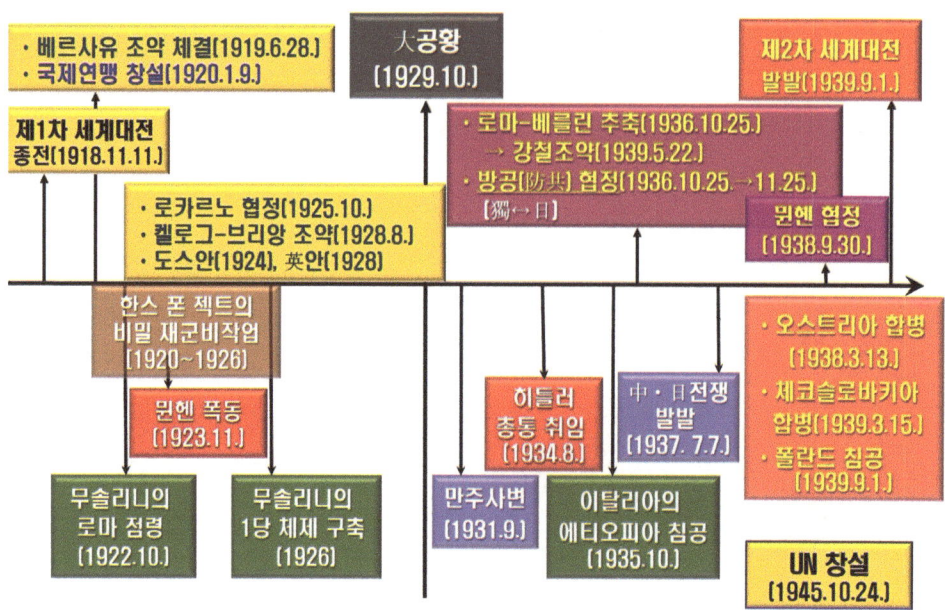

<그림 6-1> 제1차~제2차 세계대전으로 진전(進展)하는 과정(종합)

    1920년 1월 9일 美 우드로 윌슨 대통령이 국제연맹(League of Nations)을 주도하고 창설을 주창하였지만, 의회가 불승인하면서 결국 1946년 4월 18일 해체되었다.[2] 이때 주장한 '민족자결주의 원칙'은 "경제 장벽의 제거와 식민지 문제의 공정한 조정 등 모든 민족과 국가에서 정의(justice)가 실현되어야 한다."라는 내용을 포함하고 있어 약소국가들이 독립에 도움을 준 측면도 있지만, 특정한 목적으로 미국이 주도하는 'Pax Americana(패권전략)'도 내면에 잠재되어 있다는 점에서 신중하게 인식하고 접근할 필요가 있다.

    제2차 세계대전은 당시 유럽과 동아시아의 불안한 정세에서 출발하고 있지만, 제1차 세계대전에서 생성된 독일의 원한과 복수심에 의한 칼날이 한몫을 단단히 하였음도 분명한 역사적 사실이다.[3]

    제2차 세계대전은 두 개의 트랙(track)으로 접근해야 한다. 유럽지역의 경우는 1939년 9월 1일 독일이 폴란드를 침공한 날부터 시작하여 독일이 항복한 1945년 5월 7일까지이다.

---

[2] 1945년 10월 24일 창설된 '국제연합(UN)'은 당시의 문제를 본보기 삼아 모든 가입국이 동등한 권한을 행사하는 만장일치제로 운영하고 있다. 특징적인 점은 ① 5개국이 중심인 안전보장이사회의 결의 사항을 모든 가입국이 준수할 의무를 갖는 것이고, ② UN군이 조직되어 있다는 점이다.
[3] 당시 독일의 아돌프 히틀러는 전쟁의 명분을 1925~1927년에 출간한 『나의 투쟁: Mein Kampf』에서 "레벤스라움(편안하게 살아가야 하는 공간) 확보를 위해 전쟁을 수행할 수밖에 없다고 언급하면서 아리아(게르만) 민족이 열등한 폴란드+소련(슬라브) 민족을 다스려야 한다."라고 주장하였다.

반면에 태평양 지역은 1941년 12월 7일 일본이 진주만의 오아후섬(Oahu Island)을 공격한 날을 시작으로 일본이 항복한 1945년 8월 15일까지의 기간을 뜻한다. 이때 독일이 폴란드를 점령한 다음 1940년 5월 10일 국경을 침공할 때까지 프랑스가 아무런 대응이나 조치를 진행하지 않았다는 점은 되짚고 넘어갈 필요가 있다.

참가 국가 중에서 연합국은 미국과 영국, 프랑스, 중국, 소련 등이며, 추축국(樞軸國)은 독일과 이탈리아, 일본 등 총 57개국이다.[4] <표 6-1>은 주요 국가의 동원 현황이고, <표 6-2>는 제2차 세계대전 결과에 따른 피해 규모이다.

<표 6-1> 주요 연합국과 추축국(樞軸國)의 동원 현황(개략)

구 분	독일	일본	이탈리아	프랑스	영국	미국	소련
병력(만)	1,250	740	450	60	620	1,490	2,000

<표 6-2> 제2차 세계대전 결과 피해 규모(1945)

구 분	군 인(명)		민간인(명)	전비(戰費)
	전사자	부상자		
결 과	1,500만	2,500만	2,600만~3,400만	3,321억$

전체적으로는 약 4,900만여 명의 피해가 발생하였다. 자료에 따라 다소의 차이는 있으나, 이중 민간 사망자는 최대 3,400만여 명에 육박하였다. 동맹국의 사망자는 443만여 명이었고, 부상자는 787만여 명이었다. 연합국은 사망자가 890만여 명이었고, 부상자는 1,280만 명이었다.

---

[4] '추축국(樞軸國, Axis Powers)'은 1939년 10월 25일 히틀러-무솔리니가 비밀동맹을 체결한 이후인 11월 1일 무솔리니가 연설하면서 독일-이탈리아의 관계를 '추축(Axis Powers)'이라고 표현한 다음부터 등장한 용어다.

제 2 절

제2차 세계대전의 발발(勃發) 배경과 전략적 환경

1. 역사적 배경과 전략적 환경

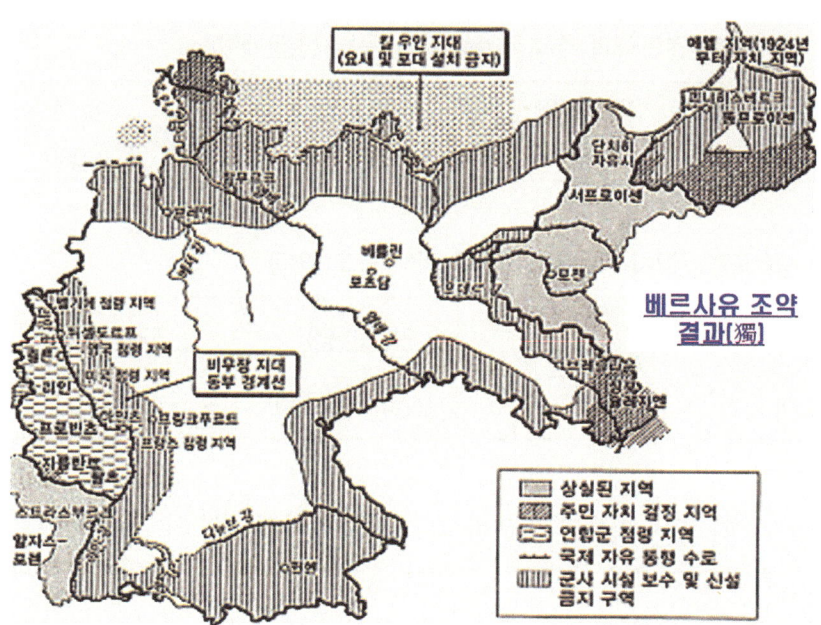

베르사유 조약 결과[獨]

독일은 한스 폰 젝트(Hans von Seeckt, 1866~1936)가 추진한 비밀 재군비 작업을 완료한 상태였기에 권력을 차지한 아돌프 히틀러의 야욕이 현실에 등장하는 시나리오가 가능하였다. 미국은 국제연맹을 주창하였으나, 내부에서부터 반대가 심하여 여의치 않게 되자 고립주의 노선을 채택하였다. 영국과 프랑스도 제1차 세계대전으로 대량 피해를 체득한 공포심에 젖어 평화를 유지하고자 대부분 양보하는 유화정책(appeasement policy)에 치중하였다. 특히 영국은 해양 최강국으로서 '평화주의'를 주창하였고, 프랑스는 패배주의에 젖어 있으면서도 육군 최강국의 자리를 지키기 위해 노력하였다. 일본은 러·일 전쟁의 승리에 대한 자신감으로 제1차 세계대전 시 명목상 연합군에 가담하여 실리를 챙겼다. 이들은 세계대전이 끝나자 패전국 독일의 점령지였던 중국의 산동 반도(Shandong Peninsula)와 캐롤라인제도(Caroline Islands), 마샬군도(Marshall Islands), 괌(Guam)을 포함한 마리아나 군도(Mariana Islands) 등의 통치권을 강력하게 주장하여 위임 통치권을 획득하였다.

유럽지역의 정세는 크게 정치·외교적, 경제적, 사회적, 전후(戰後) 처리에 관하여 네 가지 측면으로 정리할 수 있다. 첫째, 정치·외교적 측면에서 우드로 윌슨 대통령이 '민족자결주의(民族自決主義)'의 원칙을 주창하였고, 이는 신생국가들의 독립 활동과 겹쳐지면서 상당히 복잡한 형국이 조성되었다.5) 이러한 정세는 곧 인위적인 영토의 통합과 분할을 촉진하는 계기가 되었고, 국가 간 영토 분쟁과 내부 갈등으로까지 확산하였다. 둘째, 경제적 측면에서 전후(戰後) 불경기로 이어지며 경제 대공황이 발생함으로써 전(全) 유럽 국가의 경제적 부담은 갈수록 가중(加重)되었다. 셋째, 사회적 측면에서 소련이 공산주의 혁명 사상을 본격적으로 동구(東歐) 국가에 침투시키면서 파시즘과 나치즘으로 대표되는 전체주의가 대두(擡頭)되었고, 국제 사회의 갈등과 분쟁 가능성도 점차 증가하였다. 정도의 차이는 있겠으나, 자유민주주의(자본주의) 국가에서도 파업과 태업 등 사회 불안이 가중되었다. 마지막으로, 제1차 세계대전을 종결지으면서 연합국에 의한 일방적인 군사·경제 제재, 영토의 13%와 전체 인구 중 700만 명이 감소(減少)하는 등의 굴욕으로 독일인의 증오와 복수심은 들끓었다.

2. 베르사유 조약의 주요 내용

베르사유 조약은 미국의 우드로 윌슨 대통령이 제창한 14개 조의 평화 원칙을 토대로 하여 440개 조항으로 구성하였다.6) 연합국은 독일의 경제 재건을 불가능하게 한다는 목적에서 가혹하게 몰아붙였다. 당시 이탈리아와 일본도 조약의 내용이 너무 가혹하여 수정을 요구하였음은 짚고 넘어갈 필요가 있다. 독일인들은 연합국의 가혹한 감시를 피하면서 어떻게 하여 세계대전을 일으키기 이전(以前)의 1/8 규모에 불과했던 독일군을 양성하였고, 20년 만에 세계대전을 치를 정도의 군사력 수준으로 향상할 수 있었을까? 에 대한 의문은 학습을 통해 해결하기로 한다. <표 6-3>은 베르사유 조약의 내용을 정리하였다.

---

5) 우드로 윌슨 대통령이 주창하였던 '민족자결주의'는 제1차 세계대전에서 승리하고 나온 용어이다. '식민지로 있는 국가가 식민지로 남고 싶다면 남고, 해방하고 싶다면, 해방하라.'라는 좋은 의미이지만, 사실상 패전국에만 적용되었다. 내면적으로는 미국과 영국, 프랑스가 식민지를 보유하고 있기에 자신들도 다소 손해는 보겠지만, 광범위한 영토를 가진 오스트리아-헝가리 제국과 오스만튀르크 제국이 잠재적인 적대 국가였기에 이들 영토를 분할시키기 위한 수단으로 활용하였다는 점에 유념할 필요가 있다. 따라서 약소국가에 투쟁의 동력(動力)을 제공하였으나, 근현대사에서 해당 국가가 가진 힘에 따라 미래가 결정되었다는 현실을 부정(否定)하기는 어렵다.
6) 특히 휴전 협상을 진행할 때와 다르게 포함한 전범(戰犯) 조항과 배상금 규정은 독일에 참을 수 없는 모멸감을 안겨주었다. 조약 작성에 주된 참여자는 미국의 우드로 윌슨(Thomas Woodrow Wilson, 1856~1924) 대통령, 프랑스의 조르주 클레망소(George Clemenceau, 1841~1929) 수상, 영국의 데이비드 로이드 조지(David Lloyd George, 1863~1945) 수상, 이탈리아의 비토리오 에마누엘레 오를란도(Vittorio Emanuele Orlando, 1860~1952) 수상이었다.

<표 6-3> 두 가지 측면에서 바라본 베르사유 조약(종합)

구 분	주요 내용
군비 (軍備) 제한	• 육군: 10개 사단 10만 명 　* 장교 정원(定員): 4,000명, 전역(轉役) 제한 • 해군: 15,000명, 잠수함·군용비행기 제조 및 보유 금지 • 전쟁물자(병기·탄약·기타)의 제조 제한 　* 수출·입 금지 • 일반참모부 제도 폐지 • 징병제도 → 지원병제도로 변경 • 강화가 성립된 다음 3개월 이내에 라인강 동방 50km 이내의 모든 군사시설을 철폐(removal)
경제 제재	• 전쟁 배상금: 1,320억 마르크(韓貨: 92조 원) • 독일에서 외국에 투자한 자본과 자산(資産) 몰수

연합국은 육군 장교의 복무 연한을 25년으로, 사병은 12년으로 제한하고 연간 장교 전역률도 전체 병력의 5% 이내에서만 하도록 통제하였다. 보병은 7개 사단, 기병은 3개 사단으로 제한하였으며, 일체의 군사훈련은 금지하였다. 전차는 아예 보유하지 못하게 했다. 해군은 전함 6척, 구축함 6척, 수뢰정 12척, 500t급 이하의 어뢰정도 2척만 보유하도록 하였다. 특히 잠수함은 상업용이라도 일절 보유하지 못하게 하는 철저한 통제와 금지 조항을 만들어 지키도록 감시하였다.

제 3 절

주요 국가의 전쟁 준비와 주요 인물에 관한 이해

1. 독 일

1.1. 한스 폰 젝트(Hans von Seeckt) 참모총장에 의한 비밀 재군비 작업

한스 폰 젝트(Hans von Seeckt, 1866~1936) 장군은 연합국들이 베르사유 궁전에서 보복성 조약을 체결할 때 독일의 그 누구도 현장에 참여할 수 없었다는 현실에 엄청난 굴욕감을 느꼈다. 이후 복수심에 빠져들었고, 군비 제한 조치를 역이용하여 군비(軍備) 재건을 추진하였다. 특히 그는 샤른호르스트(Johann David von Scharnhorst, 1755~1813)가 나폴레옹 보나파르트의 눈을 피하여 군비를 어떻게 증강하였는지 관련한 사례 등을 면밀하게 검토하는 등 치밀함을 엿보였다.[7] 이후 참모총장으로 재직하는 동안 비밀리에 재군비 작업을 실천하였다. 물론 현대적 시각에서 보면, 아쉬운 부분은 당연히 존재하고 있다. 첫째, 귀족과 구(舊) 군벌(軍閥) 가문의 자제들을 우대하여 군대 민주화가 달성되지 못했고, 둘째, 군국주의적 특성으로 인해 사회적 가치(value)와 역할을 올바르게 담당할 수 있는 토양을 잉태하기 어려웠다. 셋째, 군사교육을 진행하면서 기술적 합리성에만 치중하다 보니 군사 지도자에 필요한 덕목과 정치 행위에 관한 포괄적인 이해력과 안목을 갖추는 노력은 뒷받침하지 못했다. 이는 軍의 사회적 책임성(responsibility)과 단체성(corporateness)을 등한시하면서 나치즘의 칼 역할에만 몰입하는 결과로 나타났다. 넷째, 제반 국가 기능과 정보(intelligence), 행정 기능의 통합을 등한시하

---

[7] 프러시아(현재 독일)의 샤른호르스트(Johann David von Scharnhorst, 1755~1813) 장군은 나폴레옹 보나파르트 황제에 패배한 이후 軍을 개혁하면서 '일반참모 제도'를 만들었다. 초기는 인사·정보·작전·군수참모 제도였으나, 양차(兩次) 세계대전을 거치면서 기획·공병·헌병·정훈·보안·법무·군종·의무 등으로 세분화시켰다. 이는 복잡하고 다양한 업무체계를 지휘관이 혼자서 처리하기는 벅찼기 때문으로 결론적으로 더욱더 효과적인 작전을 운영하기 위함이다.

고 군사작전 분야 위주로만 수행함으로써 연합군의 장기적인 안목과 전략, 전쟁 지속능력 등에 관하여 올바른 판단과 평가를 할 수 없었기에 전투는 승리하였으나, 전쟁에서는 패배할 수밖에 없었다. 현대 軍도 이러한 문제점을 재인식할 필요가 있다.8) <그림 6-2>는 한스 폰 젝트의 일대기를 간략하게 정리하였다.

- 1866.4.22. 슐레스비히 출생
- 1885, 프러시아軍 입대(19세)
- 1915, 제11軍 사령관(막켄젠)의 참모장
- 1917, 터키 주재 독일軍사령관
- 1919, 베르사유 회담에 육군 대표단으로 참석
- 1920~1926, 참모총장(비밀再군비 추진)
  · 1925, 로카르노 조약 체결, 1926, 국제연맹 가입
- 1934~1935, <u>중국 국민당의 군사고문</u>
- 1936.12.27, 사망

<그림 6-2> 한스 폰 젝트(Hans von Seeckt)의 일대기(요약)

로카르노 조약(스위스, 1925.10.26.)

독일은 의도적으로 연합국의 경계심을 이완시키기 위한 노력을 게을리하지 않았으며, 계획도 치밀하게 진행하였다. 특히 연합국 감시단이 철수하도록 유도하기 위하여 1925년 10월 26일 영-프-독-이-벨기에-체코슬로바키아-폴란드 대표가 스위스에 모여 국지적 측면에서 상호안전을 보장하는 로카르노 조약을 체결하는 데 적극적으로 참여하였다.9) 1926년 다시금 평화를 대외적으로 표방하면서 국제연맹에도 가입하였다. 독일의 포커-페이

---

8) 직업군인은 직업군인으로서의 본분을 잊지 않고 국가와 국민을 위해 부여된 역할에 매진하여야 하며, 스스로 어떠한 형태라도 정치적 입장이나 의견은 표명하지 않아야 한다. 오직 국가의 존립과 안보이익에 부합하기 위한 폭력집단의 역할에만 집중하여야 한다.

9) '로카르노 조약'의 주요 내용은 크게 ① 독일-벨기에-프랑스의 국경은 현재의 모습으로 유지하고, ② 상호 공격할 수 없으며, 분쟁이 발생할 때는 평화적으로 해결하며, ③ 라인란트는 비무장지대를 준수한다는 등으로 구성하여 있다.

스에 속은 연합국은 1927년 1월 감시단을 철수하였다. 1930년 연합국이 계획보다 5년이나 빠르게 라인란트(Rhineland)에서 철수하자 로카르노 조약을 무시한 채 1936년 국경지대에 있는 라인란트를 재점령한 다음 국제연맹에서 탈퇴하였다.

한스 폰 젝트 참모총장의 재군비 작업은 치밀하고 은밀하게, 그리고 과감하고 지혜롭게 비밀을 유지하는 가운데 진행하였다. <그림 6-3>은 한스 폰 젝트 참모총장의 5단계에 걸친 비밀 재군비 작업이다.

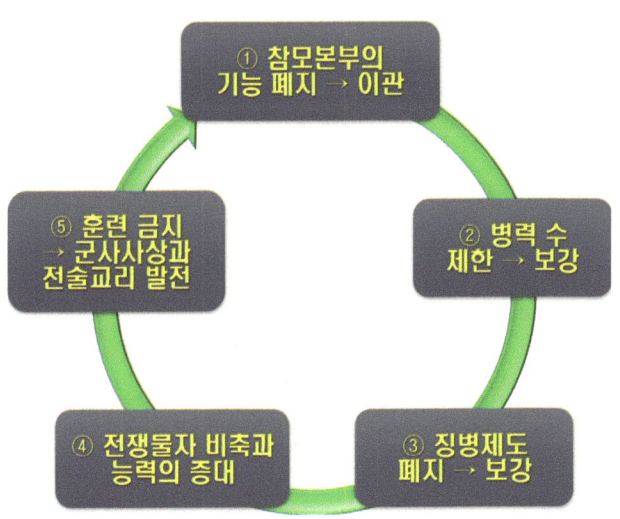

<그림 6-3> 한스 폰 젝트의 비밀 재군비 작업 5단계

① 철폐된 참모본부의 기능은 정부의 각 부처로 이관하였다. 군대 문서의 보관과 전사(戰史) 연구는 국가문서실에서, 지형연구는 내무성에서, 군사철도 관리는 교통성으로 통합하였으며, 정보를 수집하고 분석하는 업무는 외무성으로 통합하였다. 이를 위해 국방군

참모장교들은 민간인 신분으로 위장시킨 다음 외무성에서 업무를 수행하도록 하였다.

② 제한받는 병력 규모의 한계는 '간부화된 정예군 제도'를 만들어 필요하면, 언제라도 상급 직책에서 임무를 수행할 수 있도록 숙달하였다. 장교는 대졸자와 귀족 가문 또는 구(舊) 군벌 가문의 자제들을 선발하여 4년 6개월간 훈련과정을 철저하게 거친 다음 평가된 자격자들만 임관시켰다. 이들은 2단계 상급 직위의 임무 수행과 부대 지휘가 가능하도록 훈련받았으며, 병사들은 부사관 역할을 담당할 수 있도록 훈련을 진행하였다.

③ 폐지당한 징병제도는 동원체제와 예비군 제도를 활용하였다. 동원체제 중 인력자원의 수집과 관리는 연금국(年金局)에서 담당하였고, 예비군은 경찰과 노동군(勞務團)으로 편성하였다.10) 1924년 국방성 내(內)에 동원국(動員局)을 별도로 설치하여 경제 동원 분야를 담당케 하였다.

④ 항공기와 잠수함의 보유를 금지를 해결하기 위하여 고도의 전술전기(戰術戰技)를 연마하는 데 집중하였다. 위장 민간항공사인 '글라이더 협회'를 설립하여 조종사 훈련을 내면적으로 진행하였다. 국방성 내에는 소련 특별국을 설치하였다. 이를 통해 독일이 소련 내부에 군수공장을 재건하도록 기술 지원을 해주는 대신에 소련은 무기를 제공하고 군사훈련을 진행하도록 협력해 주었다. 이를 통해 소련 영토 내부에서 각종 훈련을 진행하였으며, 1924년 차량화 부대와 항공기 운영 시험을 진행하였다. 1925년 구데리안 장군의 주도로 전차부대의 전술적 운용 능력을 시험하면서도 기술 분야는 민간에 위탁하였고, 전차는 모형을 만들어 훈련을 진행할 정도로 철저하게 위장하였다. 1934년에는 제2차 세계대전 때 독일 육군의 주력 기관총(공냉식)인 MG-34 다목적기관총(Maschinengewehr-34)은 분대 전투를 위하여 정식으로 채택하였다.11)

MG34기관총(獨, 히틀러의 전기톱)
무게 10.5kg, 급탄방식 벨트식/드럼, 장탄: 50~250발, 분당 300발 연사

---

10) '노동군'은 일명 '흑색 국방군'으로 불린다. 1923년 석탄이 풍부한 핵심 공업지대인 라인-루르(Rhine-Ruhr) 지방을 점령할 때 동원한 군대의 명칭이다.
11) 'MG-34 다목적기관총'은 최초의 다목적기관총(General Purpose Machine Gun)으로서 '히틀러의 전기톱'이란 별칭을 갖고 있다. 1~2인으로 임무 수행이 가능하며 기동성이 우수하고, 용도가 말 그대로 다목적이기에 경(輕)·중

⑤ 군사 사상(軍事思想)과 전술 교리(教理)도 한층 더 발전시켰다. 소규모 정예군에 의한 기동전(機動戰)과 독일의 제한적인 전략 환경을 고려한 공격 위주의 군사 사상으로 정립하였다. 특히 전차와 항공기를 이용한 합동작전 개념을 발전시키면서 전차를 이용하는 전격전의 기본 개념이 이때 등장하였다.

한스 폰 젝트는 "전쟁의 승리는 병력의 질적 수준이 우수해지고, 고도의 기동성을 완비하였을 때 가능하다. 특히 적을 섬멸(殲滅, annihilation)하기보다는 마비(痲痺, paralysis)시킴이 효과적이고 우선적이다."라고 강조하였다. 여기에서 고도의 기동성과 마비, 공격 등의 원리는 이후 전격전의 기본원리로 채택되었다. 하지만 당시 독일 내부의 환경도 그렇게 녹록하지는 않았다. 전쟁 배상금 지급과 세계 경제가 침체되는 등의 여파는 독일 경제를 파탄(破綻) 냈으며, 정부에 대한 국민의 불만이 팽배해지면서 강력한 국가지도자를 희망하였다. 이를 이용하여 권력의 전면(前面)에 등장한 인물이 아돌프 히틀러였다. 한스 폰 젝트의 헌신과 노력이 아돌프 히틀러의 등장과 맞물리면서 재부흥 국가로의 성장을 견인하였다.

1-2. 아돌프 히틀러(Adolf Hitler)의 등장과 세력 확장

아돌프 히틀러(Adolf Hitler, 1889~1945)는 제1차 세계대전 시 독일군에 자원입대하였다가 독일이 패배하자 크게 낙담하였다. 독일에 불리하게 체결된 조약들에 반발심으로 민족사회주의자 독일노동당(일명 나치당)에 가입하였다.

이후 노동당에서 정치 활동을 시작하였다가 1933년 나치당을 만들고 제1당이 되면서 당수로 수상이 되었다. 1934년 힌덴부르크 대통령이 사망하자 총통에 취임하며 야심을 드러냈다. 한스 폰 젝트 참모총장이 완성해 놓은 비밀 재군비 작업을 이용하여 1939년 제2차 세계대전을 개시하였다. 그는 독일인이 아리아인(Aryan, 북방인종)의 순수한 혈통임과 민족적 우월감을 주장하면서 '민족 정화'라는 명분으로 수많은 유대인 등을 학살했던 주역이었다는 점도 함께 인식할 필요가 있다. <그림 6-4>는 아돌프 히틀러의 일대기를 간략하게 정리하였다.

(重)·대공(對空)·차재(車載) 기관총 등 다양하게 사용되었다. 1942년 성능과 가격이 저렴한 MG-42 기관총이 개발되면서 대체되었다.

> - 1889.4.20, 오스트리아 북부의 브라우나우암인 출생
> - 1914~1920, 독일軍 자원 입대(25세)
> - 1919.9.16, 독일노동당 입당(제7당위원)
> - 1920, 독일노동당 선전부장(당 명칭 변경)
> - 1921, 나치당 총서기로 선출, 급속한 확장 → 독재체제 확립
> - 1923.11.11~1924.8월, 란츠베르크 수감
> - 1933.1월, 독일 총리 임명
>   · 절대적 독재권력 확립
> - 1937, 軍部 장악 → 강력한 전쟁의지 표명
> - 1945.4.30, 권총 자살(56세)

<그림 6-4> 아돌프 히틀러(Adolf Hitler)의 일대기(요약)

　　1923년 히틀러는 뮌헨에서 비어 홀 폭동(Bierkeller Putsch)을 주도하였으나, 실패하였으나, 세계적인 명성을 얻으면서 합법적 수단으로 권력을 쟁취할 것을 결심했다. 1933년 1월 10일 제1당의 당수로서 수상에 취임하였고, 다음 해 대통령이 사망하자 총통(대통령)이면서 수상, 국방군 최고 사령관직을 겸직하였다. 1935년 베르사유 조약의 군비 제한 조항을 일방적으로 파기하고 재군비를 선언하였다. 1936년 로카르노 조약을 파기하고 라인란트를 재점령하면서 추축국 간 동맹을 체결하는 강수(强手)를 두며 영국과 프랑스의 의지를 시험했다. 이후 다시 1938년 3월 12일 오스트리아를 강제 병합하였고, 1039년 3월 10일 체코슬로바키아 점령, 8월 23일 독소 불가침 조약 체결, 9월 1일 폴란드를 침공하였다. <그림 6-5>는 제2차 세계대전이 발발하기 직전까지 히틀러에 의해 진행된 주요 경과다.

<그림 6-5> 제2차 세계대전이 발발하기 직전까지의 주요 경과(종합)

당시 영국과 프랑스는 제1차 세계대전에서 대량 살상의 비극을 체득하였기에 가능한 양보하려는 마음이었지만, 히틀러에게는 두 나라 모두 용기가 부족하다는 인상을 심어주었다. 미국도 국제정세가 자국의 경제·안보에 악영향이 없다면, 최대한 군사적으로 중립을 고수(固守)하는 '고립주의적' 태도를 보였다. 이는 전쟁의 위험에서는 자유롭지만, 강대국의 역할을 포기한 것과 다르지 않았다. 1936년 히틀러가 라인란트를 재점령할 때나, 라인강 서쪽 지역에 군대를 주둔시켰을 때도 프랑스에서는 별다른 반응을 보이지 않았다. 여기에 자신감을 얻은 히틀러는 1938년 3월 기계화부대와 공군을 투입하여 오스트리아를, 8월에는 체코슬로바키아의 주데텐란트(Sudetenland)를 강제로 합병하였다.

1-3. 프란츠 할더(Franz Halder)의 계획

프란츠 할더(Franz Halder, 1884~1972)는 육군참모총장으로 재직 간 할더 계획을 수립하였으나, 만슈타인 계획과 맞물려 명예에 치명적인 손상을 입었다. 이후 1941년 6월 히틀러가 불가침 조약을 파기하고 소련을 침공하였다. 12월에 모스크바까지는 순조롭게 진격하였지만, 정작 모스크바 전투에서 패배하자 프란츠 할더 참모총장은 일단 후방으로 병력을 이동하여 재정비가 필요하다고 건의하였으나, 히틀러는 무시하였다. 이후 사사건건 의견이 충돌하면서 관계는 악화하였다. 1942년 히틀러와의 잦은 의견 충돌과 불화(不和)가 빌미가 되어 강제로 해임당했다. 이후 히틀러 암살 음모로 체포되었다가 무혐의로 풀려났지만, 히틀러의 의심에서 헤어나지 못한 채 삶을 마감하였다.

탁월한 참모 능력을 보유한 인물로 평가받았으나, 기회주의적인 처신으로 항상 주변의 입에 오르내렸다. 그러나 스스로는 대외적으로 양심적인 군인임을 내세웠다. <그림 6-6>은 프란츠 할더 육군참모총장의 일대기를 간략하게 정리하였다.

- 1884.6.30, 獨 뷔르츠부르크 출생
- 1902.1.4, 포병사관후보생 입대(18세)
- 1904.3.9, 포병소위 임관
- 1917~, 각급 제대의 참모장교로 활동
- 1935~1936, 7사단장
- 1937.10월~1939.9월, 육군참모본부 실장
- 1937.9.1.~1942.9.24, 육군참모총장
- *1942.9.24, 히틀러 → 해임/강제예편*
- 1944.7.23, 히틀러 암살 음모로 체포
- 1945.5.8.~1947.9월, 연합군에 인도, 복역[服役]
- 1972.4.2, 서독 아샤우 임 키엠가우에서 사망

<그림 6-6> 프란츠 할더(Franz Halder)의 일대기(요약)

    1939년 10월 19일 프란츠 할더 육군참모총장이 프랑스 공격을 위한 '황색작전 계획(Fall Gelb)'을 히틀러에게 최초로 보고한 다음 열흘이 지난 10월 29일 두 번째의 수정안을 보고하였다.12) <그림 6-7>은 프란츠 할더 육군참모총장이 계획한 프랑스 공격계획 요도다.

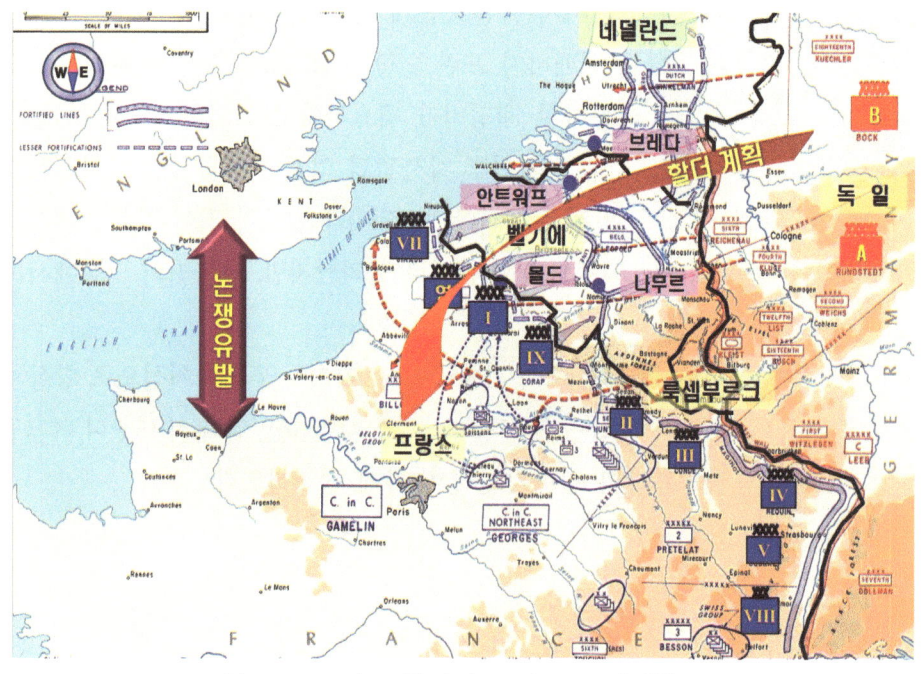

<그림 6-7> 프란츠 할더의 프랑스 공격계획 요도

---

12) 프란츠 할더 참모총장의 '황색작전 계획'은 기본적으로 슐리펜계획의 복사판으로 보면, 될 듯싶다.

당시 '할더 계획(Halder Plan, 황색작전 계획)'의 핵심은 슐리펜계획을 프랑스 남부지역에 집중한다는 데 있다. 주(主) 결전장이 벨기에와 네덜란드 지역이었고, 주공(主攻)은 B 집단군의 8개 기갑사단을 포함한 43개 사단이었다. 조공(助攻)은 A 집단군의 22개 사단이었다. 그러나 당시 프란츠 할더의 동기생으로 서로 사이가 좋지 않은 A 집단군 참모장인 에리히 폰 만슈타인(Erich von Manstein)이 기갑부대 군단장(하인츠 구데리안)의 조언(諮問)을 받아 계획에 이견(異見)을 제기하며 새로운 양상으로 전개되었다.

당시 만슈타인의 주장은 크게 세 가지로서 첫째, '기습'이 불가능하다고 주장하였다.13) 둘째, 연합군의 방어 배치를 고려할 때 강력한 프랑스 제7 기동군과 제1군, 영국 원정군과 조우(遭遇)할 수 있다는 점을, 셋째, 단기 결전에 의한 섬멸이 필요하나, 적을 유인하기가 어렵고, 주공 선정이 부적절하다고 주장하였다. 이를 토대로 하여 주공을 B 집단군에서 A 집단군으로 전환하면, 아르덴느(Ardennes) 삼림지대를 노출되지 않은 상태에서 기습적으로 통과할 수 있다는 주장이었다.

1.4. 에리히 폰 만슈타인(Erich von Manstein)의 계획

에리히 폰 만슈타인(Erich von Manstein, 1887~1973, 본명은 Erich von Lewinski)14)은 대대로 군인 출신인 프러시아의 귀족 집안에서 태어났으며, 육군으로 복무하며 제1차 세계대전 때도 다양한 전선에서 전투에 참전하였다. 프란츠 할더 장군과는 오랜 숙적이자 경쟁 관계였기에 개인적으로는 불화가 심하였다. 1942년 사령관(육군 원수)으로 소련 침공 간 스탈린그라드 전투에 참전하였으나, 반복된 히틀러와의 의견 충돌로 사령관직을 박탈당했다. <그림 6-8>은 에리히 폰 만슈타인 사령관의 일대기를 간략하게 정리하였다.

---

13) '손자병법 제6(허실)편'에서 "전승불복 응형무궁(戰勝不服 應形無窮)" 즉, "전쟁의 승리는 반복될 수 없다. 지금의 승리에 도취하거나, 자만하다가는 실패할 수 있다." 다시 말해 "같은 전략이나, 전술을 반복하면, 이기기 어려우니 새로운 상황이 필요하다."라고 이해하면 될듯싶다.

14) '에리히 폰 레빈스키(Erich von Lewinski)'이 자식이 없던 친척 게오르크 폰 만슈타인 장군의 양자가 되면서 '에리히 폰 만슈타인(Erich von Manstein)으로 이름을 바꿨다.

- 1887.11.24, 獨 프로이센 왕국 베를린 출생
- 1906.3.6, 육군사관후보생 입대(16세)
- 1907.1.27, 육군소위 임관
- 1939~, 각급 참모장교/지휘관으로 활동
- 1939~1940, A집단군참모장
- 1940~1941, 38·56기갑군단장
- 1941~1942, 제11군사령관(상급대장)
- 1942~1943, 돈 집단군사령관(원수)
- 1943~1944, 남부 집단군사령관
- 1944.4.2/1945~1953, 예편/戰犯 복역
- 1973.6.10, 서독 바이에른 사망

<그림 6-8> 에리히 폰 만슈타인(Erich von Manstein)의 일대기(요약)

만슈타인은 탁월한 능력의 보유자였으나, 그도 기회주의적 처신으로 동료들로부터 비판을 많이 받는 처지였다. <그림 6-9>는 만슈타인 장군의 프랑스 공격계획 요도다.

<그림 6-9> 에리히 폰 만슈타인의 프랑스 공격계획 요도

만슈타인 장군은 계획이 성공하려면, 두 가지의 전제가 필요함을 주장하였다. 첫째, 연합군을 벨기에 방향으로 유인하기 위해 B 집단군(조공)이 3개 기갑사단을 포함한 29개 사단으로 강하게 편성해야 한다. 둘째, 남부지역에 4개 군을 추가 배치하여 해안으로 진격할 때 프랑스군의 역습에 대비해야 한다. 즉, A 집단군(주공)은 7개 기갑사단이 포함된 44개 사단을, C 집단군(조공)은 마지노선에 대한 견제를 위해 19개 사단이 필요함을 주장

하였다. 만슈타인은 총 2단계로 구성하였다. 제1단계는 아르덴느-뮈즈강-북해로 기동하여 북부 연합군을 포위 섬멸하고, 제2단계는 남부(마지노선)의 프랑스군을 포위 섬멸한다는 방책(方策)이었다. 1940년 2월 7일 히틀러는 만슈타인 안(案)을 채택하고 '만슈타인 계획(Red Plan)'을 완성했다. <표 6-4>는 프란츠 할더의 계획과 만슈타인의 계획을 비교하였다.

<표 6-4> 프란츠 할더의 계획과 만슈타인의 계획 비교

구 분	프란츠 할더 계획	만슈타인 계획
목표(M)	・지형목표: 솜강 북부, 해안지역	・적부대 적멸 -제1단계: 영・불・네・벨 연합군 -제2단계: 남부 프랑스군
적(E)	・상대적으로 강한 적(북부)	・상대적으로 약한 적(남부)
전투정면(T)	광정면(100mile)	좁은 정면(60mile)
가용부대(T)	43개 사단 (8개 기갑사단 포함)	44개 사단 (7개 기갑사단 포함)
기타(欺瞞)	오열(五列), 공정부대 투입	

<그림 6-10>은 히틀러가 최종적으로 결심한 독일군의 공격계획이다.

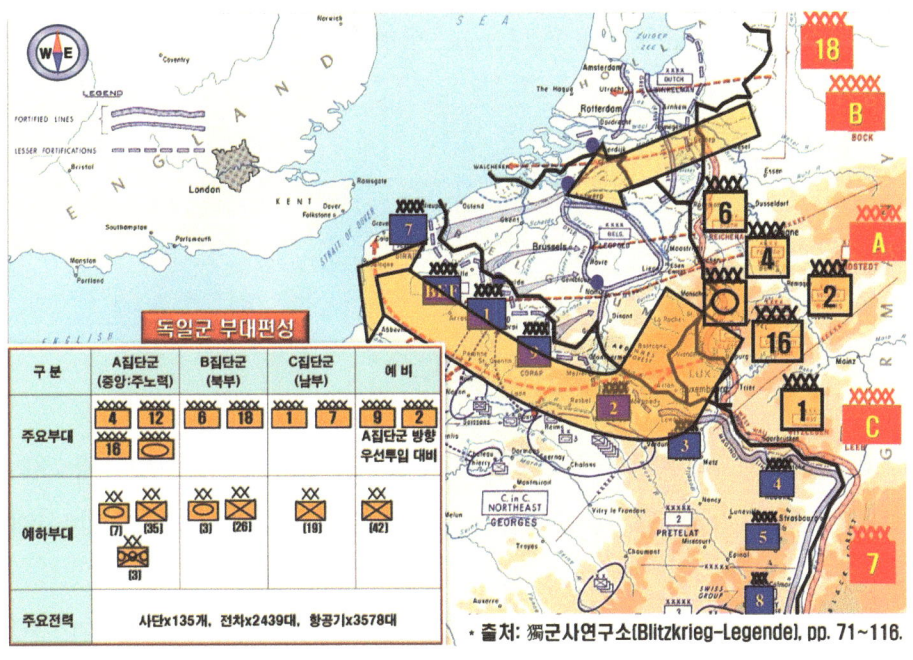

<그림 6-10> 독일군의 최종 공격계획과 부대 편성(종합)

작전 간 제1단계는 '해안으로의 진격'을, 제2단계는 '섬멸'이었다. 3개 집단군이 병진(竝進, 나란히) 공격하여 중앙(주공)-북쪽(조공)-남쪽(견제) 역할을 담당하였다. 이때 주공(主노력)에는 기갑부대를 집결시켜 빠르게 종심 깊숙이 기동함으로써 마비(痲痹)를 달성하는 데 두었다. <그림 6-11>은 주요 부대 운영에 관한 역할 분담 결과이다.

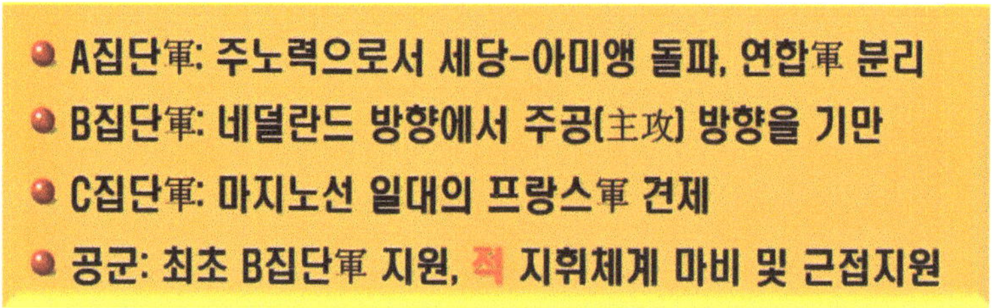

- A집단軍: 주노력으로서 세당-아미앵 돌파, 연합軍 분리
- B집단軍: 네덜란드 방향에서 주공(主攻) 방향을 기만
- C집단軍: 마지노선 일대의 프랑스軍 견제
- 공군: 최초 B집단軍 지원, 적 지휘체계 마비 및 근접지원

<그림 6-11> 주요 부대 운영에 관한 역할 분담 결과

집단군별 임무를 명확히 정리하였고, 공군은 최초에 B 집단군(조공)을 지원하여 독일군의 공격 기도는 노출하지 않으면서 적의 지휘체계를 마비시키고, 공격부대를 근접지원하도록 임무를 부여하였다. 히틀러는 총 4단계로 작전을 진행하여 1940년 6월 22일 프랑스의 항복을 받아냈다.

제2단계 작전에서 연합군 40만여 명은 독일군에 밀려 1940년 5월 26부터 6월 4일까지 '덩케르크 철수 작전(Withdrawal of Dunkerque, 일명 Operation Dynamo)'을 긴박하게 시도하는 지경까지 내몰렸다.[15]

2. 프랑스

2-1. 프랑스 방어계획의 잦은 변경

프랑스는 제1차 세계대전에서 승리했던 방어 위주의 전략을 신뢰하였기에 750km에 달하는 광대한 지역에 영구적인 마지노(Maginot) 요새를 건설하였다. ① 마지노선에서부터

---

[15] '덩케르크 철수 작전'은 2017년에 상영한 영화 《덩케르크: Dunkirk》를 보면, 조금 더 이해하기가 쉬울 듯싶다. 이때 히틀러가 뚜렷한 이유 없이 독일군의 진격을 중지함으로써 연합군의 철수가 가능하였으나, 최근까지 그 배경과 이유에 관하여 명확하게 밝혀진 연구서나 사료는 없다.

독일의 국경까지 강력한 국경수비대를 배치한다면, 독일군의 어떠한 공격도 지연시킬 수 있고, 이때 막강한 육군병력을 동원하면 반격작전으로 승리할 수 있다는 자신감에 젖었다.16) 벨기에와 네덜란드가 중립을 고집하여 방어계획 수립이 곤란해지자 ② 1939년 9월 단순하게 프랑스 국경 지역만 방어하도록 변경하였다. ③ 에스코 강(Escaut River, 또는 스헬데강) 선까지 진출하여 방어하는 E 계획을 수립하였다. 그러다가 ④ 영국 원정군의 규모가 증가하자 독일군의 진격을 저지하기보다 지연시키고자 알베르 운하와 뮈즈 강을 따라 방어선을 배치하는 'D' 계획으로 변경하였다. 이후 또다시 ⑤ 전투력이 막강한 제7 집단군은 네덜란드 남서부 지역의 브레다(Breda)까지 진출시켜 공격하는 독일군의 측방을 타격하도록 변경하는 등 혼란을 반복하였다. 제7 집단군이 브레다로 기동하는 와중에 독일군은 선제공격을 감행하였다. <그림 6-12>는 프랑스 연합군의 작전 개념이다.

- 마지노~딜선을 점령방어, 독일軍 공격 격멸
- 북동지역(네덜란드, 벨기에 북부)에서 결정적 작전
- 벨기에軍 지연, BEF와 프1軍 딜선으로 전진배치, 방어
- 7기동軍: 네덜란드 브레다까지 진출, 독일軍 측면공격

<그림 6-12> 프랑스 연합군의 작전 개념

---

16) 당시 드골 장군이 마지노 요새의 허구성을 제기하였다. "마지노선은 무기력한 자들의 환상에 불과하며, 붕괴할 것이니 기계화부대를 창설해야 하고, 공격 정신을 되살려야 한다."라고 주장하였지만, 상부(上府)에서는 이를 묵살(默殺)하였다.

연합군은 벨기에군이 130km에 달하는 안트워프(Antwerp, 또는 안트웨르펜)에서 루벤강으로 이어지는 알베르트 운하를 방어하는 임무를, 영국 원정군(BEF)은 루벤강에서 와브르(wabr)를 연하여 방어하는 임무를, 프랑스군은 와브르에서 마지노에 이르는 지역을 방어하도록 임무를 부여하였다. <표 6-5>는 프랑스 연합군의 부대별 규모와 편성 현황이다.

<표 6-5> 프랑스 연합군의 부대별 규모와 편성 현황

구 분	규모 및 편성
벨기에군	· 20개 보병사단 + 2개 기병사단 등 60만여 명
영국 원정군	· 10개 보병사단 + 항공기 300여 대
네덜란드군	· 9개 보병사단 등 40만여 명
프랑스군	· 92개 보병사단 + 항공기 1,400여 대

그러나 전투 장비와 관련 물자는 노후(老朽)되었고, 훈련수준은 지극히 저조한 상태였다. <그림 6-13>은 프랑스 연합군의 최종 방어계획이다.

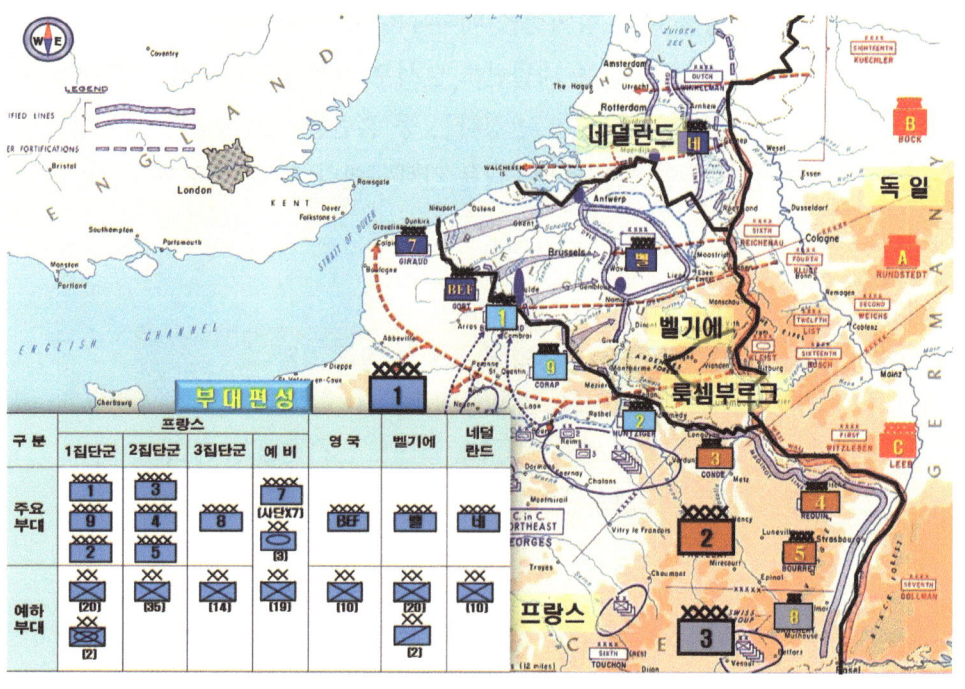

<그림 6-13> 프랑스 연합군의 최종 방어계획과 부대 편성(종합)

프랑스 연합군의 최종 작전 개념은 ① 전투력을 마지노-딜(Dyle) 선에 집중적으로 배치하여 독일군의 공격을 격멸하고, ② 네덜란드와 벨기에 북부를 포함하는 북동지역에서 결정적인 작전을 수행하도록 하였다. ③ 벨기에군은 지연작전을, 영국 원정군(BEF)과 프랑스 제1 집단군은 '딜'선으로 전진 배치하여 방어 임무를 수행하고, ④ 제7 기동군은 예비로서 네덜란드 지역에 있는 브레다((Breda)까지 진출하여 독일군의 측면을 공격하도록 하였다. 그러나 계획 변경에 너무 많은 시간을 지체하다 보니 정작 군대를 준비하고 훈련할 시간은 부족하였다. 이러한 현실은 적시성(timing) 측면에서 많은 문제와 취약점이 불거질 수밖에 없게 만들었다.

제 4 절

주요 전역(戰域, 1939~1945)과 진행 경과

1. 개 요

아돌프 히틀러는 두 가지의 측면에서 착각하여 승리를 확신하였다. 첫째, 프랑스 정계(政界)가 '패배주의'에 젖어 있고, 영국은 '유화주의', 미국은 '고립주의'에 몰입되어 있기에 자신들이 필요할 때 손만 내밀면, 바로 화의(和議)에 동의할 것이다. 둘째, 이전과 같이 영국과 프랑스의 묵인할 것이기에 소련을 공격해도 별 탈이 없을 것이다. 다만 투-트랙(two-track)이 필요했다. 사전(事前)에 프랑스를 공격할 때 영국과 연계될 수 있는 어떠한 시도도 방지할 필요가 있었고, 배후에 있는 소련이 공격하기 이전(以前)에 프랑스를 점령함과 동시에 곧바로 영국과의 화의를 진행해야 한다는 점이었다. 히틀러는 명분을 만들기 위해 8월 31일 독일군 친위대(SS)를 폴란드군으로 위장시켜 국경 일대 도시의 라디오 방송국 2개소를 공격하고 시체에 방화(放火)하는 등을 조작하여 폴란드가 먼저 도발하였

다고 언론과 여론을 동원(agitation)하였다. 공격은 슐리펜의 '섬멸전 사상'을 채택하여 항공전력과 전차(Panzer) 부대로 '양익(兩翼) 포위 전술'을 실시하였고, 이는 평야가 많은 폴란드 침공에 적합하였다.

2. 대(對) 폴란드 전역(1919.9.1.~28.)

1939년 8월 23일 히틀러는 소련과 상호 불가침 조약을 맺으면서도 조약이 영구히 준수되지 않는다는 사실을 명확하게 인식하고 있었다는 점은 탐구하는 과정에서 기억할 필요가 있다. 히틀러는 1939년 9월 1일 전격적으로 폴란드를 침공하였다. 독일-소련 사이에 끼어있던 폴란드는 36일 만에 독일과 소련에 의해 분할 점령되었다. <그림 6-14>는 독일의 폴란드 침공작전 요도이다.

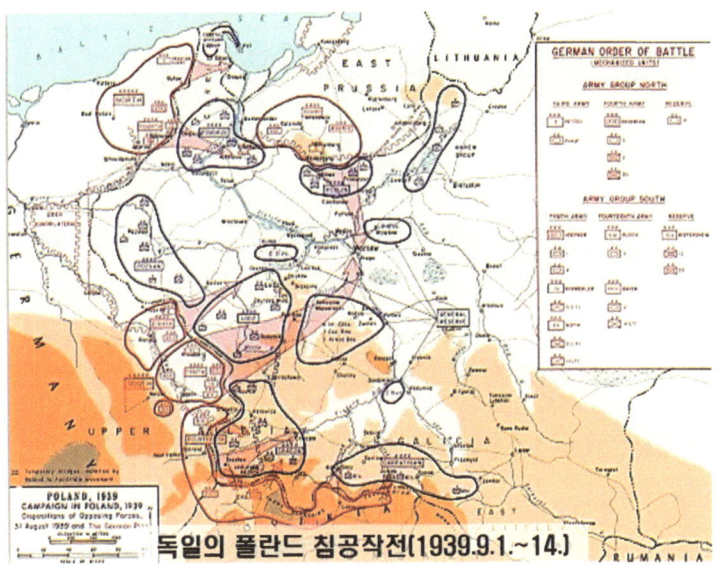

<그림 6-14> 독일의 폴란드 침공작전 요도

독일군은 초기에는 바르샤바 동쪽에 구축되어있는 천연 방어진지인 나레브-비스트라 산 강(江) 이전에서 양익(兩翼)으로 포위하여 폴란드군의 섬멸을 시도하였고, 2차는 비스툴라 산 강(江)-동부 고지대를 연하는 선에서 양익 포위망을 다시 설정하였다. 이로써 폴란드군의 방어선은 무력하게 붕괴(崩壞)되었다. 기동력과 충격력을 가진 독일군 전차부대에 폴란드가 채택한 선형(線形)방어 개념은 아무런 소용이 없었다. 폴란드는 후퇴하여 동맹국의 지원을 기다리는 방법 이외는 뾰족한 수를 찾기도 어려웠다. 그러나 이마저도 9월 17일 소련군 80여만 명의 갑작스러운 침공(invasion)으로 물거품이 되었다.[17]

---

17) 독일과 소련의 폴란드 침공작전은 소련의 외무장관 몰로토프와 독일의 외무장관 리벤트로프 사이에서 맺어진 독소 불가침 조약에 합의한 지 1주일 후인 1939년 9월 1일 개시되었고, 10월 6일 독일과 소련은 폴란드 전역을 점령하는 데 성공했다. 드러나지 않았을 뿐, 이러한 계획은 독소간 불가침 조약을 체결할 때 만든 비밀합의사항

3. 소련-핀란드 전역(1939.11.30.~1940.3.13.)

소련-핀란드 전쟁은 총 두 차례에 걸쳐 진행되었으며, 제1차 전쟁(겨울 전쟁-Winter War, 1939.11.30.~1940.3.13.)과 제2차 전쟁(계속 전쟁-Continuation War, 1941.6.25.~1944.9.19.)으로 구분할 수 있다. 여기에서는 제1차 겨울 전쟁에 관하여 탐구하고자 한다.[18]

소련의 이오시프 스탈린(Joseph Stalin, 1923~1953까지 최고 권력자)은 독일과 폴란드를  분할 점령함으로써 독소 국경 사이에 완충지대를 만들려는 의도가 있었기에 처음에는 중립적 태도를 보였다. 그러나 독일군의 전투력이 예상외로 막강함을 알게 되자 더욱 광범위하고 효과적인 완충지대(buffer zone)가 필요함을 절감하였다. 이러한 판단을 토대로 발트 3국(라트비아·리투아니아·에스토니아)에 강제로 '상호 방위협정'이라는 굴레를 씌워 놓고 핀란드에 협정의 체결을 압박하였다. 이때 내건 조건은 크게 네 가지로서 ① 핀란드 항(港) 및 항구에 소련군을 주둔시키고, ② 핀란드 만의 4개 섬과 ③ 북해 연안의 카렐리야 지협(地峽)까지 할양하라는 압박이었다. 잘 먹히지 않자 1939년 11월 30일 소련은 선전포고 없이 폭격을 감행하였다. 약소국가였던 핀란드는 단기간이었지만, 과감하고 강력한 의지로 압도적인 우세를 유지하였다. 이때 핀란드군이 채택한 모티 전술(Motti Tactics, 조각내기 전술)은 1940년 11월 4일부터 8일까지 진행한 수오무살미(Suomussalmi) 전투를 통해 그 진가(眞價)를 널리 평가받고 있다.[19]

에 이미 포함되어 있었다.
18) 소련-핀란드 전쟁을 좀 더 이해하려면, 1999년 핀란드에서 개봉한 영화 《침묵의 사선: Ambush(원어 Rukajarven tie)》나, 1989년 개봉한 《겨울전쟁: Talvisota》와 2007년 개봉한 《탈리-이한탈라 1944: Tali-ihantala 1944》를 보면 이해하기가 다소 쉬울 듯싶다.
19) '수오무살미(Suomussalmi)' 전투는 제5절의 신(新)전술 및 전법에 대한 이해 분야에서 상세하게 다루기로 한다. '모티 전술'은 현대의 게릴라·유격 전술과는 개념과 결(disposition)이 다름을 이해하여야 한다.

4. 대(對) 북구 전역(北歐, 1940.4.9.~6.9.)

- 기간: 1940.4.9. ~ 6.9. / 덴마크 무혈 입성, 노르웨이 강제 점령
- 목적: 스웨덴의 철광석 확보, 연합軍의 해안봉쇄 위협 事前 제거
- 對英작전을 위한 해·공군 기지를 건설(노르웨이)

1939년 9월 1일 독일이 폴란드를 침공하자 9월 3일 영국과 프랑스는 독일에 선전포고 하였다. 문제는 이후 폴란드가 점령될 때까지 아무런 조치는 취하지 않은 상태였기에 1940년 봄까지 서부전선 일대는 소강상태가 계속되었다. 10월 6일 폴란드를 점령한 히틀러는 바로 영국과 프랑스에 화의(和議)를 요청하였고, 거절당하자 프랑스를 공격하기로 하였다. 다만 제1차 세계대전과 같은 피해를 예방하기 위해 노르웨이와 스웨덴 즉, 북구(북유럽)을 확보하는 노력을 병행하였다. 이때 프랑스는 진지(참호)를 보강하고, 훈련수준을 높였으며, 전투 장비도 보강하였다. 독일은 폴란드 침공 간 발생한 기계화부대의 결함을 정비하고 병력을 보충하였으며, 새로운 전투 장비와 물자도 구비를 완료한 상태였다.

독일은 철광석의 70% 이상을 스웨덴과 노르웨이에서 수입하고 있었지만, 해상 운송로(運送路)를 영국 해군이 장악하고 있었기에 불안했다. 당시 히틀러가 판단할 때 노르웨이와 덴마크를 사전에 장악하지 못한다면, 영국 해군이 철광석 수송을 저지하는 결과가 눈에 보듯 뻔했기 때문이다.

따라서 우선 ① 군수산업의 생명줄인 스웨덴의 철광석을 확보하는 건(件)은 어떤 상황에서도 양보하기가 어려웠다. ② 제1차 세계대전 시 영국이 해안선을 확보하는 바람에 곤욕을 치렀던 독일은 사전에 노르웨이 해안을 점령함으로써 행동의 자유를 확보할 필요가 있었다. 따라서 주변 해안에 대한 경제 봉쇄와 압박을 예방하는 차원에서라도 노르웨이에 해·공군 기지를 설치하여 영국 본토를 압박하고, 침공(invasion)할 때 발판으로 이용할 생각이었다.

히틀러는 항공기와 잠수함을 운용하였다. 또한, 선전 선동 활동(propaganda)을 통해 폴란드를 침공할 때 처참하게 파괴된 모습 위주의 사진 필름을 복구하여 북유럽 주민들에게 보여줌으로써 공포감과 전의(戰意)를 상실하도록 만들었다. 노르웨이의 군인 출신으로 정치가였던 비드쿤 크비슬링(Vidkun Quisling, 1887~1945)이 나치 신봉자임을 알고 그를 매수하였다. 이후 그에게 내정(內政)을 교란하도록 사주(使嗾, counterfeit coins)하여 효과를 극대화하였다.[20] 결과적으로 독일은 덴마크에 무혈(無血) 입성하였고, 노르웨이는 강제로 점령할 수 있었다. 크비슬링은 노르웨이 정부가 런던으로 망명해있던 기간인 1942년 2월 1일부터 세계대전이 종료된 1945년 5월 9일까지 독일에 점령당한 노르웨이 총리로 있다가 반역죄로 총살당하였다.

5. 대(對) 프랑스 전역(1940.5.10.~6.22.)

히틀러는 폴란드를 점령하자 소련을 공격하려고 영국과 프랑스에 화의(和議)를 청했으나, 거절당하자 '황색계획'을 지시하였다.[21]

---

20) '비드쿤 크비슬링(Vidkun Quisling)'은 독일군이 당연히 노르웨이를 점령해야 한다고 주장했으며, 독일이 침공하자 자신을 정부의 수반(首班)으로 선언한 지 1주일 만에 붕괴하였다. 그러나 이후 독일군의 사주를 받는 '각료의장'으로 군정 업무를 계속하다가 1945년 노르웨이가 독일로부터 해방되며 반역죄 등으로 처형당했다. 현재도 '반역자'의 대명사로 평가되고 있다. 이때 진행한 '크비슬링 전략'의 핵심은 정치 권력 투쟁에 있어서 '상대편 내부에 자파(自派)의 동조자를 침투시켜 반정부 음모론을 획책(劃策)하고 정권을 장악함으로써 스스로 굴복하게 만드는 전략'으로 이해하면 될 듯싶다. 현대 사회의 모든 유형의 정치권에서 일반적으로 벌어지고 있는 수법이다.

21) 히틀러는 소련이 배후 공격을 하기 이전에 프랑스를 먼저 점령하고 영국과의 화의를 재추진할 수 있을 것으로 기대하였다. 이러한 이면(裏面)에는 영국이 자신들과 같은 게르만 민족이라는 감정이 지배하고 있음을 이해할 필요가 있다. 히틀러가 수립한 두 가지의 공격계획 중 폴란드 침공계획은 '백색계획(=동부 공격계획)'과 프랑스 침공계획인 '황색계획(서부 공격계획)'이다.

1940년 5월 10일 네덜란드와 벨기에를 침공한 지 6주 만에 프랑스를 점령하였다. 그 이유는 탐구하는 과정에서 학습하겠지만, 양면 전쟁을 회피하고 전쟁의 주도권을 확립하기 위해서는 어쩔 수 없이 채택할 수밖에 없는 방책이었다고 봄이 정확한 분석이다. 그는 이를 위해 소련이 독일의 배후로 공격하기 이전에 프랑스 전역(全域)을 점령해야 했기 때문이다. <그림 6-15>는 독일의 황색계획, 즉, 프랑스 침공작전의 요도다.

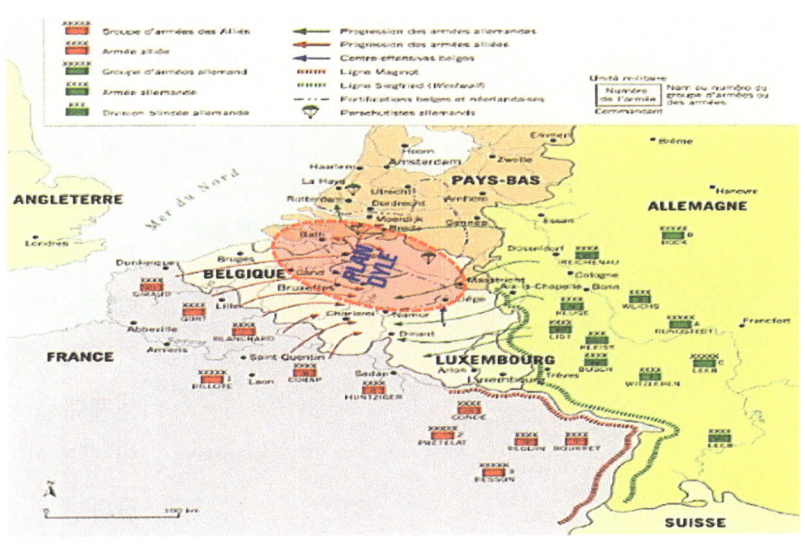

<그림 6-15> 독일의 황색계획에 의한 프랑스 침공작전 요도

히틀러는 제1단계 작전으로 C 집단군(主攻)이 150여km에 이르는 아르덴느 삼림지대를 돌파하여 해안까지 진격하여 솜 이북(以北) 지역에 집결하고 있는 연합군을 차단 격멸하였다. B 집단군(助攻)은 벨기에와 네덜란드 방향으로, A 집단군(예비)은 파리 동부를 돌파하

고 마지노선 배후로 밀어붙임으로써 C 집단군과 협격(挾擊, pincer attack)하였다. 이를 통해 마지노선(Maginot Line)에 배치되어 있던 프랑스군 100만여 명이 섬멸되었다. 이때 프랑스군의 가장 큰 문제가 도주하거나, 항복하기에 급급했다는 사실이다. '패배주의(Defeatism)'에 사로잡힌 군대의 후과(後果)가 어떠한지를 여실하게 보여준다.[22] 전투하려는 분위기는 아예 실종되었으며, 모리스 구스타프 가믈랭(Maurice Gustav Gamelin, 1872~1958) 총사령관의 어설픈 전략(작전) 판단과 부대 운영에서 이유 없이 결심을 지체(遲滯)하거나, 무책임한 행태 등의 반복은 당연히 패배를 가져왔다.[23] 1940년 7월 19일 프랑스를 점령하는 데 성공한 히틀러는 영국에게 '평화협정(Friedensappell)'을 제안하지만 실패하였다.

6. 대영(對英) 작전(1940.8.8.~9.15.)

당시 제1차 세계대전의 승전국인 영국은 '대영제국(British Empire)'으로서 전성기를 누렸고, 가장 거대한 식민지를 거느린 국가였다. 하지만 제1차 세계대전 이후 민족주의 감정이 급속하게 확장하면서 독립하는 국

---

22) 패배에 익숙해지면, 패배라는 단어에 무감각해진다. 일반 생활에서도 패배가 습관이 되면, 또 시험에 떨어져도 아무 생각 없이 자동으로 공부하게 된다. 할 수 있는 거라곤 공부밖에 없기 때문이다. 실패를 당연시하는 순간 만회할 기회는 영원히 오지 않음을 명심할 필요가 있다.
23) 모리스 가믈랭(Maurice Gamelin) 총사령관은 제2차 세계대전 초기 마지노선에 기반한 방위전략에만 몰입되어 독일군 대부분이 폴란드에 투입되었을 때도 아무런 공세를 취하지 않았다. 그의 성향이 조심스러워하고 비공격적이었기 때문이다. 이후 아르덴느 삼림지대를 통과한 독일군 하인츠 구데리안 장군의 전격전(電擊戰)에 기습당하면서 5월 19일 면직(免職)되었다.

가들이 점차 늘었다. 막강했던 대영제국도 과거의 속령(屬領)들과 협력관계로 바뀔 수밖에 없었다. 대영제국은 서서히 해체되었다. 대(對) 프랑스 작전을 종료한 히틀러는 1940년 7월 16일 독일군에 "공격을 위한 모든 준비를 8월 말까지 완료하라."라고 명령을 하달한 며칠 후인 8월 19일 다시 한번 영국에 평화를 제의하였다. 그러나 다시 윈스턴 처칠(Winston Churchill, 1874~1965) 수상에 의해 거부되자 "나는 호의를 기대하는 패자(敗者)가 아니라 이성의 이름으로 말하는 승자(勝者)다. 영국이 전멸하기 전에 항복할 최후의 기회를 준다."라고 호언장담하면서 9월 15일을 침공 개시일로 정하고 영국 정복을 단행하기로 하였다.

메서 슈미트 전투기(Bf 109, 獨) 항속거리 560km/h

슈퍼마린 슈 전투기(Spitfire, 英) 최대시속 730km/h

히틀러는 '바다사자(Sea Lion)' 작전으로 명명(命名)하는 영국 정복계획을 진행하였다. 당시 영국은 덩케르크에서 철수하며 야포를 비롯한 수많은 전쟁 장비와 물자를 가져오지 못했기에 본토 방어가 상당히 어려운 상태였다. 그러나 다행스럽게도 해군 전투력이 살아 있었고, 공군도 59개 전투 비행 중대가 온전하였다. 영국 공군의 우세는 독일 공군의 공습과 공중전투에서 제공권(制空權, Air Supremacy)을 확보하면서 본토를 방어하는 결정적 계기가 되었다. <표 6-6>은 히틀러의 3단계에 걸쳐 진행한 대(對)영국 사전(事前) 공격계획이다.

<표 6-6> '바다사자(Sea Lion)' 작전 이전(以前)의 3단계 공격

구 분	공격 목표(폭격 지역)
제1단계(8.8.~18.)	· 남부 항구, 비행장, 레이다 기지
제2단계(8.24.~9.5.)	· 런던 주변의 비행장
제3단계 (1차: 9.7, 2차: 9.15.)	· 런던 공격 → 독일 항공기 1일 185대 파괴 * 영국군: 25대 파괴

히틀러는 8월 8일 2,700여 대의 항공기로 영국 본토를 공습하였다. 당시 영국 항공기는 1,475대로서 독일과 비교해 약 2:1로 열세였다. 그러나 자신만만했던 히틀러가 영국 공군

의 강력한 대응에 혼비백산하면서 계획한 '바다사자 작전'을 무기한 연기하는 패착(敗着)을 범하였다. <표 6-7>은 히틀러가 영국 본토 점령 작전에 실패한 네 가지 원인이다.

<표 6-7> 히틀러의 '바다사자(Sea Lion)' 작전이 실패한 네 가지 요인

첫째, 전투기의 성능에서 영국 공군의 기동력과 화력이 우세하였다.
둘째, 영국 공군의 레이다 기지가 독일 공군의 움직임을 사전(事前)에 탐지함으로써 주도권을 확보할 수 있게 되었다.
셋째, 영국 공군 조종사들의 용맹성과 노련함(애국심)이 돋보였다.
넷째, 독일 공군은 '목표·집중의 원칙'을 위배하였다.

독일 공군이 공습할 때 영국군 전투기와 군사령부를 제압하여 제공권24)을 획득함이 중요하였으나, 이외의 다른 항구와 선박, 비행장, 도시 등에 분산시켜 공격함으로써 타격 효과가 저하되었다는 점은 뼈아프게 반성해야 할 대목이다. 현대 공중전에서도 인식하여야 할 부분이다.

7. 대(對) 북아프리카 전역(1940.9.13.~1943.5.13.)

독일이 영국 전역(戰域)에서 실패하자 연합국의 모든 관심은 주도권(hegemony) 공방으로 충돌하고 있는 지중해 방면에 집중되었다.

북아프리카 사막에서 진행되었기에 '사막 전투'로 연합국과 추축국 모두에 전략적으로

---

24) '제공권(制空權)'은 '전(全) 전장(battlefield)에서 적 공군력의 간섭을 배제할 수 있는 절대적인 수준의 공중우세를 확보한 정도'를 의미하고 있다(합동참모본부, 『합동·연합작전 군사용어사전』 (서울: 합동참모본부, 2014), p. 462.).

중요한 전역(戰域)이었다. 이는 서부사막(1940.9.13.~1943.1.23.)-알제리·모로코(1942.11.8. ~11.)-튀니지(1942.11.17.~1943.5.13.)까지를 포함하고 있다. 연합군은 소련에 대한 독일군의 압박 수위를 약화할 수 있을 것으로 판단하였고, 추축군(樞軸軍)은 중동 지역의 석유자원 확보가 시급한 상황이었다. 연합군이 북아프리카 전역에서 승리한 다음 이탈리아 전역이 시작되었고, 튀니지에서 승리한 이후 두 달 만에 시칠리아(Sicilia)를 공격할 수 있었다.

8. 대(對) 발칸 전역(1941.4.6.~5.30.)

발칸반도(Balkans)는 지중해와 그 주변 해안지역의 지배권과 맞물려 국가 간 이해관계가 첨예하게 대립한 지역이다. 히틀러가 남부 지역(側翼, side wing)의 안전을 도모하고 전진기지를 확보하기 위해 시작하였다. 그리스 내(內)에 배치된 영국군의 지상·공군 기지를 축출하기 위함이다. 1941년 4월 6일 독일과 이탈리아 추축군이 유고슬라비아를 침공하였으며, 헝가리가 가담하면서 4월 17일 유고슬라비아는 휴전협정에 서명했다. 4월 30일 그리스 본토가, 5월 20일 크레타섬(Creta island)이 점령당하자 더는 버틸 수 없었다. 6월 1일 영국과 그리스 연합군이 항복하였다. 이로써 히틀러는 배후의 안전을 도모하게 되었고, 지중해 동부 일대에 강력한 영향력을 발휘하였다. 이 지역은 험준한 산악지형을 극복하는 게 관건이었지만, 독일군은 전차의 기동성과 충격력, 화력으로 결정적인 위력과 우세를 확보했다는 점에서 상당한 성과로 평가할 수 있다.[25]

9. 대(對) 소련 전역(1941.6.22.~1943.7.25.)

히틀러가 소련을 침공한 배경을 거슬러 올라가면, 1939년 8월 23일 독소간 불가침 조약에 서부터 시작되고 있음을 짚고 넘어갈 필요가 있다. 양면(兩面) 전쟁을 최대한 회피하려는 목적이었지만, 스탈린은 전쟁 준비를 위한 시간을 획득하려는 등 각자가 동상이몽(同床異夢)에 있었기에 어차피 일어날 전쟁이다. 하지만 히틀러가 영국(서부전선)과의 전쟁을 마무리하지

---

25) 산악이 75% 이상인 한반도의 지형적 특성을 고려할 때 한국군도 기갑전(機甲戰) 교리에 관하여 기능과 영역의 발전이 필요하다. 전제(前提)는 산악지형의 극복 및 전투 기법의 구체화다

않은 채 무리하게 소련을 침공하여 양면(兩面) 전쟁에 빠져드는 결과를 자초(自招)하였다.

히틀러가 소련을 침공할 때 내세운 정당성과 명분은 두 가지로 첫째, 경제적 측면에서 게르만 민족의 생존을 위해서는 더 넓은 생활 공간과 자원이 필요하였다. 따라서 동부 우크라이나의 곡창지대와 코카서스의 유전지대, 우랄산맥의 지하자원, 시베리아의 삼림 자원을 확보하고 싶었다. 둘째, 사상적 측면에서 강력한 독재 권력을 지닌 히틀러의 '나치즘(제국주의)'과 견원지간(犬猿之間)인 소련의 '공산주의(평등주의)'를 말살하고 싶었다는 게 솔직한 표현일 것이다.26)

그러나 아쉬운 부분이 주공(主攻)을 제대로 선정하지 않았고, '목표와 집중의 원칙'을 위배하면서까지 피정복(슬라브) 민족에 대한 가혹한 행태를 멈추지 않았다. 물론 나름대로 이유는 존재하고 있다. 첫째, 서부지역은 영국이 미국의 지원을 받으면서 본토 방어에 집중하고 있었고, 프랑스는 전열(戰列)에서 이탈한 상태였다. 둘째, 동부지역은 소련이 기회만 조성되면, 언제라도 독일에 대한 침공이 가능했기에 육군을 감축하기가 곤란하였다. <표 6-8>은 세 가지 요인을 등한시함으로써 발생한 불가피한 결과로 볼 수 있다.

---

26) '공산주의 독재'라는 용어보다는 '사회주의 독재'라고 하는 게 의미에 맞다.

<표 6-8> 히틀러가 대(對)소련 전역에서 실패한 세 가지 요인

첫째, 정치적 요인으로서 특유의 선전술을 활용하여 자원과 인력을 총동원하는 데 성공하였으나, 슬라브 민족에 너무 가혹하였다.
둘째, 경제적 요인으로서 소련이 철수 지역을 모조리 초토화해버리는 바람에 독일군이 재활용하기가 불가능했다.
셋째, 군사적 요인으로서 농민들의 토지에 대한 애착심이 강력한 전투 의지로 생성(生成)된 반면, 독일군은 조기(早期)에 점령이 가능할 것으로 안일하게 판단하였다. 이로 인해 전투를 준비하면서도 월동(越冬 또는 동계) 작전을 소홀하게 인식하여 준비하지 않았다.

9.1. 스탈린그라드 전투(Battle of Stalingrad, 볼고그라드)[27]

대(對) 소련 전역에서 대표적인 전투는 '스탈린그라드 전투'와 '쿠르스크 전투'를 들 수 있다. 스탈린그라드 전투는 1942년 8월 21일부터 1943년 2월 2일까지 5개월 동안 스탈린그라드(현재의 Volgograd) 시내 일대에서 벌어져 200만여 명의 사상자(死傷者)가 발생하였으며, 세계대전에서 중요한 전환점이 되는 전투이다.[28] 이 전투를 통해 소련군의 전투력이 대폭 향상되면서 독일군과도 대등한 전투 수행능력을 갖추는 계기로 작용했기 때문이다. 즉, 독일군이 승리한 마지막 전투이다. <그림 6-16>은 스탈린그라드 전투의 2단계 작전 요도다.

---

[27] 스탈린그라드 전투를 조금 더 이해하려면, 2014년 재개봉한 독일 영화 《스탈린그라드-최후의 전투, Stalingrad》 또는 2001년 제작한 《에너미 앳 더 게이트: " Enemy at the Gates》를 보면, 훨씬 접근하기 쉬울 듯싶다.
[28] 히틀러가 주목한 이유는 ① 카스피해-북부 러시아를 잇는 수송로(볼가강)의 중심도시였고, ② 이념적인 선전 선동 전술(propaganda) 측면에서 스탈린 이름이 붙은 도시를 점령함으로써 소련에 큰 타격을 촉발하자고 시도하였으나, 소련군에 패배하면서 어긋나기 시작했다.

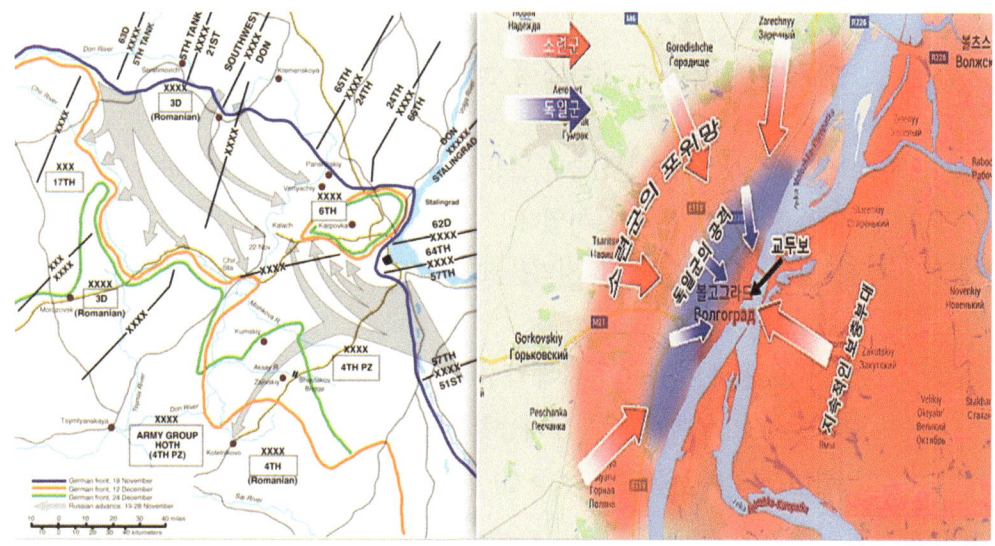

<그림 6-16> 스탈린그라드 전투의 2단계 작전 요도

독일군의 강점은 보병이 전차부대와 공군력의 적극적인 지원을 받으면서 전투하는 전술인데, 소련군이 폐허가 된 건물 속에 숨어 있으니 전차를 활용할 수 없었고, 게릴라 전술이다 보니 공군의 지원이 제한되었다. 특히 스탈린그라드 시내에 있는 독일 제6군은 정예 부대였으나, 외곽지역에 배치된 루마니아(樞軸)군의 전투력은 극히 미약하였다. 소련군은 이를 이용하여 루마니아군을 격멸한 다음 독일 제6군 30만여 명을 포위하였다.[29]

9.2. 쿠르스크 전투(Battle of Kursk)

1943년 7월 4일부터 8월 23일까지 49일간 진행된 최대 규모의 기갑 전투로 소련군이 최초로 독일군에 승리하였다. 독일군은 스탈린그라드 전투에서 패배한 이후 만회할 카드가 필요했다. 따라서 쿠르스크 반격을 통해 주도권을 재확보하여 모스크바 후방(後方)지역으로 진격을 계획했다. 독일군은 쿠르스크 이남(以南) 지역에 있는 하르키우(Kharkiv)를 탈환함으로써 돌출된 형태의 전선이 형성되었다.[30] <그림 6-17>은 쿠르스크 전투 요도다.

---

[29] 히틀러가 스탈린그라드를 사수(死守)하기 위해 공중 보급이 가능한지를 확인했을 때 공군지휘부는 가능하다고 큰소리를 쳤지만, 필요한 물자의 60%밖에 수송할 능력이 없는 상태였다. 이마저도 기상의 악화(惡化)로 10%밖에 수송할 수 없었다. 결국, 제6군은 식량과 탄약, 연료가 고갈(枯渴)되어 자력(自力) 탈출마저 불가능하게 되었다. 추축군은 85만여 명의 사상자가, 소련군은 113만 명의 사상자가 발생하였다.

[30] 이러한 돌출된 형태를 빗대어 독일군은 '쿠르스크 전투'를 '성채 작전(Unternehmen Zitadelle)'으로 불렀고, 소련군은 독일군의 공세를 축출하기 위해 계획한 방어작전이기에 '쿠르스크 전략 방어작전'으로 부르고 있다.

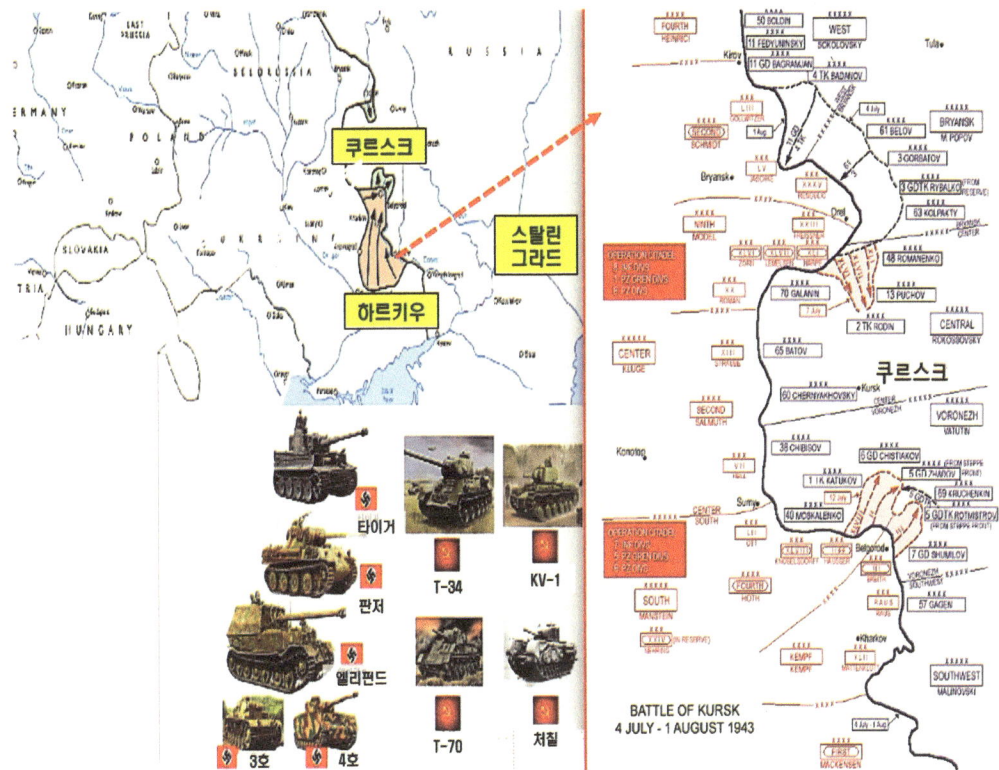

<그림 6-17> 쿠르스크 전투 요도

독일군은 소련의 강력한 대공세에 1943년 봄 소강(小康)상태로 있던 동부전선에서부터 반격을 계획하였다. 히틀러는 7월 4일 50개 사단(78만여 명)과 전차 2,928대, 항공기 2,110기 등을 동원하여 쿠르스크 돌출부(폭 120mile×길이 60mile)의 위·아래 방향에서 공격을 감행하였다. 이를 통해 동부전선 남쪽 지역을 재탈환할 경우 북동쪽으로 우회하여 모스크바의 후방으로 진격하는 계획이었다.[31]

소련군도 이에 뒤질세라 3,000mile이 넘는 십자형 참호를 구축하였고, 40만 개가 넘는 지뢰지대를 매설하였으며, 50개소의 공군 기지를 가짜로 만들어 독일군을 기만하였다. 이로써 설욕을 다짐하던 독일군은 소련군의 준비된 방어 전투와 부딪히면서 점차 패망(敗亡)의 조짐이 엿보였다.

---

31) 에리히 폰 만슈타인(Erich von Manstein) 장군이 계획한 '성채 작전'은 원래 5월 3일에 시작하는 것이었다. 그러나 히틀러가 충분한 보급을 원했기에 6월로 연기했다가 다시 7월 5일 04:30에야 시행하였다.

10. 노르망디 상륙작전(1944.6.6.~7.24.)[32]

'노르망디 상륙작전(Operation Overlord)'은 드와이트 아이젠하워(Dwight D. Eisenhower, 1890~1969) 장군이 연합군 총사령관으로서 지휘한 작전으로 1944년 6월 6일 개시하여 제2차 세계대전의 승패를 결정지은 전투다.[33] 1943년 독일군은 쿠르스크 전투에 실패하면서 소련군에 밀리는 와중에 서부전선에서는 연합군이 프랑스 북부 해안(노르망디)에 대규모의 상륙작전을 준비하였다. 이때 확보된 제공권은 전쟁을 마무리하는 데 결정적으로 작용하였다. 그러나 당시의 독일군 규모는 연합군보다 많은 59개 사단을 보유하고 있었다. 공격 예상지역만 조기에 판단할 수 있다면, 연합군이 교두보를 확보하기 이전에 밀어붙일 수 있었다. 그러나 필연이었는지, 독일군 지휘부 내부에서 의견이 일치되지 않은 채 우왕좌왕하였고, 히틀러도 우물쭈물하는 사이에 전세를 역전(逆轉)할 절호의 기회(timing)는 지나갔다.

---

32) 노르망디 상륙작전을 조금 더 이해하려면, 1962년 개봉한 영화 《지상 최대의 작전-The Longest Day》 또는 1998년 개봉한 《라이언 일병 구하기-Saving Private Ryan》, 2001년 상영된 미드 《밴드 오브 브라더스-Band of Brothers》를 보면, 훨씬 접근하기 쉬울 듯싶다.

33) 최초의 상륙 개시일은 6월 4일이었으나, 파도와 폭풍우가 심해지면서 6월 6일로 순연(順延)하였다. 3주에 걸쳐 병력 156만 명, 차량 33.4천 대가 동원되었으나, 미군에는 상륙 전담인 해병대가 없다. 이때 해병대는 태평양 전선에서 일본군과 첨예하게 격돌하고 있었다.

11. 벌지 전투(1944.12.16.~1945.2.7.)

1944년 6월 6일부터 7월 24일까지 시행한 노르망디 상륙작전은 독일군의 재(再)반격 기회를 둔화시켰고, 마지막으로 준비한 최후의 공세 카드가 1944년 12월 16일부터 1945년 2월 7일까지 수행한 벌지 전투(Battle of the Bulge)이다.[34]

당시 연합군은 스탈린그라드 전투와 쿠르스크 전투에서 승리한 이후 양면작전으로 독일의 숨통을 조였다. 마침내 1944년 12월 16일 히틀러는 아르덴느 삼림지대 방면으로 대공세를 감행하였다. <표 6-9>는 히틀러가 아르덴느 방면을 선택한 세 가지 요인이다.

<표 6-9> 히틀러가 아르덴느 삼림지대를 선택한 세 가지 요인

> 첫째, 서부 유럽지역에 배치된 연합군이 가장 미약했다.
> 둘째, 아르덴느 정면에 집결 시 연합군의 양익(兩翼) 전력으로 인한 치명적인 타격을 회피할 수 있다.
> 셋째, 아르덴느의 울창한 삼림지대는 두려움과 공포에 젖어 있는 독일군을 연합 공군의 공습으로부터 은·엄폐할 수 있다.

---

[34] 《밴드 오브 브라더스》 Episode 6에 등장하는 이지 중대원의 전투가 바로 '벌지 전투'이자 '아르덴 공세(Ardennes Offensive)' 또는 '바스토뉴(Bastogne) 전투'라고 불리는 전투다. '벌지(Bulge)'는 '튀어나온 또는 주머니'란 뜻이다.

독일군이 최후 공세를 감행하자 미군은 독일군이 어쩔 수 없이 반격(反擊)한다고 착각(misjudgment)하였다. 반면에 독일군 특수부대 400명은 치밀하게 미군 복장으로 위장한 다음 영어를 능숙하게 구사하였고, 미군 장군들을 무차별적으로 암살했다. 초기 연합군은 보이는 대로 학살당하게 되면서 엄청난 공포(恐怖)심을 느꼈다. 그러나 점차 안정되면서 작전을 진행하였다. <그림 6-18>은 독일군의 아르덴느 공세와 연합군의 반격작전 요도다.

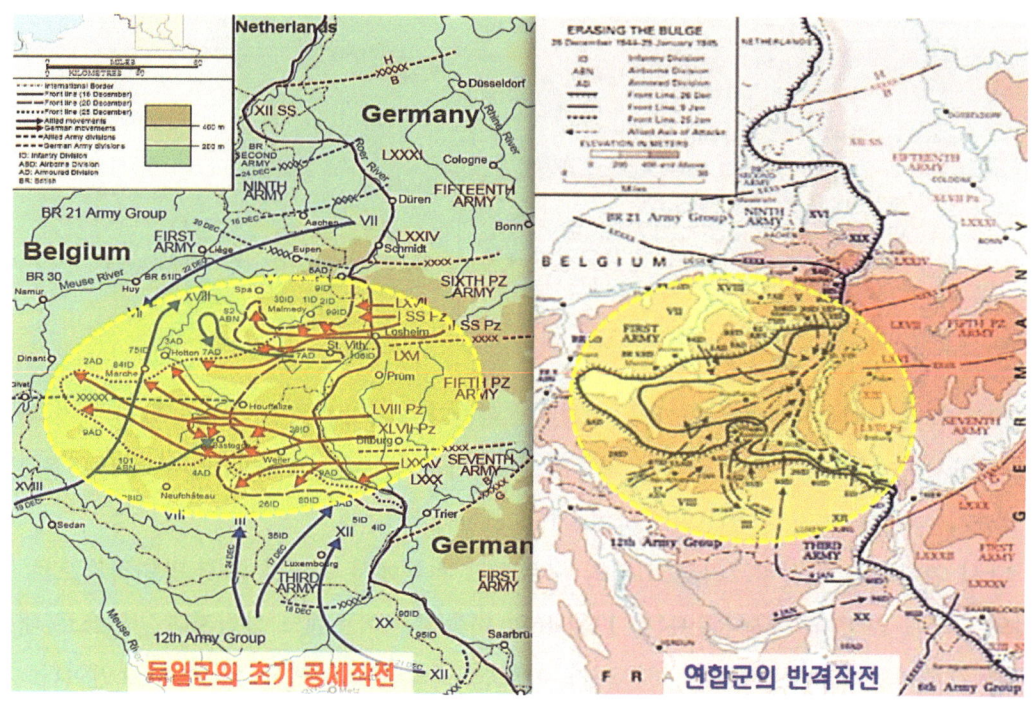

<그림 6-18> 독일군의 아르덴느 공세와 연합군의 반격작전 요도

　독일군은 4개 군(主攻)을 아르덴느 방면에 투입하여 공격을 시도하였으나, 병력과 장비, 유류 등이 제때 보급되지 못하면서 작전 지속능력을 유지하는 데 실패하였다. 결국, 예비대까지 소멸(消滅)하는 패착을 가져왔다. 이제 독일군은 본토 방어에 전념할 수밖에 없는 지경으로까지 내몰렸다.

　1945년 4월 말 연합군이 엘베강 선(線) 일대에서 연결 작전에 성공하며 승기(勝機)를 굳혔다. 결국, 4월 30일 히틀러는 애인(Eva Braun)과 권총으로 동반 자살하였고[35], 5월

---

35) 히틀러의 자살 여부는 아직도 시체가 발견되지 않았기에 '역사의 미스터리(mystery)'로 남아 있으며, 연구자들 사이에서도 의견이 분분하다.

7일 독일군은 '무조건 항복'을 선언하였다. 독일 정부로부터 전권(全權)을 위임받은 국방군 작전부장인 알프레드 요들(Alfred Josef Ferdinand Jodl, 1890~1946) 장군이 항복 문서에 서명하면서 5년 8개월에 걸쳐 벌어진 세계대전이 막을 내렸다.

제 5 절

신(新)전술 및 전법(戰法)에 관한 이해

1. 모티 전술(Motti Tatics)

Paavo Talvela 육군대장
(핀란드)

소련은 핀란드에 전략적 요충지를 양도할 것을 강요하면서 1939년 11월 30일부터 1940년 3월 13일까지 105일간에 걸친 '겨울 전쟁(Winter War)'을 시작하였다.[36] 이때 섬유협회 이사 겸 군수품 조달본부장인 파보 탈벨라(Paavo Talvela, 1897~1973)가 창시(創始)하여 소련군을 괴롭힌 전술이 바로 '모티 전술'이다. 현대 군대에서 수행하고 있는 게릴라 전술의 방식 일부가 바로 당시 핀란드인들이 소련군 기계화부대에 대항하면서 사용한 전술이다.[37] 핀란드는 노르웨이 등 주변 국가들의 지원을 받으면서 분전하였지만, 결국, 3월 13일 항복하였다. 그런데도 끝내 발트 3국처럼 소련에 흡수되지 않은 상태로 독립을 유지할 수 있었다. 핀란드는 울창한 삼림과 협곡(峽谷), 늪지대가 많았기에 대부대 기동은 불가능하여 통상 일렬로 대형을 편성하였다.

핀란드의 지형을 이용한 '모티 전술(Motti Tatics)'은 '일렬로 늘어진 대규모 병력을 소수의 병력이 기습하여 적 대형(隊形)의 중간 지점을 절단하고, 절단된 부대를 기동성이 뛰어난 다수의 병력이 적을 포위하고 섬멸하는 전술'이다. 핀란드군은 소련군 1개 사단을 10개 정도의 모

헤이키 니카넨 대위
(제1유격중대장, 핀란드)

라우니 알란 토르니 대위
(제2유격중대장, 핀란드)

---

36) 소-핀란드의 겨울 전쟁을 조금 더 이해하려면, 1989년 개봉한 영화 《겨울 전쟁: 105일간의 전투》를 보거나, 1992년 개봉한 영화 《겨울 전쟁: The Warrior's Heart, Krigerens Hjerte》를 보면, 훨씬 접근하기 쉬울 듯싶다.
37) '모티'는 원래 '통나무를 땔감으로 쓰기 위해 잘게 잘라놓은 장작'을 뜻한다. 모티 전술의 창시자는 예비역 대령이자 섬유협회 이사겸 군수품 조달본부장인 '파보 탈벨라(Paavo Talvela)'였다.

티(Motti, 작은 단위)로 분리하여 각개격파하였다. 이러한 모티 전술의 대표적인 사례가 1939년 12월 7일에 시작되어 다음 해인 1월 8일에 종료된 수오무살미 전투(Battle of Suomussalmi)다. 수오무살미는 소련 국경에서 서쪽으로 약 40km 떨어져 있는 호수와 숲 지대로 둘러싸인 소도로가 만나는 교차지점이다. <그림 6-19>는 수오무살미 전투 요도다.

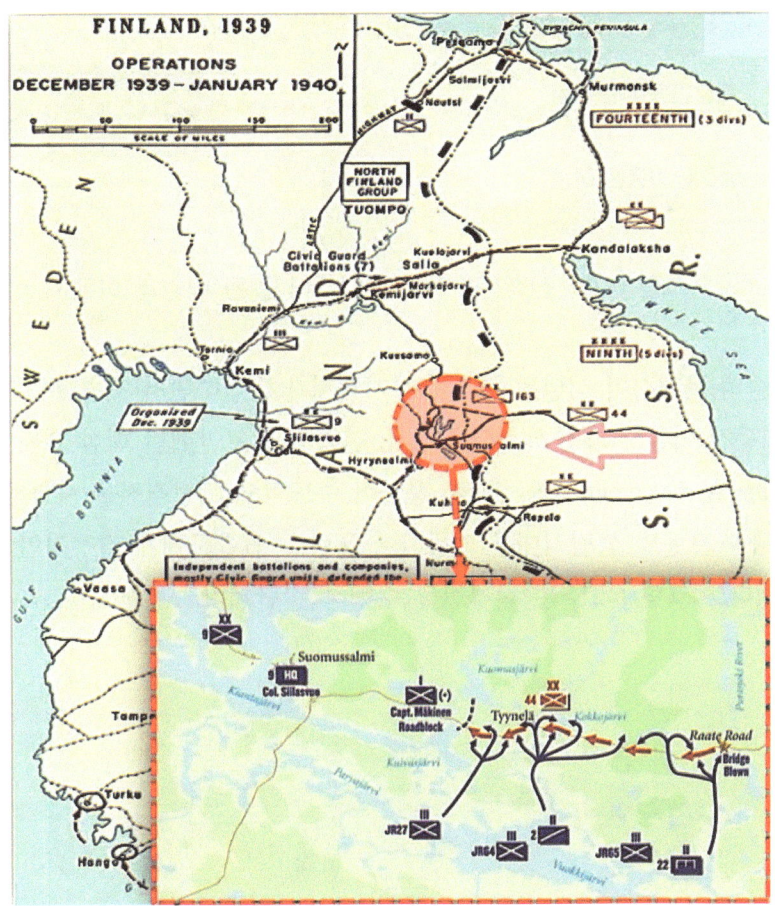

<그림 6-19> 수오무살미 전투(1939.12.7.~1940.1.8.) 요도

2. 전격전(電擊戰, Blitzkrieg)

'전격전'은 1939년 9월부터 이듬해 6월까지 진행하였던 폴란드와 프랑스 전역(戰役)에서 전차와 기계화 보병, 공수부대의 기동성을 극대화하는 형태로 등장하였다. 기습과 속도,

화력의 우위가 핵심 요체(要諦)로 하고 있으며, 적을 '섬멸'하는 개념에서 '심리·물리적 마비를 통해 적을 무력화'시키는 데 중점을 두는 전법(戰法)이다. <그림 6-20>은 전격전이 나타나게 된 배경과 이유를 정리하였다.

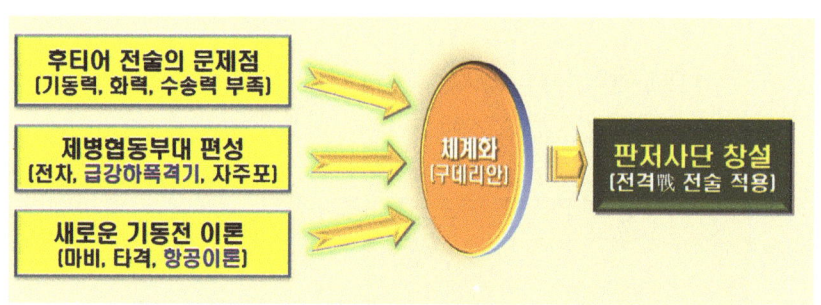

<그림 6-20> 전격전(電擊戰)이 나타나게 된 배경과 이유

후티어 전술의 문제점이 식별된 가운데 무기체계가 발전하면서 제병협동부대를 편성함과 동시에 기동전 이론도 새롭게 등장하였다. 전격전을 고안했던 핵심 요원인 하인츠 W. 구데리안(Heinz W. Guderian, 1888~1954) 장군이 주도적으로 전격전을 시험하고 시행하였다. 이를 통해 아르덴느 삼림지대를 기동하여 프랑스 연합군에게 결정적인 타격을 가할 수 있게 되었다. <그림 6-21>은 전격전을 수행하는 단계다.

<그림 6-21> 전격전(電擊戰) 수행 6단계

① 독일군들이 연합군 내부로 오열(五列, Fifth Column)을 침투시켜 첩보 수집과 후방지역의 교란 활동 등을 통해 적 행동의 자유를 박탈하게 한다.
② 공군이 공중우세를 확보함으로써 적의 지휘 및 동원체제를 마비시키고, 심리적 충격이 유발되도록 강력한 폭격(爆擊)을 집중시킨다.

③·④ 보병부대는 적 부대 첨단(尖端, 앞부분)에 돌파구를 형성하여 적이 주공(主攻) 방향으로 집중하지 못하도록 견제(牽制)를 한다.

⑤ 전차부대는 적의 진지 후방으로 신속하게 기동하여 적 주력(主力)의 퇴로를 차단(遮斷)하게 한다.

⑥ 차량화 부대로 편성한 후속(後續) 지원부대가 적을 신속하게 차단한 다음 포위망 내부에 고립(孤立)되어있는 적을 완전하게 소탕한다.

3. 쐐기와 함정 전술(Keil und Kessel)

'쐐기와 함정전술'은 전격전의 변형(變形)으로 '양익 포위 전술' 개념이다. 프랑스 전역(戰役)에서의 경험에 기초하여 기동부대가 최초 적 방어진지를 돌파할 때 부대를 초월하면서 각종 차량과 장비로 도로가 막혀 돌파 부대가 지체되자 이를 극복하기 위해 등장한 전법(戰法)이다. <그림 6-22>는 쐐기와 함정 전술의 요도다.

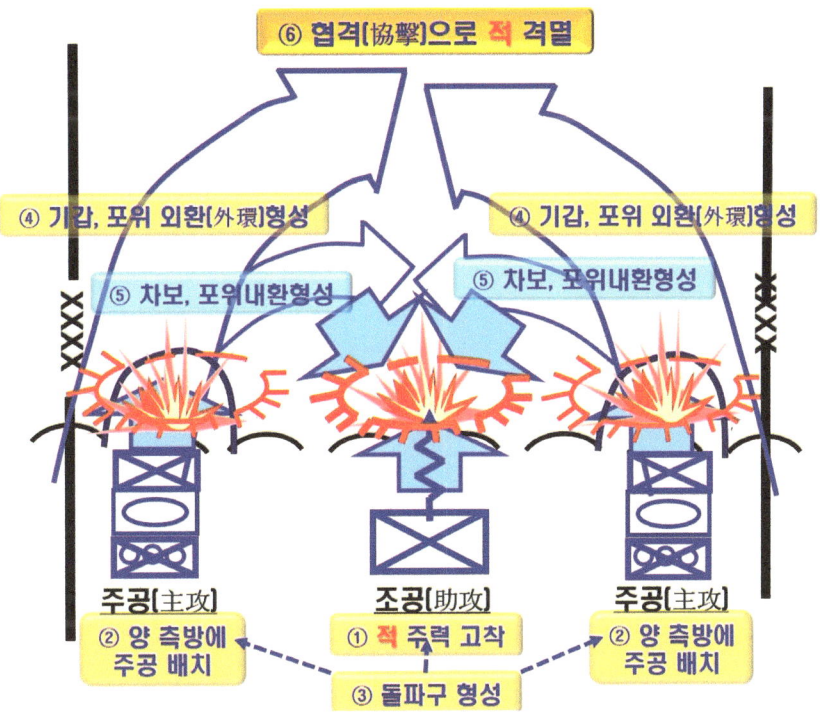

<그림 6-22> 쐐기와 함정 전술을 수행하는 과정

이 전법은 히틀러가 소련을 침공할 때 소련군이 국경지대에 분산 배치되어 있었기에 소련군의 철수를 방지하면서도 조기에 포위하여 섬멸하고자 창안하였다. 전격전 이론이 발전적으로 적용된 사례로 볼 수 있다. 이는 독일군이 민스크(Minsk)와 스몰렌스크(Smolensk)로 진격할 때 적용하였다.[38]

① 보병이 조공으로서 견제 공격을 개시한다. ② 조공 부대의 양 측방에 주공을 배치하고, ③ 보병이 돌파구를 형성하면, ④ 기갑부대가 양 측방으로 포위를 시도하여 적 후방을 유린(蹂躪, infringe upon)하면서 외환(外環)을 형성한다. ⑤ 이때 차량화 보병부대는 기갑부대의 측방을 엄호하면서 정면에서 견제 공격을 수행하던 보병부대와 협력하여 내환(內環)을 형성하고 포위망 내부에 고립(isolation)되어있는 적을 소탕한다. ⑥ 기갑부대는 차기(次期) 작전을 위해 다시 재편성하고 병참 및 보급을 시행하는 과정으로 진행하였다.

---

[38] '양익 포위 전술'은 로마군과 카르타고의 한니발 軍 간에 진행하였던 칸나이(Battle of Cannae) 전투가 대표적인 사례이다.

제 6 절

제2차 세계대전이 남긴 의미와 교훈

1. 개 요

제2차 세계대전은 '인류 역사상 가장 거대한 전쟁'이었다는데 이의가 없을 정도로 6,000~7,000여만 명이 사망했던 참혹한 전쟁이었다. <그림 6-23>은 제2차 세계대전의 피해 규모와 전쟁 비용을 비교한 현황이다.

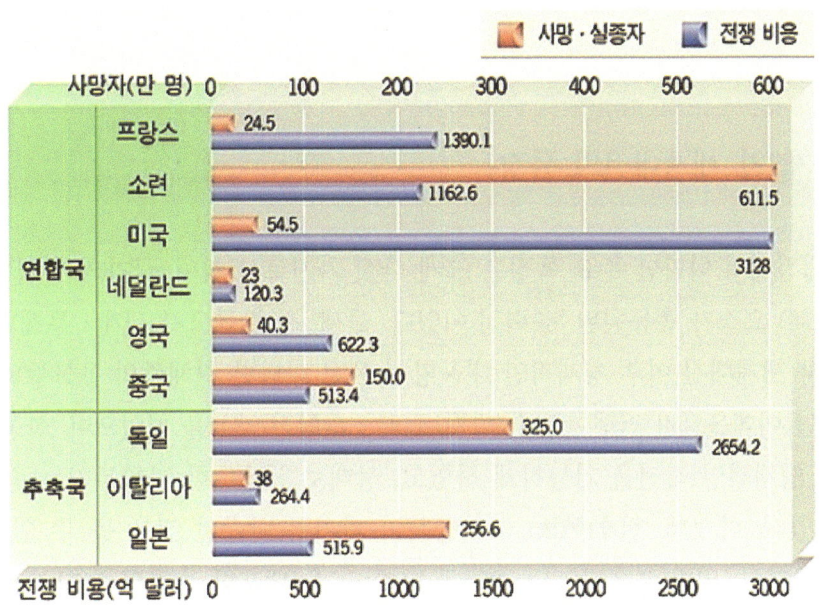

<그림 6-23> 제2차 세계대전의 피해 규모와 전쟁 비용 비교

국력을 크게 소진한 유럽 제국주의 열강들은 더는 식민지 운영이 어려워졌다. 이 틈을 이용하여 아시아와 아프리카의 식민지국이 독립하는 와중에 패권(hegemony)을 잡은 두 나라가 바로 미국과 소련이었다.[39]

---

[39] 아시아와 아프리카, 라틴아메리카 등에서 독립한 신생국가 다수는 이후 제3세력으로 성장하여 중립적인 입장을 견지함으로써 냉전(Cold-War)을 완화하는 역할을 하게 된다.

당시 독일로 인해 가장 극심한 피해를 본 소련이 감정적으로 베를린을 강제 봉쇄하였고, 연합국은 베를린에 15개월여간 공중 보급을 진행할 수밖에 없었다. 베를린에 대한 육로(陸路) 봉쇄는 이듬해인 1949년 5월 12일이 되어서야 해제되었다. 이때부터 이미 美-蘇 양대 신흥 패권국 간의 힘겨루기가 시작되었음을 이해할 필요가 있다.

제2차 세계대전은 현대에 사용하는 거의 모든 아날로그식 무기와 일부 디지털 무기의 원형까지 등장하였다고 봐도 무방한 전쟁이다. 특히 독가스 등의 화생방무기는 1,100만여 명의 인명을 앗아갔고, 전자·첩보전 분야의 기술 혁신은 놀라울 만큼 발전하였다. 전황(戰況)을 전하기 위해 날려 보내던 비둘기 등의 모습은 이미 까마득한 과거가 되었다.

제2차 세계대전을 통해 나타난 잿더미가 된 유럽의 처참한 모습과 인류를 모두 전멸시키고도 남을 원자탄의 위력은 인류가 전쟁이라는 해결 수단에 집착하기보다 '전쟁으로 해결할 수 있는 것이 거의 없다는 집단적인 후회'를 하게끔 만들지 않았나 싶다. 이후 창설된 UN과 EU를 통해서도 그 의미를 진중하게 찾아볼 수 있다.

2. 제2차 세계대전의 특징

세계대전에서 나타난 주요 특징은 크게 다섯 가지로서 첫째, 국가의 정치·경제·군사적인 제(諸) 요소가 총동원된 '총력전'이었다. 둘째, 전쟁 규모가 세계·무제한적이었다. 셋째, 제1차 세계대전 이후 경제적인 대공황 속에서 나타난 전체주의-공산주의-민주주의 간에 일어난 이데올로기 전쟁이었다. 넷째, 입체·과학전 양상을 띠었으며, 항공기의 등장과 운영은 입체적인 작전을 가능하게 하였고, 상대보다 우수한 과학무기는 승리를 위한 필수 요소였다. 다섯째, 전후(戰後) 처리방식이 과거와 달랐던 점을 들 수 있다. 1945년 2월 종결 직전의 '얄타-포츠담(Yalta-Potsdam) 회담'은 냉혹한 승자의 논리가 적용되었으며, 전범(戰犯)의 주역이었던 나치와 일본의 전쟁지도자들은 재판을 통해 처형하였다.

3. 연합군이 승리한 요인

승리한 요인은 크게 세 가지로서 첫째, 독일은 우수한 공업 능력을 보유하였으나, 원료가 부족하여 장기전에 취약했던 반면에 미국과 소련은 전쟁물자와 자원 측면에서 우세하였다. 둘째, 연합군의 양면 전쟁 수행으로 독일군의 전투력이 분산되었다. 셋째, 연합국은 전쟁지도부를 연합참모부(Combined Chief Staff)와 같은 통일된 지휘 통제체계로 묶었으며, 영국과 미국, 캐나다의 육·해·공군을 망라하는 통합지휘체계는 연합·합동작전의 성과를 극대화하였다.

4. 독일군이 패배한 요인

패배한 요인은 크게 세 가지로서 첫째, 독일군은 가용자원이 한정된 상태에서 연합군의 양면 전쟁에 말려들었다. 둘째, 작전목표가 명확하지 않았고, 전투력을 임의로 분산 운용함으로써 집중과 절약의 원칙에서 벗어났다. 특히 히틀러가 소련을 침공할 때 밀어붙인 '바르바로사 작전(Operation Barbarossa 또는 바바로사 작전)'은 패배의 결정판이었다.[40)]

레닌그라드(Leningrad, 이전의 상트페테르부르크)와 모스크바(Moskva), 그리고 남부(南部)의 곡창지대를 모두 장악하겠다는 발상은 애초부터 무리였다. 초기 소련이 독일의 침공을 예상하면서도 방어 준비를 하지 않아서 독소 국경에서 패배하였으나, 모스크바 방면의 방위력을 강화한 다음 동계 반격을 개시하면서 모든 전선에서 점차 승기를 잡았다. 셋째, 전쟁을 수행하는 과정에서 히틀러의 지나친 간섭은 지휘관들의 자유로운 작전 지휘를 불가능하게 만들었고, 결국, 전장(戰場)에서의 경직된 사고와 태도는 독일군이 승리할 수 있는 국면(局面)의 전체를 날려버렸다.

---

40) '바르바로사 작전'은 신성로마제국 프리드리히 1세의 별명인 '붉은 수염'에서 유래한 작전 명칭이다. 휘하 장군들 다수의 반대에도 불구하고 3개 방향으로 분산된 공격 기동로는 결국, 독일군의 자멸(自滅)로 이어졌다.

강의 VI 美-日 태평양 전쟁에 관하여 이해합시다.

학습하기 이전(以前)에 요구되는 사항

1. 태평양 전쟁 前·後의 국제정세와 주변 환경은?
    * 역사적 연대기 측면에서 접근
    * 태평양 전쟁이 발발(勃發)하게 된 주요 배경과 원인
2. 中-日 전쟁의 시발점이 된 배경과 원인은?
    * 루거우차오(蘆溝橋) 사건의 전말(顚末)을 개관하시오.
3. 일본이 진주만 공습을 결심한 전략·작전적 요인은?
    * 일본이 주창한 '대동아 공영권'의 의미와 특성
4. 일본군의 주요 전쟁 계획은?
    * 원심공세(공격법)와 와조(蛙跳) 전술의 개념과 특성
5. 미군의 주요 전쟁 계획은?
    * 우회(By-Pass) 전술의 개념과 특성
6. 영국과 일본의 말라야 전역(戰役)에 관한 전쟁 계획은?
7. ABCD 봉쇄망의 의미와 특징은?
8. 미드웨이 해전(海戰)의 의미와 주요 경과를 이해하시오.
9. 과달카날 전투의 의미와 주요 경과를 이해하시오.
10. 일본의 패인(敗因)은?
    ① 전략적, ② 작전·전술적, ③ 전쟁 지속능력
11. 美-日 태평양 전쟁이 남긴 의미와 교훈은?

제7장

美-日 태평양 전쟁

제1절 개요

제2절 태평양 전쟁의 발발(勃發) 배경과 전략적 환경

제3절 주요 국가의 전쟁 계획과 주요 인물에 관한 이해

제4절 일본이 진주만을 선택한 전략적·작전적 요인

제5절 신(新)전술 및 전법(戰法)에 관한 이해

제6절 美-日 태평양 전쟁이 남긴 의미와 교훈

제 1 절

개 요

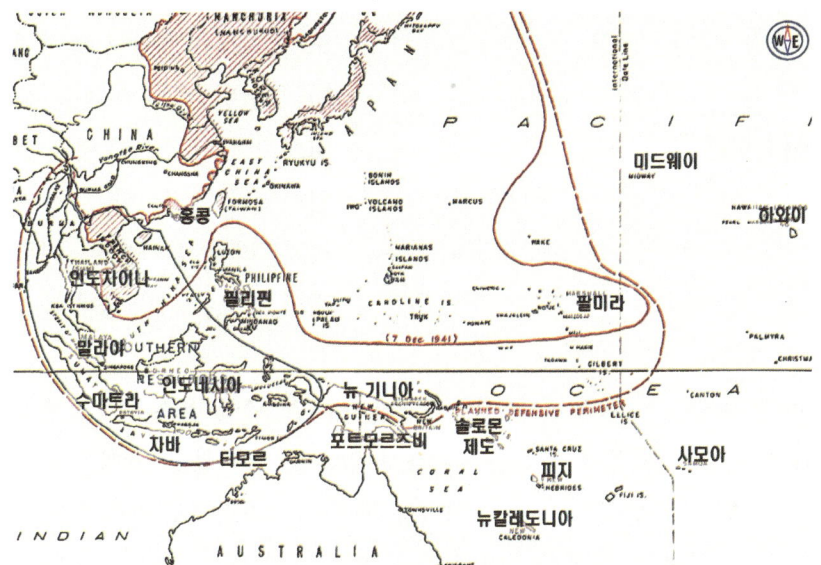

일본의 '진주만 공습'으로 시작된 '태평양 전쟁'은 별도의 독립전쟁으로 평가하기에는 모호한 부분이 많다.[1] 제2차 세계대전에 포함하여도 큰 무리가 없지 않을까 싶기도 하다. 일본이 중국을 장악하기 위해 '루거우차오 사건(盧溝橋, Marco Polo Bridge Incident)'[2])을 빌미 삼아 中-日 전쟁을 도발하였으나, 마음먹은 대로 되지 않자 유럽과 태평양 국가들을 대상으로 저울질하다가 미국 진주만을 공습한 침공작전이다. 다만, 제2차 세계대전에 포함할 경우 지금까지 1939년 9월 1일을 세계대전이 개시된 날짜로 공식적으로 평가하고 있다. 그러나 中-日 전쟁이 그 이전인 1937년 7월 7일 개전하였기에 모호해질 수 있다. 또한, 일본이 미국에 시비를 건 시기가 세계대전의 중간과정이었기에 다른 명칭을 붙이기는 모호한 부분이 있다. 실제 일본이 당시 우호 관계에 있던 독일과 협력하였다면, 발생하지 않았을 전쟁이다. 반면에 미국도 강력한 패권국가로 도약하기는 어려웠을 것으로 짐작할 수 있다. 태평양 지역에서의 거듭된 해전과 상륙전투를 통해 美 해군과 해병대가 세계 최강의 군대로 거듭날 수 있었음은 역사적인 아이러니라 하지 않을 수 없다.

---

1) '진주만(pearl harbor)'은 하와이 제도의 호놀룰루 바로 옆인 '오아후(Oahu)섬에 있는 화산섬이자 만(灣)'의 명칭이다. 전역(戰域)이 태평양 중앙 지역과 중국, 버마·인도, 남서 태평양 지역을 두루 포함하고 있기에 일부는 아시아 지역을 포함하여 '아시아·태평양 전쟁'으로 부르고 있다.
2) 1937년 7월 7일 루거우차오 부근에서 일본군과 중국군이 대치하던 중 일본군이 사소한 사고를 빌미로 총격 도발하여 중국군을 살상하였고, 이어서 난징 대학살, 中-日 전쟁으로 확대되었다. '루거우차오'를 '마르코폴로 다리'라고도 하는데, '마르코폴로가 지나간 다리'라는 의미이다.

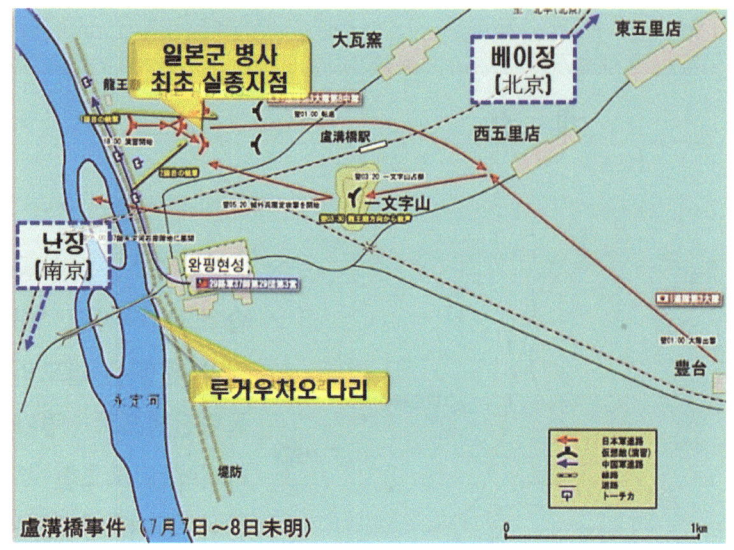

제1차 세계대전 이후 민족자결주의를 주창하면서 중립적인 고립정책을 고수하던 미국이 진주만 공습을 받고 난 이후 미국민의 분노를 자극하면서 사분오열되어 있던 내부 여론을 통일하고 즉각 전쟁태세로 돌입하였다. "진주만을 상기하자!"라는 루스벨트 대통령의 절규는 애국심에 불을 붙였음도 되새길 필요가 있다.

일본은 중국 본토를 손아귀에 넣기 위해 갖은 책략을 사용했지만, 중국이 순순히 굴복하지 않고 계속 저항하자 아시아 민족을 위한다는 두 가지 명분을 내세웠다. 첫째, '오족협화(五族 協和)'로서 1930년대 초기 중국 국민당이 세력을 확대하는 과정에서 만주의 일본군(이하 관동군)을 위협하자 1931년 9월 관동군이 스스로 '만주사변'을 일으킨 다음 만주국을 세우고 일본-조선-만주-중국-몽골의 화합을 주창하였다.[3] 둘째, 일본을 중심으로 결집하여야 한다는 '대(大)동아 공영권'을 주창하면서 '아시아의 모든 민족이 일본을 중심으로 다 같이 잘사는 아시아를 만들자'라는 명분을 내걸었다. 그러나 이 모든 것이 결국, '남방침략(南方侵略) 계획'의 일환이었음을 알 수 있다.

일본은 동아시아지역에 대한 영향력 확보를 위해 1941년 12월 7일 진주만을 기습 공격한 이래 1945년 8월 15일 항복할 때까지 3년 8개월간 태평양 전쟁을 진행하였다. 교전(交戰) 국가는 일본과 美·英·中·네덜란드의 4개 연합군이었다. <표 7-1>은 주요 국가에서 병력을 동원한 현황이다.

---

[3] '만주사변'의 명칭은 국가에 따라 다소 다르다. 일본에서는 '지나사변(支那事變)'으로, 일본 내 극우파는 '대(大)동아 공영전쟁'으로 부르고 있다. 중국은 '중국 항일전쟁'으로, 서구(西歐)에서는 '제2차 중일 전쟁(Second Sino-Japanese War)으로 부르고 있음을 이해하여야 한다.

<표 7-1> 주요 국가의 병력 동원 현황

구 분	계	미국	영국	중국	일본
병 력 (백만명)	38.5	14.9	6.2	6~10.0	7.4

전쟁 결과로 총 1,400만여 명이 사망하였는데, 군인이 269.5만 명, 민간인이 1,136.5만 명이었다. 경제·재정적 손실은 650억$에 달하였다. 태평양 전쟁은 이전(以前)의 형태나 양상과는 달리 항공모함이 해상전의 주역으로 등장한 점을 들 수 있다.

제 2 절

태평양 전쟁의 발발(勃發) 배경과 전략적 환경

1. 일본과 미국의 국가전략

1.1. 일본의 국가전략과 정세 판단

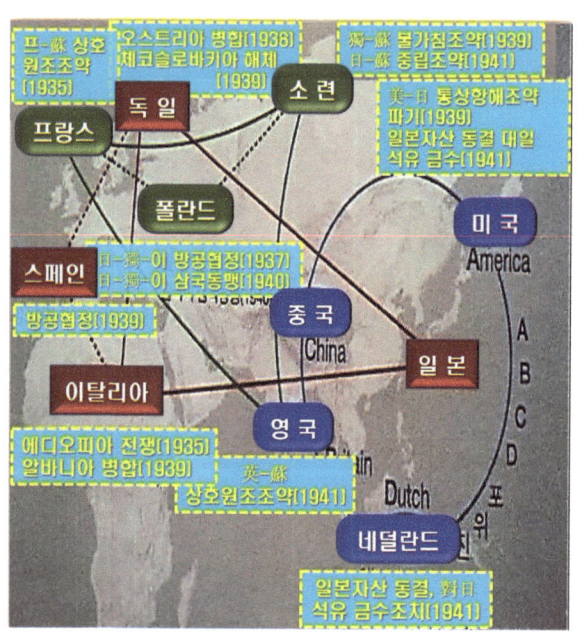

일본은 제2차 세계대전 당시 아시아 대륙에 대한 침략을 정당화하기 위해 '대(大)동아 공영권'을 구호(slogan)로 내걸었다. 이전부터 만주를 침략하여 점령한 다음 관동군으로 명칭을 바꿔 차근차근 야심을 진행하고 있었다. 일본은 아시아 국가들이 서양 세력의 식민지 지배에서 벗어나 서로 합심하여 공동의 번영을 이룩하기 위해 자신들을 중심으로 하나의 독점적인 세력권을 형성하여야 한다고 굳게 믿었다.

당시 제2차 세계대전에 몰입하고 있는 유럽정세를 면밀하게 살펴보자. 초기에 독일이 유럽전쟁을 승리로 장식하면서 일본은 크게 고무(鼓舞)되었다. 독일 히틀러의 '바르바로사 침공 작전(Operation Barbarossa)'으로 소련이 거의 붕괴 직전까지 다다른 상태로 보였기 때문이다. 영국은 본토와 북아프리카에서 전쟁을 진행하는 중이었고, 미국은 독일이 승기를 굳히며 유럽 전선에 집중하였기에 태평양 지역에 소홀할 수밖에 없다고 판단하였다. 이를 종합 평가해 볼 때 연합국이 태평양 지역에 전투역량을 투입하기는 불가능한 것으로 봤다. 당시 미국은 완전한 전시체제로 전환하지 않은 상태였다. 따라서 전쟁을 준비하는 데 상당한 기간이 소요될 것으로 예측하였기에 태평양 지역에서의 세력 경쟁에서 일본이 우세하다고 결론지었다.

1.2. 미국의 국가전략과 정세 판단

상업주의적 팽창정책을 유지하던 미국은 1898년 美-西(Spanish-American) 전쟁에 승리하고 필리핀-괌-푸에르토리코를 획득하면서 패권 국가로의 명성을 얻기 시작한 시기였다. 미국은 1940년 일본이 중국을 봉쇄할 목적으로 프랑스령 인도차이나반도를 점령하자 이를 규탄하며 미국(America)-영국(British)-중국(China)-네덜란드(Dutch)가 상호 협의하였다. 1941년 'A·B·C·D 경제봉쇄망'을 구축함으로써 정치·군사적 측면에서 일본에 대한 압박 수위를 높였다. 전쟁물자 생산에 필요한 고무와 석유, 주석 등의 원료 수입을 적극적으로 차단하기 위함이었다. 이를 통해 첫째, 일본이 대동아 공영권을 포기하게 하고, 둘째, 전쟁 가능성을 저하함과 동시에 남방(南方)의 자원지대를 점령함으로써 자급자족이 가능한 두 가지의 여건을 만드는 데 있었다. 그러나 일본도 가만히 있지 않고, 친독(親獨) 괴뢰정권인 프랑스 비시정부에 압박을 가하여 대(對)중국 봉쇄망을 더욱 강화하는 등 물러설 기미를 보이지 않았다. <그림 7-1>은 당시 미국과 일본의 국가전략을 비교한 현황이다.

구 분	미 국	일 본
국가전략	동태평양 지배	'大동아 공영권' 주도
추진중점	·해상에서 자국민 보호 ·세력 확장, 경제적 이득	·서태평양 戰役의 지배권 확보 ·천연 자원의 공급원 확보
비 고	-	중동, 동남아시아 등

- 삼국동맹 (1940.9.)
- 日-蘇 중립조약 (1941.4.)
- 日, 프랑스령 인도차이나 進駐 (1941.7.)
- 美, 대일석유금수조치 (1940)
- 美, ABCD 경제봉쇄망 구성(1941)

<그림 7-1> 미국과 일본의 국가전략 비교 현황

미국은 동태평양 지역에 대한 지배를 통해 미국민을 보호하고 해상세력의 범위를 확장함으로써 경제적 이득까지 취한다는 국가전략을 시행하고 있었다. 일본은 동북아 전체를 자신의 주도하에 둘 수 있는 '대(大)동아 공영권'을 주창하며 서태평양 전역(全域)의 지배권과 천연자원의 공급원을 확보하기 위한 전략을 갖고 있었다.

1940년 9월 미국이 대일(對日) 수출금지 조치를 단행하자 일본은 독일-이탈리아 삼국이 연계하는 '삼국동맹'을 결성하였다. 이듬해 4월 소련과 5년간 '불가침 조약'을 맺는 등 중국에 침공할 때를 대비하여 후방에 있는 북방(北方)의 공세를 사전에 차단하는 데 주력하였다. 이를 통해 태평양 지역에서의 세력의 균형추는 일본에 유리하였고, 中-日 전쟁을 통해 4년간 축적한 전투경험과 정예군대를 보유했다는 자신감이 더하여져서 사기가 충만하였다.

1.3. 태평양 지역의 특수성

태평양 지역은 바다와 섬, 반도로 이어져 있기에 육·해·공군의 합동작전이 아니면, 전투를 수행하기가 불가능하였다. 또한, 상륙하고 나서는 육상(陸上) 전투를 진행해야 한다는 점에서 특수한 환경으로 볼 수 있다. 그러나 개인의 전투능력은 발휘하기가 상당히 제한되었다. 광대한 전장(battle-field) 범위는 수송 및 보급에 장기간이 소요되었기에 부대 병력과 물자를 수송하기 위한 해·공군 기지의 확보는 필수적이었다. 이를 통한 '제해권(制海權, Command of the Sea)'과 '제공권(制空權, Air Supremacy)'의 장악은 승리에 필수 요건이었다.[4] 이즈음 일본은 세계 3위 수준의 항공력과 해군력을 태평양 지역에 집중되었으나, 미국을 비롯한 연합국은 광범위한 지역에 분산 배치되어 있었다는 점에서 상당히 취약했다. <그림 7-2-1>과 <그림 7-2-2>는 美-日 양측의 군사력 배치현황이다.

---

4) '제해권'은 '해양에서 인원과 물자를 자신의 의지대로 수송하는 능력을 확보하는 반면에 적의 그러한 능력은 거부할 수 있는 능력'을, '제공권'은 '전(全) 전쟁지역에서 적 공군력의 간섭을 배제할 수 있는 절대적인 공중우세를 보유하는 정도'로 의미를 이해하면 될듯싶다.

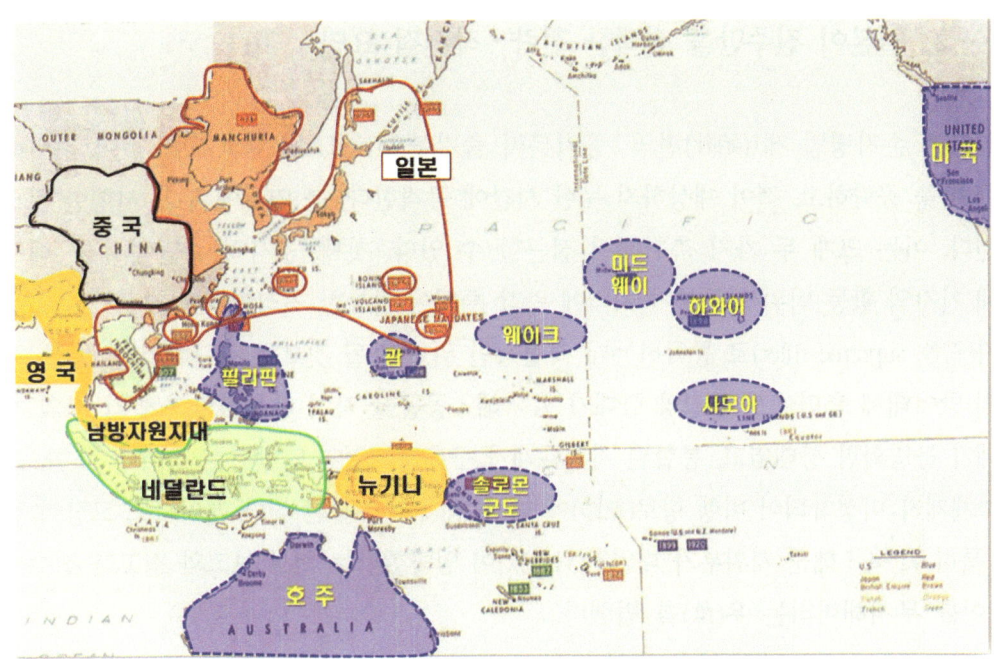

<그림 7-2-1> 美-日 양측의 군사력 배치 현황(개략)

구 분	일본軍	연합軍(美軍)	
		하와이 서남지역 연합軍	하와이 주둔 美軍
병력(명)	정규軍 240만 예비軍 300만 (육군의 대부분 중국, 만주 배치)	35만 (다국적軍)	5.9만
항공기(대)	7,500 (제로센 전투기)	900미만 (대부분 구형)	574 (작전가용 271)
함 정(척)	항모 9 외 주력함 221 · 수송능력: 600만t 보유	주력함 78	항모 3 외 주력함 82

<그림 7-2-2> 美-日 양측의 군사력 배치 규모

전쟁을 시작하기 이전 양측의 전력(戰力) 수준은 일본군이 미군보다 우세하였다. 반면에 잠재적인 전쟁 수행능력과 태평양 지역에 대한 일본군의 강·약점을 분석하는 수준, 집중력은 미군이 압도적으로 우세하였다고 봄이 정확하다.

2. 일본이 진주만을 선택한 전략·작전적 요인

일본은 손자병법 제1(始計)편의 '공기무비 출기불의(攻其無備 出其不意, 적이 준비하지 않은 곳을 공략하고, 적이 예상하지 못한 시간에 공격한다)'를 염두에 두고 시행한 것으로 보인다. 이는 크게 두 가지 측면에서 접근할 수 있다. 첫째, 군사적 측면에서 美 태평양 함대 기지의 활동 범위가 동북아 지역에 즉각 투입이 가능한 거리였기에 자신들이 동북아 패자(霸者, supreme ruler)로 등극하는데 직접적인 위협이 될 것으로 판단하였다. 둘째, 하와이의 방어태세 측면에서 태평양 함대가 육·해·공군을 각기 운용하였기에 각 군의 책임 한계가 불명확한 상태였고, 통합된 지휘체계가 구축되어있지 않았다는 점이다. 또한, 조기경보체계가 미정착되어 비행 항로(航路)에 대한 경계가 소홀한 데다 레이다도 고장이 잦았다. 특히 美 육·해군 지휘부가 대일전(對日戰)이 임박했다는 첩보 보고와 경고를 접수하고도 이를 무시해버리는 우(愚)를 범했다.

진주만 피습(被襲)

일본 대본영(大本營)은 치밀하게 전쟁계획을 수립하여 '진주만 기습(Pearl harbor Attack)'에 성공하였다. 이때의 성공 요인은 세 가지로서 첫째, 일요일과 평화협상 기간을 이용하는 등 시기(timing)를 잘 활용하였다. 둘째, 방향성(directivity)을 잘 수립하였다. 북방(北方) 항로를 선택하였고, 말라야(Malaya)에 이목을 집중시키기 위해 바다를 건너 기습하였다. 특히 항모를 공격하는 등 미군의 허점(虛點)을 노렸다. 이 과정에서 기도비닉(企圖庇匿)[5])을 유지하면서 계속 첩보를 수집하는 등 미군의 동향도 철저하게 파악하였다. 그러나 점차 이러한 행위가 줄어들면서 분위기도 반전(反轉)되었다. <표 7-2>는 당시 일본군과 미군의 피해 현황이다.

---

5) '기도비닉(企圖庇匿)'은 '나의 행동과 의도를 적의 관측 및 탐지로부터 보호하는 행위 일체'를 의미하고 있다.

<표 7-2> 당시 일본군과 미군의 피해 현황

구 분	공격 목표(폭격 지역)
일본軍	함재기 29대, 잠수함(정) 1(5)척 침몰
美 軍	전함 8척, 비행기 394대, 전사 2,408명 등

진주만 기습으로 미군에 큰 피해는 발생하였으나, 항모가 포함되지 않았음은 그나마 불행 중 다행으로 볼 수 있다. 항공기 수송 작전을 수행하던 관계로 항구에 정박하지 않았기 때문이다. 여기에서 식별할 수 있는 의미와 교훈은 두 가지로서 먼저 전술적 측면에서 볼 때 일본은 초기 태평양 지역의 제해권을 확보하는 데 성공하였다. 이는 1937년 7월 7일 中-日 전쟁을 감행한 이후 4년간에 걸친 실전 경험의 축적을 통해 전투력이 최고조에 달했다는 자신감의 표출로도 볼 수 있다. 그러나 전략적 측면에서 보자면, 패착(敗着)이 많았다. 공습 간 전쟁을 지속하는 데 가장 중요한 표적인 선박 수리소와 유류 저장고 등의 핵심시설을 폭파 대상으로 선정하지 않는 미숙함을 보였고, 기간을 지체하면서 전(全) 미국의 역량을 태평양 지역으로 쏟아 붓게 만드는 우(愚)를 범했다는 점이다.

파괴된 전함(戰艦)과 멀쩡한 부두

제 3 절

주요 국가의 전쟁 계획과 주요 인물에 관한 이해

1. 도조 히데키

도조 히데키(日)

　태평양 전쟁을 탐구하기 위해서는 먼저 아시아의 히틀러로 평가받는 일본의 도조 히데키(東條英機, 1884~1948)에 관하여 이해할 필요가 있다. 그는 부친이 육군 중장인 군인 집안이었다. 군사행정가이자 야전사령관으로서 파벌(派閥)을 조성하는 등의 수완을 잘 이용하여 빠르게 진급한 정치장교였다. 1935년 관동군 헌병 사령관으로 있다가 1940년 육군 대신으로 승진한 다음 쿠데타를 통해 권력의 정점에 올랐다. 곧바로 일본과 독일, 이탈리아 간에 '3국 동맹'을 체결하였고, 1941년 10월, 현역군인의 신분으로 수상과 내무·육군 상(장관)을 겸임하였다. 1941년 12월 7일 진주만 공습을 감행한 초기는 동남아시아와 태평양 지역에서 전과(戰果)를 올리며 지배 권력을 더욱 강화하는 데 성공하였다. 그러나 집권 후반기에 들어서면서 연합군의 반격으로 마리아나 군도를 빼앗기고, 불명예스럽게 수상직에서 물러났다. 패전 후 A급 전범(戰犯)으로 체포되어 1948년 12월 23일 극동국제군사재판에서 처형되었다. 일본의 군사독재 체제를 확립한 주인공으로서 중국에 대한 확대 침략을 주도하였고, 태평양 전쟁을 주도하였다.

2. 일본 대본영(大本營)6)의 전쟁 계획

　일본의 전략 목표는 '대(大)동아 공영권 확보'였다. 연합군이 제2차 세계대전으로 태평양 전역(戰域)에 역량을 집중하기가 불가능했고, 일본은 장기전을 수행하기가 어렵다는

---
6) 일본군의 '대본영'은 '최고 통합지휘본부'로 '최고 군사권을 행사하는 기구'였다.

점에서 고민하였다. 이로 인해 '기습으로 전쟁을 시작한 다음 공세 작전을 통해 속전속결로 전쟁을 끝내기 위한 단기(短期) 결전'에 중점을 두었다. 다시 말해 공격 초기에 승기(chance of victory)를 확보한 다음 연합군이 반격하기 이전(以前)에 전쟁을 종결지으려는 계획이었다. 이에 따라 전쟁목표는 미국(연합국)의 패망이 아닌 '대(大)동아 공영권 확보'라는 '제한된 전쟁목표'로 설정하였다. <표 7-3>은 일본이 성공적으로 전쟁을 수행하기 위해 설정한 네 가지 방침이다.

<표 7-3> 일본 대본영의 전쟁 수행 네 가지 방침

첫째, 진주만 기습을 통해 美 해군을 무력화한다.
둘째, 英, 美, 네덜란드 근거지를 제거하고, 남방자원지대를 확보한다.
셋째, 독일, 이탈리아와 협력하여 영국과 소련의 굴복을 도모한다.
넷째, 미국이 전쟁을 수행하려는 의지 자체를 박탈한다.

<그림 7-3-1>, <그림 7-3-2>는 제1·2단계 공세 전략 요도이다.

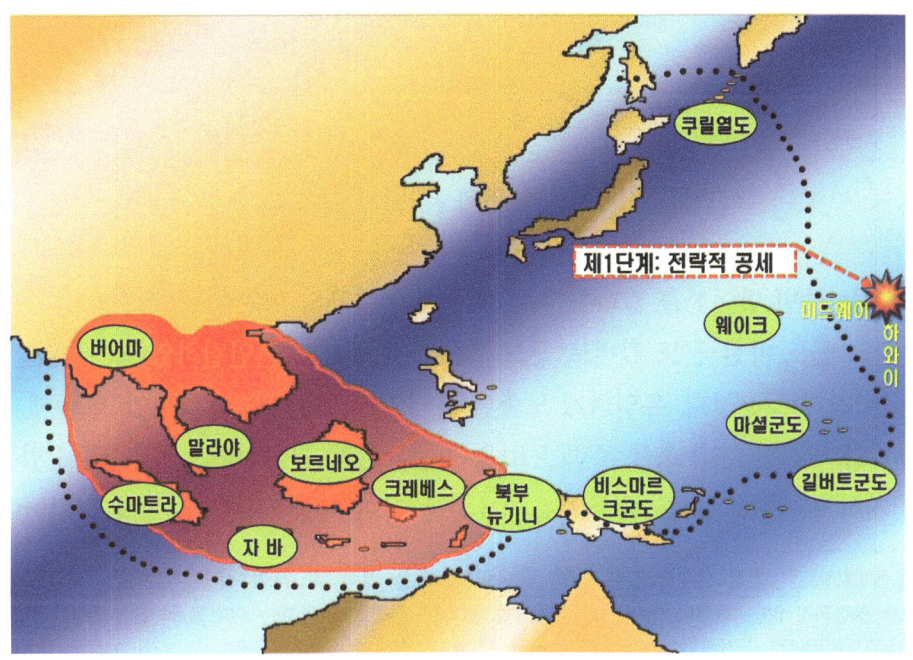

<그림 7-3-1> 日 대본영의 제1단계 전략 요도(개략)

대본영은 제한적인 소모전(消耗戰, War of Attrition)이나 지구전(持久戰, Endurance War) 개념에 기초하여 3단계로 계획하였다.[7] 제1단계는 원심(원심) 공격 전술을 채택한 '전략적 공세' 단계로서 ① 하와이 진주만 오하우(Ouhau)섬의 美 태평양 함대를 무력화시키고, ② 남방자원지대를 점령한 다음, ③ 동아시아(極東)지역의 연합군을 격파하여, ④ 남방자원지대 방어에 필요한 외곽방어선을 확보하는데 두었다.

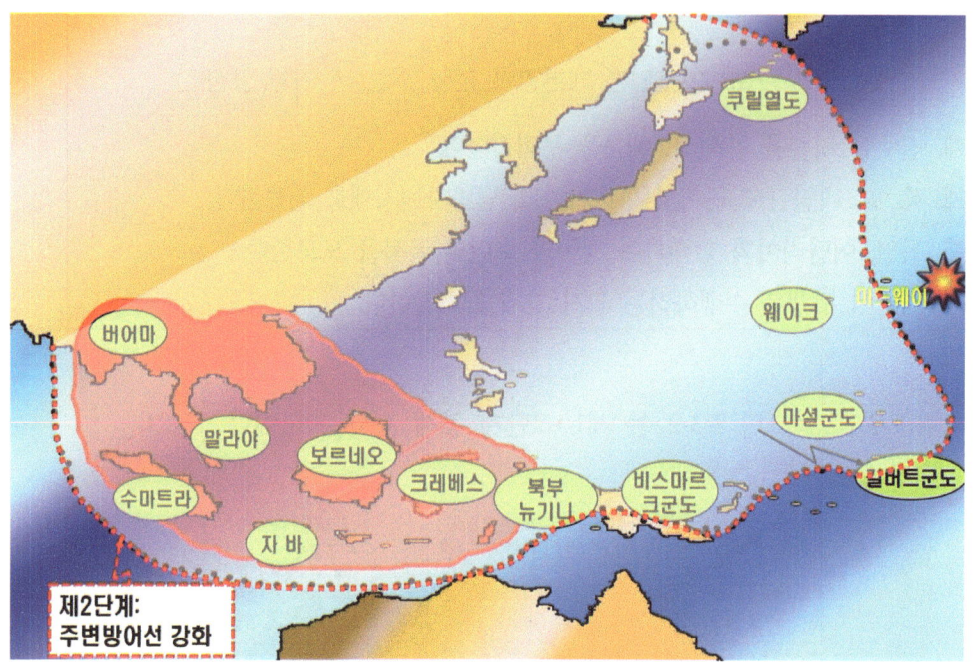

<그림 7-3-2> 日 대본영의 제2단계 전략 요도(개략)

제2단계는 주변 방어선을 강화하기 위하여 버마(지금의 미얀마)-수마트라-자바-뉴기니-비스마르크 군도-마셜 군도-길버트 군도-웨이크-쿠릴열도를 연결하였다. 이러한 배경과 이유는 두 가지로서 첫째, 유일하게 노출된 좌익의 위협을 제거할 수 있고, 둘째, 말라야(Malaya)[8]와 필리핀 양대 축에 주력(主力)을 집중하려면, 동아시아(極東) 지역에 있는 연합군을 제거하고 자바(Jaba)를 중심으로 합류하는 것이 이상적이었다. 이렇게 되어야 남방

---

7) '소모전(消耗戰)'은 '전쟁 상대국 간에 인원, 병기, 물자 등을 계속 투입하여 전쟁을 장기간 지속함으로써 쉽게 승패가 결정되지 않는 전쟁의 형태'를, '지구전(持久戰)'은 '결정적인 전투는 피하고 목적을 달성하려고 하는 의지를 갖고 행동하는 장기적인 작전 또는 전투'를 의미하고 있다.

8) '말라야(Malaya)'는 1948년 1월 31일부터 1963년 9월 16일까지 존속한 연방 국가로서 말레이반도의 9개 주를 비롯하여 영국 해협의 식민지인 페낭(Penang)과 말라카(Malacca)를 포함하고 있다. 1963년 '말레이시아'로 개칭하였으며, 1965년 지금의 싱가포르가 독립하였다.

자원지대도 성공적으로 점령할 수 있을 것으로 생각했기 때문이다. <그림 7-3-3>은 제3단계 공세 전략 요도이다.

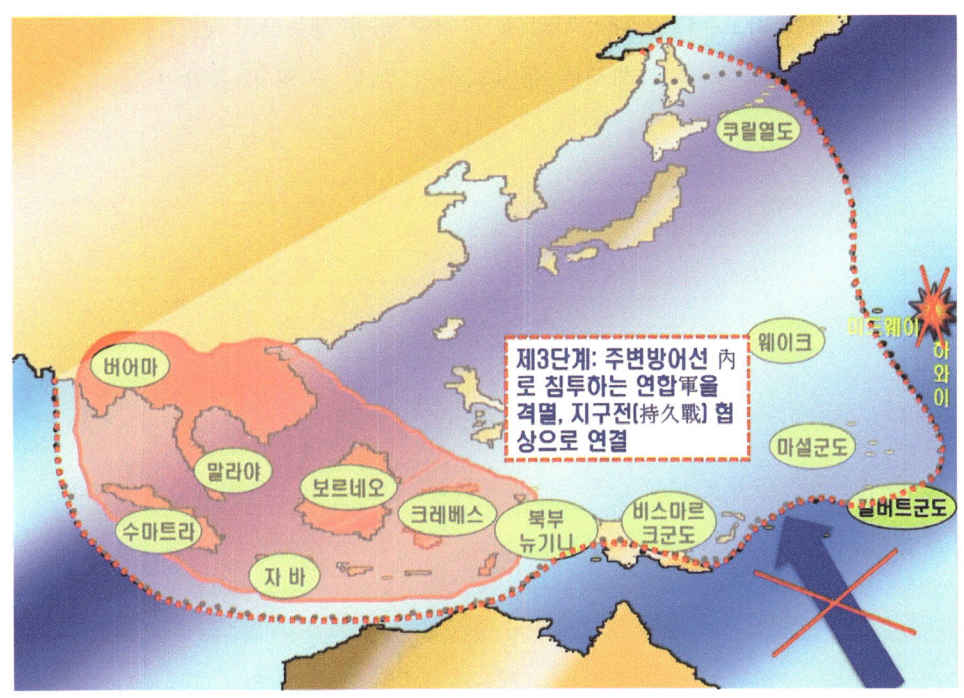

<그림 7-3-3> 日 대본영의 제3단계 전략 요도(개략)

제3단계는 '제한된 소모전'을 펼치는 단계로서 ① 주변의 방어선 내로 공격해오는 부대를 저지 격멸하는 것이다. 주적(主敵)인 미군의 전의(戰意)를 분쇄하려면, 제한적인 지구전을 진행하여 미국이 현실을 인정할 때 바로 협상(negotiation)을 진행하여 종전(終戰, the end of the war)으로 가기 위한 책략(策略)이었다.

3. 미국의 전쟁계획

미국은 전쟁계획을 수립하였으나, 행동계획(Action Plan)은 구체화해놓지 않은 상태였다. 전쟁계획은 태평양 지역의 일본을 '가상적국(假想敵國, hypothetical enemy)'으로 설정하고 1924년에 만들어 놓은 '대(對)일본 전쟁계획(일명 오렌지 플랜)'으로 목표만 설정하여 놓았다.9) 당시 일본에 대응하기 위한 미국의 방침은 두 가지로서 첫째, 해군력을 이용하여 일본 열도를 해상에서 봉쇄하고 산업과 군사력에 대한 압박을 통해 항복을 요구한다. 둘째, 해상 함대 간 결전에 대비하여 물량 우위를 확보함으로써 소모전을 통해 취약한 일본의 전쟁 지속능력을 파고든다는 내용이었다. 그러나 이를 행동으로 뒷받침할 수 있는 부대 이동과 작전 수행계획 등에 관해서는 구체화하지 않는 등의 소홀함이 있었다.

---

9) 미국은 동맹국인 영국·멕시코 등의 우방국들과의 분쟁 및 전쟁 시에 대비한 계획을 수립하였다. '레드플랜(Red Plan)'은 '대(對)영국 전쟁계획'이었고, '크림슨 플랜(Crimson Plan)'은 '대(對) 캐나다 전쟁 계획'으로 수립하여 놓은 상태였다.

제 4 절

주요 전역(戰役)과 진행 경과

1. 일본군(大本營)의 공세와 성공·실패 요인

대본영은 도조 히데키의 주도 하에 공격대가 1941년 12월 7일 06:00 오아후 섬에서 200mile 떨어진 해상에 도착하였다. <그림 7-4>는 일본군이 공습하기 위해 이동한 항로와 진주만 일대의 미군 배치현황이다.

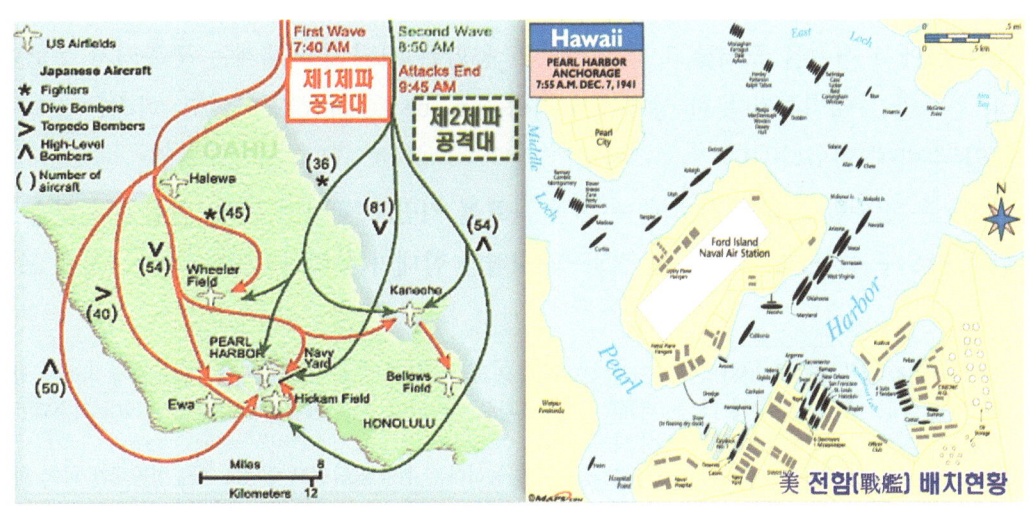

<그림 7-4> 일본군이 공습 간 이동 항로와 진주만 일대 미군 배치현황

일본군은 07:40부터 08:25까지 항공기 183대로 제1파 공격을 감행하였다. 그러나 미처

대비하지 못한 미국은 갑작스러운 일본의 공습에 사태 파악이 지체되면서 조직적으로 대응하기가 어려웠다. 08:50 항공기 190대가 제2파 공격을 감행하였다. 그러나 이번에는 일본군이 선박 수리소와 450만 배럴을 저장하고 있는 유류 저장고를 파괴하지 않는 결정적인 실책을 범하였다. 이때 미군도 항공모함을 출동시켰으나, 정확한 상황 파악이 지체되면서 방어에 큰 영향은 주지 못하고 각기 대응할 수밖에 없는 상태였다. 그러나 전함(戰艦)과 병력의 피해가 컸음에도 불구하고,10) 전쟁을 지속할 수 있는 시설과 물자가 파괴당하지 않았음은 불행 중 다행이었다. 물론 당시 진주만을 모항(母港)으로 하는 태평양 함대 사령관(Husband E. Kimmel 해군 대장, 1882~1968)이 일본 항모가 절대 진주만을 공습할 수 없으며, 잠수함에 의한 공격 가능성이 더 크다고 판단했다. 반면에 하와이 육군 사령관(Walter C. Short 육군 중장, 1880~1949)은 일본 항모

에 의한 공습이 가능하다며 진주만 방어를 강화해야 한다고 판단하고 있었다. 그러나 대비하는 과정에서 허점을 드러냈고, 육・해군의 통합된 지휘 통제체계는 구축되지 못했다. 결국, 진주만은 대비하지 못한 상태에서 피습(被襲, be assaulted)당하였고, 피해는 상당한 규모일 수밖에 없었다.11)

　일본군은 진주만을 공습 간 최종 목적과 목표를 기만(欺瞞)하기 위해 '원심공격 전술'을 복합적으로 구사하였다.12) 공습한 결과 美 태평양 함대가 무력화되었다. 전함 7척을 포함

---

10) 美 해군 2,403명을 포함한 3,581명이 전사하였으나, 항모 3척은 항만 내에 정박하고 있지 않았기에 피해가 없었다. 이는 6개월 후에 일본군에 더 큰 피해를 주는 결과로 나타났다. 일본군의 피해는 항공기 29대 격추되었고, 대형 잠수함이 1척, 소형 잠수함은 5척이 파괴되었다.
11) 당시 월트 C. 쇼트 중장은 일본 항모에 의한 공습이 가능하다는 취약점을 알고 있었고, 육군항공대가 파괴 활동을 경고하는 전문을 보냈지만, 적극적인 대응조치를 하지 않고 레이더 요격체계는 구축하지 못했다. 특히 전투기를 활주로에 집결시킴으로써 대량 피해를 자초한 측면이 크다.
12) '원심공격 전술'은 '내선(內線) 상의 이점과 전략적 배치를 통해 여러 전역(戰域)을 동시에 공격하는 전술'로서 최단 시간 내에 최대 효과를 달성하는 장점을 갖고 있다. 반면에 상대의 처지에서는 어디가 목표인지를 모르기에 혼란을 부추길 수밖에 없다.

하여 함선 18척이 격침되었고, 항공기는 188대가 완파되었으며, 159대는 파손되었다. 이후 美 해군의 전투방식은 '함대 결전(On the Sea)'에서 '항모로 공격하는 방식(From the Sea)'으로 변경하였다. 미국이 대형 항모를 발전시키는 계기가 되었음을 이해하여야 한다. <표 7-4>는 성공 요인을 네 가지로 정리하였다.

<표 7-4> 일본군 대본영의 진주만 공습이 성공한 네 가지 요인

첫째, 일요일과 평화협상 기간을 활용함으로써 기습할 수 있었다.
둘째, 대(大)함대와 병력을 동남아 방면에 집중하는 형태로 방향을 기만하였기에 기습할 수 있었다.
셋째, 바다를 건너 기습하되, 항모를 이동시켜 공중공격을 진행함으로써 기습 달성이 가능하였다.
넷째, 무전기 사용은 일절 금지함으로써 기도비닉을 유지하고 첩보 활동으로 관련 정보를 계속 획득하여 기습 달성이 가능하였다.

1.1. 작전환경

태평양은 동서로 8,000km, 남북으로 7,000km에 달할 정도로 광대한 지역으로서 1963년 현재의 말레이시아로 독립한 (舊) 말라야 연방(Federation of Malaya)은 대륙에서 뻗어 나간 좁은 반도로 형성되어 있다. 말라카 해협(Strait of Malacca)은 중요한 해상교통로이자 전략 자원의 주(主) 이동로였다. 총면적의 70% 이상이 고온다습한 밀림으로 이어져 있으며, 250개 이상의 대·소하천으로 형성되어 있다. 수도인 싱가포르는 해군기지가 있는 전략적 요충지이자 영국의 동남아 식민지 거점이었다. 주석과 생고무 등을 비롯한 풍부한 전략 자원은 남방자원지대를 확보하려는 일본군의 제1

단계 전역(戰域)이었다.

1.2. 단계별 주요 작전 경과

일본군은 시간대별로 여러 방면을 동시에 공격하는 '원심공격 전술'을 구사하였으며, 내선(內線) 상의 이점과 가용전투력의 우세를 이용하여 동시에 공격함으로써 최단기간 내에 결정적인 성과를 달성하였다. <그림 7-5-1>은 일본군의 기간별 제1단계 공격 지역 요도이다.

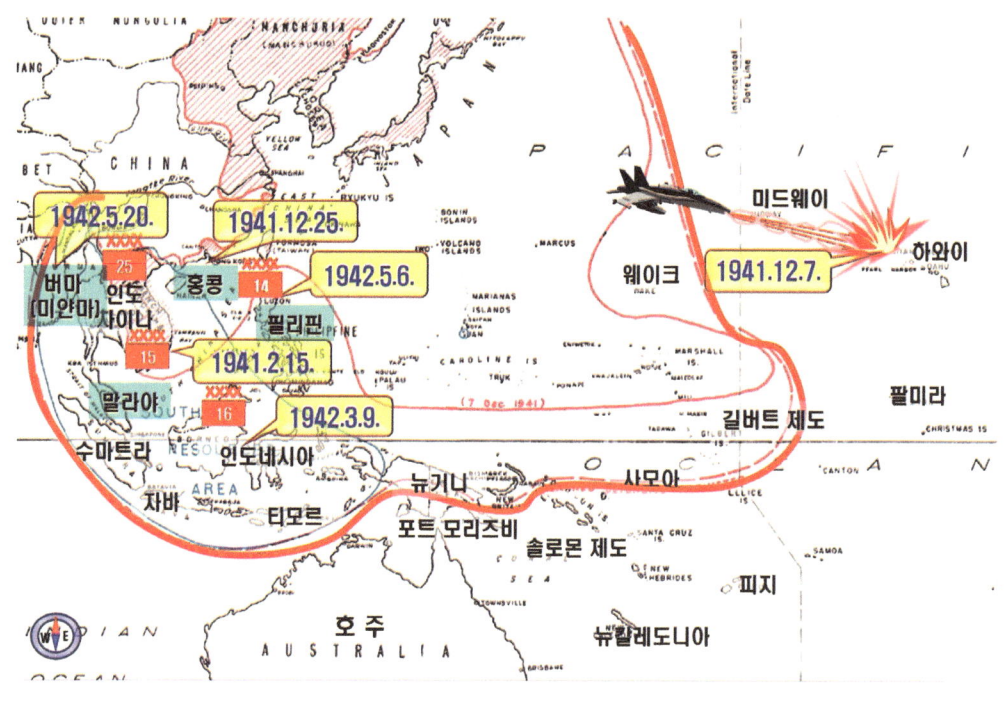

<그림 7-5-1> 일본군의 기간별 제1단계 공격 지역 요도

일본군은 제1단계 작전 간 진주만과 홍콩, 말라야, 필리핀, 버마(지금의 미얀마)를 거의 동시에 공격함으로써 전역(戰域)별 상대적 전투력의 우세를 달성하는 동시에 미군과 연합군의 판단과 평가에도 혼선을 초래하게 하였다. <그림 7-5-2>는 미군이 전쟁 수행을 위해 美 본토에서 호주까지 구축하였던 병참선(Arc Line)[13] 요도다.

---

13) 'Arc Line'은 더글러스 맥아더 사령부가 있는 호주 본토의 브리스베인(Brisbane 또는 브리즈번)과 美 본토에서 올 수 있는 폭격기 비행거리인 900km 이내의 연합군 해상보급로 명칭이다. 정확하게는 호주의 브리스베인칼레도

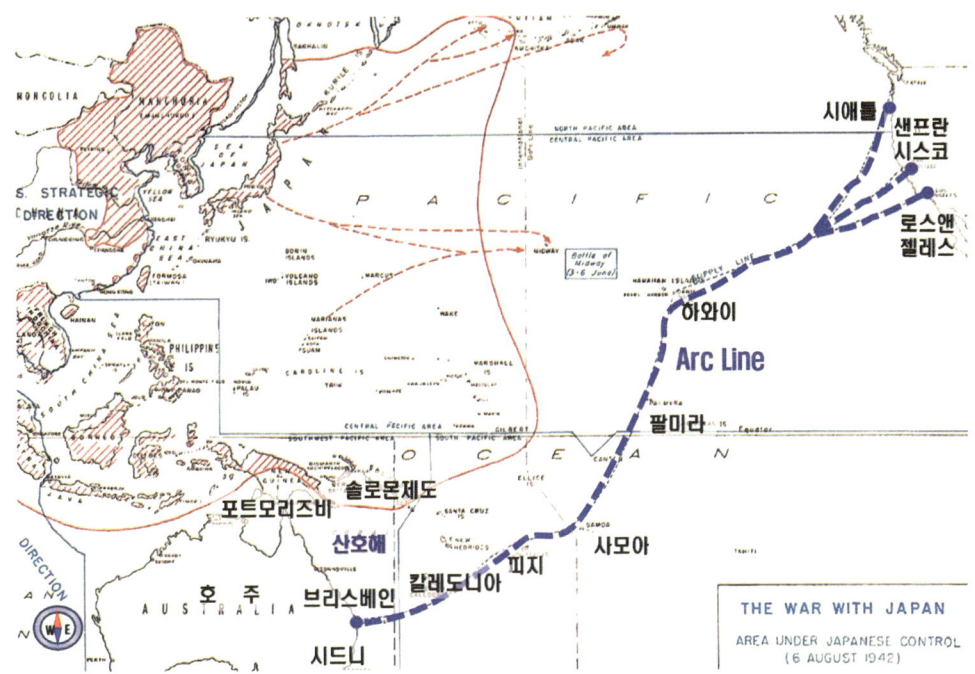

<그림 7-5-2> 美 본토~호주 간 구축한 병참선(Arc Line) 요도

당시 일본 대본영에서 육군과 해군이 호주를 공략하는 계획에 관한 인식에는 괴리(乖離, discrepancy)가 너무 컸다. <표 7-5>는 일본 육군과 해군의 인식 차이점을 비교한 내용이다.

<표 7-5> 일본 육군과 해군의 호주 공략에 대한 인식 비교

구 분	육 군	해 군
핵심주장	전략적 수세→외곽방어선 강화	전략적 수세→적극적 공세
차이점	• 영국의 숨통을 끊어놓고 중국을 단독으로 굴복 • 점령지역부터 완전히 확보	• 4,000해리 이격(離隔)된 태평양 방면을 공격 * 호주-하와이 공략
절충안	• 해군: 육군의 반대로 호주-하와이 공략을 단념 • 육군: 해군의 제한된 작전에 동의	

인식의 차이는 육·해군의 근무 환경이 완전히 다른 데서 왔다. 육군은 4,000해리나 떨

뉴아·피지·사모아·팔미라·하와이·샌프란시스코를 연결하는 선(線)이다.

어진 호주까지 진출할 경우 보급 문제의 해결이 불가능하다는 인식이 강했던 반면에 해군은 개전(開戰) 이전까지만 하여도 美 주력함대와의 결전을 시도할 의사는 없는 상태였기에 공격하는 적을 기다리고 있다가 맞받아치는 '요격(intercept) 작전' 중심으로 진행하자는 주장이었다. 그러나 제1단계 작전에서 진주만 기습이 예상 이상으로 성공하자 적 함대를 타격하는 방향으로 전환하였다. 최초의 계획에 없던 호주·하와이 공략을 주장한 것도 관점이 변화한 데 따른 것이다.

결국, 육군과 해군은 호주·하와이에 대한 공략을 중지하되, 일부 전력으로 미국이 본토~호주 간 구축한 병참선(Arc Line)을 차단하기로 절충하였다. <그림 7-5-3>은 일본군의 'MO 작전'과 'FS 작전' 요도이다.14)

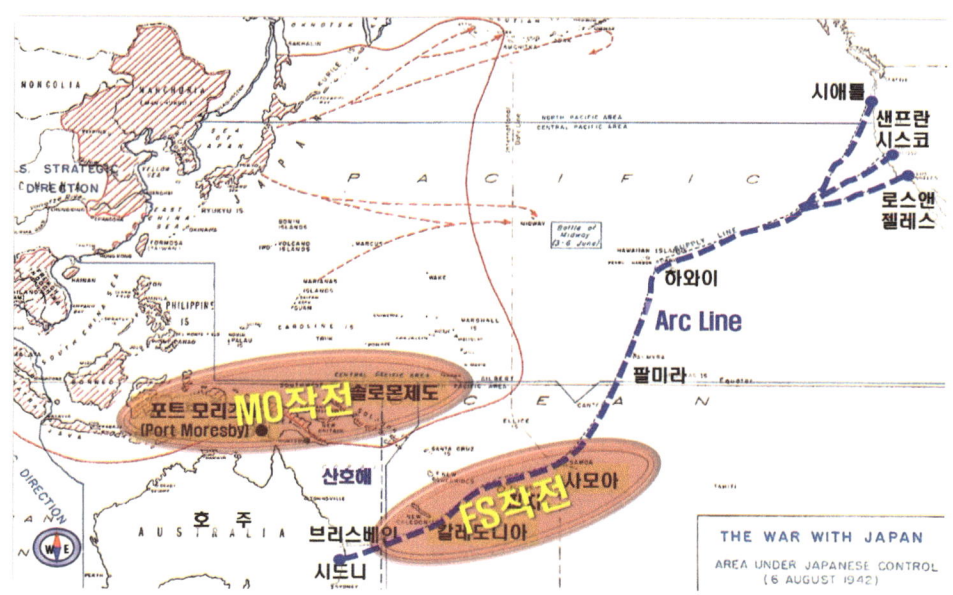

<그림 7-5-3> 일본 대본영의 'MO 작전'과 'FS 작전' 요도

일본 해군은 'FS 작전'을 시행하기 이전에 미드웨이와 알류샨(Aleutian) 열도를 공략하는 작전을 계획하였다. 육군과 협조하여 이치키 키요나오(一木清直) 연대에서 3,000명을 지원받았다. 그러나 미드웨이 해전에서 미군에 참패당하면서 작전은 일시 중지되었다. 이때 일본군이 작전을 중지하기 이전부터 현지(現地)에 있던 일본군 해군부대는 과달카날에서

---

14) 'MO 작전'은 일명 '산호해 해전'으로 뉴기니의 포트 모리즈비(Port Moresby)와 솔로몬 제도 남쪽에 있는 툴라기(Tulagi)를 점령하는 작전이었고, 'FS 작전'은 미군의 병참선(Arc Line)을 차단하여 호주를 위협하기 위한 작전이었다.

일본군의 전멸(과달카날 전투)

美-호주 간 차단 작전에 이용할 비행장 건설 공사를 진행하고 있었다. 美 해병대 6,000명이 과달카날에 상륙하자 긴급하게 이치키 연대의 지원을 받았으나, 잘못된 정보로 일본 육군이 전쟁 이후 처음 참패당하는 수모를 가져왔다. <그림 7-5-4>는 일본 대본영의 주요 전투 경과 요도이다.

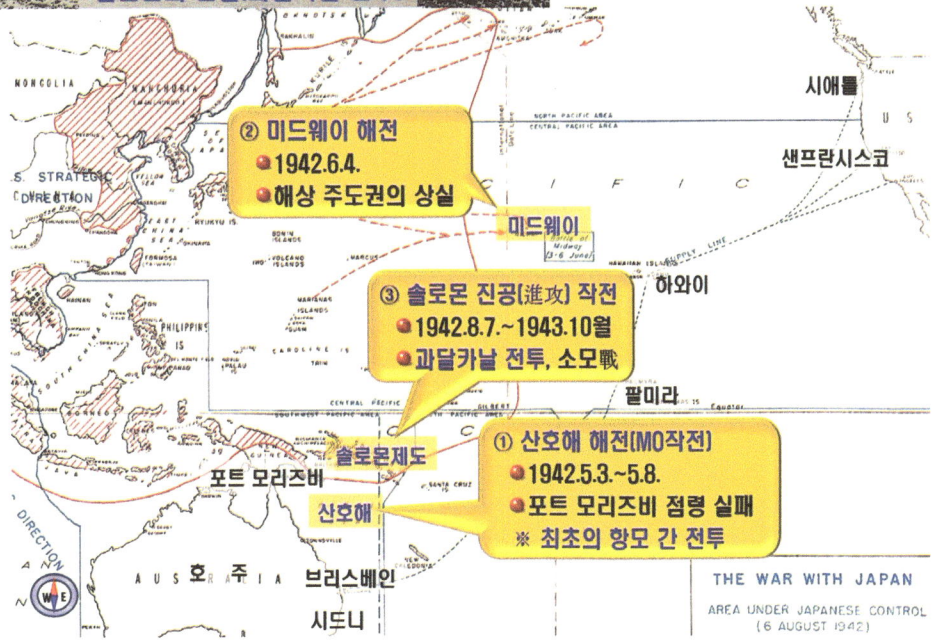

<그림 7-5-4> 일본 대본영의 주요 전투 경과 요도

① 1942년 5월 3일부터 8일까지 진행된 '산호해 해전(MO 작전)'에서는 최초의 항모 전투로 일본군은 모리즈비 요새(Port Moresby)를 점령하는 데 실패했고, 미군은 3척의 항모 중 두 번째 취역한 항모를 최초로 잃는 수모를 겪었다.[15] 그러나 CV-5 요크타운(USS Yorktown) 항모는 3일 만에 수리를 완료하고 태평양 함대로 재배치되어 임무를 수행하다

---

15) 美 해군의 첫 번째 항모는 석탄 운반선인 쥬피터 호를 개조하여 1922년 3월 22일에 준공한 15,500t의 'CV-1 랭글리(Langley)'이고, 두 번째 항모는 1943년에 취역한 49,000t인 'CV-2 렉싱턴(USS Lexington)'이다.

침몰하는 CV-2 렉싱턴 航/사

가 미드웨이 해전에서 일본 항모를 격침하는 역할을 맡았다.

② 1942년 6월 4일의 '미드웨이 해전(Battle of Midway)'은 일본군이 미드웨이섬과 알류샨 열도의 미군 기지를 점령하고자 시도하였으나, 오히려 미군에 패배하면서 전쟁의 판도가 본격적으로 바뀌는 계기가 되었다. 미군은 일본군의 암호 전문을 사전에 해독한 다음 6월 3일 美 폭격기들을 동원하여 선제적으로 일본 함대를 공습하였으나, 큰 피해는 입히지 못했다. 하지만 연이은 폭격으로 일본군 항모 4척이 격침되고, 최정예로 구성된 해군 조종사 대다수는 궤멸(潰滅)하였다.16) 일본군은 미드웨이 상륙을 포기하고 6월 4일 전면(全面) 철수를 결정하였다. 이제 일본과 미국의 해군 전력은 대등하여졌고, 일본도 더는 태평양 지역에서 침략 계획을 추진할 수 없게 되었다.

③ 1942년 8월 7일부터 10월까지 진행된 '솔로몬 진공 작전(Operation Solomon)'은 남태평

수륙양용차량(LVT)

양 지역에서 미군의 3단계 반격작전 중 2단계에 해당하는 작전이었다. 호주와 美 본토 간 해상 수송로와 솔로몬 제도를 확보하기 위하여 뉴기니 동부와 북부 솔로몬 지역을 탈취하는 임무는 남서 태평양 해역군사령관(Douglas MacArthur, 1880~1964)이 담당하였다. 이 과정에서 '과달카날 전투'가 시작되었고, 최초의 수륙양용차량(Landing Vehicle Tracked)을 투입하였다. 비행장을 건설하던 일본군은 상륙하는 미군 부대와 수송 선단에 폭탄을 가하며 美 F4F 와일드캣(Grumman F4F Wildcat) 전투기와 공중전을 벌였다.17) 美 해병대는 일본군 비행장을 탈취한 한편 툴라기섬을 비롯한 다른 지역의 상륙 부대는 지체되었다. 당시 전투경험이 미숙하고 보급로가 불안하던 미군에 비해 전력이 우세한 일본군이 작전에 실패하며 체면을 구겼다.

---

16) 당시 美軍은 어뢰로 적의 전함을 수평 공격하는 형태의 '뇌격기'와 목표지역 상공에서 수직 또는 수직에 가까운 50도 이하로 급강하여 폭탄을 투하하는 '급강하 폭격기'를 갖추고 있었다.
17) 'F4F 와일드캣(Grumman F4F Wildcat)'은 美 해군과 해병대가 제2차 세계대전 시 사용하던 함상 전투기로 美 해군의 주력 전투기다.

2. 미국의 반격작전 계획과 주요 경과

美 합동참모본부는 미드웨이 해전에서 승리하면서 진주만 기습을 당한 이후 열세에 놓여있던 상황이 개선되었지만, 렉싱턴(CV-2) 항모를 잃은 상태에서 태평양 함대가 보유한 항모는 3척이었기에 안심할 단계가 아니었다. 그러나 과달카날 전투에서 판도가 바뀌면서 승기(勝機)를 굳힐 욕심에 빠졌다. <그림 7-6>은 美 합동참모본부에서 반격작전 시 주·조공을 결정하는 과정을 정리하였다.

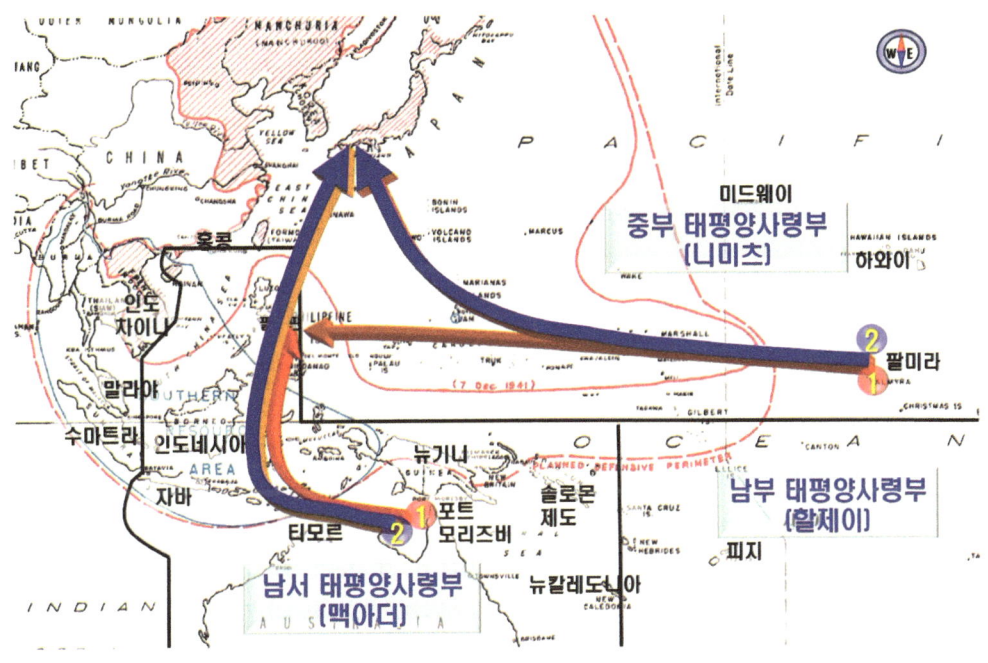

<그림 7-6> 美 합동참모본부의 반격작전 결정 과정(개략)

초기는 일본 본토에 대한 공략이 목표였기에 ① 중부 태평양 사령관(니미츠 제독)이 주공(main attack)으로, 남서 태평양 사령관(맥아더 장군)은 조공(supporting attack)으로 계획하였다. 이후 ② 주·조공을 구분하지 않고 필리핀을 공략하는 2개 축선을 병행하기로 하였다. <그림 7-7>은 미군의 주요 반격 작전 경과이다.

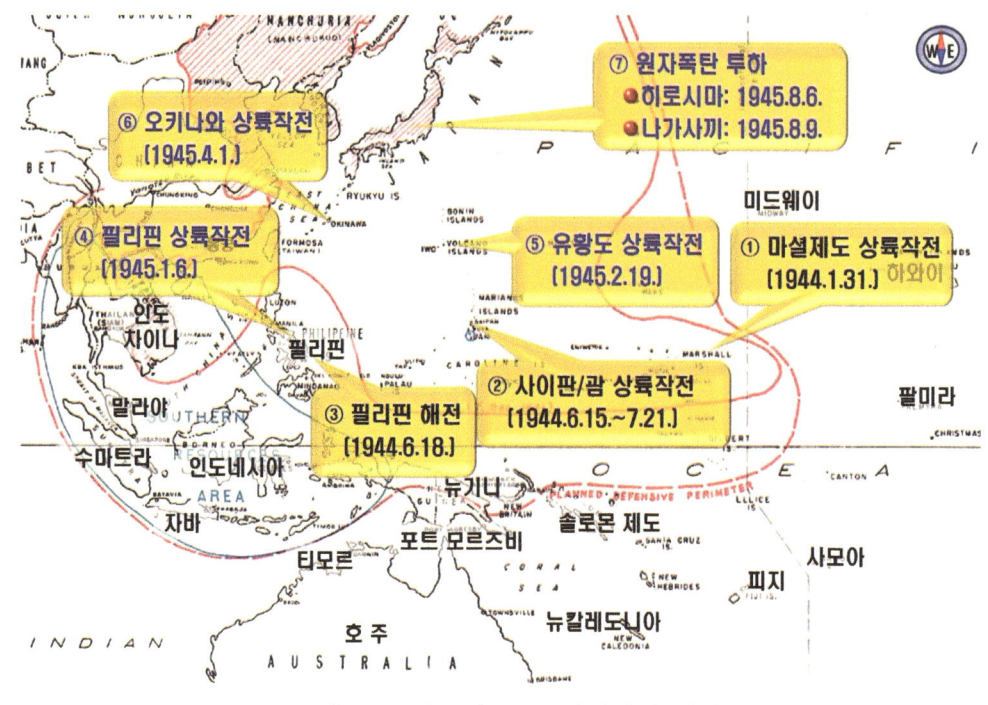

<그림 7-7> 미군의 주요 반격작전 경과

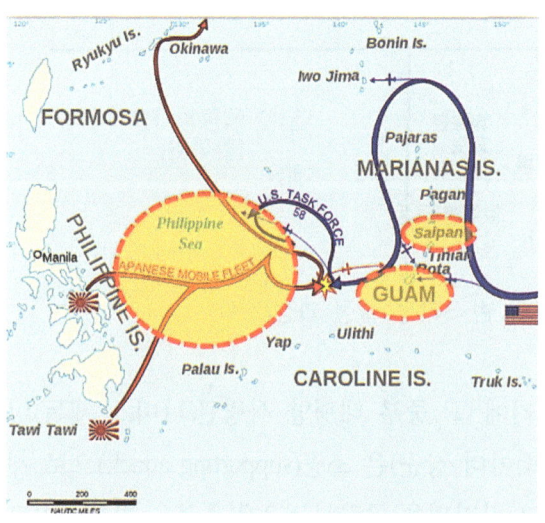

① 미군은 항구와 비행장 등을 건설하여 군사 지원시설로 사용할 거점이 필요하였으며, '마셜제도(Marshall Islands) 상륙작전 (일명 부싯돌 작전-Operation Flintlock)'을 수립하였다.[18] 마셜제도는 지리적으로 일본과 멀리 떨어져 있었기에 일본군이 제대로 지원할 수 없는 여건임에 주목하였다.[19] 상륙 예정 지점인 북부의 콰잘레인섬(Kwajalein Island)과 남부의 베티오섬(Betio Island)의 2개 지역 중 콰잘레인섬에 집중적으로 폭격을 퍼부었다.[20] 마셜제도에서 성공적으로 상륙을 종료한 미군은 ②, ③, ④ 6월

---

18) 마셜제도는 마리아나 제도를 포함한 24개 행정구역으로 구성되어 있다. 따라서 태평양 전쟁에서의 마리아나 전역(戰役)은 마셜제도를 포함하고 있다.
19) 당시 일본군 연합함대 사령관인 고가 미네이치(古賀峯一) 제독은 마리아나 제도-캐롤라인 제도-뉴기니를 연결한 선에서 미군을 저지 및 격멸함으로써 전세를 만회하고자 '아호작전(あ号작전, 일명 Operation America)'을 통해 미군의 기동함대를 격멸하는 작전을 수행하였다.

15일부터 사이판(Saipan)과 괌(Guam)에 대한 상륙작전과 필리핀 해전(일명 레이테만 전투 -Battle of Leyte Gulf)-상륙작전을 연계하여 실시하였다.21) <표 7-6>은 당시 필리핀 해전에 투입된 美·오 연합군과 일본군 투입 규모를, <표 7-7>은 미군과 일본군의 피해를 종합한 현황이다.

<표 7-6> 필리핀 해전에 투입한 연합군과 일본군 투입 규모

구 분	미국과 오스트리아 연합군	일본군
주요 부대	항공모함 8척, 경항공모함 8척, 호위항공모함 18척, 전함 12척, 순양함 24척, 구축함 및 호위 구축함 141척, 다수의 초계어뢰정과 잠수함, 함재기 약 1,500대	항공모함 1척, 경항공모함 3척, 전함 9척, 중순양함 14척, 경순양함 6척, 구축함 35척 이상, 일반 군용기를 포함한 항공기 약 300대

<표 7-7> 필리핀 해전에서 발생한 美軍과 일본군 피해 현황

구 분	美軍			일본군		
	계	전사	부상	계	전사	포로
인원(명)	62,514	13,973	48,541	348,925	336,352	12,573

이 전투로 연합군은 필리핀 각 지역에 비행장을 설치하고 마음먹은 대로 공중폭격을 진행할 수 있게 되었으며, 일본의 남방 항로를 봉쇄하는 데도 성공하였다. 이들은 보급을 완전히 차단당하면서 35만여 명이 고립되자 굶어 죽거나, 말라리아 등 전염병에 의해 죽어갔다. 일본군의 피해 규모는 태평양 지역 전(全) 전선에서보다 훨씬 많았다. 이를 계기로 대본영이 승패보다 강화(講和)를 진행하는 데 초점을 맞추었으나, 美軍은 아랑곳하지 않고 1945년 일본 본토를 침공하였다.

⑤ '유황도(이오지마-Iwojima)'는 8㎢의 조그마한 섬으로 화산활동에 의해 생겨났다. 미군은 마리아나 군도(群島)로부터 약 1,000km, 도쿄 남쪽으로 약 1,150km에 있는 지리적

---

20) '베티오섬'은 타라와 전투가 발생한 지역으로 일본군은 8인치 해안포 4문과 140mm 해안포 4문, 127mm 해안/대공포 8문, 95식 경전차 14대 등을 비롯한 다수의 무기를 배치하였다.
21) '레이테만 전투'는 연속적으로 실시된 ① 시부얀 해전(Battle of the Sibuyan Sea)-② 수리가오 해협 전투(Battle of Surigao Strait)-③ 엔가뇨 곶 전투(Battle of Cape Engaño)-④ 사마르 해전(Battle off Samor)을 모두 통합한 명칭이다.

여건에 주목하였다. 일본 측에서 보면, 자신들의 본토를 방어하는 전초기지였고, 미군에 점령당한 마리아나 군도는 B-29 폭격기로 위협당할 수 있는 요격기지였다. 미군 측에서 보면, 유황도는 일본을 폭격할 때 B-29 폭격기의 엄호나, 복귀 시 불시착에 대비할 수 있는 최적의 장소였다. 美 합동참모본부는 필리핀 해전을 종결짓자 2월 19일 '유황도 상륙작전'을 감행하였다. 초기 2개 해병사단이 상륙작전에 성공하면서 안심하는 사이 일본군의 갑작스러운 역습으로 병력의 40%가 피해를 보았다. 그러나 일본군의 끈질긴 조직적 저항도 3월 16일 미군의 한 달여에 걸쳐 끊임없이 이어진 공세에 의해 마감되었다. 이 전투로 美軍은 6,281명의 전사자를 포함하여 24,891명의 전사·상자가 발생하였다. 그러나 종전할 때까지 2,251대의 폭격기가 불

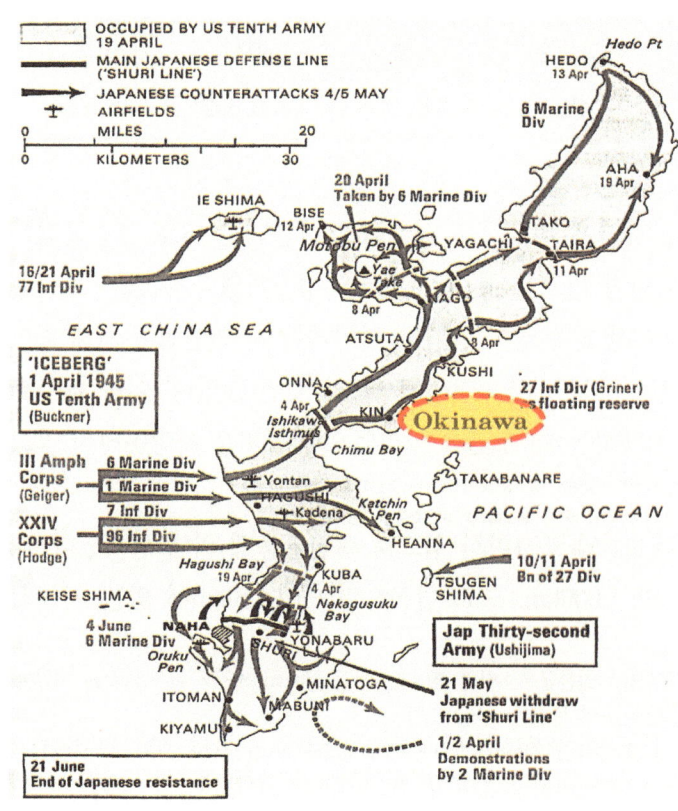

시착에 성공함으로써 최소 24,761명의 조종사와 승무원을 구조할 수 있었다. 반면에 일본군은 포로 216명을 제외한 22,784명 전원이 전사하는 대참패를 기록하였고, 인명 손실 비율은 5대 4였다.

⑥ '오키나와(Okinawa)'는 규슈(Kyushu) 남쪽으로 560km 떨어져 있는 가장 큰 섬으로 평지(平地)여서 대규모 지상군이 주둔할 수 있는 전략적 요충지였다. 미군이 확보한다면, 일본 남방군은 본토와 차단되며 고립(isolate)이 불가피했다. 1945년 4월 1일 시작된 '오키나와

전투(Battle of Okinawa, 일명 아이스버그 작전-Operation Iceberg)'는 6월 23일 사령관이 할복(割腹)자살하기까지 83일간 치열한 전투를 진행하였다. 당시 미군이 점령한 지역 중에서 규슈지역을 폭격할 수 있는 가장 가까운 섬으로 일본 영토 내에서는 최초로 전면전(Total War)이 벌어진 전장(battle-field)이었다. 우시지마 미쓰루(牛島 滿, Ushijima Mitsuru) 중장의 제32군은 마지막에는 수류탄으로 자살하거나, 전원(全員)이 서로 목을 졸라 사망하는 등의 참혹한 행위로 충격을 주었고, 미군도 큰 피해를 냈다.[22] <표 7-8>

우시지마 미쓰루 중장(日)

은 오키나와 전투에서 발생한 美·英·오·뉴질랜드 연합군과 일본군의 투입 규모를, <표 7-9>는 미군과 일본군의 피해 현황이다.

<표 7-8> 오키나와 전투에 투입한 연합군과 일본군 투입 현황

구 분	연합군	일본군
주요 부대	수송선 158척, LST 184척, LSM 89척, 전함 18척, 항공모함 40척, 구축함 200척, 함선 1300척, 전투병력 18만 3000명 등 * 총 541,000명	육군 77,000명, 해군 9,000명, 항공기 7,830대, 주민 방위대 2만 명 등 * 총 230,000여 명

<표 7-9> 오키나와 전투 시 발생한 美軍과 일본군 피해 현황

구 분	美軍			일본군		
	계	전사	부상	계	전사	일반주민
인원(명)	101,357	46,195	55,162	230,000	111,071	120,000

전투한 결과 美軍과 일본군의 인명 손실은 약 3대 1의 비율이었다. 사이판 상륙작전

---

22) 우시지마 미쓰루 중장은 1944년 제32군 사령관으로 부임하여 1945년 오키나와 전투를 수행하면서 일본군들이 해안에 강력한 진지를 만들고 강력하게 저항하는 방식을 채택하지 않고 상륙지점이나 비행장 등 전술적 요충지는 쉽게 내주다가 내륙에서 한꺼번에 크게 반격하는 전술을 펼쳤다. 그러나 당시 미군과의 전력(戰力) 차이가 워낙 크게 벌어져 승리하기는 어려웠다. 민간인을 강제로 징집하고 학살 및 약탈, 강간을 저지르는 등 수많은 전쟁범죄를 방치(放置)하였고, 여고생에게 수청을 들게 하는 등의 비인간적 행동으로 일관했던 인물로 6월 23일 자살하였다.

시의 2대 1, 유황도(이오지마) 전투의 5대 4 비율과 비교한다면, 심한 피해 비율은 아닌 것으로 평가할 수 있다.

3. 전쟁 말기(末期) 일본군의 가미카제(KamiKaze) 특공대

'가미카제(神風, KamiKaze)'는 '전투기에 250kg의 폭탄을 싣고 적함(敵艦)에 충돌하여 자살을 감행하는 자살 특공대'를 의미하고 있다.23) 일반적으로는 비행부대를 의미하지만, 해상에서도 인간어뢰를 구상하여 특공대로 사용하였다. 초기는 적에게 다가가 어뢰를 발사하는 소형 잠수함 병기로 개발한 갑 표적(甲標的)을 진주만 공격 간 사용하였다. 그러나 모함(母艦)으로 복귀할 수 없는 일회용 병기이다 보니 인간어뢰로 구상하여 재활용되었다.

가미카제 제로센 항공기/사사카와 료이치(日)

자살 특공대의 개념은 일본의 극우(極右) 사업가인 사사카와 료이치(笹川良一, 1899~1995)가 창안하였다. 일본 최남단인 규슈(Kyushu)의 가고시마(Kagoshima)현 치란(知覽 또는 지란) '특공평화회관'에는 당시의 '자살 특공대'와 가미카제 출격장 등이 전시되어있다. 이곳은 종전(終戰)될 때까지 80대 이상의 자살 항공기가 대기하던 장소였다. 초기는 임시방편으로 지원자들만 실시하였던 제한된 특공작전이 오키나와 전투를 목전에 두고는 전군(全軍)으로 확대하면서 지상군을 제외한 전(全) 부대가 특공대를 편성하였다. 이로 인해 美 해군 함정도 36척이 격침되고, 368척이 손실되었으나, 인간을 병기로 이용한다는 데서 온 심리적 충격이 더 컸다. 이러한 독기(毒氣)에도 불구하고 물자가 부족한 일본군은 엄청난 물량적 손실을 메꿀 수가 없었기에 1945년 6월 22일 45대를 마지막으로 더는 진행할 수 없게 되었다.

점차 태평양 지역의 전세(戰勢)도 절망적으로 변화하는 가운데 대본영이 도입한 특공작전은 1944년 10월 초기에만 하더라도 30%의 성공률을 보였다. 그러나 미군이 무자비한 자살 돌격 행위에 위협을 느끼고 대비 태세를 강화하자 이마저도 여의치 않게 되었다.

---
23) '가미카제(神風)'는 1281년 고려 시대 여·몽 연합군이 일본 원정에 나섰으나, 때마침 불어온 태풍으로 철수하고 말았다는 데서 유래된 용어로 일본인들은 '신의 바람'이 보호한 결과로 생각하고 있다. 이처럼 신풍(神風)이 불어 일본을 보호해 주었던 것처럼 일본을 보호하는 인간 무기가 되라는 의미에서 전쟁 막바지에 물자가 부족했던 일본이 생각해낸 궁여지책으로 보면 될 듯싶다.

전쟁 말기 때의 오키나와 전투를 분석하면, 1,900여 대의 가미카제 항공기가 출격했지만, 성공률은 7%에 불과하였다. 기간이 지날수록 숙련된 조종사들마저 부족해지면서 성공률은 더욱 낮아졌다는 현실에서 일본의 패망이 그만큼 가까워졌음도 느낄 수 있다.

4. 일본군의 패인(敗因)

일본이 태평양 전쟁에서 패배할 수밖에 없었던 요인은 크게 전략적 측면, 작전·전술적 측면, 전쟁 지속능력 측면으로 정리할 수 있다.

첫째, 전략적 측면에서 ① 달성할 가능성이 낮은 '단기 결전 전략'을 추구하였고, ② 외곽방어선을 점령한 후 협상(Negotiation)을 주도하면, 종전(終戰)이 가능할 것으로 판단하였으나 착각으로 나타났다.

둘째, 작전·전술적 측면에서 ① 육·해군의 갈등으로 인해 합동작전 수행이 제한되었다. ② 미드웨이, 과달카날 등의 외곽방어선을 무리하게 확장함으로써 성과를 달성하기가 상당히 어려웠다. ③ 해상호위를 소홀하게 인식한 관계로 정작 중요한 해상 병참선(Sea Lines Of Communications)은 확보하지 못했다.[24] ④ 대본영의 경직된 지휘 통제체계는 전장(battle-field)에서 융통성을 발휘하지 못하였다. ⑤ 화력보다는 병력에 의한 돌격 정신과 백병전 중심의 정신력 우위(優位) 사상을 강조하면서 실질적인 전투 효과를 감소시켰다.

셋째, 전쟁 지속능력 측면에서 ① 전쟁 말기로 갈수록 장교와 조종사, 기술자 등이 부족해지는 인적 자원의 고갈 현상을 비롯하여 원자재도 부족해지는 등 장비 및 물자의 생산력이 저조하였다. 당시 생산능력은 미국과 비교할 때 1/10 수준에 그쳤다. ② 민간과학기술이 낙후되어 있다 보니 군사 장비의 성능이 저조하였고, 전파탐지기와 통신기기 등 전자전 장비에 대한 중요성도 인식하지 못하면서 개발 노력이 소홀하였던 점은 결정적인 패착(敗着)으로 볼 수 있다.

---

24) 군사용어에서 후방(병참)지대에서는 '병참선(LOC)'으로, 전투지대(전방 지역)에서는 '주(主) 보급로'라는 용어를 사용하고 있다. 따라서 '병참선'과 '주 보급로'는 같은 뜻을 가진 용어로 지대(지역)에 따라 사용하는 용어가 다르지만, 같은 의미로 이해하면 될듯싶다.

제 5 절

신(新)전술 및 전법(戰法)에 관한 이해

1. 개 요

미국 일리노이 대학교의 역사학 교수 존 A. 린(John A. Lynn) 박사는 전쟁에서 물질적인 요소나 기술력이 중요하다는 데 반대하고 있다. 19세기 유럽국가와 식민지 간에 일어난 무력충돌이나, 이라크 전쟁에서 미국과 이라크와 같이 현격한 기술력의 격차가 없다면, 기술력 자체가 승패(勝敗)를 결정짓는 핵심 요인은 아니라는 주장이다.

제2차 세계대전 때 프랑스와 독일에서 전차의 개발과 관련한 결정을 한 과정을 대표적인 사례로 들 수 있다. 상대적으로 비슷한 수준의 기술력을 갖고 있었지만, 서로 다르게 결정한 과정을 주목해 보자. 프랑스 전차는 상대적으로 기동이 느린 보병과 협동작전을 염두에 두고 개발하였기에 무거운 장갑과 대형 포는 갖추었으나, 무전 시설은 갖추지 않아 전장에서 긴급한 상황 변화에 적응하기가 상당히 어려웠다. 반면에 독일 전차는 전격전(blitzkrieg) 개념을 토대로 하였다. 따라서 적진 깊숙이 침투 식으로 기동할 수 있는 경량급 포와 장갑으로 무장하고, 상호 교신이 가능하도록 무전 시설을 갖추었다. 독일군은 기술력도 중요하지만, 전략과 작전적 운용이라는 개념적 측면에 집중함으로써 초기 프랑스를 점령하는 데 성공하였다.

유사한 사례는 태평양 전쟁에서 미군과 일본군의 인식을 통해서도 나타난다. 美軍은 비행장을 건설할 때 불도저를 투입하여 며칠 만에 완료하였는데 비해 일본군은 개인이 작업하는 삽만 사용함으로써 2개월이 지나서야 완료하는 비효율성을 보였다. 일본군도 美軍과 같이 불도저를 만드는 기술력을 보유하고 있었지만, 애초부터 사용할 생각 자체가 없었기 때문이다. 즉, 개념에서 뒤처졌던 일본군은 전쟁의 패인(敗因)을 스스로 갖고 있었으나, 깨닫지 못했다.

2. 일본군 와조 전술과 미군 우회 전술의 차이점 비교

양(兩)측 모두 공군력을 이용하여 인근 섬에 있는 상대편 기지를 무력화한 다음 지상군을 상륙시켜 점령하는 전술이었다. 속전속결을 추구하는 일본군과 충분한 시간을 가지고 전쟁 준비와 동시에 인명 손실을 줄이려는 美軍의 관점은 각기 나름대로 타당성을 갖고 있다. 그러나 전술을 채택한 결과에 따라 승자(勝者)와 패자(敗者)의 위치는 극명하게 갈렸다. 아래의 <그림 7-8>은 일본군의 와조 전술(蛙跳 戰術)과 美軍의 우회(by pass) 전술을 비교한 도표이다.

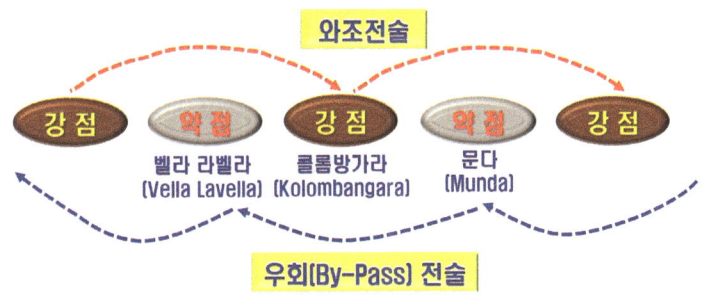

<그림 7-8> 일본군의 와조 전술(蛙跳 戰術)과 美軍의 우회(by pass) 전술(정리)

쌍방이 고립된 도서(島嶼, 섬) 외곽을 해·공군으로 봉쇄 및 무력화한 다음 제공·제해권을 장악하는 단계를 밟았다. 일본군이 美軍의 강점을 공략하는 전술이었다면, 美軍은 일본군의 강점을 우회하여 회피하는 전술을 구사하였다. 아래의 <표 7-10>은 일본군과 미군의 차이점을 비교한 내용이다.

<표 7-10> 일본군과 미군 전술의 차이점 비교

구 분	일본군	美 軍
전술 명칭	와조전술(蛙跳戰術)	우회(by pass) 전술
공통점	공군력을 이용, 인근 섬의 상대 기지를 무력화→지상군이 상륙 및 점령	
공략(攻略)의 특징	상대의 강점	상대의 약점
비행장 건설(장비)	평균 2개월(공병삽)	며칠 내(불도저)
섬 방어	육군 단독작전	육·해·공군 합동작전

제 6 절

美-日 태평양 전쟁이 남긴 의미와 교훈

1. 개 요

태평양 전쟁은 대다수가 동남아 인근 해역에서 벌어진 전투들로 태평양 지역에 속하기에 태평양 전쟁에 포함했다고 볼 수 있다. 유럽국가들이 세계대전에 몰입한 사이에 일본이 진주만 오아후(Oahu)섬에 있는 美 해군기지를 선전포고 없이 기습하며 시작되었다. 지상전(地上戰)보다 주로 해전에서 승패가 갈렸기에 '거함 함포(巨艦 艦砲)'에 의존한 전쟁 양상이 눈에 많이 뜨인다. 특히 태평양 일대의 섬들을 점령하기 위해 적의 후방지역을 공략하거나, 섬을 점령하는 '상륙작전(Amphibious Operation)'이 중요 전술로 탄생했다는 측면에서 전략가들의 눈길을 끌고 있다.

네덜란드령동인도(지금의 인도네시아)와 프랑스령 인도차이나, 영국이 차지하고 있는 말레이반도는 일본이 산업 경제를 부흥하는 데 필요한 주석·고무·석유 등의 자원이 풍부한 보고(寶庫)였다. 일본이 이 지역을 병합(倂合)한다면, 대(大) 동아 공영권을 완수할 수 있을뿐더러 경제적 자립과 태평양 지역의 지배 세력으로 등극할 수 있었다.

2. 美-日 태평양 전쟁의 특징

특징은 크게 정치·경제적 측면과 군사적 측면의 두 가지로서 먼저, 정치·경제적 측면에서 ① 미국 주도로 세계 자본주의 체제가 구축되고 있었다. ①-1 제2차 세계대전을 수행하면서 전쟁물자의 부족에 시달리던 주요 연합국에 무기를 지원하는 미국의 '무기대여법' 제정은 결과적으로 연합국에 승리를 안겨주었다. 그러나 ①-2 영국과 소련 등의 전승국에 엄청난 인적·물적 피해가 발생하였음도 사실이다. 미국은 이를 통해 종전(終戰) 이후 승전(勝戰)국으로서 또 세계 최대의 채권(債權)국으로서 입지를 공고히 할 수 있는 토대가 되었다.

② 美·蘇 양극 체제가 서서히 구축되었다. ②-1 종전 과정에서 미국이 주도하는 북대서양 조약기구(NATO)와 소련이 주도하는 바르샤바 조약기구(WTO)가 탄생하였기 때문이다. ②-2 양대 진영이 각자 자국이 주도하는 세력을 확장하기 위하여 안보와 경제를 같이 묶어 이념적 시각으로 '냉전(Cold War)'을 주도하였다.

③ 1945년 10월 24일 국제연합(UN)을 창설하였다. 제1차 세계대전 이후 국제연맹을 만들었으나, 호응을 받지 못해 실패한 전례(前例)를 거울삼아 국제연맹 정신을 계승하자면서 강력한 조직체를 구성하였다.

④ 영국과 프랑스, 네덜란드 등 유럽국가들의 태평양 지역에 대한 식민 지배체제를 붕괴시켰다.

둘째, 군사적 측면에서 ① 무기체계가 획기적으로 발전하는 계기를 마련하면서 과학기술 주도의 전쟁 시대를 도래(到來)시켰다. ①-1 핵무기의 개발로 새로운 형태의 제한전쟁(limited war) 양상이 나타났으며, ①-2 전차와 항공기, 함정 등의 발전은 합동작전 수행능력도 향상하게 하였다. ①-3 장거리 전략폭격기인 B-29 등의 개발로 원거리 전략폭격 능력이 대폭 향상되었다. ①-4 항공모함이 해상전(海上戰)의 주력으로 등장하였다. ①-5 전파를 이용하는 VT 신관(지연신관 또는 근접신관)은 최고의 기술적 진보로 평가받았으며, 미국의 구축함과 순양함, 전함 등의 대공방어 효율성이 일본군과 비교할 때 몇 배나 급등하였음은 전쟁의 결과를 암시하였다.[25] 또한, 유도탄, 대전차 로켓, 레이더 등의 신무기를 연이어 개발하였다. ② 군사교리가 획기적으로 발전하였으며, ②-1 전격전을 바탕으로 한 기동전 이론이 발전하면서 소련군의 종심전투(縱深戰鬪, Combat In Depth)와 미군의 공지 전투(空地戰鬪, Air-land Battle) 개념 등은 상당한 발전을 거듭하였다.

"계획은 명료(明瞭)하여야 하고, 준비는 철저하게!, 전투 행위는 맹렬하여야 하나, 전장(battle-field)에서의 지휘는 융통성 있게!"

---

[25] 당시 포탄이 터지기 위해서는 기폭제 역할을 하는 내부 화약을 폭발시킬 수 있는 '신관'이 필요하였다. 그러나 대다수 신관이 사전(事前)에 항체 고도에 맞춰 시간을 장입해야 폭발하는 '시한신관'이었기에 정확하게 시간을 맞추기는 거의 불가능하였다.

강의 Ⅶ 제1차 걸프 전쟁(Gulf War)에 관하여 이해합시다.

학습하기 이전(以前)에 요구되는 사항

1. 걸프 전쟁 前·後의 국제정세와 주변 환경은?
    * 역사적 연대기 측면에서 접근
2. 걸프 전쟁이 발발(勃發)하게 된 역사적 배경과 원인은?
    * 사막의 폭풍 작전(Operation Desert Storm)이란?
    * 사막의 방패 작전(Operation Desert Shield)이란?
    * 사막의 여우 작전(Operation Desert Fox)이란?
3. 조지 W. 부시(George W. Bush) 대통령의 성향과 특성은?
4. 슈워츠코프(Herbert Norman Schwarzkopf Jr.) 다국적군 사령관의 성향과 특성은?
5. 사담 후세인(Saddam Hussein al-Majid al-Awja) 이라크 대통령의 성향과 특성은?
6. 다국적군의 초기 임무와 이라크 내부(內部)의 상황은?
    * 이라크군의 전략과 다국적군 전략의 특징 비교
7. 개전 초기 다국적군의 항공작전 단계와 특징은?
    * 제1~4단계 별 정리
8. 다국적군의 지상 작전의 특징은?
    * 우회(By-Pass) 전술의 개념과 특성
9. 걸프 전쟁이 디지털 전쟁 시대를 개막했다는 의미는?

제8장

걸프 전쟁

제1절 개요

제2절 걸프 전쟁의 발발(勃發) 배경과 전략적 환경

제3절 국가별 전쟁 계획과 주요 인물에 관한 이해

제4절 단계별 주요 작전과 전투의 양상

제5절 걸프 전쟁이 남긴 의미와 교훈

제 1 절

개 요

중동(Middle East)은 지리적 측면에서 3개 대륙을 연결하는 요충지로서 역사적으로도 동·서양 세력이 진출하려면, 반드시 거쳐야 하는 관문으로 인식되어왔다. 수많은 주요 전쟁 중에서 '걸프 전쟁'을 탐구하는 목적은 이전까지의 전쟁 양상은 재래식이었으나, 걸프 전쟁을 통해 스텔스 공격기, 대구경 다련장 로켓시스템(MLRS), 패트리엇(Patriot)·크루즈(Cruise) 미사일, AH-64 아파치 등을 비롯한 첨단 과학(high-tech) 무기들이 등장하는 디지털 전장으로 변화하였기 때문이다.[1] 다시 말해 전쟁이 디지털 방식으로 변화하는 결정적인 계기를 불러왔으며, 최첨단 과학무기가 동원된 초 현대전의 시험장이었다. 이 전쟁을 통해 미국은 세계에서 유일한 초강대국의 위용(威容)을 드러낼 수 있었고, 이를 통해 중동 지역에 확고한 입지를 구축하였음은 새겨볼 부분이다.

'걸프 전쟁'은 미국, 영국, 프랑스 등 서방 진영을 주축으로 하는 다국적군(Multinational Force)과 이라크 사이에 벌어진 6주간의 전쟁을 의미하고 있다.[2] 제1차 걸프 전쟁이라고

---

[1] '냉전(Cold War)' 이후 미국의 핵심 산업인 군수업계는 활로를 찾지 못하여 사양(斜陽)길에 접어드는 듯했으나, 걸프 전쟁으로 인해 군수산업은 '황금알을 낳은 거위' 역할을 하였다. 최첨단 과학무기의 우월성을 본 전(全) 세계국가가 미국의 과학무기를 구매하는 현상을 불러왔다.

[2] 원래 '걸프(Gulf)'는 '바다의 만(灣, bay)'을 의미하고 있다. 전쟁이 진행된 지역도 걸프가 아니라 페르시아만 주변 지역이었다. 실제 주변 국가들이 페르시아만 일대에서 분쟁이 잦기에 페르시아만 자체를 아예 'The Gulf'로 부른다. 이로 인해 한국도 '걸프만'으로 부르고 있으며, '제1차 이라크 전쟁' 또는 '페르시아만 사태'로도 불리고 있다. 당시 다국적군에서 부르는 공식 명칭이 '걸프 전쟁(The Gulf War)'이기에 '제1차 걸프 전쟁'으로 설정하였다.

명명(命名)하는 이유는 2003년 두 번째 이라크 전쟁이 발생하면서 1991년의 이라크 전쟁과 혼동이 생길 수 있기에 '제1차 걸프 전쟁'으로 정리하였다. 1987년 이스라엘과 이집트에 접해있는 가자 지구(Gaza Strip)[3])에 봉기가 일어나면서 아랍-이스라엘 간에 긴장이 고조되었다. 이후 1990년 이라크가 쿠웨이트를 갑작스럽게 침공하자 페르시아만에 미국이 주도하는 다국적군이 파병되면서 전운(戰雲)이 감돌았다. 이라크의 사담 후세인 대통령은 쿠웨이트 원유시설을 확보함으로써 내부 권력과 중동 지역에서의 패권(hegemony)을 공고히 하려는 의도였으나, 미국의 에너지 안보 정책에 대항하는 결과로 나타났다.

---

3) '가자지구(Gaza Strip)'는 오랜 기간 대 이스라엘 저항세력의 중요 거점으로 1948년 팔레스타인 전쟁에서 격전지였다가 1949년 이스라엘-이집트의 휴전협정에 따라 이집트로 편입되었다. 1967년 중동전쟁 결과로 이스라엘이 통치하게 되었다. 이후 1994년 잠정적으로 자치(自治) 형태가 채택되었다가 2005년 팔레스타인, 2006년 이스라엘이 가자 지구를 다시 공격하면서 여전히 혼란스러운 상태이다.

제 2 절

걸프 전쟁의 발발(勃發) 배경과 전략적 환경

1. 중동(Middle East) 지역의 역사적 배경과 정세

1989년 12월 2일부터 1박 2일간 지중해 몰타에서 만난 美 조지 H. W. 부시 대통령과 蘇 고르바초프(Mikhail Gorbachev, 1931~) 공산당 서기장은 몰타회담(Malta Summit)을 통해 "동서가 냉전 체제에서 새로운 협력 시대로 접어들고 있다."라고 선언하였다.[4]

세계질서의 흐름도 화해와 개방으로 가고 있는 것처럼 보였다. 그러나 중동 지역의 군사적 긴장이 계속 고조되는 가운데 1948년부터 30년간 진행되었던 아랍제국과 이스라엘의 전쟁은 다소 진정되는 기미를 보였다. 하지만 진정과 반복을 거듭하다가 1979년 3월 26일 워싱턴에서 이스라엘-이집트 간 평화조약 체결로 종결되는 듯했다. 그러함에도 아직 근본적인 문제를 정리하지 못했다.[5]

이러한 가운데 이란과 이라크가 전쟁을 시작하였다. 주된 명분은 아랍인과 페르시아인의 민족적 대립과 이슬람교 내부의 다른 종파 간 대립이 시발점이 되었다. 직접적인 계기는 1975년 체결한 양국의 국경협정 당시 이라크가 쿠르드족의 반란에 이란은 지원하지 않는다는 조건이었지만, 현실적인 필요에 따른 선택이었기에 불만을 가진 상태였다. 그런데 1979년 이란이 혁명으로 인해 내정(內政)이 혼란에 빠지면서 군사력이 약화하자 사담 후세인이 기회를 놓치지 않고 주도권을 장악하기 위해 행동에 옮겼다. 1980년 9월 후세인

---

[4] '몰타회담'의 장소는 지중해 몰타섬에 정박한 소련 여객선 막심 고리키(Maxim Gorky) 호에서 2회에 걸쳐 진행하였다.
[5] 1978년 9월 5일부터 17일까지 이집트 대통령 안와르 사다트(Anwar Sadat, 1918~1981)와 이스라엘 총리 메나헴 베긴(Menachem W. Begin, 1913~1992)이 美 지미 카터 대통령의 중재로 캠프 데이비드에서 협상을 진행하여 합의된 평화 계획을 토대로 다음 해 백악관에서 체결한 조약이다(상세한 내용은 2018년 개봉한 영화 《코드명 엔젤-The Angel》을 보면 이해가 쉬울 듯하다.; 정호수, 『세상을 바꾼 협상 이야기』 (서울: 발해 그후, 2008), pp. 395~417.

은 불평등한 국경협정을 파기하고 샤트 알 아랍(Shatt al-Arab) 수로(水路, 강) 양안(兩岸, 양쪽 기슭)과 호르무즈 해협에 있는 3개 섬에 대하여 주권을 행사한다고 일방적으로 선포하였다. 그러나 이란에서 이를 인정하지 않자 무력(武力)으로 침략하였다. 당시 이란이 혁명의 와중이다 보니 초기엔 이라크군에 밀렸으나, 점차 강력하게 저항하여 교착 상태로 8년간 진행되었다.6) 그러자 열강(列强)들이 자국산 원유 수송의 안전성을 확보하기 위해 압력을 행사하여 1988년 UN 안보리가 정전결의안을 선포하고 전쟁을 종결시켰다. 그러나 외부의 강요로 정전(停戰)됨으로써 전쟁의 불씨는 여전히 남아 있다.

2. 이라크-이란-쿠웨이트의 전략적 관계

1980년 이라크는 이란과의 전쟁에서 초기엔 우세하였으나, 8년이 지나 정전(停戰)하면서도 제대로 된 배상을 받지 못했다. 전쟁으로 인해 국가 인프라(infrastructure)의 피해는 상당하였고, 군대에서 전역한 100만여 명의 병력이 사회로 쏟아져 나오면서 수십만 명의 실업자가 발생하였다.7) 당시 이라크는 이란(시아파 맹주)의 위협에서 사우디아라비아와 쿠웨이트, UAE 등의 수니파 국가들을 보호한다는 명분을 내세우며 자금을 지원해달라는 것이었다. 군사력이 약했던 수니파 국가들은 어쩔 수 없이 저렴하게 차관(借款, loan)과 석유를 공급하였다. 이후 사우디아라비아는 후세인이 채무 370억 $까지 탕감하라는 요구에 채무를 면제해주고 불가침 조약을 맺었다. 쿠웨이트는 수십 년째 이라크와 영토 분쟁으로 대치하고 있기에 거부하였다. 이 와중에 쿠웨이트의 원유 증산(增産) 노력이 이라크의 석유 수입을 감소시키는 결과로 맞물리면서 후세인은 쿠웨이트가 눈에 거슬렸다. 이후 석유를 감산(減産)하고 가격은 그대로 유지하도록 요구했으나, 거절당하면서 영토 분쟁은 더욱 확대되었다. 특히 이라크 정보부에서 수집한 정보가 후세인을 자극하였다. 사우디아라비아-카타르 수뇌부 간 회동에서 이라크가 위협하더라도 쿠웨이트와 UAE를 옹호하자

---

6) 이라크군은 이란군의 강력한 저항에 밀려 1982년부터 모든 점령지역에서 군대를 철수하면서 이란과의 평화협상을 추진하였다. 그러나 후세인에 원한을 품은 아야톨라 루홀라 호메이니(Ayatollah Ruhollah Khomeini, 1902~1989)가 이란을 통치하게 되면서 이라크와는 타협하지 않고 후세인 타도를 외치면서 전쟁을 계속하다가 1988년 정전(停戰)에 찬성함으로써 종전(終戰)되었다.

7) 당시 이라크의 채무액은 800억 $이 초과하였고, 경제 재건 비용과 채무는 130억 $이 넘었다. 이로 인해 채무 이자 등을 포함하여 연간 140억 $이 지급되어야 하는 형편이었으나, 이란과의 적대관계로 인하여 군비(軍備)를 줄일 수도 없었다. 여기에 뚜렷한 경제회복 대책마저 없었기에 군사력을 동원하여 주변의 중동 국가들을 위협하는 방법만이 유일하였다.

는 대화 내용을 보고받고는 쿠웨이트와의 전쟁을 결심하였다. 이즈음 미국은 중동 지역에 관심을 기울였다. 그러나 1989년 베를린 장벽이 무너지고, 소련이 몰락해 가는 과정에서 자신들에 유리한 동유럽 질서를 재편(再編, reorganization)하는 데만 집중하였을 뿐이다.

1990년 7월 초 후세인은 이라크군(10만여 명)을 쿠웨이트 국경 지역에 집결시켰다. 대외 명분은 이란과의 분쟁에 대비한다고 발표하였지만, 이를 믿는 국가는 거의 없었다. 美 첩보 위성도 7월 17일 이라크군 2개 기갑사단이, 이틀 후 1개 기계화 보병사단이 추가로 집결하고 있음을 확인하게 된다. 7월 25일 후세인은 에이프릴 글라스피(April Glaspie) 주(駐)이라크 미국대사를 불러 이라크 경제의 심각성을 설명하고 쿠웨이트에 대한 자신의 단호한 행동을 방해하지 말라고 압박하였다.[8] 그리고 미국이 방해한다면, 전쟁도 불사(不辭)할 것이라고 강력하게 경고하였다.

당시 미국의 판단이 이라크의 경제 문제만 해결되면, 후세인이 전쟁을 일으키지 않으리라는 낙관적으로 평가하였다는 점에서 상당히 아쉽다.[9] 7월 30일 이라크군의 포병 전력이 이동하는 상황과 10만여 명의 병력을 단순한 무력시위로 보기에는 무리가 있다는 보고서에도 판단이 유보되었다. 8월 2일 이라크군 3개 사단과 항공전력이 쿠웨이트를 침공한 지 4시간이 지난 06:00에 보고를 받고 나서야 전쟁이 시작하였음을 알게 됨으로써 사전에 방지하거나, 개입할 수 있는 적기(適期, timing)를 놓쳤다.

---

8) 연합뉴스, "이라크 후세인, 美 대사 불러 이례적 면담," 『연합뉴스』 (1990.7.25.) (검색일자: 2020년 12월 17일).
9) CIA는 국경 지역의 이라크군 3개 사단이 언제나 이동이 가능한 상태이고, 4개 기갑사단은 장거리 이동을 준비하고 있다는 정보를 보고했다. 그러나 당시 콜린 파월(Colin Powell) 美 합동참모의장은 아직 포병 전력과 보급 상태가 완전하지 않으며 통신 조작이 확인되지 않았기에 이를 단순한 위협으로만 보았다.

제 3 절

국가별 전쟁 계획과 주요 인물에 관한 이해

1. 조지 허버트 워커 부시(George H. W. Bush)

조지 H. W. 부시 美 대통령

미국의 조지 허버트 워커 부시(George H. W. Bush, 1924~2018)는 1924년 매사추세츠주에서 태어났으며, 제2차 세계대전과 태평양 전쟁에 해군 조종사로 참전하여 다수의 훈장을 받았다. 이후 CIA 국장 등 다양한 경험을 통해 정책과 외교 전문가로 활동하였다. 그가 제41대 대통령으로서 재임한 1989년부터 1993년까지는 1989년 동·서독이 통일을 이루고, 1991년 (舊) 소련연방이 해체되는 격동의 시기였으며, 후세인이 유전시설을 확보하기 위해 쿠웨이트로 무력침공을 감행한 기간이었다. 그는 1990년 8월 2일 02:00 이라크가 쿠웨이트를 침공하고 8월 8일 일방적으로 쿠웨이트 합병을 선언하자 UN 안보리가 무효라고 선언하게 하였고, 대(對)이라크 교역 금지 결의안이 통과될 수 있도록 압박하였다. 걸프 전쟁 간 UN 회원국을 성공적으로 규합한 공로는 국제 사회에 인정받았다. 이후 이라크와의 외교 협상이 결렬되자 걸프만에 병력을 집결시키며 공세적인 국가전략을 대외적으로 표방하는 등 강경한 태도로 밀어붙이는 뚝심도 보였다.10) 그는 외교 분야에 괄목할만한 성과를 거두었고, 국가 위상을 회복시킨 대통령으로서 베트남 전쟁의 상처를 치유하는 데도 노력한 인물이다.

석유 사업 등을 하다가 뒤늦게 정치에 입문하였으나, 상원 출마에 실패를 거듭하는 와중에 닉슨 대통령에 발탁되며 정치경력을 쌓은 이후 외교와 정책전문가로서의 특화된 자기만의 영역을 만들었다.

---

10) 1991년 1월 12일 UN의 최후통첩 시한을 앞두고 이라크와의 외교 협상이 결렬되자 군사력 사용 결의안을 통해 1월 15일 미군 53.9만 명과 연합군 27만 명을 걸프만에 집결시키도록 결단(決斷)하였다.

2. 노먼 슈워츠코프(Herbert Norman Schwarzkopf Jr.)

노먼 슈워츠코프 다국적군 사령관

허버트 노먼 슈워츠코프 주니어(Herbert Norman Schwarzkopf Jr, 1934~2012) 중부사령관은 뉴저지주 트렌턴(Trenton)에서 태어났다.[11] 1991년 1월 17일 시작된 걸프 전쟁 당시 '사막의 폭풍 작전(Operation Desert Storm)'을 성공시켰고, 최첨단 정밀유도무기(PGMs)를 적절하게 사용함으로써 전쟁의 성과를 극대화하였다. 미군의 최고사령관으로서 28개 국가에서 집결한 다국적군을 부드러운 카리스마로 결속시켰으며, 적군의 수송기관과 보급로, 군사기지들을 무력화하거나, 파괴하는 작전을 성공적으로 완수하였다. 전쟁을 개시한 100시간 만에 이라크의 항복을 받아내고 전쟁을 종결지었다. 기동의 이점(利點)을 높이기 위해 공군력을 이용한 전략폭격으로 목표지역을 초토화하였다. 사막 지형을 이용하여 은밀하게 기동을 계획하는 등을 통해 이라크 지상군을 고립시키고 격멸해 버리는 고대 전법을 사용하였다는 점에서 전략적 판단과 식견도 탁월했음을 알 수 있다.

3. 사담 후세인(Saddam Hussein)

사담후세인 이라크 대통령

사담 후세인(Saddam Hussein, 1937~2006)은 이라크 내의 소수 종파인 수니파 출신으로 바트당의 당수였다가 1977년 부통령이 되었다. 1979년부터 2003년까지 제5대 대통령으로서 쿠웨이트 원유시설을 확보하기 위하여 무력으로 침공을 결정한 인물이다. 개인숭배를 강요하고 반대파를 숙청, 공포정치를 자행하고 주민들을 탄압하는 등의 전형적인 독재자로서 구(舊)소련의 이오시프 스탈린(Joseph Stalin)이 시행하였던 폭압

---

11) 美 중부사령부(US Central Command)는 1983년 1월 플로리다주 탬파(Tampa)의 맥딜(MacDill) 공군 기지에서 중동지역에 대한 '신속 전개 합동군'으로 창설되었다. '중부'의 의미는 美 대륙의 중부가 아닌 지구의 중앙부에 해당하는 서남아시아지역을 의미하고 있다. 중동부 아프리카에서 중앙아시아에 이르는 27개 국가를 포함하고 있다. 1991년 걸프 전쟁 간 이라크 사막을 횡단하는 원정공격에 성공하면서 알려졌으며, 육·해·공군과 해병대, 특수전 사령부 등 5개의 구성군사령부로 편성하였다.

적인 정치 방식을 추종하였다고 알려져 있다. 자신이 주도하는 바트당만이 국민에 부(富)를 분배할 수 있는 유일무이(唯一無二)한 존재로 만든 인물이기도 하다. 한편 이라크의 세속화를 추진하여 여성해방 운동을 활성화하는 등 현대국가로의 변화에도 상당 부분 노력하였고, 석유를 국유화시킨 공로도 인정받고 있다.

4. 이라크의 쿠웨이트 침공작전 계획

1990년 7월 말이 되면서 후세인은 공화국 수비대를 주축으로 하는 5개 사단 10만여 명을 쿠웨이트 국경에 배치한 다음 8월 2일 전차 4,230대와 항공기 800대로 침공을 개시하였다. 한편 병력 16,000명과 전차 275대, 항공기 36대 밖에 없었던 쿠웨이트는 변변한 저항 한번 해보지 못하고 8월 4일 전(全) 국토를 내주었다. <그림 8-1>은 이라크군의 쿠웨이트 침공작전 요도다.

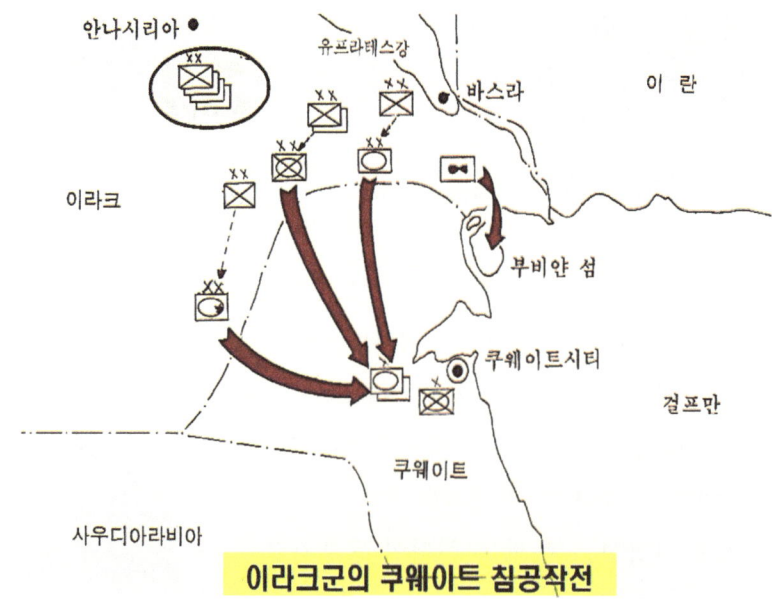

<그림 8-1> 이라크군의 쿠웨이트 침공작전 요도(개략)

침공한 지 하루도 지나지 않아 쿠웨이트를 접수한 후세인은 "쿠웨이트는 역사적으로 이라크의 땅이었다."라며 19번째 주로 편입시켜 버렸다.

5. 미국의 대응과 다국적군[12]의 이라크 공격계획

5.1. 주요 사태의 전개와 미국의 대응조치

조지 H. W. 부시 대통령은 국가안보회의(NSC)에서 제2의 베트남 사태는 안된다고 하면서 대규모 병력 및 물자 등을 신속히 투입하였고, UN 안보리는 이라크군의 즉각 철수를 결의하였다. 사우디아라비아 공격을 저지하기 위해 페르시아만 지역에 美軍을 배치하였다. UN 결의안을 계속 통과시켰고, 소련도 미국의 조치에 지지를 표명하는 등 상황은 이라크에 불리하였다.[13] <그림 8-2>는 다국적군이 이라크군을 공격하기 직전의 배치 요도다.

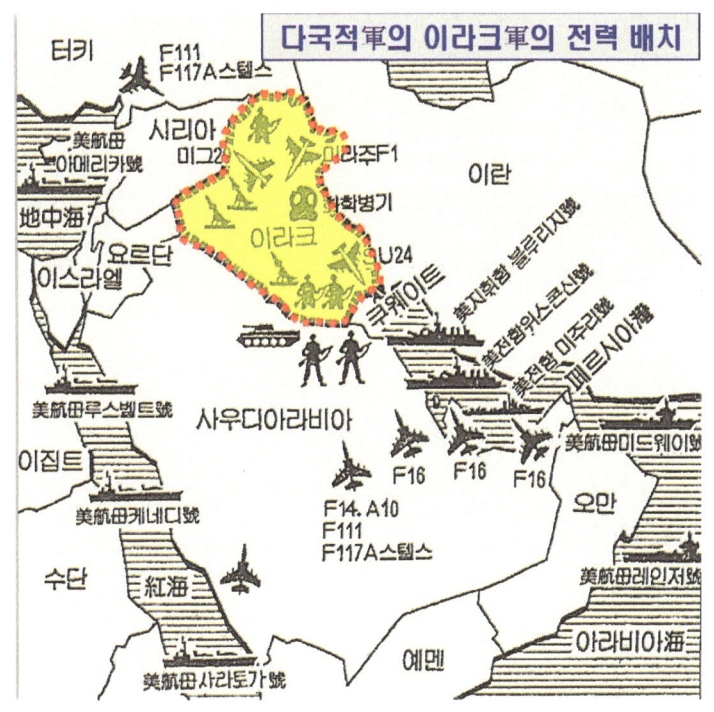

<그림 8-2> 다국적군이 이라크군을 공격하기 직전의 부대 배치 요도

---

12) 다국적군은 동맹군이 아니었고, 공식적인 연합사령부도 아니다. 오직 승리하기 위한 목적에서 美 중부군사령관인 노먼 슈워츠코프 대장의 지휘를 받도록 만든 임시 조직이다.
13) 1990년 11월 29일 UN 안보리가 다국적군의 무력 사용을 승인하면서 1991년 1월 15일까지 이행하지 않는다면, 이라크군을 쿠웨이트에서 축출시킬 것을 결의하였으나, 이라크는 협상할 의지가 없었다.

5.2. 다국적군과 이라크군의 주요 전력(戰力) 비교

8월 7일 조지 H. W. 부시는 '사막의 방패 작전(Operation Desert Shield)'을 지시하고 美軍을 페르시아만으로 이동시키는 등 긴박하게 움직였다. <표 8-1>은 다국적군과 이라크군의 전력을 비교한 내용이다.

<표 8-1> 다국적군과 이라크군의 주요 전력 비교(개략)

구 분	美軍	다국적군	이라크군
병 력(명)	415,000	245,000	545,000
전투기, 폭격기(대)	1,800		550
헬기(대)	1,500	157	160
전차/장갑차(대)	1,200/2,000	1,285/1,350	4,000/2,500
야포/대공포(문)	500/-	443/-	2,700/6,000
지대공미사일(SAM)	-	-	700
기 타	항모(航母) 6척을 포함한 함정(艦艇) 191척		스커드 미사일, 화학무기

제 4 절

단계별 주요 작전과 전투의 양상

1. 개 요

사담 후세인은 쿠웨이트에 계속 병력을 증강하면서 사우디아라비아 국경에서도 전쟁을 수행할 태세를 갖추었다. 이러한 정보를 확인한 노먼 슈워츠코프 중부군사령관은 美 본토에 병력의 증강을 요청하였다. 조지 H. W. 부시 대통령도 이제는 방어가 아닌 쿠웨이트 탈환을 위해 공세 전략으로 전환할 때라고 판단하여 신속하게 전투력을 보강하였다. 본토에서도 예비군과 주(州) 방위군을 동원하여 예비 전력을 추가로 확보하는 등 일촉즉발의 상황은 계속 고조되어 갔다.

1991년 1월 15일이 지나면서 UN 안보리에서 결의한 전쟁과 평화로의 복귀에 관한 일련의 노력 등이 별다른 의미가 없음이 느껴졌다. 다시 말해 '평화'의 구호보다 언제 공격을 개시할 것인가? 라는 선택이 남았다.

초기에 다국적군(Multinational Force)은 이라크가 더는 주변국으로 침공하지 않도록 저지하되, 이라크군의 전력 손실을 극대화함으로써 스스로 공격을 포기하게 만드는 데 집중하였다. 동시에 사우디아라비아의 방어 능력도 계속 증강하여줌으로써 이라크가 국경을 통해 침공한다면, 이를 성공적으로 방어할 수 있다는 자신감도 심어주었다. 슈워츠코프 다국적군 사령관(대장)과 중부군 제9 공군 사령관(찰스 호너 중장)은 이를 위해 다섯 가지의 기본 목표를 수립하였다. <표 8-2>는 쿠웨이트 공격을 위해 수립한 다섯 가지의 기본 목표이다.

<표 8-2> 쿠웨이트 공격을 위해 수립한 다섯 가지의 기본 목표

첫째, 후세인의 지휘 통제체계를 파괴한다.
둘째, 이라크군의 레이더와 대공미사일은 무력화시키고, 항공기 이륙을 저지(沮止)한다.
셋째, 이라크군을 지원하는 공장, 보급창, 연구소를 파괴한다.
넷째, 이라크 내(內)의 비행장과 항구, 고속도로, 교량을 파괴한다.
다섯째, 이라크군의 최정예부대인 공화국 수비대를 섬멸한다.

2. 개전(開戰)과 항공작전 4단계의 주요 경과

밤하늘을 찢는 미군과 다국적군 폭격·전폭기의 폭음에 이어서 이라크의 대공포가 불을 뿜었다. 이라크의 도전을 받은 세계 유일한 초강대국이 주도하는 다국적군이 응전(應戰)을 시작하였다. 달이 없는 야음(음력 12월 2일)을 이용할 경우 이라크의 방공망을 회피할 수 있다는 점을 고려하여 선택한 D-day였다. 1991년 1월 17일 02:40부터 H-Hour인 03:00까지 아파치헬기 8대는 이라크 서부(西部)의 조기경보 레이다 기지를, F-15E 전투기들은 이라크 서부의 스커드 미사일 생산기지와 발사 시설을 폭격하였다. F-117A 스텔스 전투기들은 정밀유도폭탄(JDAM)을 남부(南部)의 지하 방공통제센터와 바그다드 시내에 있는 이라크군 지휘부와 정부의 통신 및 지휘 통제시설, 보안 정보기관 등을 집중적으로 폭격하였다.14) 홍해(紅海, Red Sea)와 걸프 지역에 배치된 함대는 24시간 동안 106발의 토마호크(Tomahawk) 미사일로 이라크군 야전사령부의 지휘 통제시설을 완전히 파괴하였다.

다국적 전투기들은 24시간 동안 1,300여 회를 출격하여 기타 통신·전략시설, 방공체계와 지휘 통제시설을 집중적으로 공격하였다. 이외에도 美 공군의 E-3 조기경보기(AWACS)와 美 해군의 E-2C 조기경보기는 이라크 공군을 감시하면서 공중지휘와 공군기 간의 명령 전파 및 통제 임무를 담당하였다. 이를 통해 이라크와의 공중전에서 다국적군은 단 한 대의 손실도 없었던 반면에 이라크 전투기 35대와 헬기 6대가 격추되었다. 이후 대다수 이라크 전투기들이 지상대피소에 대피하였고, 140여 기는 이란으로 탈출함으로써 이들의 작전 수행은 애초부터 어려웠다.

美 공군의 EF-111기, F-4G기, EC-130기, 美 해군의 EA-6B기, F/A-18기 등은 이라크 전력(戰力)의 위치를 파악하여 정밀한 파괴 활동을 수행하였으며, 레이다 체계는 교란함으로써

---

14) 제1차 걸프 전쟁에서 정밀유도폭탄(JDAM) 투하율은 전체의 10% 이내였으나, 2003년 이라크 전쟁에서는 전체의 80~90%의 비율을 차지하였다.

작전 수행에 방해를 받지 않도록 하는 등 입체적으로 작전을 시행하였다. <표 8-3>은 다국적군의 항공작전 단계별 수행방안이다.

<표 8-3> 다국적군의 4단계 항공작전 단계별 수행방안

구 분	단 계
제1단계(1.17.~23.)	전략폭격
제2단계(1.24.~26.)	공군 및 방공조직 제압·파괴
제3단계(1.27.~2.24.)	지상군 직접공격
제4단계(2.24.~2.8)	지상공격 지원

제1단계는 크루즈 미사일과 스텔스·재래식 폭격기를 이용한 전쟁지휘체계와 정보체계, 그리고 주요 공장시설을 전략적 차원에서 폭격함으로써 기능을 마비시키고자 하였다. 이를 위해 우선적인 목표는 전략 방공체계인 ① 이라크의 지휘 통제시설, ② 통신체계, ③ 방공관제센터, ④ 비행장, ⑤ 화생방무기 생산 및 저장시설, ⑥ 해군·항만시설, ⑦ 정유시설, ⑧ 철도·교량, ⑨ 병력 및 군수품 저장시설 등으로 선정하였다.

제2단계는 쿠웨이트 전역(戰域) 내에 있는 이라크 공군과 지상 방공망을 제압 및 파괴하기 위해 비행장과 대공미사일 체계, 조기경보 레이다를 비롯한 방공망을 제거하였다. 제공권을 박탈당한 이라크가 지상에 있는 군사시설과 부대의 기동마저 여의치 않게 되자 절박한 처지로 내몰렸다. 1월 22일 후세인은 쿠웨이트에 있는 유정(油井) 600여 개소를 방화하였고, 해안에 있는 유류 저장소는 개방시켜 원유 수십만 배럴을 해상으로 유출하였다. 이는 미군이 쿠웨이트 해안에 상륙하는 자체를 저지할 목적에서 시행하였지만, 오히려 환경을 파괴하고 있다는 국제 사회의 비난을 자초하면서 더욱 불리해졌다. 그러자 작전을 바꿔 이스라엘과 사우디아라비아에 스커드 미사일을 발사하여 다국적군 내부의 분열을 시도하였다. 그러나 이마저도 美 육군의 패트리엇 미사일에 의해 대다수 격추되었다. 미국은 유럽지역의 패트리엇 미사일 4개 포대를 이스라엘로 전환하여 배치함으로써 이라크의 의도는 무위(無爲)로 돌아갔다.

1월 29일 후세인은 아랑곳하지 않고 쿠웨이트 남부에 있는 제1·5 기계화 사단, 제3기갑사단으로 하여금 해안선을 따라 사우디아라비아 북서부 도시인 카프지(Khafji)로 집결하는 美軍과 사우디아라비아군, 카타르(Qatari)군을 향해 지상공격을 감행하였다. 초기에는 예상하지 못한 후세인의 반격으로 다국적군이 혼란에 빠졌지만, 곧 상황을 수습하고 반격하여

2월 1일 이라크군은 격퇴되었다. 하지만 다국적군의 무차별적인 공습과 폭격에도 이라크군의 전투의지는 생각만큼 저하되지 않은 징후가 곳곳에서 나타났다. 이러한 분위기를 감지한 다국적군이 목표를 재선정하여 강력한 타격이 필요하다고 분석하였다. 곧바로 다국적군 공군이 이라크의 지상군 병력을 표적으로 재(再)선정하였다.

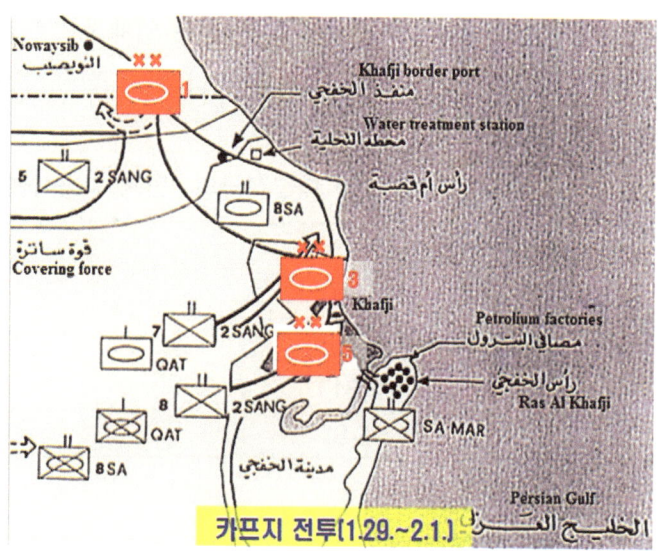

제3단계는 쿠웨이트 전역(戰域) 내에 있는 이라크 지상군에 대한 직접공격을 통하여 남부로 연결하는 이라크군의 병참선을 차단함으로써 쿠웨이트에 투입되어있는 공화국 수비대와 정규군을 고립시키고자 하였다. 제1·2단계 공중공격으로 전략시설을 파괴하고 제공권(Air Supremacy)을 확보한 것은 지상작전(ground operation)으로 전환(轉換)하기 위한 사전 공격의 일환이었다. 이라크군의 기갑·보병·포병부대를 무력화시키려는 목적에 따라 다국적 공군이 38일간 5,600여 회를 출격하였고, 이라크 지상군의 50%가 감소한 것으로 추정하였다. 이는 이라크군의 손실을 최대화하고 美軍과 다국적군의 손실은 최소화하는 성과에 성공했다는 결론이기도 하다.

제4단계는 이라크군을 쿠웨이트에서 배제하기 위해 실시하는 지상공격을 지원하기 위해 공중에서 근접지원하고자 하였다.

3. 다국적군의 지상 작전(ground operation)과 주요 경과

노먼 슈워츠코프 다국적군 사령관은 10월경 예상되는 이라크군과의 본격적인 교전에 대비하여 항공작전과 지상 작전계획을 수립하였다. 그는 제1단계인 전략폭격 단계에서부터 10여 개 정찰위성과 고공정찰기 등의 정보 수집자산, 이라크와 쿠웨이트 내부로 인적정보(humint)를 침투시켜 정보 수집 활동과 네트워크를 구성하는 데 노력하였다. 1991년 1월 17일 '사막의 폭풍 작전'을 개시하여 6주간 약 1,000여 시간이 넘는 전략폭격과 100시간에 달하는 지상 작전을 수행하였다.15)

3.1. 이라크군의 방어 배치와 전투력 수준

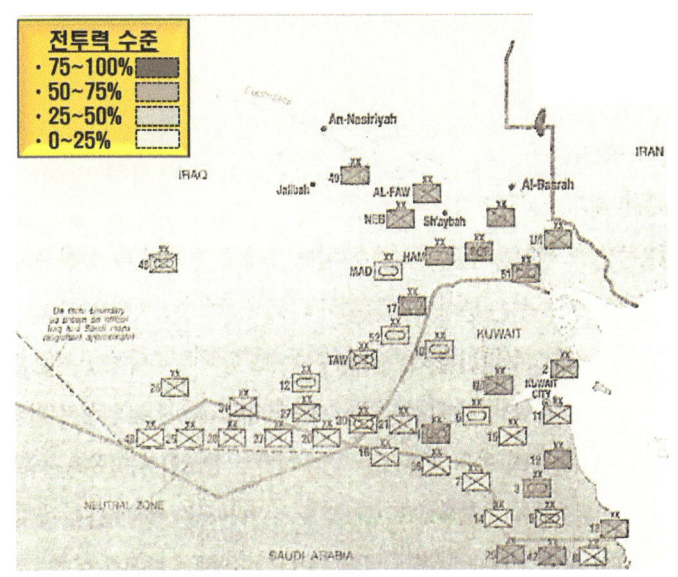

쿠웨이트를 점령한 이라크군은 사우디아라비아-쿠웨이트 국경선을 따라 43개 사단을 배치하고 강력한 방어진지를 구축하였다. 최전방에는 50만여 개의 지뢰지대를 설치하였고, 직후방에 있는 진지엔 기름을 가득 채워 원격조정(remote control)이 가능한 화염공격을 준비하였다.

방어지대는 제3선 개념으로 편성하였다. 제1 방어선은 보병, 제2 방어선은 기계화·기갑부대, 제3 방어선은 공화국 수비대를 배치하였다. 야포(field artillery)는 은폐했다가 다국적군이 제1 방어선을 통과할 때 야포 사격으로 격퇴하도록 계획하였다. 한편 이란과의 국경 협상을 진행하여 국교를 회복하자 이란 국경의 병력을 쿠웨이트로 전환하여 배치를 보강하였고, 유전과 정유시설에 대한 폭파장치를 설치하였다. 그러나 전방에 배치한 사단의 전투력은 50% 이하로 최악의 상태였다. 여기에 다국적군의 주공(main attack) 방향도 미처 파악하지 못하였고, 양동·양공 작전에 기만당하여 쿠웨이트 방어에만 치중하는 실책(失策)을 범했다.

3.2. 다국적군의 '헤일 메리 기동작전(Hail Mary Play)'

노먼 슈워츠코프는 작전을 은폐·기만하기 위해 양공(陽攻, feint)과 양동(陽動, demonstration)작전[16]을 활발하게 전개함으로써 이라크군의 관심을 돌리면서 혼란하게 하

---

15) '사막의 방패 작전(Operation Desert Shield)'은 미국이 1990년 8월 2일부터 1991년 1월 16일까지 '사우디아라비아의 방어와 美軍 군사시설의 설치와 관련한 작전 명칭'이고, '사막의 폭풍 작전(Operation Desert Storm)'은 미국이 1991년 1월 17일부터 4월 11일까지 진행한 '지상전과 관련한 작전 명칭'을 의미하고 있다.
16) '양공 작전'은 '적을 기만할 목적에서 시행하는 제한된 목표에 대한 공격작전'을, '양동작전'은 '적을 기만할 목적으로 아군의 결정적인 작전을 기도하고 있지 않은 지역에서 하는 일종의 무력시위'를 뜻하고 있다. 양공과 양동의 차이점은 적과 접촉하는지에 달려 있다.

였다. 당시 지상군은 1월 17일부터 이동을 시작한 '사막의 폭풍 작전(Operation Desert Storm)'을 통해 美 제7군단과 제18 공정군단 20만여 명, 65,000여 대의 기갑(전차) 및 지원 차량, 대규모 전투 장비와 물자, 60일분의 보급 장비 등을 사우디아라비아와 이라크의 국경선 서쪽으로 이동하였다.

제7군단은 150mile, 제18 공정군단은 250mile을 이동하여 이집트 접경지역의 사우디아라비아 라파(Rafha)에서 동쪽의 페르시아만 연안에 이르는 300mile 거리에 강력한 방어지대를 구축하였다. 작전 개념으로 해상에서 美 해병 상륙 부대는 양동·기만 작전을 전개함과 동시에 동부지역의 부대(助攻)가 먼저 진격하면, 주공(主攻)인 제7군단과 제18 공정군단이 이라크 후방지역으로 우회하여 기동한다는 개념이었다. <그림 8-3>은 다국적군의 공격부대 배치 요도이다.

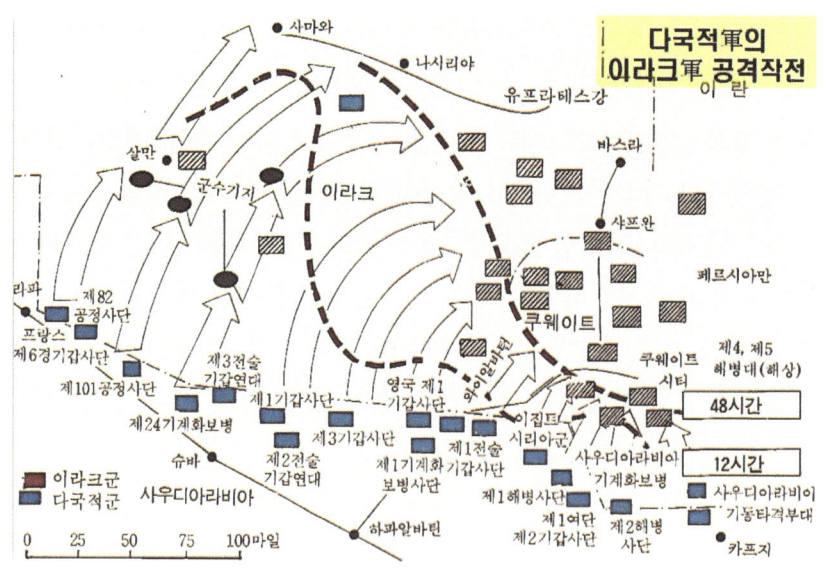

<그림 8-3> 다국적군의 공격부대 배치 요도

3.2.1. 사막의 폭풍 작전(Operation Desert Storm)

2월 23일 08:00 제2차 세계대전 당시 노르망디 상륙작전에 참전했던 제101 공정사단이 '공정작전(Airborne Force)'을 시작하였다.[17] 사단은 아군의 측방 보호와 이라크군의 퇴로를 차

---

17) '공정작전(空挺作戰)'은 '전략·작전적 수준에서 전투부대와 장비를 항공기에 탑승(탑재)하여 목표지역으로 이동하여 공중작전을 할 수 있도록 공두보(空頭堡, 공수작전을 통해 적지(敵地) 내부에 확보한 지역)를 확보한 후 제

단하기 위한 다목적 임무를 띠고 블랙호크 헬기로 이라크 내부 70mile까지 깊숙이 투하하였다. 이후 2월 24일 04:00 현지(現地) 시각에 전면 공격을 개시하였다. 제7군단은 2월 25(G+1)일에 공격할 예정이었지만, 제1 해병원정군의 공세에 이라크군 주력부대가 쿠웨이트로 철수하면서 18:00경에 제2 방어선까지 돌파하였다. 제18 공정군단이 담당한 정면에서도 전차 200여 대를 포획하였고, 2,500여 명의 포로를 획득하는 등 다국적군의 지상 작전은 상당한 성과를 달성하였다. <그림 8-4>는 2월 26일에서 28일까지 美 제7군단이 돌파 및 진출한 작전 요도다.

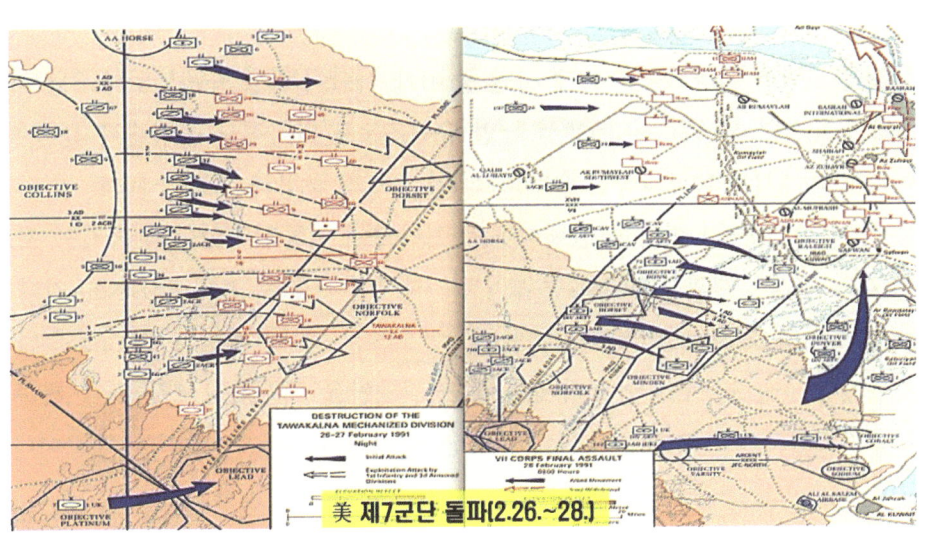

<그림 8-4> 美 제7군단의 돌파(2.26.~29.) 요도

2월 26일 이라크군 주력부대가 全 전선에서 급속히 와해(瓦解)되었다. 제7군단과 제18 공정군단은 서북쪽에서 이들의 퇴로(退路)를 차단하면서 포위망을 압축하였다. 쿠웨이트로 진격한 동부연합사령부는 남부를 장악한 다음 서쪽에서 공격하는 서북부연합사령부와

한정적인 지상 전투(ground battle)를 하는 작전'을 의미하고 있다.

의 연결 작전에 성공하였다. 2월 27일 연합군의 공격을 견디지 못한 사담 후세인은 이라크군에 철군을 지시하였고, 연합군은 쿠웨이트를 완전히 탈환하였다. 조지 H. W. 부시 대통령이 '쿠웨이트 해방을 선언'한 다음 2월 28일 다국적군에 전투 중지 명령을 하달하였다.

3.2.2. 종전(終戰), 그리고 휴전협상

<표 8-4>는 다국적군과 이라크군의 피해 결과를 정리하였다.

<표 8-4> 美軍을 비롯한 다국적군과 이라크군의 피해 결과

구 분	美軍과 다국적군	이라크군
전사/부상(명)	225 / 1,297	100,000 / 300,000
야포(문)	–	2,600
전차/장갑차(대)	8 / –	3,700 / 2,400
전투기/헬기(대)	49 / –	103 / 7

43일간의 걸프 전쟁은 결과적으로 이라크 전투기 140대는 도피하여 대량 손실을 모면했지만, 무적을 자랑한 이라크군은 42개 사단 중 41개 사단이 궤멸(潰滅)되었다. 3월 3일 이라크-쿠웨이트 국경의 샤프완 시(市)에서 노먼 슈워츠코프 다국적군 사령관과 각국 대표 사령관, 이라크 측에서는 참모차장인 술탄 하심 알 자브리 중장과 제3군 사령관 알 두가스타니 소장 등이 종전(終戰) 협상을 진행하면서 이라크에 억류되어있던 다국적군 포로들도 석방되었다. 협상 결과 이라크-쿠웨이트 사이에 있는 바스라(Basra)-안나시리아(Annasyria)-사마와(Samawah)-라프하(Rapha)를 연결하는 군사분계선과 폭 2km의 완충지대를 설치하였다. 4월 3일 UN 안보리에서 종전 결의안을 채택하고 4월 10일 제1차 걸프 전쟁이 종결되었다. <표 8-5>는 UN 결의안과 이라크가 수용한 합의안 내용이다.

<표 8-5> UN 결의안과 이라크가 수용한 합의안(요약)

첫째, UN 평화유지군의 창설과 대량살상무기(WMD)는 폐기한다.
셋째, 생화학 무기와 탄도 미사일을 파괴하고, 핵무기 개발 방지를 위하여 UN에서 무기사찰을 실시한다.
넷째, 쿠웨이트 점령으로 인한 손해배상을 할 것이며, 투명성이 확보되기 이전까지는 경제제재를 계속한다.

제 5 절

걸프 전쟁이 남긴 의미와 교훈

1. 개 요

걸프 전쟁은 제2차 세계대전 이후 동·서독이 통일되고 국제 사회가 점차 화해와 개방적인 분위기(mood)로 전환되는 즈음에 일어난 전쟁으로서 침략한 국가가 이를 반대하는 연합 국가들에 압도적으로 패배하는 하나의 선례(precedent)가 되었다. 미국과 NATO 국가들의 군사력과 이를 활용한 첨단 과학무기의 효과를 검증(verify)한 시험장으로 평가받고 있기도 하다. 다르게 말하면, 이전의 전쟁 및 지역 분쟁과는 다르게 과도한 비용을 소모한 전쟁이기도 하다.

걸프 전쟁은 여러 요소와 요인들을 효과적으로 통합하여 지휘한 지휘관들의 자질이 돋보이는 전쟁이었다. 노먼 슈워츠코프 다국적군 사령관은 임시 조직의 지휘관이었으나, 다국적군을 원만하게 통할(統轄)하여 무기체계의 발전과 전략·전술의 변화를 융합적으로 결속하였고, 지휘통솔 역량은 성과를 극대화하였음을 느낄 수 있다. 미래에 다가올 새로운 전쟁의 수행개념을 확립하는 계기가 되었던 요인들이 복합적으로 얽혀진 전쟁이었다고 봄이 타당하다.

2. 걸프 전쟁의 특징

<표 8-6>은 걸프 전쟁의 여덟 가지 특징을 정리하였다.

<표 8-6> 걸프 전쟁의 여덟 가지 특징(요약)

첫째, 임시기구인 다국적군이 전쟁을 주도하였다.
둘째, 수송 및 병참 능력의 확보가 중요한 분야로 식별되었다.
셋째, 대중매체(mass media)를 활용한 심리전(psychological warfare)이 치열하게 작동하였다.

> 넷째, 정보(intelligence) 수집의 중요성을 재인식한 전쟁이었다.
> 다섯째, 공중공격을 이용한 전략폭격이 전투개념의 중요한 부분을 차지하였다.
> 여섯째, 다양한 기만 작전(deception operation)과 우회기동(turning movement) 전술을 적용하였다.
> 일곱째, 첨단 과학 무기의 위력이 전장(battlefield)을 지배하였다.
> 여덟째, 지휘관의 훌륭한 자질과 통합(화합)·결속시키는 능력이 전쟁의 승패(勝敗)에 중요하게 작동하였다.

첫째, 다국적군 자체가 연합군이나 동맹군의 성격이 아니었는데도 같은 목적을 달성하기 위해 노먼 슈워츠코프 중부군사령관의 작전 지휘에 자발적으로 동참하였다. 이는 불법 침략을 반드시 응징해야 한다는 공감대와 명분이 있었기에 가능하였고, 미국이 세계 패권(hegemony)을 장악하던 상황과도 무관치 않다. 병력을 파병하지 않은 국가도 전쟁 비용을 공동으로 부담하는 과정이 이러한 현상과 맞닿아 있음을 알 수 있다.

둘째, 대규모 병력의 원거리 수송과 장비 및 물자의 이동, 사막 지형에서의 전투 형태와 양상은 국력과 경제력이 전쟁의 승패를 좌우한다는 점을 명확하게 보여준 일대 사건이었다. 이후 미군은 신속한 전투력 투사를 위한 경량화 사단으로의 개편을 추진하였음을 새길 필요가 있다.

셋째, 심리적 측면에서 고려한 선전 선동 전술(propaganda+agitation)은 최소의 희생을 가져왔고, 국민의 지지 여론과 장병들의 사기까지 진작시켰다.

넷째, 정찰위성과 정보수집기, 인간자산(특수부대) 등 다양한 방법과 수단을 동원하여 적정(敵情)을 수집하고, 쿠웨이트 내의 저항 단체와 연계하였다. 이를 통해 수집된 정보를 분석하여 전략·작전적 목표를 구체화한 참모판단과 지휘 결심체계가 잘 가동했지만, 이라크는 정보 획득을 등한시함으로써 다국적군의 기동 방향과 목표를 전혀 예측하지 못했다.

다섯째, 넷째와 연계한 전략폭격이 주효하였다. 이전(以前)의 전쟁에서 전략폭격은 전쟁의 승패를 결정지을 수 있는 수준이 아니었다. 그러나 초기의 전략폭격만으로 이라크군 전투력을 급격하게 저하(低下)한 결과는 미래 전장에서도 육·해·공군의 결합 노력에 따라 전투력을 극대화할 수 있는 전투개념임을 다시 한번 각인시켰다.

여섯째, 지상군의 피해를 방지하기 위해 치밀한 기만 작전과 우회기동을 실시함으로써 주공(主攻) 방향을 착각하게 만드는 데 성공하였다. 대표적으로 나폴레옹 보나파르트의 울름 전역(1805)과 제1차 세계대전 이전 만들어진 독일의 슐리펜계획(1905)을 사막 지형에서의 기동수단과 기만 작전과 연계함으로써 완벽한 성공을 거두었다는 점은 되새겨야 한다.

일곱째, 수많은 첨단 과학무기가 등장하여 위력을 검증받고, 전장을 지배하였다. 이는 미국의 패트리엇과 토마호크, 헬파이어 미사일을 비롯한 M1A1 주력 전차, 공중경보기 (AWACS) 등 첨단 무기 산업을 재도약하게 만든 일등 공신이었다.

M1A1 에이브람스 전차(중량 63t, 주무장 105~120mm 활강포, 최고속도 67.7km/H, 열화우라늄 복합장갑, 對 NBC 설비)

AWACS(E-3C, AN/APX-103 레이더 장착)

여덟째, 여느 시대나 전장(battlefield)에서도 지휘관의 자질과 덕목은 전쟁의 승패에 지대한 영향을 끼치고 있음을 알 수 있다. 구성원을 지휘 통제할 수 있는 능력(역량)이 없다면, 아무리 유리한 여건에서도 성과를 달성하기는 어렵다. 노먼 슈워츠코프를 비롯한 다국적군 지휘관들의 실전 경험과 전쟁사(戰爭史)에 관한 지식, 탁월한 전쟁 지도 능력이 없었다면, 승리를 획득하기는 쉽지 않았을 것이다.

"전쟁을 수행하는 과정에서 혁명적인 변화는 '새로운 기술 등장과 심화(深化) → 군사시스템의 기술적 통합 → 작전 개념의 채택 → 조직의 개선과 발달'로 이어졌을 때 가능하다."

강의 VIII 美-이라크 전쟁(제2차 걸프 전쟁)에 관하여 이해합시다.

학습하기 이전(以前)에 요구되는 사항

1. 美-이라크 전쟁 前·後의 국제정세와 주변 환경은?
   * 역사적 연대기 측면에서 접근
2. 전쟁이 발발(勃發)하게 된 역사적 배경과 원인은?
   * 이라크 자유작전(Operation Iraq Freedom)이란?
3. 이란-이라크 전쟁과 걸프 전쟁의 역사적 배경은?
   * 이란-이라크 전쟁(1980~1988)의 배경/원인-결과
   * 제1차 걸프 전쟁(1991)의 배경/원인-결과
4. 조지 W. 부시(George W. Bush) 대통령의 성향과 특성은?
5. 사담 후세인(Saddam Hussein al-Majid al-Awja) 이라크 대통령의 성향과 특성은?
6. 9·11테러 이후 미국 안보전략의 변화 방향은?
   * 조지 부시 독트린(2002.9.20.)의 내용을 개관(槪觀)
7. 미국의 국가·군사전략 지침과 전쟁 목적, 작전계획은?
   * 지휘체계와 부대 편성
   * 연합군의 3단계 작전계획
8. 이라크의 국가·군사전략 지침과 전쟁 목적, 작전계획은?
   * 우회(By-Pass) 전술의 개념과 특성
9. 안정화 작전(stabilization Operation)이란?
   * 의미와 개념(concept)을 이해하시오.

제9장

美-이라크 전쟁

제1절 개요

제2절 美-이라크 전쟁의 발발(勃發) 배경과 전략적 환경

제3절 주요 국가의 전쟁 준비와 주요 인물에 관한 이해

제4절 단계별 주요 작전과 전투의 양상

제5절 美-이라크 전쟁이 남긴 의미와 교훈

제 1 절

개 요

　美-이라크 전쟁 또는 제2차 걸프 전쟁(일명 이라크 자유 작전-Operation Iraqi Freedom)은 2003년 3월 20일 미국이 이라크를 침공한 이래 2011년 12월 15일까지 8년 9개월에 걸쳐 진행되었다. 이 전쟁은 미국이 전투에서 승리했으나, 전쟁에서는 승리하지 못했다는 참담한 평가를 받았다. 2001년 9·11테러는 '美 본토는 누구도 침범하지 못할 성역(聖域)'이라는 미국민의 자존심에 엄청난 분노와 공포를 일으켰고, 전통적 안보개념을 중시하던 미국의 국가·군사전략 개념을 송두리째 바뀌게 만든 결정적인 사건으로 평가하고 있다. 이러한 일련의 사건은 미국이 아프가니스탄 (2001)에 이어 이라크(2003)를 침공하는 결정적 요인으로 작용하였다. 그러나 두 전쟁 모두 군사작전 이후 안정화 작전(Stabilization Operation)을 제대로 수행하지 않았기에 정치·군사적 측면에서 완전한 승리를 장담하지 못할 지경까지 내몰렸다. 현대전쟁에서 안정화 작전의 정상적인 수행이 승리에 얼마나 지대한 영향을 끼치는지를 여실하게 보여준 대표적 사례로 볼 수 있다.[1]

　2002년 UN 안보리가 제1441호(이라크 사찰)를 결의했으나, 적극적인 협력이 부실하다고 판단한 미국의 조지 W. 부시(George W. Bush, 1946~) 대통령이 영국의 토니 블레어(Tony Blair, 1953~) 총리와 협의하여 독단으로 군사적 결단을 내렸다.[2]

　2002년 1월 29일 미국의 조지 W. 부시 대통령은 9·11테러가 발생한 지 4개월 만에 이라크와 이란, 북한을 3대 '악의 축(axis of evil)'으로 규정하고, 범(凡)세계적 차원의 대테러전을 강행하였다. 이는 美 본토가 테러를 당한 데 대한 트라우마도 한몫하였다는 분석이 정설(定說)이다. 공격 대상으로 선정하였던 3개 국가 가운데 이란은 내부의 개혁 움직임과 대량살상무기(WMD)의 위험성이 낮다는 이유로, 북한은 대한민국과의 관계 등을 고려하여 우선순위를 낮게 평가하였다. 한편 이라크의 사담 후세인은 권력을 독점하고 있었다.

---

[1] 현대전쟁은 군사적 측면의 재래식 전쟁도 중요하지만, 민간 영역을 확대한 정치·경제·사회·문화적 상황을 고려해야 하는 안정화 작전의 중요성을 이해하고 주목할 필요가 있다.
[2] 정옥임, "21세기 미국의 패권과 유엔: 부시 행정부의 대(對) 이라크전 사례 분석," 『국제 지역연구』 14권 1호 (2005 봄호), pp. 51~78.; "안보리 회의서 이라크전 반대 우세," 『연합뉴스(https://news.v.daum.net/v/20030220100651746?f=o)』 (2003.2.20.) (검색 일자: 2020년 12월 15일). 외; UN 안보리 결의 제1441호는 '이라크 전쟁의 개시'를 선언한 결의문이다.

제1차 걸프 전쟁 이후에도 반미(反美)·반서방(反西方) 정책 기조를 유지하고 있었다. 미국으로서는 후세인이 자신들의 패권정책에 반대하는 존재였을 뿐만 아니라 대(對)중동 정책을 수행하는데도 커다란 장애 요인이었기에 제거할 대상으로 선정하였다.3) 다시 말해 조지 W. 부시가 이라크에 집중한 내심(內心)에는 경제적인 문제도 있지만, 정치적 셈법이 많이 개입된 사례로 봐야 하지 않을까 싶다.

이후에도 사담 후세인이 UN의 무기사찰 요구를 계속 거부하면서 분위기는 좋지 않게 흘러갔다. 결국, 2002년 4월 조지 W. 부시 대통령과 토니 블레어 총리는 사담 후세인 정권을 축출하기로 합의하였다. 이제 '사담 후세인의 축출'은 미국과 영국의 공식적인 목표가 되었다.4) 이라크 전쟁은 2004년 6월 주권의 이양, 2006년 2월 이후 발생한 이라크 내부의 혼란상, 2007년 美軍의 증파(增派), 버락 오바마(Barack Obama, 1961~) 행정부의 철군을 거치면서 여러 번에 걸쳐 전쟁의 양상이 변화하였다는 점을 인식하고 접근할 필요가 있다.

---

3) 1984년 초기 이라크군이 화학무기를 사용하자 미국이 이라크에 대한 비난 성명을 발표하였고, 이는 사담 후세인의 신경을 거슬리게 하였다. 미국이 화해를 시도하였으나, 큰 환영을 받지 못했다. 그러다가 이란군의 공세에 이라크군이 밀리게 되자 미국이 관련 정보와 물자를 지원하면서 갈등 해소에 노력하였으나, 제1차 걸프전을 통해 재점화되었다. 1993년 걸프 전쟁 전승 기념식에 참석차 쿠웨이트를 방문한 조지 H. W. 부시(父) 대통령에 대한 암살 기도 사건이 발생하면서 갈등이 첨예화한 가운데 1998년 무기사찰(査察)을 거부하면서 또 대규모 공습이 감행되었다.
4) David Downing 著, 지소철 譯, 『2003년 이라크 전쟁』 (서울: 도서출판 디딤돌, 2004), p.32.; "부시·블레어, 9·11 테러 직후 후세인 축출 합의," 『연합뉴스(https://news.v.daum.net/v/20040404121918100?f=o)』 (2004.4.4.) (검색일: 2021년 1월 3일). 외

제 2 절

美-이라크 전쟁의 발발(勃發) 배경과 전략적 환경

1. 지리·역사적 배경과 환경

1.1. 지리적 배경과 환경

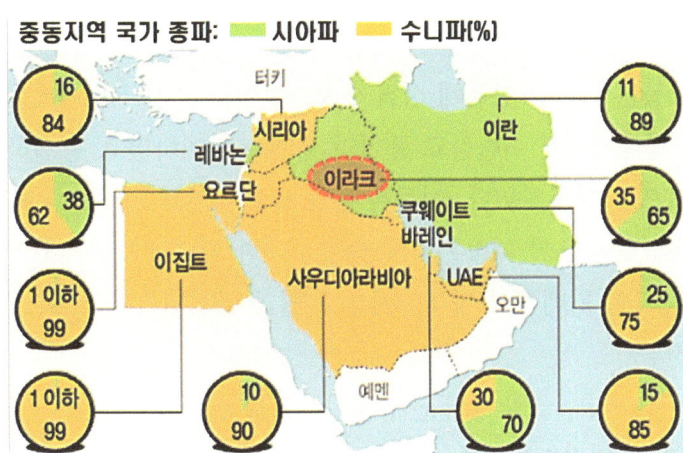

이라크는 중동 지역에서 여섯 번째로 큰 국가다. 아랍인의 조상인 셈족(Semitic people)[5]이 티그리스(Tigris)강과 유프라테스(Euphrates)강을 중심으로 번창한 메소포타미아 문명(Mesopotamian civilization)의 발상지(發祥地)다. '이라크'는 '혈관'이라는 뜻으로 티그리스강과 유프라테스강이 엇갈리며 나누어지는 형상을 비유(比喩)하고 있다. 국토의 1/5에 해당하는 동북부 지역은 이란의 자그로스산맥(Zagros Mountains)과 터키의 고산지대로 연결되는 산악지대가 형성되어 있고, 3,000m가 넘는 고지군(高地群)이 많다. 서부 및 서남부의 시리아 사막은 발등을 덮을 정도의 모래사막은 드물지만, 대부분 황무지로 형성되어 있다.

1.2. 역사적 배경과 환경

메소포타미아 지역은 외부와의 소통이 빈번하면서도 정치·문화적 색채는 복잡한 양상

---

5) '셈족'은 유대인의 뿌리로서 성서에 나오는 노아의 대홍수 이후에 살아남은 세 아들(셈, 함, 야벳) 중 맏아들인 셈(Shem)으로부터 시작된 인종을 뜻하고 있다.

을 띠고 있다. 이민족의 침입이 잦다 보니 국가와 민족적 특성, 흥망의 변화가 상당히 빠른 편에 속한다. BC 4700년경 수메르인들이 남부지역으로 이주(移駐)하였고, BC 1800년경 고대 바빌로니아 왕국은 정치·경제·문화 등의 번영 수준이 다른 지역보다 도드라졌다.

BC 1000년경 아시리아인들에 의해 철기(鐵器)와 전차(戰車)를 제작하면서 강력한 국가로 성장하였다. 그러나 강압적 통치로 주변 민족들의 반란이 거듭되면서 결국, BC 612년 멸망하였다. AD 622년 이슬람교가 생긴 다음 이슬람교와 아랍어를 주(主) 언어로 하는 아랍인들이 통치하였다. 1258년 몽골 칭기즈칸의 손자인 몽케칸(Möngke Khan, 1209~1259)의 아우 훌라구(Hulagu, 1218~1265)가 이슬람이 지배하는 바그다드를 공략하였고, 1259년 지금의 페르시아 일대에 일한국(Ilkhanate 또는 일칸국)을 건국하였다. 1500년대 오스만튀르크 제국이 이라크 지역으로 확장을 시도하였지만, 통치권을 완전하게 확보하지는 못했다.

1914년 제1차 세계대전 당시 중동은 이슬람 공동체 성격의 오스만튀르크 제국이 지배하는 지역이었다. 영·프 연합군에 패배하면서 이슬람교 중심의 체제는 붕괴하였고, 승전국인 영국과 프랑스가 새로운 세력으로 등장하였다. 이들은 영국이 이라크와 팔레스타인, 트랜스 요르단(고대 요르단) 지역을, 프랑스가 레바논과 시리아에 대한 지배권을 차지하였다. 1941년 5월 이라크 왕국은 영국의 지배에서 벗어나려고 독일과 손잡았으나, 1947년 10월까지 영국에 의해 지배당했다.

1958년 공화국으로 재탄생하면서 1959년 5월 영국군이 공식적으로 철수하였다. 1979년 7월 17일 사담 후세인은 대통령과 혁명지도위원회 주석에 취임하여 권력을 장악하면서 서구식 법률에 기초한 행정·사법체계의 구축과 정치 영역의 독자성을 대외적으로도 평가받았다. 그러나 1980년 이슬람 혁명으로 혼란에 빠진 이란과 1990년 쿠웨이트에 선전포고하지 않은 상태에서 침공하여 제1차 걸프 전쟁이 일어났다. 이후에도 정권을 유지하기 위해 반대파와 도전하는 세력들을 가차 없이 숙청 및 제거하는 과정에서 처형을 일삼으면서 국제 사회에 악질국가로 낙인찍혔다.

전쟁 이후 이라크는 저개발국으로 전락하여 인구의 60%가 정부에서 생계를 제공하지 않으면 굶어 죽을 정도의 굶주림과 비참한 삶에 내몰렸다. 1998년 美 의회가 사담 후세인을 축출하기 위한 '이라크 해방법(Iraq Liberation Act)'을 통과시키면서 관계가 틀어졌고, 이는 결국, 2003년 미국의 이라크 침공으로 이어졌다.

2. 전략적 환경

9·11테러 이후 미국의 안보전략은 네 가지의 변혁이 진행되었다. 첫째, 수동적인 '봉쇄·억제 개념'에서 '선제공격 개념'으로 바뀌었다. 최우선 순위도 테러조직과 이를 지원하는 지원국가를 분쇄할 수 있도록 하는 등 강경한 개념 일변도였다. 둘째, 대량살상무기를 보유한 국가와 테러 집단의 결합을 차단하고자 사담 후세인을 미국의 최대 위협으로 선정하였다. 이때부터 '악의 축'과 '무법정권(無法政權)'이라는 용어를 사용한다. 이후 이라크에 무장해제를 요구했으나, 이를 거부하자 긴장은 고조되었다. 셋째, 경제적 측면도 무시할 수 없었다. 따라서 사우디 원유를 53%나 수입하는 약점을 보완하기 위해 이라크의 석유개발권과 유전(油田)을 장악하는 등 에너지 공급의 융통성을 확보하려고 시도하였다. 넷째, 2004년 11월에 있는 대통령 선거에 대비하려는 측면이었다. 조지 W. 부시 대통령은 이를 통해 저조한 지지율을 만회하고, 군수·석유 산업의 회복도 병행하려 하였다. 당시 연방정부의 적자(赤字)는 4,000~5,000억$에 이르렀다.

3. 미군(연합군)과 이라크군의 전력 비교

<그림 9-1>은 미군(연합군)과 이라크군의 전력을 비교한 도표다.

연합軍	이라크軍
25만	42만
162척 (6개 항모단)	14척
750대	300대
1,800대	2,000대
• 개전 이후 추가 투입 (3개 사단) - 추가투입: - 전개대기:	• 準군사조직: 4.4만 명 - 「사담 페다인」: 1.5만 명 - 「바트」민병대: 1만 명 - 보안군: 1.5만 명 - 기　타: 4천 명 ※ 예비: 10~17세의 청소년으로 구성

<그림 9-1> 미군(연합군)과 이라크군의 전력(戰力) 비교

제 3 절

주요 국가의 전쟁 준비와 주요 인물에 관한 이해

1. 조지 W. 부시(George W. Bush)

미국의 제54·55대 대통령인 조지 W. 부시는 1946년 코네티컷주(州)에서 조지 H. W. 부시(제41대 대통령, 1924~2018)의 아들로 출생하였다. 국민을 적과 아군으로 구분하는 위압적 방식을 선호했으며, 단호한 통치방식은 호감과 증오를 동시에 받았다. 제1차 걸프 전쟁(1991)은 그의 아버지가, 美·이라크 전쟁(2003)은 그의 작품이었다. 이라크가 UN 안보리의 무기사찰 요구를 계속 거부하자 영국의 토니 블레어 총리와 합의한 다음 9월 12일 "사찰을 수용할 것인가?, 아니면, 전쟁을 선택할 것인가?"라며 최후통첩을 던졌고, 후세인은 '사찰(verification)'을 선택하였다. 그러나 프랑스를 비롯한 러시아, 독일, 중국 등 다수 국가의 반전(反戰) 여론은 부담이었다. 결국, '사담 후세인 축출'에서 '이라크 무장해제'로 목표를 변경하면서 다방면으로 압박하였다. 10월에 의회가 군사공격에 관한 선택권을 주었고, 11월 UN 안보리에서 '강도 높은 사찰'과 '대량살상무기 파기' 결의안을 채택하는 과정에서 수많은 공방이 벌어졌다. 이때 영국의 토니 블레어 총리와 합의하여 프랑스와 러시아의 거부권에도 불구하고 '전쟁(Operation Iraqi Freedom)'을 단행하는 강수(强手)를 밀어붙였다.

2. 토미 프랭크스(Tommy Franks)

토미 프랭크스는 1945년 오클라호마주 윈우드(Wynwood)에서 출생하였으며, 제1차 걸프 전쟁을 지휘한 노먼 슈워츠코프 대장과는 다르게 대중 앞에 나서기를 선호하지 않는 성격이었다. 2003년 3월 20일 美·英 연합군이 이라크 침공을 개시한 지 21일째인 4월 9일에

토미 프랭크스 美 중부사령관

바그다드를 완전히 점령함으로써 사담 후세인의 독재를 끝냈다. 전쟁 명분이 이라크의 대량살상무기를 파괴하여 중동과 세계의 평화 및 안정을 확보하는 것이었다. 여기에 이라크를 사담 후세인의 압제(壓制)에서 해방하여 민주주의 정부를 세운다는 원칙이었다. 이를 위해 반드시 승리로 장식할 야전 지휘관이 필요하였고, 그 주역은 토미 프랭크스 사령관이었다. 제1차 걸프 전쟁 시 제1기갑사단 부사단장으로 기동전(機動戰)을 지휘한 노-하우를 갖고 있었다. 1998년 수립되어 있던 '개념계획 1003'을 수정하면서 기동력과 화력에 의한 타격 능력을 보강하는 등 전(全) 병력으로 동시에 전투를 시작하는 개념보다 축차적으로 투입하는 개념으로 설정하였다. 지상 조건의 변화에 따라 탄력적으로 전투를 수행하는 데 중점을 둔 작전이었다. 조지 W. 부시 대통령-도널드 H. 럼스펠드(Donald H. Rumsfeld) 국방장관-리처드 마이어스(Richard Myers) 합참의장-토미 프랭크스 중부사령관으로 이어지는 작전 지휘체계에서 승리할 수 있게 만든 키-워드는 그가 '풍부한 실전 경험과 지휘 통제능력'을 갖춘 지휘관이기 때문이다. 이후 육군 참모총장직을 제의받았으나, "때가 되면, 미련 없이 군복을 벗겠다."라는 아내와의 약속을 지키기 위해 전역을 택한 결단력은 미담(美談)으로 회자(膾炙)되고 있다.

3. 토니 블레어(Tony Blair)

토니 블레어 英 총리

토니 블레어(Tony Blair, 1953~)는 스코틀랜드의 에든버러(Edinburgh)에서 출생하였다. 1975년 노동당에 입당하여 30세에 하원의원이 되었고, 1989년 고용 장관, 1992년 내각 장관으로서 "범죄엔 단호하게 대처하지만, 범죄의 원인에는 더욱 단호하게 대처한다."라는 강력한 구호를 실천하여 국민의 신망을 한 몸에 받았다. 이후 44세에 총리가 되어 10년간 재임하는 동안 각종 성과를 거두었지만, 친미(親美)정책을 주도하고 미국과 연합하여 이라크에 영국군을 파병하였다. 결국, 미국이 주도하는 불필요한 전쟁에 끌려 들어간 지도자라는 인식이 영국민에게 불신을 남겼다.

4. 미국의 전쟁 준비

4.1. 전쟁 목적과 국제 사회의 엇갈린 시각

전쟁의 목적은 첫째, 이라크의 인접국에 대한 위협과 테러 지원, 대량살상무기(WMD)를 보유하지 않게 하고, 둘째, 폭정(暴政)과 압제(壓制)를 계속하고 있는 사담 후세인 정권을 붕괴시켜 민주주의 정권을 수립하는 것이었다. <표 9-1>은 당시 미국이 이라크의 사담 후세인 정권을 군사적으로 응징하려는 데 대한 비판적인 국제 여론(시각)을 네 가지로 정리하였다.

<표 9-1> 대(對)이라크 군사적 응징에 관한 국제 여론과 시각

> 첫째, 대(對)이라크 확전(擴戰)은 부시 행정부의 세계 경영전략을 위한 일방적 행동이다.
> 둘째, 이라크 전쟁은 중동의 기존 질서를 파괴하며, 자국의 이해가 침해당할 것이다.
> 셋째, 중동과 카스피해 일대 에너지 자원의 수급 통제권을 미국이 독점하려는 노력이다.
> 넷째, 프랑스와 러시아의 중동에 대한 발언권 약화 현상을 좌시할 수 없다.

국제 사회는 ① 대량살상무기(WMD) 확산에 초점을 둔 대(對)테러 전선(戰線)을 강화할 것인지, ② 중동과 카스피해의 에너지 개발 주도권을 선점(先占)하기 위함인지, ③ 미국의 이라크 침공 명분에 따라 자국에 돌아올 평화 배당금 또는 국익의 보장 가능성 등에 따라 여론이 엇갈렸다.

2001년 9·11테러가 발생한 직후인 9월 29일 도널드 H. 럼스펠드(Donald H. Rumsfeld, 1932~) 국방부 장관은 "이라크 정권을 교체하고 대량살상무기(WMD)를 제거하기 위해 기습적이며 신속한 대(對)이라크 군사작전 개념계획을 발전시켜라."라고 강조하였다.6) 다음 해 12월 조지 W. 부시 대통령은 "전쟁을 통해 사담 후세인 정권을 제거하기 위한 군사작전을 준비하라."라고 하면서 세부적인 지침을 하달하였다.

도널드 H. 럼스펠드
국방장관(美)

---

6) '도널드 H. 럼스펠드'는 힘(military Power)에 의한 질서를 숭배하는 인물이다. 스스로 새로운 역사를 쓰고 있다는 과도한 자신감에 사로잡혀 과격하고 조급한 추진력과 야심으로 밀어붙인 이라크 전쟁에 대한 불만이 터져 나오면서 2006년 6월 29일 부시 대통령에 의해 경질되었다.

4.2. 국가·군사전략 목표와 개념, 지원 규모

국가전략 목표는 세 가지로서 이라크에서 대량살상무기(WMD)의 위협을 제거하여 테러 지원행위를 종식(終熄)시키고, 중동 지역의 안정과 이라크 내부의 불안정 요인을 최소화하여 삶의 질을 향상하는 데 두었다. 따라서 국가전략 개념을 첫째, 동맹국과 UN, 이라크 내(內) 반정부세력과 공조(共助, mutual assistance)하고, 둘째, 안전한 내·외적 안보 환경을 조성함으로써 국가 기능을 회복하게 하고, 셋째, 전쟁범죄자는 재판에 회부시키는 등을 통해 민주 정부로의 정권 이양을 구체화하였다.

군사전략 목표는 두 가지로서 첫째, 이라크의 정치·군사조직을 제거하며, 바트당(Bath Party)은 해체하고 대량살상무기 등의 무장을 완전히 해체한다. 둘째, 미국의 국익에 유리하도록 친미(親美) 정부를 수립함으로써 석유의 안정적인 수입선(輸入線)을 확보하는 것이었다. 이에 근거하여 군사전략 개념도 압도적인 군사력으로 초기부터 충격과 공포를 유발함으로써 항전(抗戰) 의지를 말살시켜 조기에 전쟁을 종결한다. 사담 후세인 정권이 붕괴하면, 대량살상무기가 사용되었던 증거를 확보하여 전쟁 명분을 정당화한다. 또한, 우호적인 민간정부를 설립하여 책임을 이양(移讓)하는데 두었다. <표 9-2>는 국가·군사전략 목표 및 개념 달성을 위한 군사 지원 규모이다.

<표 9-2> 미국의 군사 지원 규모(개략)

구분	지상전력	공중전력	해상전력
규모	・육군 제5군단+제1 해병원정군 -2개 기보사단, 1개 강습사단, 2개 공정여단 -1개 해병사단(+), 1개 해병원정부대	・제9공군(+) -항공기 1,663대(해군, 해병 포함)	・제5함대(+) -5개 항모전투단(+) 등을 포함한 함정 140여 척 -항공기 880대

4.3. 연합군의 작전목표와 작전계획

<표 9-3>은 연합군이 수립한 여덟 가지의 작전목표이다.

<표 9-3> 연합군의 작전목표(요약)

① 사담 후세인 정권을 제거한다.
② 이라크 내부에 있는 대량살상무기(WMD)를 식별하고, 고립 및 제거한다.
③ 이라크 내부의 테러분자를 색출하여 체포 및 축출(逐出, freeze out)한다.
④ 테러분자의 네트워크 관련 정보를 확보한다.
⑤ 전(全) 세계적인 불법 대량살상무기(WMD) 네트워크 관련 정보를 확보한다.
⑥ 대(對)이라크 제재를 해제하고, 이라크 국민에 즉각 인도주의적 차원에서 구호(救護)를 제공한다.
⑦ 이라크 유전지대의 안전을 확보한다.
⑧ 자유 이라크 정부로의 전환을 적극적으로 지원한다.

미국이 주도적으로 수행한 연합군의 작전 개념은 총 3단계로서 세부 단계별로 작전을 시행하였다. <그림 9-2>는 연합군이 수립한 3단계 작전을 정리하였다.

<그림 9-2> 연합군의 작전 단계(요약)

① 제1단계는 '전쟁 준비 및 여건 조성 작전'으로서 미국의 일방주의적 행동에 대한 국제 사회의 부정적인 여론을 희석(稀釋, dilution)시키는 데 있다. 이라크 내부의 분열을 유도하면서 이라크군의 전투력과 사기를 저하(低下)시키기 위해 특수부대는 사전에 투입하였다. 여건 조성과 현지 적응 훈련을 병행하기 위한 목적에서다.

② 제2단계는 '결정적 작전'으로서 사담 후세인을 제거하는 '참수 작전(Decapitation strike)'[7]을 시행하고, 지상군을 조기에 투입하여 바그다드를 직접 공략함으로써 '충격과

---

7) '참수 작전'은 독재 군가와 전쟁을 진행할 때 군사력을 섬멸하는 대신 독재지도자를 개전 초기부터 집중공격하여 아예 저항할 의지와 싹을 잘라내기 위해 이라크 전쟁에서 처음 적용되었다.

공포'를 동시에 주려는 의도였다.

③ 제3단계는 '안정화 작전(stabilization operation)'으로서 군사작전의 종결과 함께 군사력을 재배치한 다음 정치·경제·사회·문화적 측면에서 이라크를 재건(再建, reconstruction)하여 친미(親美) 과도정부의 수립을 지원하기 위함이었다.

4.4. 주요 국가의 참여 현황과 연합군의 지휘 통제체계

연합군 중 영국과 호주, 폴란드는 지상군과 항공기 등 전투부대를 파병했지만, 한국과 스페인, 덴마크 등 15개국은 후방지원을, 터키와 사우디아라비아, 카타르 등 30개국은 기지(base) 제공과 자국의 영공 통과를 허용하는 등 간접 편의를 제공하였다. <그림 9-3>은 주요 국가들로 구성된 연합국의 지휘·통제·협력체계를 도식화하여 정리하였다.

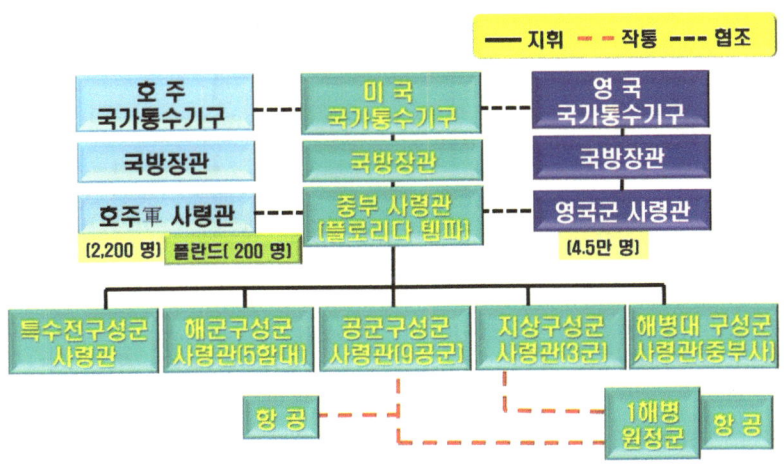

<그림 9-3> 주요 연합국 간 지휘·통제·협력체계

이러한 지휘 통제구조는 한국군이 이제까지 경험하지 못하였기에 미래 작전을 위해서는 어떠한 구조나 형태에서도 작전 수행이 가능하도록 대비할 필요가 있다.

4.5. 연합군의 지상 작전부대 편성

연합군은 제5군단(主攻)이 남부지역의 서쪽에서, 제1 해병원정군(MEF, 助攻)은 동쪽에서 바그다드를 공격하도록 편성하였다. 영국군은 제1 해병원정군 예하 부대를 바스라(Basra)

방향으로 공격하도록 편성하였다. 제173 공정여단과 쿠르드 민병대는 북부지역의 이라크군을 견제하는 임무를 수행하도록 편성하였다. <그림 9-4>는 지상 작전부대의 구성 현황이다.

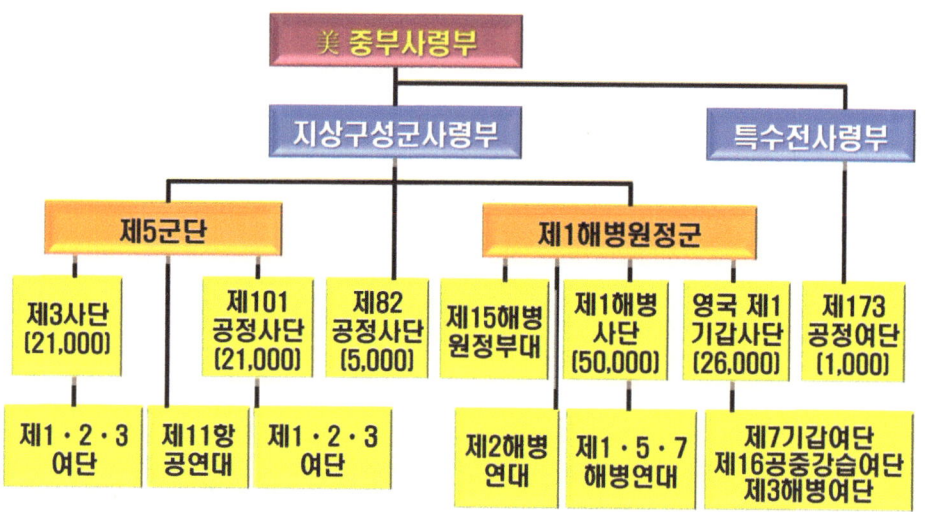

<그림 9-4> 美 중부사령부의 지상 작전부대 구성 현황

 연합군의 지휘체계는 美 중부사령관인 토미 프랭크스 대장을 중심축으로 구성하였으며, 예하에 지상 구성군사령부와 특수전 사령부를 두고, 지상 구성군사령부는 제5군단과 제1해병원정군(MEF)을 공격의 핵심축으로 편성하였다. 지상 구성군사령관은 해병대를 작전 통제하고, 공군 구성군사령관은 해군과 해병대를 통합하되, 항공전력을 작전 통제하는 방식을 채택하였다. 이러한 방식은 미래전에 필수적으로 적용해야 할 분야이므로 최대한 이를 이해하고 적용하기 위한 노력이 필요하다.

5. 이라크의 전쟁 준비

4.1. 국가·군사전략 목표와 개념, 지원 규모

이라크의 국가전략 목표는 처음부터 '사담 후세인 정권을 유지'하는데 두었다. 현실적으로 불가능한 군사적 승리에 노력을 낭비하기보다 정치적 승리로 방향을 잡았다. 이에 따라 군사전략 목표도 정권을 유지하기 위한 '바그다드 사수' 이외는 다르게 선택할 수 있는 폭이 제한되었다.

군사전략 개념은 첫째, 연합군의 인명 피해를 강요하며 지구전(持久戰, Endurance War)을 수행함으로써 초전 생존성(生存性, Survivability)을 보장받으려고 게릴라전과 시가전 중심으로 결전을 시도하는 데 두었다. 둘째, 연합군 측이 인명(人命)을 중시한다는 측면에 착안하여 '인간방패 전술'을 시행하였다. 이를 위해 연합군의 공습이 예상되는 표적 주변에 민간인을 배치하고 민간지역 내에 방어선을 구축하였다. 셋째, 범(凡) 세계적인 반미(反美)·반전(反戰) 여론을 확산시키기 위해 유정(油井)에 방화하는 등 대규모 피해를 유발하였으나, 오히려 역풍(逆風)을 맞았다.

4.2. 이라크군의 작전목표와 작전계획

이라크군의 작전목표는 '바그다드와 북부지역 확보'였다. 이에 따라 작전 개념도 3개 군단이 북부지역에서 '결정적 작전'을 수행하고, 2개 군단은 남부지역에서 '지연작전(Retrograde Defense)'을, 공화국 수비대(Republican Guard) 2개 군단과 특수공화국수비대(SRG) 4개 여단이 바그다드를 방어하되, 전쟁지도부는 산악지역으로 이동하여 장기전(長期戰)에 대비하고자 하였다.[8] <그림 9-5>는 이라크군의 부대 편성과 배치 요도다.

---

8) 'RG'는 'Republican Guard'의 약자이고, 'SRG'는 'Special Republican Guard'의 약자이다.

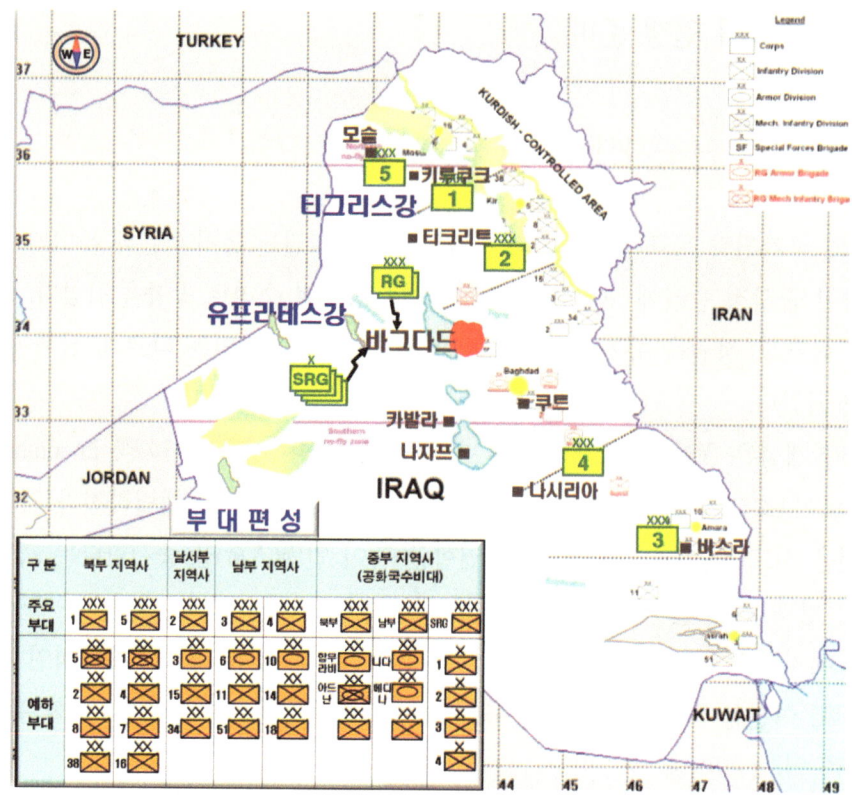

<그림 9-5> 이라크군의 부대 편성과 배치 요도

가용한 군사자원은 8개 군단 42만여 명이었고, 동원한 준군사조직은 4.4만여 명에 달하였다.

제 4 절

단계별 주요 작전과 전투의 양상

'제1단계(여건 조성) 작전'은 크게 세 가지 방향(track)이었다. 제1 트랙은 국제 사회에 이라크가 테러리스트들과 연계되어 있다는 근거를 제시함과 동시에 이라크가 대량살상무기(WMD)를 사용했다는 증거, 유정(油井) 파괴, 인간 방패막이 등의 사례를 부각하여 후세인 정권의 부도덕성을 부각하고자 하였다. 제2 트랙은 E-mail 발송과 전단 살포, 미군의 전쟁 준비 상황 등의 선전 선동 전술(propaganda+agitation)로 내부 분열을 유도했다. 제3 트랙은 2개월 전 CIA 요원 등의 인간자산(HUMINT)을 투입하여 내부 연락망을 구축하고 대량살상무기를 색출하기 시작하였다.

'제2단계(결정적) 작전'은 총 2개 방향(track)으로 진행하였다. 제1 트랙은 3월 20일 05:30~20:00까지 사담 후세인을 제거하기 위해 시도한 '참수 작전(decapitation strike)'이었다. 첩보 위성과 정찰기, 인간자산(특수부대)으로 사담 후세인의 위치를 확인한 다음 F-117기 2대와 토마호크 미사일 40발을 발사하며 선별적으로 정밀 타격을 시도하였으나, 제거에 실패하였다. 제2 트랙은 3월 20일부터 4월 16일까지 계속한 '충격과 공포 작전'이었다. 14시간 30분 만에 지상군이 바그다드를 집중적으로 공략함으로써 이라크 지도부를 마비시켰다. <그림 9-6>은 연합군 주·조공 부대의 바그다드 공략(攻略) 요도다.

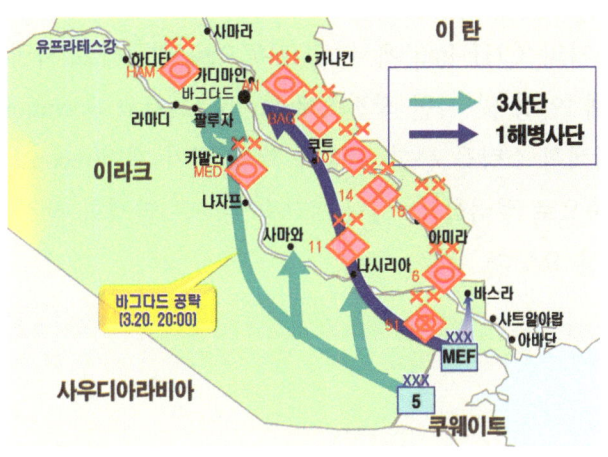

<그림 9-6> 연합군 주·조공 부대의 바그다드 집중공략 요도(개략)

'제2 트랙-1단계'는 3월 21일부터 주공인 제5군단(美 제3사단+제101 공정여단)이 조공인 제1 해병원정군(美·英 연합군)과 바그다드로 병행하여 진격하였다. 공중·지상공격을 하되, 주요 도시거점은 우회하면서 일일 90~100km의 속도로 D+4일인 25일까지 바그다드 남방 80km까지 진출하였다.

'제2 트랙-2단계'는 3월 25일부터 28일까지 모래 폭풍으로 공격이 어렵게 되자 전열을 재정비하면서 작전계획 일부를 수정하고 4월 4일 바그다드를 포위하고 시가전에 돌입하였다. 이 작전으로 게릴라 준동이 차단되었고, 후방지역은 안정됨과 동시에 늘어져 있는 병참선도 확보함으로써 북부지역 전체가 안정되었다. 반면에 바그다드는 엄청난 압박에 시달렸다.

이라크의 모래 폭풍

에이브러햄 링컨 핵추진 항모(길이 332.85m, 배수량 97,500t, 승선 6,087명, 항공기 85대

'제2 트랙-3단계'는 4월 10일 바그다드를, 14일에는 140km 떨어진 티크리트(Tikrit)까지 점령하면서 전투를 종결하였다. 5월 1일 조지 W. 부시 대통령은 CVN-72 에이브러햄 링컨 호에서 종전(終戰)을 선언하였다.

'제3단계(안정화) 작전' 간 UN 안보리 결의 제1483호는 이라크를 점령한 美·英 연합군에게 행정·입법·사법에 관하여 무소불위의 권한을 부여하였다. 美 국방부는 연합군 임시 행정청(CPA)을 설치하고 7개 지역에 5개 사단(+) 규모의 군사력을 재배치하였다. 연합군 사령부의 명칭도 초기의 'CJTF-Iraq'에서 'CJTF-7'으로 개칭하고 사령부는 바그다드에 위치하였다. 다시 말해 '안정 및 지원 작전(Stability of Support Operation)'이었다. 사령부의 임무와 역할은 적대세력 소탕을 통한 안정화 작전, 국가 재건(reconstruction) 및 인도주의적 지원이라는 두 축으로 정리할 수 있다. <그림 9-7>은 안정화 작전을 위한 다국적(또는 연합)군 사령부 편성 요도다.

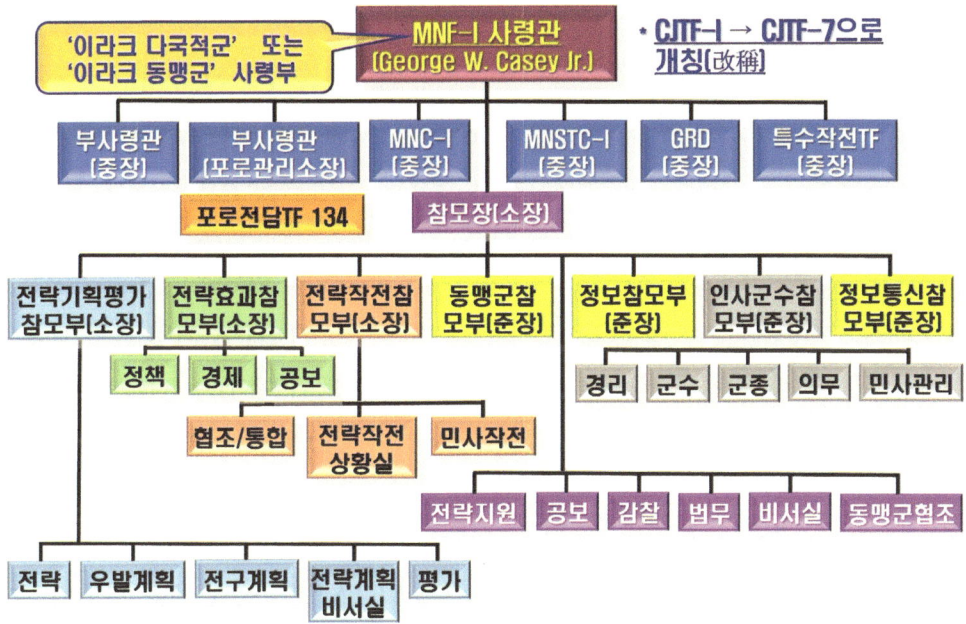

<그림 9-7> 안정화 작전을 위한 연합군사령부 편성 요도

<표 9-4>는 이들이 수행한 열다섯 가지 과업이다.

<표 9-4> CJTF-7의 열다섯 가지 수행과업(정리)

① 후세인 추종 세력과 잔적 소탕 ② 대량살상무기(WMD) 확보 ③ 이라크 군대 개편을 위한 군부(軍部) 인사와 접촉 유지 ④ 이라크 재건을 위해 유기된 장비·무기·탄약 등을 확보 ⑤ 석유 기간산업 복구를 지원 ⑥ 시리아·이란 등의 주요 국경선 통제 ⑦ 후세인 정권의 주요 인사 체포 ⑧ 이라크 지방경찰과의 협조 및 법질서 유지 ⑨ 美 국제개발처(USAID), 재난방지대응팀(DART) 등에 대한 지원 ⑩ 지뢰·폭발물 처리, NBC 오염지역에 대한 조치 지원 ⑪ 긴급 인도주의적 지원 ⑫ 임시정부 수립 이전(以前) 지방정부에 대한 군정(軍政)체제 유지 ⑬ 걸프전쟁 때 실종된 쿠웨이트인에 대한 조사를 지원 ⑭ 이라크 공화국 수비대와 정보부대 등의 감시 및 와해 ⑮ 이라크의 인접 국가들에 대한 영향력 확대 시도의 차단 등

조지 W. 부시 대통령은 사담 후세인 정부를 와해시켜 이라크를 해방함과 동시에 자유민주주의 국가로 성장하게끔 재건(reconstruction)계획을 수립하였다. 그러나 연합군 임시행

정청(CPA)이 치안·전기·의료·석유 통제 등의 국가 기능을 복구하는 데 실패하면서 지체되었다. 2003년 10월 16일 UN 안보리가 제1511호를 결의하여 조속한 주권(主權)의 이양을 촉구하는 와중에 2004년 4월 11일 팔루자 사태(수니파)와 나자프 사태(시아파)가 발생하여 혼란은 더욱 가중(加重)되었다. 6월 28일 우여곡절 끝에 임시정부를 수립하고 주권을 이양한 다음 CJTF-7(점령군) 사령부는 다시 MNF-I/MNC-I(동맹군)로 전환되었다.

2006년 5월 누리 알-말라키(Nouri al-Maliki, 시아파)가 미국을 등에 업고 이라크 정부를 재건하는 역할을 맡았다. 그러나 종파 간 대립과 테러 활동이 반복되면서 치안 상황은 악화 일로로 치달았다.

2007년 1월 10일 조지 W. 부시 행정부는 대(對)이라크 전략과 안정화 작전 수행개념을 변경하였다. 이는 '이라크 상황의 안정'이라는 군사적 목표는 달성하였으나, 수니파 대(對)시아파의 정치적 갈등을 해결하는 데는 한계가 있음을 나타냈다. <그림 9-8>은 미국의 변경된 안정화 작전 수행개념이다.

- 전쟁을 종파 간 내전으로 규정(기존: 新정부에 대한 저항세력)
- 정치, 경제, 기반시설, 치안확보 동시 추진 → 치안 우선
- 치안 확보 작전의 목적: 주민안전
- 對반란작전(COIN) 수행개념: 소탕 – 장악 – 구축
- 대규모 전투병력 증파: 5개 전투여단 + PRT(2007.2월)
  · 이라크 주둔 美軍: 총 168,000 명

<그림 9-8> 미국의 안정화 작전 수행개념 변경(요약)

안정화 계획은 2008년까지 총 3개 단계로 진행하였다. 제1단계는 '안정화' 단계로서 알-카에다를 고립 및 격멸한 다음 정치·경제적 발전의 토대를 구축한 상태에서 이라크군에

이양(移讓)해주기 위한 초기 단계였다. 제2단계는 '문민 정권을 복원'하는 단계로서 모든 영역의 책임과 권한을 이라크 정부에 이양하고, 대테러 능력을 배양하는 단계였다. 제3단계는 '자치를 지원'하는 단계로서 최대 48개월이면, 종결할 것으로 판단하고 진행하였으나, 결과적으로는 실패하였다.

제 5 절

美-이라크 전쟁이 남긴 의미와 교훈

1. 개 요

이라크는 징병제 국가로서 100만여 명의 규모였으나, 수적 우세에도 불구하고 美軍에 일방적으로 패배하였다고 봄이 타당하다. 주된 원인이 외부로 드러난 수준과는 다르게 병사들의 군기가 엉망이었던 현상에 주목할 필요가 있다. 아프가니스탄 전쟁(2001)과 이라크 전쟁(2003)은 두 번 말 할 필요도 없이 미군이 승리한 전쟁이 분명하다. 그러나 군사작전 이후에 진행하였던 안정화 작전은 군사적 승리를 정치·경제·외교적 승리로 굳히지 못했음도 분명한 사실이다.[9]

미군은 사담 후세인 정권과 이라크군을 조기에 제거하는 데 성공하였으나, 군사작전 이후부터 제3단계인 안정화 작전을 진행하면서 인명 손실은 더욱 증대하였다. 이는 <표 9-5>의 인명 손실 현황 도표를 통해 알 수 있다.[10]

<표 9-5> 제3단계 안정화 작전 시 발생한 인명 손실 현황

구 분	美軍 (2003.3.29.~2011.12.15.)	이라크(~2010.10.31.)	
		정규군 및 경찰	민간인
인원(명)	4,487 (美 국방부 발표)	9,650	114,212
비용($)	500~600억~6조	-	-

2010년 8월 31일 군사작전은 종결되었고, 전투부대가 철수하면서 다음 해인 12월 15일

---

9) 김성진, "자유화 지역 급변사태 시 안정화 작전의 효율성 제고 방안 고찰: 안정화사단의 민군작전 수행을 중심으로," 『한국 해양안보논총』 제4호 (대전: 충남대학교, 2019), pp. 1~36.; 김성진, "급변사태 시 자유화 지역 민군작전의 실효성 증대방안 고찰: 보병사단급 이하 부대를 중심으로," 『군사논단』 겨울호 (서울: 한국군사학회, 2017), pp. 62~94.

10) 비정부기구로 영국에 본부를 두고 있는 '이라크 보디 카운트(IBC)' 발표 자료(2015.3.13.); 김지훈, "코로나 9개월에 100만명 목숨 잃어… "백신 전 100만 명 추가 사망,"" 『국민일보(http://news.kmib.co.kr/article/view.asp?arcid=0015058176&code=61131111&cp=du)』 (2020.9.28.) (검색일자: 2020년 11월 14일). 외

이라크 전쟁이 종식되었음을 공식적으로 선언하였다.[11]

2. 4세대 전쟁의 양상

전쟁은 정치·경제·기술·사회적 변화의 산물과 함께 과학기술이 발전함에 따라 진화(進化)하고 있다. 1세대 전쟁은 주공에 병력을 집중하는 인력전(人力戰)이었으며, 나폴레옹 전쟁을 대표적인 사례로 들 수 있다. 2세대 전쟁은 무기의 양(quantity)과 질(quality)이 개선되는 정도에 따라 화력전(火力戰)으로 발전하였으며, 제1차 세계대전을 대표적인 사례로 들 수 있다. 3세대 전쟁은 기갑과 기계화, 포병, 항공 등의 새로운 전력과 무기체계를 전장(battle-field)에 적용한 기동전(機動戰)이었으며, 제2차 세계대전을 대표적인 사례로 들 수 있다.

4세대 전쟁 양상은 이제 적의 정치적 수행 의지를 타격하되, 승리를 위해 소규모 조직으로 특화되어 정밀한 타격을 요구하고 있으며, 계속 진화하고 있다. 이는 마오쩌둥의 지구·유격전 사상을 기반으로 하고 있으며, 베트남 전쟁과 알-카에다, 아프가니스탄의 탈레반, 이라크 전쟁에서의 게릴라 전술 등을 대표적인 사례로 들 수 있다.

현대전쟁과 미래 전쟁의 주체는 정규군대가 아니라는 점에 주목하여야 한다. 국제적으로 서로 연계된 집단(세력)이나 비국가 행위자(non-state actors)들이 주류를 형성하고 있다. 테러·범죄·불평불만 집단, 알-카에다, 하마스, 헤즈볼라, 콜롬비아 혁명군 등을 대표적 사례로 들 수 있다. 이제 전략의 대명사로 불리는 카를 폰 클라우제비츠(Carl von Clausewitz, 1780~1831)의 '삼위일체론(정부-국민-군대)'도 적용이 어려운 지경에 이르렀지 않나 싶다.

전장(battle-field)의 범위는 초 국가성(Super-nationality)을 갖게 되었고, 적대·잠재 세력은 국제 사회 전체를 대상으로 활동하고 있다. 마오쩌둥이 주장한 인민 전쟁의 사례처럼 인민들과 섞여 전투하다 보니 군인과 민간인을 구분하기가 지극히 모호한 현실이다. 전통적으로 등장하는 전략-작전술-전술의 개념 영역(territory)에 관한 적용도 어려워졌다. 1~3세대 전쟁까지의 전략 수준은 장수(지휘관)의 영역이었지만, 최근 직면하고 있는 4세대 전쟁은 일개 전사(warrior)의 행위가 전략적 목적 달성에까지 상당한 영향력을 끼치고 있다.

---

11) 美 국방부, 『전사상자 보도자료』 (2010.11.7.); 美 브루킹스연구소, 『이라크지표』 (2010.11.7.); 『美 대통령 연설』 (백악관, 2010.8.31.); Fort Bragg, 『美 제18 공정군단 발표 자료』 (2011.12.15.

이들의 활동 규모는 대부대가 아닌 소규모 조직이 중심이고, 장비 및 물자도 재래식 무기부터 첨단 정밀유도무기까지 다양하게 분포되어 있다. 병력 운용 규모와 단위는 사회 전체에 분산된 소규모로 엮어져 영활(靈活)한 움직임을 보인다. 명령체계는 단순한데도 기동성이 우수하고 첨단 정보기술과 운송 수단까지 활발하게 움직이고 있다. 특히 우두머리가 말단 전사에게 직접 명령을 하달하고 있으며, 세계 각국에 퍼져 있는 소규모 조직이지만, 기동성(mobility)까지 갖추고 있다. 이는 마오쩌둥이 강조하던 '물속을 자유롭게 유영하는 물고기'를 연상케 한다고 하여도 과언이 아닐 것이다.

　주목하여야 할 키-워드는 이들의 핵심 목표가 적대 국가의 섬멸이 아니라 내부 붕괴를 지향하고 있다는 점이다. 적대 국가 내부의 무질서와 혼란을 조성함으로써 병력과 비용을 소모하게끔 유도하여 스스로 철수하거나, 철군(撤軍)을 자연스레 강요하고 있다는 점은 세계전쟁사를 마감하면서 새롭게 인식할 필요가 있음을 강조하고 싶다.

부하는 자신만을 생각하거나, 사적(私的)인 감정에 휘둘리는 상관은 믿지 않는다.
자신의 마음이 끌리는 상관을 'Leader'로 의지하고 따른다."

에필로그

아무리 훌륭한 전략가나 지휘관일지라도 시대적 변화상이나, 주어진 상황을 소홀하게 취급하는 타성(惰性, force of habit)과 자만심에 젖기 쉽다. 결국, 유연하고 탄력적인 판단과 조치가 필요한 위기의 순간에도 천편일률적인 사고방식으로 인해 단순하게만 대응하는 패턴에서 벗어나기는 쉽지 않다. 각종 군사대비 및 대응조치가 대다수 일회성에 가까움도 학습 및 탐구 과정과 대응하는 초기 과정에서부터 스스로 유리하게만 접근하려는 인식(perception)과 습관이 굳어진 산물이 아닐까? 라는 고민을 많이 하였다. 따라서 상황에 대한 초기 인식-판단-결심 과정과 원리를 이해함이 우선되어야 한다고 판단하여『세계전쟁사(History of World War)』'를 기존 교재와는 조금 다른 관점에서 집필하였다.

칭기즈칸(몽골)의 정복 전쟁(1206~1227)은 사료(史料) 확인이 다소 제한되었지만, 기본적인 전술 원리를 이해하도록 작성하였다. 미국 독립전쟁(1775~1783), 美-日 태평양 전쟁(1941~1945), 제1차 걸프 전쟁(1991)과 제2차 걸프 전쟁으로 불리는 美-이라크 전쟁(2003) 사례도 전투의 '주요 경과'나 '승리 또는 패배'라는 단순한 공식에서 탈피하였다. 전쟁이 발발하게 된 대내·외적 환경과 배경, 전쟁을 기획한 주요 인물의 성향 등을 직관(直觀)케 하여 폭넓은 사고와 관점으로 탐구함으로써 전투 간 적용 및 접목해야 할 개념적 원리(What)와 실천적 원리(How)를 학습하는 단계에서 자연스레 이해하도록 구성하였다. 시대별 대표·특징적인 사례는 story-telling 형식을 채택하여 전쟁의 양상이 어떻게 변화해 왔는지, 어떻게 실천하여 실패 및 승리할 수 있었는지를 이해하기 쉽도록 노력하였다. 네 가지 당부 말씀을 드리면서 마무리하고자 한다.

첫째, '과거를 알면, 미래가 보인다.'라는 문장을 기억할 필요가 있다. 전쟁사의 탐구를 통해 지나간 전쟁이 이후의 전쟁에 어떠한 원인과 목적(Why), 방법(What)과 수단(How)으로 접목되었고, 현대전과 미래전 양상이 어떻게 변화할지를 이해하는 계기가 되었으면 싶다.

둘째, 6·25 전쟁사도 어려운데 용어도 생소한 유럽국가 중심으로 진행하였던 고대-중세-근대(근세)-현대전쟁의 사례는 직업군인들도 피곤해하는 과목이다. 이를 고려하여 호기심과 지적 욕구를 조금 더 자극할 수 있도록 정치·군사·외교·경제 등의 측면과도 연계하였다. 저자도 그렇게 탐구하여 흥미의 순도(純度)와 지적 수준을 높였기 때문이다.

셋째, 세계전쟁사는 다른 국가의 얘기가 아니다. 자신이 처한 상황일 수 있음을 간과하지 않았으면 싶다. 언제든, 누구라도 모두가 직접 전쟁을 경험할 수 없기에 다른 국가의 전쟁 사례를 자신의 것으로 흡수할 수 있다면, 이보다 더 좋은 간접 경험은 없다. 현대국가는 항시 복잡다기한 '혼돈의 카오스(Chaos)' 가운데 홀로 서 있다. 국가의 존속(存續)과 유지(維持), 국익을 위해 각자의 소명의식(calling)을 실천하여야 함을 잊지 말자. 전쟁사(戰爭史)는 국가의 존망을 결정짓는 중대한 역사임을 유념하여 단순하게 이기고 지는 승패에 침잠(沈潛, sink)해서는 안 된다. '무엇이 패배의 요인이었는지?', '어떻게 하여 승리할 수 있었는지?', '왜! 승리할 수밖에 없었는지?', '다 이겨놓은 승리가 왜! 날아갔는지?' 등을 식별해낼 수 있는 안목과 기초적인 이해 능력을 배양하는 계기로 삼았으면 좋겠다.

마지막으로, 전투 기간과 주요 작전 경과, 전쟁의 결과 및 교훈 도출 등 단순·투박한 군대식 방법으로 진행하기보다 절차탁마(切磋琢磨)와 Learning&Teaching 방식 등 실용적인 지도 노력이 병행되었으면 좋겠다. 모든 학도가 자신이 원하는 미래에 안착(安着)할 수 있기를 바란다.

"오늘 스스로 걷지 않으면, 내일은 뛰어가야 한다."

약어정리

AAR (After Action Review)	사후검토
Acheson Line	극동방위선
Air-land Battle	공지전투(空地戰鬪)
Air Supremacy	제공권(制空權)
All-around defense	사주방어(四周防禦)
All-around Security	사주경계(四周警戒)
Amphibious Operation	상륙작전
appeasement policy	유화정책
Assembly Area	집결지
AWACS (Airborne Warning And Control System)	공중조기경보기
axis of evil	악의 축
Axis Powers	추축국(樞軸國)
BEF (British Expeditionary Force)	영국원정군
Blitzkrieg	전격전(電擊戰)
Caracole Tactics	선회전술
Combat In Depth	종심전투
command of the sea	제해권(制海權)
CPA(Coalitation Provisional Authority)	연합군 임시행정청
Deep Operation Area	적지종심지역(敵地縱深地域)
defensive war	방위전쟁
daredevil courage officers and men	만용장병(蠻勇將兵)
despot state	전제군주 국가
Decapitation strike	참수작전
Deterrent Strategy	억제전략
discord-producing intrigue	이간책(離間策)
Dislocated Civilian Collection Point	피난민수집소(避難民收集所)
Dispersion Over Time	편차율
double envelopment	양익 포위(兩翼 包圍)
Endurance War	지구전(持久戰)
Enemy's Position Stay-behind	적진잔류(敵陣殘留)
envelopment maneuver	포위 기동

feint operation	양동작전(陽動作戰)
Fifth Column	오열(五列, 간첩 또는 스파이)
Fragmentary Order	단편명령
Friedensappell	평화협정
From the Sea	함모로 공격하는 방식
ground operation	지상작전
hypothetical enemy	가상적국(假想敵國)
Indirect Approach	간접접근
industrial revolution	산업혁명
JDAM (Joint Direct Attack Munition)	합동직격탄(정밀유도폭탄)
KamiKaze	카미카제(자살특공대)
League of Nations	국제연맹
limited war	제한전쟁
LOC (Lines Of Communications)	병참선(주 보급로와 동일)
LOO (Line Of Operation)	작전선
LVT (Landing Vehicle Tracked)	수륙양용차량
MAD (Mutual Assured Destruction)	상호확증파괴
main attack	주공(主攻)
manned operation	유인작전
MEF (Marine Expeditionary Force)	해병원정군
METT+TC (Mission, Enemy, Terrain' Troops available, Time available, Civilian considerations)	임무, 적, 지형 및 기상, 가용병력, 시간, 민간요소
MLRS (Multi Launch Rocket System)	다련장로켓 시스템
Mobile Reserves Striking Forces	기동예비대
Mobile Striking Forces	기동타격대
Multinational Force	다국적군
mutual assistance	공조(共助)
Nation State	국민국가
No taxation representation	대표 없이는 과세도 없다
On the Sea	함대 결전
Operation Barbarossa	바르바로사 작전
Operation Desert Shield	사막의 방패작전
Operation Desert Storm	사막의 폭풍작전
Operation Iraqi Freedom	이라크 자유작전
Operations on Interior Lines	내선작전(內線作戰)
Operations on Exterior Lines	외선작전(外線作戰)
Operation Overlord	노르망디 상륙작전
Preemptive Attack	선제공격

principle of revolving door	회전문 원리
Reconnaissance In Force	위력수색(威力搜索)
Republican Guard	공화국 수비대
Retrograde Defense	지연작전
RMA (Revolution in Military Affairs)	군사혁신

    * 1980년대 구소련의 오르가코프(N. V. Orgakov) 참모총장을 중심으로 제기하였던 군사기술혁명(MTR)에 근원을 두고 있음.

Sea Lines Of Communications	해상 병참선
Secret History of the Mongols	몽골족의 비사(秘史)
Stabilization Operation	안정화 작전
Stream Attack	파상공격(波狀攻擊)
Striking Operation	타격작전(打擊作戰)
Supernatural tactics	미신전술
Supply Point	보급소
supporting attack	조공(助攻)
The Estates-General	삼부회(三部會)
The Limited Warfare	근대 제한전쟁
three-dimensional warfare	입체전
totalitarianism	전체주의
Unternehmen Zitadelle	성채작전(또는 쿠르스크 전략 방어작전)
ups and downs of Nation	흥망성쇠(興亡盛衰)
War of Attrition	소모전(消耗戰)
Withdrawal of Dunkerque(또는 Operation Dynamo)	덩케르크 철수작전
WMD (Weapon of Mass Destruction)	대량살상무기

참고문헌

구영록, 『인간과 전쟁: 국제정치이론의 체계』, 서울: 법문사, 1994.
국방부 군사편찬연구소, 『이라크 전쟁과 안정화작전』, 계룡: 국군인쇄창, 2014.
김동환·배석, 『금속의 세계사』, 서울: 다산에듀, 2015.
김성진, 『전쟁사와 무기체계론』, 서울: 백산서당, 2020.
_____, "자유화지역 급변사태 시 안정화작전의 효율성 제고방안 고찰: 안정화사단의 민군작전 수행을 중심으로," 『한국해양안보논총』 제4호, 대전: 충남대학교, 2019.
_____, "급변사태 시 자유화지역 민군작전의 실효성 증대방안 고찰: 보병사단급 이하 부대를 중심으로," 『군사논단』 겨울호, 서울: 한국군사학회, 2017.
김종래, 『CEO 칭기스칸: 유목민에게 배우는 21세기 경영전략』, 서울: 삼성경제연구소, 2005.
김홍철, 『전쟁론』, 서울: 민음사, 1991.
김형곤, 『미국의 독립전쟁』, 서울: 살림출판사, 2016.
_____, 『미국의 남북전쟁』, 서울: 살림출판사, 2016.
로이드 E. 이스트만 저(著), 만두기 역(譯)의 『장개석은 왜 패하였는가: 현대 중국의 전쟁과 혁명-1937~1949』, 서울: 지식산업사, 2013.
류제승 역, 『전쟁론』, 서울: 책세상, 2007.
맥스 부트 저, 송대범 외 역, 『전쟁이 만든 신세계』, 서울: 플래닛미디어, 2008.
버다드 로 몽고메리 저, 송영조 역, 『전쟁의 역사』, 서울: 책세상, 1995.
베빈 알렉산더 저, 조정 역, 『혁신으로 승리한 전쟁의 교훈』, 서울: 양서각, 2005.
송인영 외, 『세계전쟁사』, 서울: 공학사, 1997.
에릭 두르슈미트 著, 강미경 譯, 『아집과 실패의 전쟁사』, 고양: 세종서적, 2001.
육군본부, 『칭기스칸 전쟁술』, 대전: 육군본부, 2009.
육군사관학교 전사학과, 『세계전쟁사』, 서울: 황금알, 2012.
이종학 외, 『종합세계전쟁사』, 서울: 박영사, 1994.
정명복, 『쉽고 재미있는 생생 무기와 전쟁이야기』, 서울: 집문당, 2012.
정옥임, "21세기 미국의 패권과 유엔: 부시 행정부의 대(對) 이라크전 사례 분석," 『국제 지역연구』 14권 1호(봄), 서울: 한국외국어대학교, 2005.
임용한, 『세상의 모든 전략은 전쟁에서 탄생했다』, 서울: 교보문고, 2013.
정호수, 『세상을 바꾼 협상 이야기』, 서울: 발해 그후, 2008.
조셉 커민스 저, 김지원 외 역, 『전쟁연대기 Ⅰ.Ⅱ』, 서울: 니케북스, 2013.
조용만, 『군사혁신과 현대전쟁』, 서울: 글로벌, 2016.

조지무쇼 저, 안정미 역, 『지도로 읽는다. 한눈에 꿰뚫는 전쟁사 도감』, 서울: 이다미디어, 2017.
주경희, 『소년 테무친, 칭기즈 칸이 되다』, 서울: ㈜대성 해와비, 2017.
주시후, 『전쟁사』, 서울: 한국학술정보(주), 2007.
데이비드 G. 챈들러 저, 원태재 역, 『나폴레옹의 전쟁금언』, 서울: 책세상, 1998.
티모시 메이 지음, 신우철 옮김, 『칭기즈칸의 세계화전략: 몽골병법』, 서울: KOREA.COM, 2016.
하영선·남궁곤 편저, 『변환의 세계정치』, 서울: 양서각, 2005.
합동참모본부, 『합동·연합작전 군사용어사전』, 서울: 합동참모본부, 2014.
헤어프리트 뮌클러 지음, 공진성 옮김, 『새로운 전쟁』, 서울: 책세상, 2012.
해럴드 램 지음, 문선희 옮김, 『해럴드 램의 칭기즈칸』, 서울: ㈜대성 Korea.com.
David Downing 著, 지소철 譯, 『2003년 이라크 전쟁』, 서울: 도서출판 디딤돌, 2004.
William S. Lind, 『변화하는 전쟁의 얼굴: 제4세대 전쟁』, 1989.
Thomas X. Hammes 저, 하광희 외 공역, 『21세기 전쟁: 비대칭의 4세대 전쟁』, 서울: 한국국방연구원, 2020.
T. N. Dupuy, The Evolution of Weapon and Warfare, New York: Bobbs-Merrill, 1990.

기 타
강의를 진행하면서 축적한 연구 자료
전문가들의 학위 논문 및 연구 자료
언론 뉴스 및 각종 매체와 인터넷 자료
History Learning Site, "Poison Gas and World War One," http://www.historylearningsite.co.uk/poison_gas_and_world_war_one.htm

찾아보기

(ㄱ)

가미카제(神風, KamiKaze)　376
가상적국　361
가자지구　388
간명(簡明, Simplicity)의 원칙　36
간접접근(Indirect Approach)　266
강압(强壓) 작전　174
걸프 전쟁　387
게르만 민족　251
게릴라 전투　229
경계(警戒, Security)의 원칙　36
경제봉쇄망　353
고대 전쟁　66
공격작전　44
공성전　93
공세(攻勢, Offensive)의 원칙　33
공정작전　402
공지 전투　381
공통기능부호　40
국가 이성　69
국가 정체성　198
국가전략　47
국민국가　87, 129
군대부호　38
군사 혁신　72, 129
군사사　31, 49, 53
궁수(弓手) 반지　155
그린마운틴보이스　218
근대 제한전쟁　68, 71
기도비닉(企圖庇匿)　109, 356
기동(機動, Maneuver)의 원칙　34
기동방어　45
기동전　307
기본 군대부호　40
기습(奇襲, Surprise)의 원칙　35
기습　95

(ㄴ)

나치즘(제국주의)　328

남방침략(南方侵略) 계획　350
남북전쟁　70
납와전법(拉瓦戰法)　161
내선작전　43, 262, 263
냉전　70, 387
노르망디 상륙작전　332

(ㄷ)

다국적군　387, 397
대(大)동아 공영권　352, 358
대공세　277
대관세찰(大觀細察)형　61
대량살상무기(WMD)　291, 420, 421
대륙군　211, 222, 229
대륙회의　201, 214
대영제국　324
대전략　47
덩케르크 철수 작전　314
덩케르크　102
독립전쟁　198, 209, 235
동수서공　262

(ㄹ)

라인동맹　115
레기온　67
렌넨캄프　57, 271, 276
루시타니아호　254, 275

(ㅁ)

마갑(馬甲)　155
마셜제도(Marshall Islands) 상륙작전　372
마오쩌둥　30, 73
마지노(Maginot) 요새　314
마찰　29
만용장병　100
만주사변　350
말라카 해협　365
맘루크　147, 155, 156

모티 전술　320, 336
모히칸 인디언　206
목표(Objective)의 원칙　33
몽골제국　140
무적함대　200
미국군　229, 231
미드웨이 해전　370
미신 전술　164
민병대(militia)　202
민족자결주의(民族自決主義)　298, 301
밀집(密集)종대　97

(ㅂ)

바르바로사 작전　58, 59
바르샤바 조약기구(WTO)　381
방어작전　44
방위 전쟁　65
백병전　156
벙커힐 전투　222, 223
베네딕트 아널드　219
베르사유 조약　291, 301
병참　43
병참법　207
병참선　43, 368, 377
보스턴 대학살 사건　213
보스턴 차 사건　209
봉건적 전쟁　67, 71
부족회의　183
부호　40
북대서양 조약기구(NATO)　381
B 계획　256
비드쿤 크비슬링　322

(ㅅ)

사기(士氣, Morale)의 원칙　37
사막의 방패 작전　396, 401
사막의 폭풍 작전　402
사석포　157
4세대 전쟁　66, 73
사찰　418
산개(散開)대형　88, 97
삼국동맹　120, 354
3B 정책　248
3세대 전쟁　73
삼소노프　57, 271, 277

3C 정책　248
상륙작전　380
상호확증파괴(MAD)전략　71
선방어　45
선전 선동 전술(propaganda+agitation)　406
선회 전술　160, 178
섬멸전　87, 263, 318
성채 작전　330
셰어 아미　245
소모전　291, 360
솔로몬 진공 작전　370
슐리펜계획　255
슬라브 민족　251
시민 정신　198
십자군 전쟁　137, 138
십진법　148
씨족제도　136

(ㅇ)

아미앵 조약　107
안정 및 지원 작전　428
안정화 작전　413
앨런　219
양공 작전　401
양면(兩面) 전쟁　327
양익 포위 전술　339
억제전략　71
A 계획　256, 273
연방국가　236
예비대(Reserve)　289
예비대　46
오열(五列)　313, 338
와조 전술　379
외날곡도　149
외선작전　43, 44
요격(intercept) 작전　368
용병　69, 82
우회(by pass) 전술　379
우회기동　124
원심공격 전술　366
위장 후퇴(mangudai) 전술　160
유인작전　113
윤번충봉전술　159
이라크 자유 작전　413
이베리아반도　121

이중포위 전술 178
일반전초(GOP) 288
1세대 전쟁 73

(ㅈ)

자아상 190
작전 활동 부호 41
작전선 43, 95
작전술 47
장비 부호 41
재군비 작업 305
전격전 66, 288, 337
전략의 원칙 32
전면전 375
전쟁사 48
전쟁의 원칙 32
전쟁의 유형 64
전체주의 291
전초진지 46, 288
전투전초(COP) 288
전투회피(Fabian) 전술 162
절약(節約, Economy of Force)의 원칙 35
정보(情報, Intelligence)의 원칙 38
정찰대 169
정탐 187
제17계획 256, 270
제공권 326
제한전쟁 72, 381
제해권 354
종심돌파 전술 287, 291
종심방어 전술 288, 291
종심방어 45
종심전투 381
주(主) 보급로 377
G 계획 273
지구전 269, 281, 360, 425
지그프리트 선 283
지그프리트 283
지상 작전 400
지연작전 425
직접 접근(Direct Approach) 265, 266
진지전 291
집중(集中, Mass)의 원칙 34

(ㅊ)

참수 작전 422, 427
참호선 281
창고 급양 제도 97
창의(創意, Creativity)의 원칙 37
철혈정책 250
체사피크만 해전 233
초토화 작전 125
총력전 70, 71, 83, 290, 342
추축국 299
측면 및 이중(二重)포위 전술(Open-End Tactics) 162
층상형(層狀形) 갑옷 155
침략전쟁 65
침투기동 45
칭기즈칸 143

(ㅋ)

클라우제비츠, 카를 폰 27, 31, 33, 47, 82, 433
케시크 150

(ㅌ)

타마 152, 153
타운센드법 206
토우만 148
통일(統一, unity of command) 또는 지휘 통일의 원칙 36
투키디데스 31, 52
틸지트 조약 120

(ㅍ)

패권 30
패배주의 324
평화협정 324
포위 기동 45
폭력성 28
프라첸(Pratzen) 고지 113, 114

(ㅎ)

행군종대 169
헤로도토스 31, 51
혁명군(대륙군) 210
홍차법 209
황색작전 계획 310
회전문 원리(principle of revolving door) 266, 267
회회포 158
후퇴 46

저자소개

김성진(金成珍)

"길이 아니면 가지 않고, 알지 못하면 말하지 않는다."는 통관(洞觀)적 인식을 추구해온 저자는 경북 김천에서 태어나 초·중·고등학교를 마쳤다. 이후 동국대학교 무역학과를 졸업하고 ROTC 21기로 임관하여 육군 대령으로 예편하였다. 국립 경상대학교 경영행정대학원에서 '정치학석사' 학위를, 국민대학교 일반대학원 정치외교학과에서 '정치학박사' 학위를 취득하였다.

〈주요 경력〉
"2021 대한민국을 빛내는 오피니언 혁신리더(안보부문)상 수상"
- 현) 한국융합안보연구원 위기관리연구센터장
- 현) 글로벌전략협력연구원 국방전략센터장
- 현) 대전지방보훈청 교수·교육분야 멘토위원
- 현) 칼럼니스트
- 현) 한국군사학회 정회원 등
- 극동대학교 군사학과 외래교수
- 충남대학교 국가안보융합학부 국토안보학전공 초빙교수
  * 3년 연속 군장학생 전국 최우수/최다 합격률 달성
- 국민대학교 정치대학원 강사
- 행정안전부 비상대비조사심의 외부평가위원
- 육군교육사 경력채용군무원 외부면접위원
- 대한민국ROTC중앙회 후보생제도발전위원회 위원장 등
  ※ 2014 국방부 최우수대학교/학군단 수상

〈주요 저서〉
- 『전쟁사와 무기체계론』, 서울: 백산서당, 2020.
- 『군사협상론』, 서울: 백산서당, 2020.
- 『한국 육군의 장교단 충원제도와 직업 안정성』, 서울: 백산서당, 2016.

〈주요 논문〉
- 비전통적 안보위협과 테러 대응체계의 실효성 고찰: 법령과 제도, 대응기능을 중심으로
- 한국군 군사위기관리체계의 효율성 제고방안 고찰: 통합방위체계를 주축(主軸)으로 하는 군사위기대응기구를 중심으로
- 한국 국가위기관리체계의 효율성 제고방안 고찰: 국가위기관리체계와 통합방위체계와의 연계를 중심으로
- 급변사태 시 자유화지역 민군작전의 실효성 증대방안 고찰: 보병사단급 이하 부대를 중심으로
- 자유화지역 급변사태 시 안정화작전의 효율성 제고방안 고찰: 안정화사단의 민군작전 수행을 중심으로
- 테러 발생 시 軍 테러 대응체계의 실효성 증대방안 고찰: 합동조사반(팀) 활동을 중심으로
- 한국 육군의 장교단 충원제도와 직업 안정성에 관한 연구
- 급조폭발물(IED) 테러와 한국군 대응체계의 효율성 증대방안 고찰
  ※ 2008 합참지 최우수 원고상 수상

〈보유 자격증〉
- 중등 정교사(2급), 한자 1급, 문서실무사 1급, 재난관리사, 인성지도사, 심리상담사, 리더십 강사, CS Leaders 등 16종(種).

군사학 총서 제3권

세계전쟁사

초판 제1쇄 펴낸날 : 2021. 3. 1.

지은이 : 김 성 진
펴낸이 : 김 철 미
후원처 : 사)한국융합안보연구원
표지디자인 : 권 은 경
펴낸곳 : 백산서당

등록 : 제10-42(1979.12.29.)
주소 : 서울 은평구 통일로 885(갈현동, 준빌딩 3층)
전화 : 02)2268-0012(代)
팩스 : 02)2268-0048
이메일 : bshj@chol.com

ⓒ 2021 김성진

값 37,000원

ISBN 978-89-7327-711-7 93390